TREINAMENTO DE FORÇA
LEVADO A SÉRIO

TUDOR O. BOMPA • MAURO DI PASQUALE • LORENZO J. CORNACCHIA

TREINAMENTO DE FORÇA
LEVADO A SÉRIO

3ª edição
revisada e atualizada

Manole

Título original em inglês: *Serious Strength Training – 3rd edition*
Copyright © 2003, 2013 Tudor O. Bompa, Mauro Di Pasquale e Lorenzo J. Cornacchia
Copyright © 1998 Tudor O. Bompa e Lorenzo J. Cornacchia
Publicado mediante acordo com a Human Kinetics. Todos os direitos reservados.

Este livro contempla as regras do Acordo Ortográfico da Língua Portuguesa.

Editor-gestor: Walter Luiz Coutinho
Editora de traduções: Denise Yumi Chinem
Produção editorial: Priscila Pereira Mota Hidaka e Gabriela Rocha Ribeiro

Tradução: Lia Gabriele Regius (caps. 2-17, apêndices, glossário e índice remissivo)
        Marcia di Domenico (parte pré-textual e cap. 1)

Revisão científica: Jonato Prestes
        Professor do curso de mestrado e doutorado em Educação Física da Universidade Católica de Brasília (UCB)
        Pós-doutor pela Western Kentucky University – EUA
        Doutor em Ciências Fisiológicas pela Universidade Federal de São Carlos (UFSCar)
        Mestre em Educação Física pela Universidade Metodista de Piracicaba

        Ramires Alsamir Tibana
        Doutorando em Educação Física pela Universidade Católica de Brasília (UCB)
        Mestre em Educação Física pela Universidade Católica de Brasília com período sanduíche na Western Kentucky University – EUA

Revisão: Depto. editorial da Editora Manole
Projeto gráfico: Vinicius Asevedo Vieira
Imagens: © Human Kinetics, exceto quando indicado de outra forma
Diagramação e capa: Aline Shinzato da Silva
Imagem da capa: iStock
Editora de arte: Deborah Sayuri Takaishi

Dados Internacionais de Catalogação na Publicação (CIP)
(Câmara Brasileira do Livro, SP, Brasil)

Bompa, Tudor O.
   Treinamento de força levado a sério / Tudor O.
Bompa, Mauro Di Pasquale, Lorenzo J. Cornacchia ;
[tradução Marcia di Domenico e Lia Gabriele
Regius]. -- 3. ed. --
Barueri, SP : Manole, 2015.

   Título original: Serious strength training.
   Bibliografia.
   ISBN 978-85-204-3975-3

   1. Corpo - Construção 2. Músculos - Força
3. Treinamento com pesos I. Di Pasquale, Mauro.
II. Cornacchia, Lorenzo J.. III. Título.

15-04343   CDD-613.71

Índices para catálogo sistemático:
1. Culturismo : Exercício e atividades
   esportivas : Aptidão física 613.71
2. Treinamento de força : Exercício e atividades
   esportivas : Aptidão física 613.71

Nenhuma parte deste livro poderá ser reproduzida, por qualquer processo, sem a permissão expressa dos editores. É proibida a reprodução por xerox.
A Editora Manole é filiada à ABDR – Associação Brasileira de Direitos Reprográficos.

Edição brasileira – 2015

Direitos em língua portuguesa adquiridos pela:
Editora Manole Ltda.
Av. Ceci, 672 – Tamboré
06460-120 – Barueri – SP – Brasil
Tel.: (11) 4196-6000
Fax: (11) 4196-6021
www.manole.com.br
info@manole.com.br

Impresso no Brasil
Printed in Brazil

Nota: Foram feitos todos os esforços para que as informações contidas neste livro fossem o mais precisas possível. Os autores e os editores não se responsabilizam por quaisquer lesões ou danos decorrentes da aplicação das informações aqui apresentadas.

Sumário

Treinamento de força levado a série

Prefácio VII

Agradecimentos XI

Sobre os autores XIII

Parte I

A ciência do treinamento de força

1. Adaptação ao estímulo
   do treinamento 3

2. Compreensão do sistema
   de periodização 17

3. Desenvolvimento do programa perfeito 27

4. Aceleração da
   recuperação muscular 51

Parte II

Maximização da nutrição para o crescimento muscular

5. Nutrição e dieta metabólica 67

6. Gorduras boas e ruins 85

7. Implementação do plano de dieta metabólica .. 101

8. Uso de suplementos nutricionais 125

Parte III

Exercícios de estimulação máxima

9. Seleção dos
    melhores exercícios 146
10. Exercícios para
    membros inferiores 159
11. Exercícios para
    membros superiores 177

Parte IV

As seis fases do treinamento

12. Adaptação anatômica (AA) 237
13. Hipertrofia (H) 249
14. Treino misto (M) 271
15. Força máxima (Fmx) 281
16. Definição muscular (DM) 295
17. Transição (T) 311

Apêndice A – Compreensão dos rótulos de alimentos 315
Apêndice B – Nutrição para maximizar os efeitos
anabólicos do exercício... 329
Apêndice C – Peso máximo com base em repetições 333
Apêndice D – Gráfico de peso máximo....................... 337
Glossário 343
Bibliografia 355
Índice remissivo... 373

Prefácio

Se você está lendo este livro, certamente se interessa por fisiculturismo e treinamento de força, mas não deixe que o título ou as fotos o façam pensar que *Treinamento de força levado a sério* pode beneficiar apenas fisiculturistas profissionais e praticantes de treinamento de força; isso não é verdade. Este livro também é destinado a atletas iniciantes e amadores. Incluímos fotos esteticamente atraentes, que surpreendem e acentuam os grupos musculares específicos destacados nos capítulos, mas talvez você não queira se parecer com um fisiculturista profissional ou ter o porte de um atleta de *powerlifting*. A escolha é sua, e o nível de fisiculturismo e treinamento de força que vai realizar é você quem decide.

O treinamento de força é o único esporte dedicado unicamente à estética do corpo humano. As origens do treinamento de força e do fisiculturismo remontam à antiguidade romana e grega. Essas civilizações usavam a atividade física como uma maneira de conquistar um equilíbrio perfeito entre corpo e mente. Esculturas dessas sociedades antigas refletem a percepção que tinham da forma humana perfeita – grande, forte, com músculos definidos, tudo na proporção ou equilíbrio perfeitos.

Hoje, no entanto, alguns fisiculturistas e atletas abandonaram a ideia do corpo humano perfeito em prol do aperfeiçoamento de algumas partes do corpo. Eles parecem priorizar a massa em vez da simetria, volume em vez de linhas esculpidas, inchaço em vez de definição e quantidade em vez de qualidade. Embora a massa seja importante, temos de perceber que o valor dela não é maior do que o valor de linhas simétricas, membros proporcionais e músculos bem marcados. Para conseguir o corpo ideal, não se pode nunca perder de vista o equilíbrio que define a forma perfeita. Atingir esse nível de desenvolvimento requer dedicação, paciência e – o mais importante – um conhecimento sólido do corpo humano, princípios de treinamento, prescrição de exercícios, nutrição e planejamento. Este livro apresenta uma abordagem revolucionária de treinamento de força e fisiculturismo, que vai levar o corpo ao seu estado perfeito naturalmente, com a *periodização*. Continue lendo para saber como esta obra pode ajudá-lo a construir o físico ideal.

Ganhe massa muscular e força

Tudor O. Bompa desenvolveu a periodização na Romênia, em 1963. Os países do Leste Europeu usaram esse sistema durante anos, à medida que alcançaram o domínio do universo atlético. O sistema também foi publicado em vários periódicos e revistas no mundo inteiro. Bompa é autor de diversos livros, incluindo

Periodização: teoria e metodologia do treinamento (1963, 1985, 1990 e 1994) e *Periodization of strength: the new wave in strength training* [Periodização da força: a nova onda do treinamento de força] (1993). Em 1988, ele aplicou seu conceito de periodização ao fisiculturismo, e seu sistema de periodização no esporte é publicado na revista *Iron Man* como o Sistema de Treinamento Iron Man desde 1991. Em 1996, o dr. Bompa trabalhou com Lorenzo Cornacchia para escrever uma coluna mensal chamada "Análise EMG", para a *Iron Man*. Desde então, publicou a segunda edição de *A periodização no treinamento esportivo* (2005) e a quinta edição de *Periodização: teoria e metodologia do treinamento* (2009).

A periodização do treinamento de força e fisiculturismo é um método que organiza o treinamento com foco em ganhos ideais de massa, força e definição, evitando as armadilhas de *overtraining*, estagnação e lesão. As diferentes fases do treinamento, como adaptação anatômica, hipertrofia, força máxima, definição muscular e transição, são manejadas de acordo com as metas individuais de treino. Essa abordagem garante que o atleta atinja o pico nos momentos certos e consiga construir ou manter um físico excelente durante o ano todo. Não importa se você está apenas começando a treinar ou se é um profissional experiente, este livro tem o programa de treinamento ideal para atender suas necessidades.

Conquiste músculos definidos

Treinamento de força levado a sério inclui um programa de nutrição e suplementação correspondente a cada fase de treinamento. As necessidades do corpo mudam à medida que o treino muda, por isso é preciso levá-las em consideração e não descuidar da nutrição e da suplementação. A dieta metabólica, combinada com a periodização da suplementação, garante aos atletas as ferramentas necessárias para alcançar níveis ideais de força, massa e definição. O dr. Mauro Di Pasquale passa boa parte do tempo pesquisando fórmulas de suplementação para trabalhar em conjunto com a dieta metabólica.

Di Pasquale foi atleta de elite por mais de 15 anos e venceu o campeonato mundial de *powerlifting* em 1976 e os Jogos Mundiais em 1981. Hoje concilia uma ativa carreira como médico em Ontário, Canadá, e uma dinâmica agenda como consultor e pesquisador. A formação e as pesquisas do dr. Di Pasquale contribuíram para sua experiência e vasto conhecimento em periodização do treinamento, dieta e suplementação.

Conquiste conhecimento

Pesquisas inovadoras dirigidas pelo fisioterapeuta e ex-lutador da NWA (National Wrestling Alliance) Lorenzo Cornacchia, trazem a última palavra sobre os melhores exercícios para ganhar força, massa e definição. Estudos científicos com o uso de equipamentos modernos de EMG (eletromiografia) identificam aqueles que produzem o maior nível de ativação muscular elétrica. A Parte III, "Exercícios de estimulação máxima", classifica os movimentos por ordem de eficiência e apresenta imagens de cada um deles, para garantir a execução correta.

Dê o primeiro passo

Aqueles que vêm usando o sistema de periodização do treinamento durante os últimos anos perceberam melhores resultados – mais volume muscular, tônus e definição – sem a dor, tensão e exaustão típicas de outros programas. Para quem está começando agora a usar essas técnicas, não olhe para trás. Treinar nunca mais será a mesma coisa!

Agradecimentos

Gostaríamos de dedicar este livro a Paul Ricciardi, que perdeu a luta contra o linfoma de Hodgkin em outubro de 2010, aos 36 anos. Sua força e batalha foram admiráveis.

Gostaríamos de agradecer a Leanna Taggio pelo trabalho árduo e pesquisa dedicada, que ajudou a editar e organizar a terceira edição de *Treinamento de força levado a sério*.

Também agradecemos a Christina Sangalli pelas etapas iniciais de preparação do manuscrito.

Somos gratos às seguintes pessoas pela contribuição profissional para a finalização deste livro.

Lenny Visconti, BPHE, BSc (PT), CAFC
Jacquie Laframboise, PhD
Cassandra Volpe, PhD
Louis Melow, PhD
Shiraz Kapadia, BSc (PT)
Marni Pepper, BSc (PT)
Teddy Temertzoglou, BPHE

Somos igualmente gratos à York University, pelo uso dos equipamentos e estrutura de pesquisa em EMG.

Manifestamos nossa gratidão aos amigos e colegas que contribuíram direta ou indiretamente para a finalização deste livro:

Bernadette Taggio
Kelly Gallacher
Bonnie Hicks
John Poptsis
Laura Binetti
Michael Berger

Mike Cotic
Carmela Caggianiello
Patricia Gallacher
Trevor Butler
Frank Covelli

Agradecimentos especiais aos nossos parceiros Mike Cotic e Trevor Butler pela coordenação e planejamento da Fitness Fanatix Gym Facility.

Agradecemos a Terry Park pelo profissionalismo nas muitas horas consumidas para fazer e editar as fotografias necessárias. Um obrigado especial a Sammy Wong e Peter Robinson pelas fotografias e pelo empenho.

Agradecimentos especiais a todos os fisiculturistas e modelos *fitness* que posaram para as fotos.

Agradecimentos especiais a Stephen Holman, editor-chefe da revista *Iron Man*; Tom Deters, DC, editor associado da *Flex* (Weider Publications) e Mark Casselman, editor científico da *Muscle & Fitness*.

Por fim, gostaríamos de agradecer aos profissionais da Human Kinetics pelas contribuições. Somos gratos a Justin Klug e Heather Healy, que ajudaram a fazer deste projeto um grande sucesso.

Sobre os autores

Tudor O. Bompa, PhD, revolucionou os métodos de treinamento ocidentais ao introduzir sua inovadora teoria da periodização na Romênia, em 1963. Depois de adotar esse sistema de treinamento, os países do Leste Europeu dominaram os esportes internacionais ao longo dos anos 1970 e 80. Em 1988, dr. Bompa aplicou seu princípio de periodização ao fisiculturismo. Ele treinou pessoalmente 11 medalhistas olímpicos (incluindo quatro medalhistas de ouro) e atuou como consultor de técnicos e atletas do mundo inteiro.

Os livros do dr. Bompa sobre métodos de treinamento, incluindo *Periodização: teoria e metodologia do treinamento* e *A periodização no treinamento esportivo*, foram traduzidos em 17 idiomas e adotados em mais de 130 países para treinamento de atletas e formação e certificação de técnicos. Bompa foi convidado para falar sobre treinamento em mais de 30 países e recebeu honrarias e certificados de reconhecimento de organizações de prestígio, como o Ministério da Cultura da Argentina, o Conselho Olímpico Australiano, o Comitê Olímpico Espanhol e o Comitê Olímpico Internacional.

Membro da Associação Olímpica Canadense e do Conselho Nacional Esportivo da Romênia, dr. Bompa é professor emérito da York University, onde leciona teorias do treinamento desde 1987. Ele e a esposa, Tamara, vivem em Sharon, Ontário, no Canadá.

Mauro Di Pasquale, MD, médico especializado em nutrição e medicina esportiva, passou dez anos na University of Toronto lecionando e pesquisando sobre suplementos nutricionais e uso de drogas no esporte. Escreveu *Bodybuilding supplement review* [Revisão de suplementos para fisiculturismo] e *Amino acids and proteins for the athlete* [Aminoácidos e proteínas para o atleta], além de centenas de artigos para *Muscle & Fitness*, *Flex*, *Men's Fitness*, *Shape*, *Muscle Media* e *Ironman*, entre várias outras publicações. Di Pasquale praticou *powerlifting* durante mais de 20 anos, vencendo o campeonato mundial em 1976 e os Jogos Mundiais em 1981.

Di Pasquale graduou-se em medicina pela University of Toronto e é consultor médico em pesquisas farmacológicas. Atualmente, é presidente da International United Powerlifting Federation e da Pan American Powerlifting Federation. Vive em Ontário, no Canadá.

Como ex-lutador profissional da National Wrestling Alliance (NWA), fisiculturista e fisioterapeuta, **Lorenzo J. Cornacchia** dirigiu uma extensa pesquisa em eletromiografia (EMG) para identificar quais exercícios produzem a maior quantidade de estímulo muscular elétrico. Em 1992, conduziu um estudo com o dr. Bompa e vários colegas para determinar cientificamente os resultados do uso de métodos de periodização por fisiculturistas, de agentes potencializadores de performance e do uso de métodos de periodização combinados com agentes potencializadores de performance por fisiculturistas. A revista *Iron Man* publicou os resultados na edição de maio de 1994, *Periodization vs. steroids* [Periodização *versus* Esteroides]. Cornacchia também publicou os resultados nas *newsletters* internacionais do dr. Di Pasquale, *Drugs in sports* e *Anabolic research review*. Cornacchia é coautor de *Periodization of strength*. Sua pesquisa em EMG foi publicada no *Iron Man's ultimate guide to arm training* (2001), na *Iron Man's ultimate bodybuilding encyclopedia* (2002) e no *Iron Man's ultimate guide to building muscle mass* (2003).

Cornacchia foi editor e redator da revista *Iron Man*, onde escreveu uma coluna mensal chamada "Análise EMG", e dirigiu amplos estudos em eletromiografia para determinar quais exercícios produzem a maior quantidade de ativação muscular elétrica. Atualmente, trabalha com o dr. Di Pasquale em pesquisas sobre suplementação e dieta metabólica.

Cornacchia obteve seu bacharelado em educação física na York University. Hoje é sócio proprietário de um estabelecimento de *fitness* chamado FFX e presidente e acionista da Pyrotek Special Effects, Inc., onde passa a maior parte do tempo desenvolvendo efeitos especiais para espetáculos como Grammy Awards, Academy Awards e BET Awards e para artistas como Iron Maiden, Lady Gaga, Van Halen, Rihanna, Taylor Swift e Lil Wayne. Cornacchia mora em Miami, Flórida, e Las Vegas, Nevada, nos EUA. Seu passatempo preferido é assistir aos jogos do Cincinnati Bengals pela National Football League (NFL).

PARTE I

A CIÊNCIA DO TREINAMENTO DE FORÇA

CAPÍTULO 1

Adaptação ao estímulo do treinamento

Entender determinados princípios teóricos e conceitos fundamentais do treinamento de força e do fisiculturismo, além de ter um conhecimento geral sobre o tema, permite a atletas de qualquer nível criar programas que os ajudem a alcançar suas metas e que atendam suas necessidades específicas de treinamento. Para aplicar as informações contidas neste livro, é necessário entender como ocorre a contração muscular e como os músculos produzem trabalho.

Músculos e contração muscular

Três camadas separadas de tecido conjuntivo envolvem o músculo esquelético (ver Fig. 1.1). A mais externa é o epimísio. O tecido conjuntivo intermediário, o perimísio, envolve os feixes individuais de fibras musculares, denominados fascículos. Cada fibra muscular dentro de um fascículo é envolta em um tecido conjuntivo denominado endomísio. A membrana em torno da célula da fibra muscular é o sarcolema. As células satélites localizadas acima do sarcolema desempenham papel fundamental no crescimento e na reparação muscular (Wozniak et al., 2005).

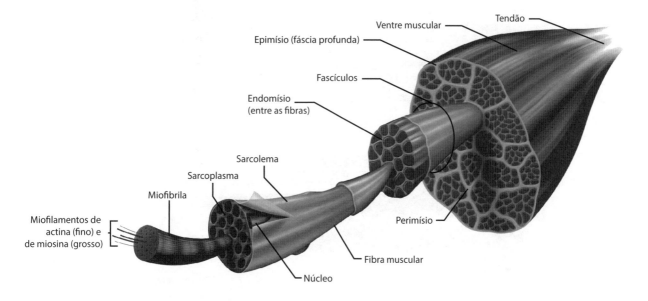

Figura 1.1 As três camadas de tecido conjuntivo do músculo esquelético: epimísio (camada externa), perimísio (camada intermediária, que envolve os fascículos) e endomísio (que envolve as fibras musculares individualmente).

Parte I A ciência do treinamento de força

Cada fibra muscular possui cordões de proteína chamados miofibrilas, que contêm as proteínas contráteis miosina (filamentos grossos) e actina (filamentos finos), que têm ação muito importante na contração muscular (Fig. 1.2). A capacidade de um músculo de se contrair e exercer força é determinada pela sua arquitetura, pela área de corte transversal, pelo comprimento da fibra e pelo número de fibras dentro do músculo. Um treinamento eficiente aumenta a espessura dos filamentos musculares, aumentando, assim, o volume do músculo e a força da contração.

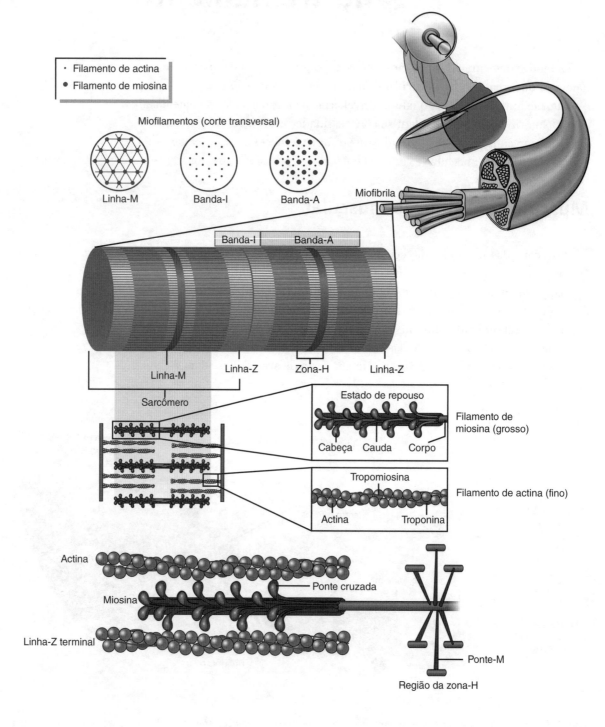

Figura 1.2 Célula muscular.

Mecanismo de contração muscular: teoria dos filamentos deslizantes

De acordo com a teoria dos filamentos deslizantes, a contração muscular envolve as duas proteínas contráteis (actina e miosina) em uma série de eventos mecânicos. Cada filamento de miosina é envolto em seis de actina. Os filamentos de miosina possuem pontes cruzadas, que são pequenas extensões na direção dos filamentos de actina. Quando o impulso de um neurônio motor atinge uma célula muscular, estimula toda a fibra, provocando mudanças químicas que permitem que os filamentos de actina se liguem às pontes cruzadas de miosina. A ligação da miosina à actina por meio das pontes cruzadas libera energia e faz com que as pontes cruzadas girem, puxando ou deslizando o filamento de miosina por cima da actina. Esse movimento giratório leva ao encurtamento do músculo (contração), produzindo força (Fig. 1.3). Quando o estímulo cessa, os filamentos de actina e de miosina se separam, devolvendo o músculo ao seu comprimento de repouso. Essa atividade da ponte cruzada explica por que a força gerada por um músculo depende de seu comprimento inicial, anterior à contração. O comprimento ideal antes da contração muscular é o de repouso (ou um pouco maior), pois permite que todas as pontes cruzadas possam se conectar com os filamentos de actina, desacelerando o surgimento de tensão máxima.

A maior geração de força ocorre quando a contração começa com a articulação em um ângulo de aproximadamente 110° a 120°. A força contrátil diminui se o comprimento do músculo antes da contração for menor ou maior do que o seu comprimento em repouso. Quando o comprimento é ligeiramente menor do que em repouso (i. e., está parcialmente contraído), os filamentos de actina e de miosina se sobrepõem, deixando poucas pontes cruzadas abertas para "puxar" os filamentos de actina. Quando o comprimento de um músculo está significativamente maior do que em repouso antes da contração, o potencial de força é pequeno, porque os filamentos de actina estão distantes demais das pontes cruzadas para conseguirem se ligar e encurtar o músculo.

Unidade motora

As células musculares esqueléticas são conectadas a células nervosas denominadas neurônios motores, que se estendem a partir da medula espinal. A unidade motora consiste em neurônios motores e todas as fibras musculares inervadas por eles (Fig. 1.4).

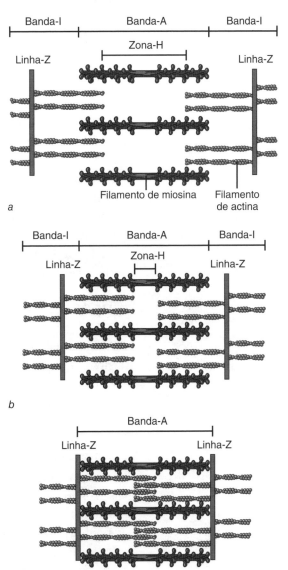

Figura 1.3 Contração com o músculo encurtado.

O processo de contração muscular é estimulado a partir dos neurônios motores. O ponto em que estes e as células musculares se conectam é chamado junção neuromuscular. É nessa junção que o sarcolema forma uma bolsa conhecida como placa motora terminal.

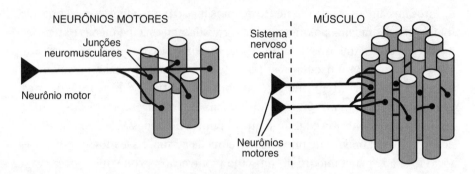

Figura 1.4 A unidade motora.
Reproduzido com autorização de A.J. Vander, J.H. Sherman e D.S. Luciano, 1990. *Human physiology: The mechanisms of body function*. 5. ed. (Nova York: McGraw-Hill), p. 296. © The McGraw-Hill Companies, Inc.

É fundamental entender que o neurônio motor não faz contato físico com a fibra muscular, sendo separado dela por uma pequena fissura denominada fenda neuromuscular. Quando um impulso nervoso alcança a parte terminal do neurônio motor, o neurotransmissor acetilcolina é liberado e se propaga pela fenda sináptica para completar a tarefa de se ligar aos receptores na placa motora terminal. Esse importante processo permite que o sarcolema se torne mais permeável ao sódio, o que resulta em uma despolarização (uma mudança no potencial da membrana celular, tornando-a mais positiva ou menos negativa) chamada potencial da placa motora (PPM). Se o limiar de potencial é atingido, ocorre um potencial de ação, um impulso viaja através da membrana celular do músculo e ele se contrai (Ruegg, 1992).

Tipos de fibras musculares

As fibras musculares se diferem em suas funções bioquímicas (metabólicas). Existem três tipos de fibras na musculatura esquelética humana: de contração lenta, denominadas tipo I, e de contração rápida, identificadas como tipo IIa e tipo IIx. As fibras tipo I contêm um grande número de enzimas oxidativas (elevado volume mitocondrial), são envolvidas por um número maior de capilares (vasos sanguíneos) e têm concentrações de mioglobina (uma proteína vermelha contendo heme que carrega e armazena oxigênio nas células musculares) mais altas do que quaisquer outras fibras. Esses componentes essenciais proporcionam às fibras tipo I grande capacidade aeróbia e alta resistência à fadiga.

As fibras tipo IIa são consideradas intermediárias ou rápidas oxidativas-glicolíticas. Esse tipo de fibra possui características bioquímicas e de fadiga que ficam entre os tipos I e IIx. As fibras tipo IIa são extremamente adaptáveis. No que diz respeito ao treinamento de resistência, são capazes de aumentar sua capacidade oxidativa até níveis idênticos aos do tipo I (Booth e

Thomason, 1991). As fibras tipo IIx são chamadas de contração rápida ou glicolíticas rápidas e possuem volume mitocondrial relativamente pequeno. Como são ricas em enzimas glicolíticas, as fibras tipo IIx têm capacidade limitada para o metabolismo aeróbio e baixa resistência à fadiga (Powers e Howley, 2009).

Fibras de contração lenta e rápida estão presentes no corpo em proporção relativamente igual – proporções que não são muito afetadas pelo treinamento de força e pelo fisiculturismo. A distribuição dos tipos de fibras pode variar tanto em um mesmo músculo quanto entre diferentes músculos. Os braços tendem a possuir um porcentual maior de fibras de contração rápida do que as pernas; o bíceps contém, em média, 55% de fibras rápidas e o tríceps, 60%, enquanto o músculo sóleo (na panturrilha) tem cerca de 24% de fibras de contração rápida (Fox, Bowes e Foss, 1989). A proporção de fibras de contração rápida em um músculo desempenha um papel importante no treinamento de força e no fisiculturismo. Músculos que contêm porcentual maior de fibras de contração rápida são capazes de contrações mais velozes e potentes, enquanto aqueles com mais fibras de contração lenta suportam mais a fadiga e são úteis para atividades de resistência.

O recrutamento das fibras musculares depende da carga. Durante atividades de intensidade baixa e moderada, as fibras de contração lenta são acionadas como burros de carga. À medida que a carga aumenta, um número maior de fibras de contração rápida é ativado durante as contrações.

Não há diferenças claras na distribuição de fibras musculares em atletas do sexo masculino e feminino. Indivíduos com predisposição hereditária para ter um número maior de fibras de contração rápida são mais aptos geneticamente para o treinamento de força e o fisiculturismo do que quem herdou a predisposição para ter mais fibras de contração lenta. Embora a genética seja um fator importante para determinar o sucesso, não é o único. Independentemente da constituição genética, qualquer indivíduo, por meio de treinamento intenso e nutrição adequada, pode aprimorar o volume muscular, o tônus e a definição.

Como os músculos funcionam

O sistema musculoesquelético é uma combinação de ossos unidos uns aos outros por uma série de ligamentos em estruturas denominadas articulações. Os músculos que cruzam essas articulações fornecem a força necessária para os movimentos corporais. Os músculos esqueléticos não se contraem independentemente um do outro; os movimentos de uma articulação envolvem vários músculos, cada um com uma função diferente.

Agonistas e sinergistas são músculos que trabalham juntos, cooperando para realizar um movimento. Os agonistas são os motores primários, enquanto os sinergistas são auxiliares. Os antagonistas agem em oposição aos agonistas durante o movimento. A interação entre os grupos musculares agonistas e antagonistas influencia diretamente os movimentos atléticos. Na maioria dos casos, principalmente para atletas habilidosos e experientes, os músculos antagonistas ficam relaxados, permitindo a realização dos movi-

O físico musculoso de Ronnie Coleman, Mister Olympia.

mentos com facilidade. Um movimento que parece descoordenado ou que é executado com rigidez provavelmente é resultado da interação inadequada entre os dois grupos. Um atleta só consegue melhorar a fluidez e a suavidade de uma contração muscular quando relaxa os antagonistas.

Os motores primários são os principais responsáveis pela produção de um movimento de força completo. Em uma rosca bíceps, por exemplo, o motor primário é o bíceps, enquanto o tríceps atua como antagonista e precisa estar relaxado para facilitar a flexão.

A linha de tração no treinamento de força e no fisiculturismo é uma linha imaginária que atravessa o músculo longitudinalmente, conectando suas duas extremidades. Uma contração muscular atinge sua maior eficiência fisiológica e mecânica quando é realizada no sentido da linha de tração. Por exemplo: você pode flexionar o cotovelo com a palma da mão em diferentes posições. Quando a palma está virada para cima, a linha de tração é direta, criando maior eficiência. Com a palma virada para baixo, a eficiência da contração diminui porque o tendão do bíceps se liga ao osso rádio. Nesse caso, a linha de tração é indireta e desperdiça uma grande parte da força contrátil. Para ganhos máximos de força e eficiência muscular ideal, faça exercícios de força no sentido da linha de tração.

Estabilizadores (ou fixadores) geralmente são músculos menores, que se contraem isometricamente para ancorar ou estabilizar um osso a fim de que os motores primários tenham uma base estável para puxar. Um estabilizador pode ser um outro músculo no mesmo membro, mas músculos de outras partes do corpo também podem atuar como estabilizadores para que um membro realize um movimento. Por exemplo, na rosca Scott (flexão de cotovelo com a parte superior do braço apoiada em uma base estável), os ombros, a parte de cima do braço e os músculos abdominais são contraídos isometricamente para estabilizar os ombros e dar ao bíceps uma base estável para executar a puxada.

Tipos de contração muscular

Os músculos esqueléticos são responsáveis pela contração e pelo relaxamento. Um músculo contrai quando é estimulado e relaxa quando a contração termina. Fisiculturistas e atletas de força realizam vários tipos de contração, dependendo do objetivo da fase de treinamento em que estão e do equipamento que está sendo usado. Há três tipos de contração: isotônica, isométrica e isocinética.

Isotônica – Isotônica (dinâmica), do grego *isos* + *tonikos* (tensão igual), é o tipo mais conhecido de contração muscular. Como o termo sugere, em uma contração isotônica, a tensão é constante durante toda a amplitude de movimento. Há dois tipos de contrações isotônicas: concêntrica e excêntrica.

- Na concêntrica, do latim *com + centrum* (ter o mesmo centro), o músculo diminui de comprimento. Contrações concêntricas são possíveis apenas quando a resistência (i. e., a carga) é menor do que o potencial máximo do atleta. Exemplos de contrações concêntricas incluem a ação de flexão da rosca bíceps e o movimento de estender em uma extensão de perna.
- Contrações excêntricas ou negativas invertem o processo de uma ação concêntrica – ou seja, retornam o músculo à posição inicial. Em uma rosca bíceps, o componente excêntrico ocorre quando o braço é estendido até a posição inicial após a flexão. Durante uma extensão de perna, o trabalho excêntrico é feito quando os joelhos são flexionados para voltarem à posição inicial. Em uma contração excêntrica, os músculos precisam vencer a força da gravidade (no treino com pesos livres) ou a força do aparelho. Sob essas condições, o músculo se estende à medida que o ângulo da articulação aumenta, assim liberando uma tensão controlada.

Isométrica – Nas contrações isométricas (estáticas) – do grego *isos + metrikos* (igual em medida) –, o músculo desenvolve tensão sem mudar de comprimento. Durante uma contração isométrica, a aplicação de força contra um objeto imóvel obriga o músculo a desenvolver grande tensão sem alterar seu comprimento. Por exemplo, se você empurra uma parede, cria tensão nos músculos, embora eles permaneçam com o mesmo comprimento. A tensão desenvolvida nesse tipo de contração geralmente é maior do que em uma contração isotônica.

Isocinética – Isocinética, do grego *isos + kineticos* (movimento igual), descreve uma contração com velocidade constante por toda a amplitude de movimento. O trabalho isocinético necessita de equipamento especial, desenvolvido para permitir a velocidade constante da contração independentemente da carga. Durante o movimento, um atleta realiza contrações concêntricas e excêntricas, enquanto o aparelho oferece uma resistência igual à força gerada pelo atleta. O benefício desse tipo de treinamento é permitir que o músculo trabalhe no seu máximo de esforço por toda a extensão do movimento, o que elimina o "ponto de desvantagem mecânica", ou ponto fraco, presente em todo exercício.

Tipos de força e sua importância no treinamento

Vários tipos de treinamento de força são necessários para construir e esculpir o físico mais musculoso, definido, simétrico e ainda livre de lesão.

Força geral é a base de todo programa de força e fisiculturismo. Deve ser o único foco durante a fase inicial de treinamento de um atleta experiente; para atletas de força e fisiculturistas iniciantes, deve ser o foco exclusivo nos primeiros anos. Um nível baixo de força geral pode limitar o progresso como um todo, pois deixa o corpo suscetível a lesão e com capacidade reduzida de construir volume e força musculares.

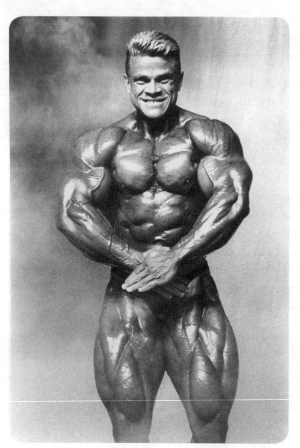

O tamanho e a força impressionantes de Roland Cziurlok são resultado da aplicação de um treinamento de força máxima.

Força máxima se refere à maior força que pode ser executada pelo sistema neuromuscular durante uma contração máxima. Reflete a carga mais alta que um atleta consegue levantar em uma tentativa, expressa como 100% do máximo ou 1 repetição máxima (1RM). Para propósitos de treinamento, é fundamental conhecer a força máxima do atleta para cada exercício, pois essa é a base de cálculo das cargas para cada fase do treinamento. (Ver Apêndice C para os porcentuais frequentemente utilizados de uma faixa de 1RM. Ver no Apêndice D um modo alternativo de encontrar 1RM.)

Resistência muscular é a habilidade que o músculo tem de sustentar o esforço por um período prolongado. É bastante usada no treinamento de resistência e desempenha papel fundamental nos programas de treinamento de força e fisiculturismo. Esse tipo de treinamento é amplamente utilizado durante a fase de definição muscular (ou "*cutting*").

Princípios do treinamento de força e do fisiculturismo

Treinar é uma atividade complexa, guiada por princípios e orientações metodológicas criados para ajudar os atletas a alcançarem o maior volume e definição musculares possível. Os princípios de treinamento explicados nesta seção são importantes instruções que devem ser consideradas no desenvolvimento de um programa de treinamento estruturado.

Princípio 1: Varie o treinamento

Fisiculturismo e treinamento de força são atividades rigorosas que exigem muitas horas de dedicação. A pressão para aumentar continuamente o volume e a intensidade do treinamento, somada à natureza repetitiva do levantamento de peso, pode facilmente levar ao tédio, gerando um obstáculo para a motivação e o sucesso.

O melhor remédio para um treinamento monótono é a variedade. Para acrescentar variedade é preciso conhecer os métodos de treinamento e o planejamento de periodização (ver Parte IV) e sentir-se confortável com diferentes exercícios para cada grupo muscular (ver Parte III). Um treino diversificado aumenta o bem-estar psicológico e também a resposta ao treinamento. As sugestões a seguir vão ajudá-lo a adicionar variedade ao seu treinamento.

- Escolha exercícios diferentes para cada parte específica do corpo, em vez de escolher sempre seus exercícios favoritos. Mude a ordem em que realiza determinados exercícios. Lembre-se de que tanto seu cérebro quanto seu corpo fica entediado e precisa de variedade.
- Incorpore variações ao seu sistema de cargas, como sugerido no princípio de carga em degraus (discutido no Princípio 3).
- Varie o tipo de contrações musculares realizadas nos treinos (i. e., inclua trabalho concêntrico e excêntrico).
- Varie a velocidade da contração (lenta, média e rápida).
- Alterne equipamentos, de modo que passe dos pesos livres aos aparelhos, destes ao treino isocinético e assim por diante.

Rachel McLish entende que pesos livres combinados com outros aparelhos acrescentam variedade ao seu treinamento.

Princípio 2: Considere as diferenças individuais

Raramente duas pessoas chegam ao treinamento com histórico e cronograma exatamente iguais. Todo mundo é diferente em genética, experiência atlética, hábitos alimentares, metabolismo, expectativa de treinamento e potencial de adaptação. Atletas de força e fisiculturistas, independentemente do grau de desenvolvimento, devem ter programas individualizados de treinamento. Com frequência, atletas iniciantes são seduzidos a seguir os planos de treinamento de atletas avançados. Conselhos dados a esses atletas experientes, ainda que com boa intenção, são inadequados para novatos. Iniciantes, cujos músculos, tendões e ligamentos não estão acostumados ao estresse do treinamento de força pesado, precisam de um período de ajuste ou adaptação mais longo, a fim de evitar lesão.

Geralmente, os seguintes fatores influenciam a capacidade de trabalho de um indivíduo:

- Experiência de treinamento. A demanda de trabalho deve ser proporcional a sua experiência, seu histórico e sua idade.
- Capacidade individual de trabalho. Nem todos os atletas com estrutura e aparência semelhantes têm a mesma tolerância ao esforço. Deve-se avaliar as habilidades individuais de treinamento antes de determinar o volume e a intensidade do treino. Isso vai aumentar as chances de ter sucesso e permanecer livre de lesão.
- Carga de treinamento e taxa de recuperação. Quando for planejar e avaliar a carga de treinamento, considere os fatores externos ao treino que exigem muito de você. Por exemplo, você tem que considerar o tempo que tem comprometido com escola, trabalho e família e também a distância do deslocamento à academia, pois esses fatores afetam a taxa de recuperação entre as sessões de treinamento. Também é necessário considerar que qualquer hábito destrutivo ou negativo vai afetar a sua recuperação.

Princípio 3: Use o sistema de carga em degraus

A teoria do aumento progressivo de cargas no treinamento de força é conhecida e aplicada desde tempos antigos. De acordo com a mitologia grega, a primeira pessoa a empregá-la foi Milo de Creta, que era pupilo do famoso matemático Pitágoras (580-500 a.C.) e campeão olímpico de luta greco-romana. Na adolescência, Milo resolveu que seria o homem mais forte do mundo e abraçou a missão levantando e carregando um bezerro todos os dias. À medida que o bezerro crescia e se tornava mais pesado, Milo ficava mais forte. Por fim, quando o bezerro havia se tornado um touro totalmente crescido, Milo, graças à progressão de longo prazo, foi capaz de erguer o touro e realmente virar o homem mais forte da Terra. Melhoras na massa muscular, no tônus e na definição são resultado direto da quantidade e da qualidade de treinamento realizado durante um longo período. Do nível iniciante até o Mister ou Miss Olympia, se o objetivo é continuar ganhando volume, tônus e definição, a carga de treino deve aumentar gradualmente, conforme as capacidades fisiológicas e psicológicas de cada indivíduo.

Não há dois fisiculturistas iguais. Dorian Yates e Shawn Ray – ambos magnificamente grandes e simétricos – têm, cada um, aparência, estilo e necessidades de treinamento individuais.

O padrão mais eficiente de ajuste de carga é o princípio de carga em degraus, porque cumpre os requisitos fisiológicos e psicológicos de que uma carga de treinamento crescente precisa ser seguida por um período de carga reduzida. A fase de carga reduzida é um elemento-chave que permite que o corpo se adapte aos estímulos novos e mais intensos e se regenere, a fim de se preparar para outro aumento de carga. Como cada atleta responde de maneira diferente ao estresse, é preciso fazer um planejamento de carga que leve em consideração suas necessidades específicas e sua taxa de adaptação. Se o peso for aumentado abruptamente, pode exceder a capacidade de adaptação do corpo, rompendo o equilíbrio fisiológico do ciclo de adaptação à carga. Uma vez que essa quebra ocorre, a adaptação não será ideal e podem surgir lesões.

A abordagem de carga em degraus envolve a repetição de um microciclo, ou uma semana de treino, no qual a resistência é aumentada ao longo de vários degraus, seguidos de um degrau de carga reduzida para garantir a recuperação (Fig. 1.5).

Note que cada degrau representa mais de um treino, o que significa que a sobrecarga não é aumentada a cada sessão de treinamento. Um único treino não produz estímulo suficiente para levar a mudanças nítidas no corpo. Essa adaptação ocorre apenas depois da exposição repetida às mesmas cargas de treino. Na Figura 1.5, cada degrau representa uma semana, cada linha vertical indica uma mudança na carga e cada linha horizontal representa a semana na qual você utiliza e se adapta à carga. Os porcentuais indicados acima de cada degrau são sugestões de carga máxima. É possível ver a progressão nas primeiras três semanas, assim como a redução para a fase de carga reduzida, na quarta semana.

Vejamos como seu corpo responde ao método de carga em degraus. Na segunda-feira, por exemplo, você inicia um microciclo (um novo degrau), aumentando a sobrecarga. Depois desse treino, seu corpo fica em estado de fadiga – uma crise fisiológica –, porque não está acostumado a um estresse desse nível. Quando você continua com o mesmo nível de carga, até quarta-feira seu corpo provavelmente vai se sentir confortável e se adaptar a ela pelos dois dias seguintes. Na sexta-feira, você deve se sentir bem e preparado para levantar cargas até mais pesadas. Depois da crise de fadiga, vem uma fase de adaptação, que, por sua vez, é seguida por um rebote fisiológico ou progresso. Na segunda-feira seguinte, você deve estar se sentindo confortável física e mentalmente, o que indica que é o momento de voltar a desafiar o nível de adaptação.

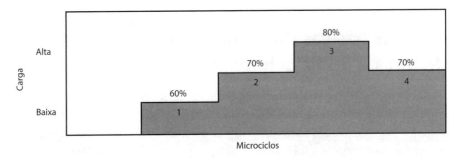

Figura 1.5 O método de treinamento em degraus de carga crescente.

Reproduzido com autorização de Bompa, 1996.

Darrem Charles em pose de bíceps. Esse tipo de desenvolvimento muscular só ocorre com um treinamento cuidadosamente planejado.

Cada degrau do microciclo gera progressos até que você atinja a fase de carga reduzida ou de regeneração (degrau 4). Essa fase garante que seu organismo tenha tempo de repor os estoques de energia, recuperar o equilíbrio psicológico e se livrar da fadiga acumulada ao longo das três semanas anteriores. O quarto degrau nesse exemplo se torna o novo degrau mais baixo de uma outra fase de aumento de carga. A Figura 1.6 ilustra como os microciclos (degraus) se encaixam no contexto de um ciclo mais longo de treinamento, em que o objetivo é criar massa muscular.

Embora os aumentos de carga possam parecer pequenos, lembre-se de que, como você está ficando mais forte, seus valores de peso máximo estão aumentando, o que significa que seus porcentuais de carga máxima também estão ficando maiores. Por exemplo, da primeira vez que você alcançou o degrau alto de 80%, seus 80% da carga máxima para um exercício específico provavelmente eram 55 kg. Três semanas mais tarde, em consequência da sua adaptação e seus ganhos de força, é provável que seus 80% tenham aumentado para 60 kg. Por isso, você usa cargas progressivamente mais pesadas no longo prazo, apesar do seu porcentual de carga máxima permanecer o mesmo.

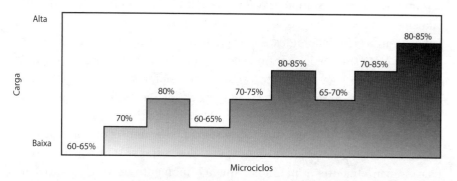

Figura 1.6 Exemplo de como estruturar as cargas de treinamento por um longo período.

Três leis básicas do treinamento de força e do fisiculturismo

Os princípios de treinamento discutidos anteriormente oferecem orientação para o treinamento geral. Há ainda três leis do treinamento de força que têm que ser obedecidas para que o atleta permaneça livre de lesões durante um programa mais completo e rigoroso. Fisiculturistas e atletas de força iniciantes geralmente começam um treinamento sem ter conhecimento do esforço que irão enfrentar e sem entender a progressão ou metodologia por trás do programa. Eles tendem a pedir conselhos a atletas experientes (que podem não estar aptos a fornecê-los) e que, consequentemente, encontram-se em outro nível e em rota de colisão com lesões. Obedecer as seguintes leis vai assegurar a adaptação anatômica adequada de um corpo jovem ou destreinado antes de se expor à rigidez do treinamento de força.

Lei 1: Antes de desenvolver força muscular, desenvolva flexibilidade articular

A maioria dos exercícios de força, principalmente aqueles que usam pesos livres, trabalha com a amplitude de movimento total de uma articulação. Em alguns exercícios, o peso da barra comprime as articulações a um grau que, se o indivíduo não possui boa flexibilidade, pode acabar enfrentando dificuldade ou dor.

Pense no agachamento profundo: durante o movimento, a compressão da articulação do joelho pode causar muita dor e até lesão em um atleta com pouca flexibilidade. Além disso, nessa posição, a falta de flexibilidade na articulação do tornozelo obriga o atleta a se apoiar na parte da frente dos pés e nos dedos, em vez de na planta dos pés, que garante uma boa base de apoio e equilíbrio. Desenvolver a flexibilidade do tornozelo (fazendo dorsiflexão ou levando os dedos do pé em direção à canela) é essencial para todos os atletas de força, sobretudo para os iniciantes (Bompa, Di Pasquale e Cornacchia, 2003).

Boa flexibilidade pode reduzir drasticamente ou eliminar a incidência de lesões (Fredrick e Fredrick, 2006). A flexibilidade auxilia na elasticidade dos músculos e permite uma maior amplitude de movimento das articulações. Infelizmente, as pesquisas sobre o tema produziram avaliações confusas, levando atletas de todos os níveis a negligenciar os programas de alongamento.

O alongamento regular oferece vários benefícios fundamentais ao treinamento, como melhor flexibilidade, diminuição da dor muscular, maior mobilidade de músculos e articulações e mais eficiência e fluidez nos movimentos dos músculos (Nelson e Kokkonen, 2007).

Flexibilidade é a base de um programa de treinamento seguro.

Lei 2: Antes de desenvolver força muscular, desenvolva os tendões

O nível de ganho de força muscular sempre tem o potencial de exceder o nível de adaptação de tendões e ligamentos a tensões maiores. É fundamental que tendões e ligamentos tenham tempo para se adaptar, mas, como muitos atletas não têm visão de longo prazo, começam cedo demais a usar cargas muito pesadas para desenvolver grupos musculares específicos sem fortalecer os sistemas de suporte desses músculos. É como construir uma casa na areia – pode parecer que está tudo bem por um tempo, mas, na maré alta, tudo é destruído. Se construir seu corpo em uma base sólida, isso nunca vai acontecer com você.

Tendões e ligamentos podem ser treinados e crescer em diâmetro como resultado de um treinamento adequado de adaptação anatômica (ver Capítulo 12), que aumenta a capacidade deles de suportar tensão e desgaste. Esse treino é realizado por meio de um programa de cargas baixas durante o primeiro ou o segundo ano de treinamento. Pegar atalhos não é o correto para conquistar um corpo bem desenvolvido e livre de lesões. Ter paciência acaba compensando.

Lei 3: Antes de desenvolver os membros, desenvolva o *core*

Anja Langer, a imagem da simetria, conhece a importância de construir uma base forte.

É verdade que braços, ombros e pernas grandes impressionam, e é preciso dedicar muito treino a essas áreas. Ainda assim, o tronco é o elo entre essas regiões, e os membros só podem ser tão fortes quanto ele. O tronco é abundante em músculos abdominais e dorsais: fascículos que correm em diferentes direções envolvem o *core* como um sistema de sustentação firme e poderoso. Um tronco pouco desenvolvido representa uma sustentação fraca para braços e pernas que trabalham duro. Portanto, apesar das tentações, um programa de treinamento para iniciantes não deve focar pernas, braços e ombros. O foco deve ser fortalecer primeiramente o *core* – os músculos do abdome, da região lombar e da coluna vertebral.

Os músculos dorsais consistem em músculos longos e curtos que se estendem pela coluna. Eles trabalham em conjunto com os músculos rotadores e diagonais para executar diversos movimentos. Os músculos abdominais se dispõem longitudinalmente (reto do abdome), transversalmente (transverso do abdome) e diagonalmente (oblíquos), permitindo que o tronco flexione para a frente e para as laterais, rotacione e gire. Como os abdominais têm papel importante em vários exercícios, ter essa região fraca pode limitar seriamente a eficiência de atividades de força.

CAPÍTULO 2

Compreensão do sistema de periodização

A área do treinamento de força, especialmente de fisiculturismo, está saturada de métodos e programas cuja eficácia não é comprovada e que muitas vezes carecem de lógica. A pesquisa científica não oferece suporte para os novos sistemas que surgem nas revistas e na internet a um ritmo impressionante. O melhor a fazer é ignorar modismos e seguir abordagens bem testadas, validadas por pesquisas e aplicadas em competições. A discussão seguinte sobre o treino de periodização irá ajudá-lo a compreender e aplicar os programas de treinamento periodizado e os planos de nutrição sugeridos nas Partes II e III.

Sistema de periodização

Embora o livro *Periodization of Bodybuilding*, de Tudor Bompa, tenha sido *copyrighted* em maio de 1988 (como uma adaptação para o fisiculturismo do *Periodization of Strength*, publicado previamente), muitas pessoas — atletas e autores — ainda não compreenderam completamente esse sistema de treinamento bem-sucedido. Alguns autores descrevem a periodização como "a ciência por trás de repetições e séries" ou o princípio da "progressão da carga de treinamento por semana", enquanto

Milo Sarcev sabe que nada acontece por acaso no treinamento; o progresso exige planejamento.

outros a entendem como uma "filosofia". Há ainda autores que simplesmente decidiram, sem pesquisa, compreensão ou testes, que a periodização não funciona. Sugerimos que você experimente o sistema de periodização de treino e tire suas próprias conclusões.

Um dos principais objetivos deste livro é ensinar todos os atletas a planejar seus próprios programas de treinamento e, eventualmente, ajudar mais fisiculturistas e praticantes do treinamento de força a usar corretamente o sistema de periodização. A periodização é a maneira mais eficaz de organizar um programa de treinamento. Essa organização refere-se a dois elementos principais:

1. Como estruturar um longo período de tempo, como um ano de treinamento, em fases menores e mais gerenciáveis.

2. Como estruturar o programa em fases de treinamento específicas, como:
   - **Adaptação anatômica (AA)** – O início e o treinamento progressivo realizado após uma pausa ou ausência prolongada do esporte.
   - **Hipertrofia (H)** – Fase de treinamento em que o objetivo é aumentar o tamanho do músculo.
   - **Treinamento misto (M)** – A transição progressiva da fase H à fase Fmx, realizada pelo uso de ambas as fases durante treinamentos mistos.
   - **Força máxima (Fmx)** – Fase de treinamento em que o objetivo é aumentar o tônus e a densidade muscular.
   - **Definição muscular (DM)** – Fase que emprega métodos de treinamento específicos e na qual o objetivo é queimar gordura e, no processo, melhorar a aparência e vascularização dos músculos.
   - **Transição (T)** – Recuperação e regeneração antes de iniciar outra fase.

Essa sequência de fases de treinamento é essencial porque descreve um ciclo completo. Primeiro, facilita o desenvolvimento de volume muscular por meio da fase de hipertrofia. Então, melhora o tônus muscular e a definição do músculo durante uma fase de força máxima. Uma vez que o tônus e o tamanho do músculo atingem o nível desejado, o treinamento concentra-se no desenvolvimento da definição muscular, onde a aparência do músculo é melhorada.

A periodização não é um sistema rígido em que somente o modelo básico é o legítimo. Contrariamente, como existem diversas variações do modelo básico, é possível escolher o que melhor se adapte às suas próprias metas de treinamento. Os capítulos da Parte IV sugerem programas de treinamento e nutrição específicos que facilitarão sua tarefa de planejar um programa de periodização realmente de acordo com suas necessidades. Além de apresentar programas minuciosamente organizados e com fases específicas, a periodização fornece uma variedade de métodos de treinamento durante todo o ano, bem como cargas de treinamento definidas para cada fase que empregam combinações de estímulos e contração musculares variadas para que haja um crescimento muscular e um aumento da força do músculo ideais.

Poucos fisiculturistas e praticantes do treinamento de força seguem um plano bem ajustado e cuidadosamente concebido. Com a periodização, pretende-se promover um novo tipo de atleta, que esteja no controle de seu corpo e cujo treino conduza ao seu desenvolvimento integral. O novo atleta terá desenvolvimento muscular impressionante e cultivará densidade, tônus, definição, simetria e força muscular superiores em relação aos

John McGough colheu os resultados de fases de treinamento bem estruturadas.

fisiculturistas tradicionais que adotam filosofias de treinamento antiquadas. Independentemente do treino apenas para ficar atraente ou a fim de competir de maneira profissional, o ideal para cada atleta é adquirir a quantidade desejada de massa muscular sem sacrificar a aparência física.

O modelo básico de periodização apresentado na Figura 2.1 ilustra a sequência correta das fases de treinamento e pode ser adaptado para atender às necessidades específicas de cada atleta. Assim, muitas variações desse plano são possíveis a fim de adequá-lo aos objetivos de cada fisiculturista ou treinador de força. Embora, como se observa na figura, o modelo defina setembro como ponto de partida, você pode escolher qualquer mês do ano ao desenvolver seu próprio plano.

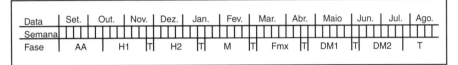

Figura 2.1 Modelo básico do plano anual de periodização do fisiculturismo e treinamento de força. AA é adaptação anatômica, H é hipertrofia, M é treinamento misto, Fmx é força máxima, DM é definição muscular e T é transição.

Os pequenos blocos abaixo de cada mês representam as semanas ou os microciclos. É preciso planejar com antecedência quantas semanas serão apropriadas para cada fase. A linha de fundo do gráfico divide o ano em fases de treino. Organize essas fases de modo a garantir que seus objetivos sejam alcançados em momento oportuno. Por exemplo, um atleta competidor pode desenvolver um plano anual para atingir seu pico para as principais competições. Fisiculturistas recreacionais e praticantes do treinamento de força mais preocupados com a estética podem querer planejar-se para férias e outras atividades.

Periodização de treinamento para aumento de volume

A periodização não é um conceito rígido. A Figura 2.1 é uma estrutura básica que não será aplicável a todo fisiculturista ou treinador de força. Cada atleta tem compromissos pessoais e profissionais diferentes. Por isso, oferecemos diferentes variações de planos de treino. Tenha em mente que as variações sugeridas não esgotam todas as opções possíveis. Você deve criar um plano de periodização personalizado, de acordo com seu conjunto pessoal de necessidades e obrigações. As opções aqui apresentadas destinam-se a ajudar

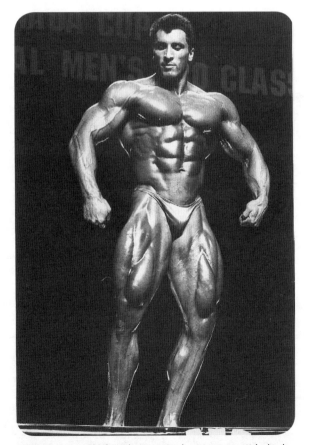

O ideal para cada fisiculturista é adquirir a quantidade desejada de massa muscular sem sacrificar a aparência física.

na implementação do conceito de periodização de acordo com as necessidades individuais.

A periodização dupla é uma opção para indivíduos que não possam se comprometer com o programa de treinamento durante todo o ano, como recomendado na Figura 2.1. Também é uma opção para indivíduos com maior experiência de treino ou para aqueles que procuram mais variedade em treinamento.

No modelo de periodização dupla (Fig. 2.2), os meses são numerados, em vez de nomeados, para possibilitar o início do treinamento a qualquer momento do ano. As fases desse modelo seguem a mesma sequência daquelas no modelo básico (Fig. 2.1), com a exceção de que o plano anual é dividido em duas metades e a sequência é repetida. Além disso, para cada fase de treinamento na Figura 2.2, o número no canto superior direito dos blocos na linha inferior indica o número de semanas para cada fase.

1	2	3	4	5	6	7	8	9	10	11	12
4	6		6		6	2	4		6		6	6	4
AA	H	T	Fmx	DM	T	AA	H	T	Fmx	DM	T

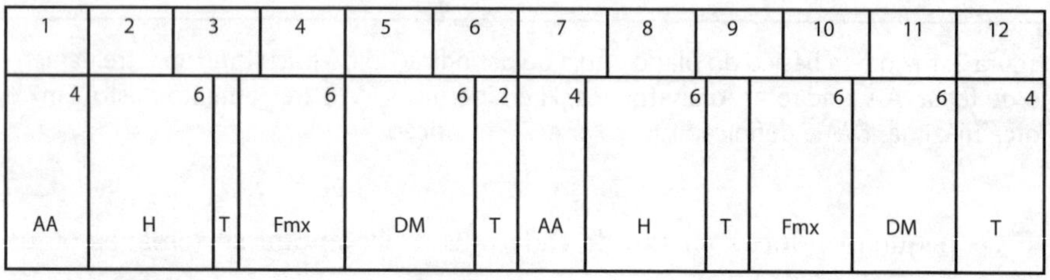

Figura 2.2 Modelo de periodização dupla.

Periodização dupla para atletas com compromissos familiares – A Figura 2.3 apresenta outra variação do modelo básico, que se refere às épocas mais movimentadas do ano para quem integra uma família. Durante o período de festas de final de ano e férias, o treinamento frequentemente é desorganizado e interrompido por conta dos compromissos familiares. Para evitar a frustração que acompanha os períodos de treino fragmentado, o melhor é estruturar um plano que considere os principais feriados do ano. Uma vez mais, o número no canto superior direito indica o número de semanas para cada fase.

Set.	Out.	Nov.	Dez.	Jan.	Fev.	Mar.	Abr.	Maio	Jun.	Jul.	Ago.
4	6		6	2	4		6		6		6		6	4
AA	H	Fmx	T	AA	H1	T	H2	Fmx	T	DM	T

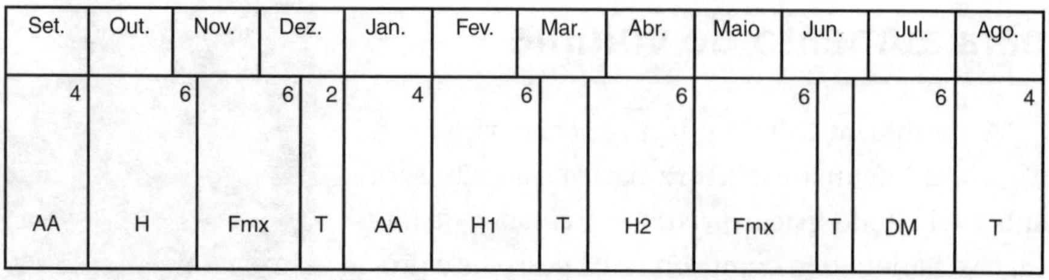

Figura 2.3 Modelo de periodização dupla com base nos feriados do ano.

Como ilustra a Figura 2.3, as fases de minitransição são desenvolvidas para períodos de férias. O plano estabelece duas fases de hipertrofia, nas quais o objetivo do treinamento é aumentar o volume muscular. Naturalmente, outras variações da estrutura básica são possíveis. Por exemplo:

- H2 poderia ser substituída por um programa misto de H e Fmx em proporções definidas pelo atleta.
- H2 poderia ser substituída por Fmx, se o desenvolvimento dessa qualidade de força for o objetivo.
- H2 pode ser dividida em três semanas de Fmx, seguidas de três semanas de H.

Programa de periodização para fisiculturistas iniciantes – Fisiculturistas e praticantes do treinamento de força iniciantes devem desenvolver seus próprios programas ou seguir o modelo da Figura 2.4. Nela, os meses aparecem numericamente – o mês 1 representa o primeiro mês de treinamento com um novo programa. Resista à tentação de seguir os programas de fisiculturistas experientes. Os atletas iniciantes têm corpos frágeis, que não estão prontos para o desafio projetado aos experientes. Iniciantes devem ser extremamente cuidadosos para aumentar de forma progressiva a carga de treino, realizando um menor número de horas e sessões de treinamento por semana, planejando fases de AA mais longas e submetendo o corpo a menos esforço geral de treino.

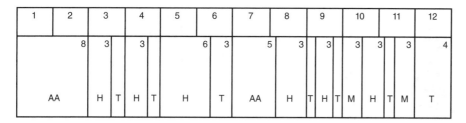

Figura 2.4 Um programa de periodização para fisiculturistas e praticantes do treinamento de força iniciantes.

Nesse programa de nível básico, AA dura oito semanas, dando aos tecidos, ligamentos e tendões dos músculos tempo suficiente para se prepararem para as fases seguintes. A fim de tornar a adaptação para a hipertrofia um processo cuidadoso e gradual, as primeiras duas fases H são só de três semanas, separadas por uma fase T de regeneração de uma semana. Depois de quatro meses, a anatomia de um atleta iniciante deve progressivamente adaptar-se ao treino, permitindo fases H mais longas. A primeira metade do programa termina com uma fase T de três semanas, dando ao corpo um longo período de regeneração antes de começar um programa novo e um pouco mais difícil.

Programa de periodização para fisiculturistas recreacionais – Aqueles que completaram um a dois anos de fisiculturismo ou treinamento de força podem seguir um plano anual como o representado na Figura 2.5. As fases T ocorrem durante as festas de final de ano e as férias, para permitir aos fisiculturistas recreacionais um tempo para desfrutar de outras atividades. Observe que, exceto para as primeiras fases AA e H, a fase T de uma a duas semanas é desenvolvida para evitar altos níveis de fadiga e sobretreinamento. Tal como acontece nas outras figuras, os números na linha superior referem-se a meses, e os do canto superior direito dos blocos na linha inferior indicam o número de semanas de dedicação à fase.

1	2	3	4	5	6	7	8	9	10	11	12
8		3		3		6	3		5	3	3	3	3	3	3	4
AA		H	T	H	T	H	T	AA	H	T	H	T	M	H	T	M	T

Figura 2.5 Um programa de periodização para fisiculturistas e praticantes do treinamento de força recreacionais.

Programa esparso para atletas do sexo feminino – A Figura 2.6 descreve um programa para atletas que querem mais variedade em seu treinamento. Esse programa de alta variedade tem muitas alternâncias de fases, sendo criado para fisiculturistas e praticantes do treinamento de força (especialmente atletas do sexo feminino) que queiram esculpir um corpo tonificado, musculoso e simétrico sem desenvolver músculos volumosos.

Plano de periodização tripla: modelo e duração

O plano de periodização tripla é adequado para fisiculturistas recreacionais e praticantes do treinamento de força ou para profissionais ocupados que não possam se comprometer com facilidade a um plano anual, como o do modelo básico, ou mesmo a um plano de periodização dupla. Módulos mais curtos, como o da Figura 2.7, ajudam esses atletas a atingir os objetivos básicos para corpos bem desenvolvidos e em boa forma, levando em conta suas necessidades sociais durante os principais feriados do ano.

Um corpo tonificado e simétrico.

Set.	Out.	Nov.	Dez.	Jan.	Fev.	Mar.	Abr.	Maio	Jun.	Jul.	Ago.
3	3	3	3	3	3	4	3	3	3	3	3	3	4	4
AA	H	Fmx	T	M	DM	T	AA	H	M	T	DM	Fmx	T	DM	M	T	DM	T

Figura 2.6 Um programa de periodização para fisiculturistas e praticantes do treinamento de força do sexo feminino ou para quem não deseja treinar para aumentar o volume muscular.

Set.	Out.	Nov.	Dez.	Jan.	Fev.	Mar.	Abr.	Maio	Jun.	Jul.		Ago.
7	3	3	2	3	6	3	3	2	3	3	3 3	5
AA	H	T M		T AA	H	T M	DM	T	AA	H	T Fmx DM	T

Figura 2.7 Periodização tripla: um programa recomendado para fisiculturistas e praticantes do treinamento de força recreacionais ou muito atarefados.

Programa de hipertrofia (massa)

Um atleta cujo objetivo principal do treinamento seja desenvolver volume muscular pode seguir o programa representado na Figura 2.8. Ele segue um plano de periodização dupla, no qual dedica-se a maior parte do programa para desenvolvimento de hipertrofia muscular. Fases H mais longas, alternadas com o treinamento M no final de cada segmento, estimularão o maior desenvolvimento possível de volume muscular. Nossa abordagem periodizada para treino de massa difere de programas tradicionais, pois as fases M – que combinam hipertrofia com treinamento de força máxima – têm o importante mérito de desenvolver hipertrofia no curto prazo e, mais significativamente, crônica.

Nelson da Silva sabe como ganhar massa muscular.

1	2	3	4	5	6	7	8	9	10	11	12
3	6		6	3	3	3	2 3	6	3	3	4	4
AA	H	T	H	T M	H M	T	AA	H	T M	H M	T

Figura 2.8 Um programa de treinamento de hipertrofia (massa).

Plano de periodização com foco em força máxima

Muitos fisiculturistas certamente gostariam de desenvolver músculos grandes, sobretudo tônus muscular, alta densidade muscular e músculos mais fortes. A hipertrofia crônica aumentada ocorre quando se segue um programa de treinamento como o da Figura 2.9. Como essa figura ilustra, o programa para maximizar a força segue um plano de periodização dupla. O fato de a Fmx predominar nesse programa significa que o treinamento reúne mais fibras musculares de contração rápida – resultando em hipertrofia crônica e em músculos que são bem definidos e visivelmente estriados. Do mesmo modo, os números na linha superior referem-se a meses e os números no canto superior direito dos blocos na linha inferior indicam o número de semanas para cada fase.

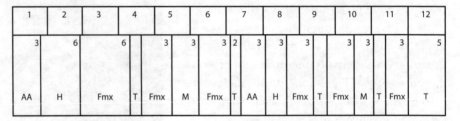

Figura 2.9 Plano de periodização com foco em força máxima.

Plano de periodização com foco em definição muscular

Alguns atletas já atingiram seu nível desejado de hipertrofia muscular. Agora, desejam melhorar a definição do músculo, a fim de alcançarem um desenvolvimento total do corpo. Indivíduos que já testaram nosso programa (sobretudo mulheres) relataram mudanças corporais incríveis. A maioria reduziu drasticamente a cintura e, ao mesmo tempo, aumentou de forma significativa a definição muscular nos membros superiores, nos glúteos e nas pernas. Alguns relataram ainda ganhos em força. Em um de nossos grupos femininos, 68% perderam peso substancialmente e as formas gerais de seus corpos mudaram tanto que foi preciso renovarem seus guarda-roupas. Conseguiram essa perda de peso por meios naturais, e não como resultado de algum truque de dieta – apenas de um treinamento natural, honesto e dedicado. Essa é a maneira saudável.

Joe Weider e Arnold Schwarzenegger levantam os braços do incrivelmente definido Kevin Levrone.

1	2	3	4	5	6	7	8	9	10	11	12
3	6	3	4		6	2	3	6	3	4	3	4
AA	H	Fmx	T	DM	T	DM	T	AA	H	Fmx	T	DM	DM	T

Figura 2.10 Plano de periodização com foco em definição muscular.

Esse plano, mostrado na Figura 2.10, é um programa de periodização dupla focado na queima de gordura subcutânea e, assim, permitindo músculos mais definidos e mais visíveis. O objetivo do treinamento de fisiculturismo periodizado é ordenar tipos específicos de treino a fim de obter ganhos máximos de força. Essas fases podem ser combinadas para criar um determinado tipo de adaptação, permitindo que os fisiculturistas modelem seus corpos para atingir o máximo em hipertrofia, tônus ou definição muscular. Após o primeiro ano da adoção de planos de treinamento periodizado, os fisiculturistas se familiarizaram melhor com a criação de modelos de treino que se ajustam a suas próprias necessidades.

CAPÍTULO

3

Desenvolvimento do programa perfeito

Para obter a melhora contínua e o equilíbrio necessário entre trabalho e regeneração, os atletas devem sempre prestar atenção na quantidade de trabalho (volume) e nas cargas (intensidade) que empregam no treinamento. Eles devem monitorar continuamente a carga, o número de exercícios, o número de séries, os intervalos de descanso e os tipos de rotinas de divisão que adotam. Os atletas que desejam criar seus próprios programas de treino precisam compreender todos esses elementos e combiná-los de maneira eficaz para seus corpos.

Um programa bem estruturado de treinamento periodizado é essencial para o sucesso. Programas de fisiculturismo tradicionais, nos quais a conceituada teoria "sem dor, não há resultados" é a norma, apresentam como consequência sistemática o sobretreinamento. Estratégias como supercompensação e dias de baixa intensidade podem ajudar a prevenir o sobretreinamento. Use esses dias para desfrutar um tipo diferente de treino de musculação.

Volume e intensidade

O volume de treinamento é a quantidade de trabalho realizado e envolve as seguintes partes integrantes:

- A duração do treino (em horas).
- A quantidade cumulativa de peso levantado por sessão de treino ou fase.
- O número de exercícios por sessão de treino.
- O número de séries e repetições por exercício ou sessão de treino.

Os fisiculturistas devem manter registros de treino para monitorar corretamente o volume total de trabalho realizado e facilitar o planejamento do volume total de treinamento para semanas e meses futuros. O volume de treino varia entre os indivíduos de acordo com seu histórico de treinamento, tolerância de trabalho e constituição biológica. Atletas, com sólida experiência em treino de força sempre serão capazes de tolerar maiores volumes de treino. Independentemente da experiência de um indivíduo, no entanto, qualquer aumento dramático ou abrupto no volume de treino pode ser prejudicial. Esses aumentos podem resultar em elevados níveis de fadiga, trabalho muscular ineficiente e maior risco de lesão. Por isso, um plano bem concebido e progressivo, aliado a um método adequado de monitoramento de aumentos de carga, é fundamental para seu bem-estar e para o sucesso do treinamento.

O volume de treino também muda com o tipo de treinamento de força realizado. Por exemplo, o treino de alto volume é indicado durante a fase de definição

Isto que é intensidade: Tom Platz dá o seu melhor em meio a grunhidos, veias saltadas e ranger de dentes.

muscular para queimar mais gordura e, consequentemente, desenvolver maior definição muscular. O volume médio de treino, por outro lado, é comum para o treino de potência ou força máxima. A definição e o tamanho musculares melhoram somente como resultado de cuidadosa e constante adaptação fisiológica, que depende da manipulação adequada da quantidade ou do volume de treino.

Uma adaptação que ocorre como resultado do aumento progressivo do volume de treino é um tempo de recuperação mais eficiente e mais rápido entre as séries e entre as sessões de treino. Uma recuperação mais rápida permite mais trabalho por sessão de treino e por semana, incentivando ainda mais aumentos no volume de treinamento.

No treinamento de força, a intensidade – expressa como um porcentual de 1RM – é uma função da potência dos estímulos nervosos empregados no treinamento. A força de um estímulo depende da carga, da velocidade na qual um movimento é executado, da variação dos intervalos de descanso entre as repetições e séries e da tensão psicológica que acompanha um exercício. Assim, a intensidade é determinada pelo esforço muscular envolvido e pela energia gasta pelo sistema nervoso central (SNC) durante o treino de força. A Tabela 3.1 apresenta as intensidades e as cargas empregadas no treinamento de força.

Uma carga supramáxima excede a força máxima de um indivíduo. Na maioria dos casos, cargas entre 100 e 125% de 1RM são usadas aplicando-se força excêntrica ou por meio de resistência à força da gravidade. Quando são usadas cargas supramáximas, você deve ter dois assistentes, um em cada extremidade da barra, para ajudá-lo e protegê-lo de acidentes ou lesões. Se usar o método excêntrico em decúbito dorsal sem auxílio, a barra pode cair em seu peito, porque o peso é realmente maior do que você pode levantar.

Durante a fase de força máxima, somente fisiculturistas com um histórico ou uma base consistente em treino de força podem adotar cargas supramáximas. A maior parte dos outros atletas deve se restringir a uma carga de até 100%, ou 1RM. A carga, no entanto, deve também estar relacionada ao tipo de força a ser desenvolvido, como previsto no plano de periodização.

Tabela 3.1 Valores de intensidade (cargas) usados em treinamento de força e fisiculturismo

Valor de intensidade	Carga	Porcentual de 1RM	Tipo de contração
1	Supramáxima	101-105	Excêntrica, isométrica
2	Máxima	90-100	Concêntrica
3	Pesada	80-89	Concêntrica
4	Média	50-79	Concêntrica
5	Baixa	30-49	Concêntrica

Reproduzido com autorização de Bompa, 1996.

Número de exercícios

Um dos segredos de um programa de treinamento eficaz é ter um repertório adequado de exercícios para escolher. Os atletas devem desenvolver seu repertório para atender a diversas características fundamentais de seus programas de treino.

Exercícios que estimulam a maior quantidade de atividade elétrica – Quanto maior a atividade elétrica, mais fibras musculares são recrutadas, resultando em maiores ganhos de força e tamanho musculares (ver Cap. 9). Para maximizar esse efeito, é essencial saber qual padrão de carga utilizar, de que modo ele deve variar em uma fase determinada de treinamento, qual técnica de levantamento usar e como os aumentos de carga podem variar para induzir supercompensação.

Nível de desenvolvimento – Um dos principais objetivos de um programa de musculação iniciante é o desenvolvimento de uma base anatômica e fisiológica sólida. Sem tal base, é improvável que ocorra um aperfeiçoamento consistente. Fisiculturistas e praticantes do treinamento de força iniciantes precisam de uma série de exercícios (cerca de 12 a 15) que utilizem coletivamente os principais grupos musculares do corpo. A duração desse tipo de treino pode ser de 1 a 3 anos, dependendo do histórico do indivíduo (e do nível de paciência). Os programas de treino para fisiculturistas avançados seguem uma abordagem completamente diferente. O objetivo principal do treino para esses atletas é aumentar o tamanho, a densidade, o tônus e a definição musculares aos maiores níveis possíveis.

Necessidades individuais – À medida que o treino progride ao longo dos anos, alguns fisiculturistas desenvolvem desequilíbrios entre diferentes partes do corpo. Quando isso ocorre, eles devem adaptar seus programas, dando prioridade aos exercícios direcionados às partes subdesenvolvidas de seu corpo.

Fase de treinamento – Conforme descrito pelo conceito de periodização, o número de exercícios varia de acordo com a fase de treinamento (ver Caps.

Madonna Grimes conquistou seu corpo super em forma por meio da seleção adequada de exercícios.

12 a 17, na Parte IV). A ordem dos exercícios na musculação deve considerar o objetivo de treino de cada fase específica. Assim como o intervalo de recuperação, o volume de treino, os exercícios e assim por diante variam de acordo com os diferentes tipos de força a serem desenvolvidos, a ordem de execução dos exercícios também deve variar.

Por exemplo, na fase de treinamento de força máxima, os exercícios são divididos em sequência vertical, como aparecem na folha de programação diária. O atleta executa uma série de cada exercício, a partir do topo e para baixo, repetindo o ciclo na frequência prescrita. A vantagem desse método é permitir uma melhor recuperação de cada grupo muscular. Quando o exercício 1 é repetido, já decorreu tempo suficiente para promover a recuperação quase completa. Quando você levanta 90 a 105% de 1RM, esse repouso é necessário para manter o treino em alta intensidade durante toda a sessão.

Se, no entanto, a fase de treinamento é hipertrofia, todas as séries do exercício 1 são executadas antes de passar para o próximo exercício – essa é uma sequência horizontal. Ela esgota o grupo muscular muito mais rapidamente, levando a um aumento maior no tamanho do músculo. Exaustão muscular local é o foco principal do treino da fase de hipertrofia.

Técnica para levantamento e amplitude de movimento

Forma correta e boa técnica aumentam a eficácia do foco em um determinado grupo muscular. Boa técnica também garante que a contração muscular ocorra ao longo da linha de tração. Qualquer contração executada ao longo da linha de tração aumenta a eficácia mecânica do exercício em questão. Por exemplo, um agachamento realizado com os pés mais afastados do que a largura dos ombros e os dedos apontados na diagonal (o que muitas vezes ocorre no levantamento de peso) não é mecanicamente eficaz, uma vez que os músculos do quadríceps não estão se contraindo ao longo da linha de tração. Posicionar os pés na largura dos ombros com os dedos ligeiramente para o lado e apontados para a frente é mais eficaz, uma vez que a contração dos músculos se dá ao longo da linha de tração. Da mesma forma, flexões de braço que pretendam trabalhar o músculo bíceps são realizadas ao longo da linha de tração somente quando a palma está virada para cima (supinação), como em movimentos do tipo rosca Scott.

Para que um exercício seja eficaz e tenha boa fluidez, ele deve ser realizado ao longo de toda a amplitude de movimento (ADM). Usar a amplitude de movimento completa garante a ativação máxima da unidade motora. Além disso, os fisiculturistas sempre devem fazer alongamento no final do aquecimento (para manter uma boa amplitude de movimento e a flexibilidade ideal), durante o intervalo de recuperação entre as séries e como parte da volta à calma. Uma boa prática de alongamento mantém os músculos alongados e acelera a taxa de recuperação entre os treinos. O alongamento também ajuda a miosina e a actina sobrepostas a retornarem para seus estados anatômicos normais, em que as trocas bioquímicas são otimizadas.

Padrões de carga

Um programa de treinamento sério segue uma série de variações de padrões distintos de carga que pertencem ao treino de formato piramidal. Essas variações incluem o padrão de carga pirâmide, bem como os padrões pirâmide dupla, oblíqua e plana.

Pirâmide – A pirâmide é um dos mais populares padrões de carga na musculação (Fig. 3.1). Observe que, à medida que a carga aumenta progressivamente ao máximo, o número de repetições diminui de forma proporcional. A vantagem fisiológica do uso da pirâmide é garantir a ativação ou o recrutamento da maioria das unidades motoras, senão de todas.

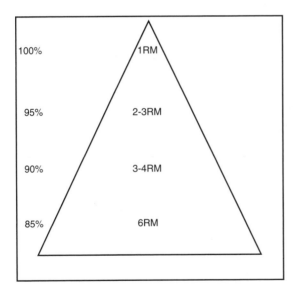

Figura 3.1 Um exemplo do padrão de carga pirâmide. O número de repetições (dentro da pirâmide) refere-se a seu número por sessão de treino.
Reproduzido com autorização de Bompa, 1996.

Pirâmide dupla – A pirâmide dupla consiste em duas pirâmides, uma espelhando a outra (Fig. 3.2). Nesse padrão de carga, começando na parte inferior, a carga aumenta progressivamente até 95% de 1RM e depois diminui de novo para as últimas séries. Observe que, à medida que a carga aumenta, o número de repetições mostrado dentro da pirâmide diminui e vice-versa.

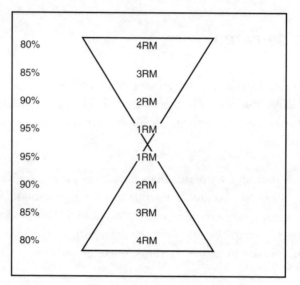

Figura 3.2 Um exemplo do padrão de carga pirâmide dupla.
Reproduzido com autorização de Bompa, 1996.

Pirâmide oblíqua – A pirâmide oblíqua (Fig. 3.3) é uma variação melhorada da pirâmide dupla. Nesse padrão, a carga aumenta constantemente ao longo da sessão, exceto durante a última série, quando é reduzida. A finalidade dessa última série é proporcionar variação e motivação, uma vez que o atleta deve executá-la o mais rápido possível.

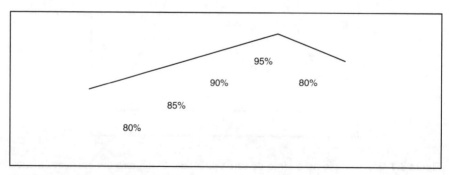

Figura 3.3 Padrão de carga sugerido para a pirâmide oblíqua.
Reproduzido com autorização de Bompa, 1996.

Pirâmide plana – O padrão de carga de pirâmide plana (Bompa, 1999) pode fornecer benefícios máximos de treino (Fig. 3.4). Uma comparação entre as pirâmides tradicionais e a plana explica por que esse é o padrão de carga mais eficaz. Nas pirâmides tradicionais, a carga varia muito, muitas vezes entre 60% e mais de 100% de 1RM. Variações de carga de tal magnitude atravessam três fronteiras de intensidade (carga) – média, pesada e máxima.

Para produzir hipertrofia, a carga deve variar entre 60 e 80% de 1RM, considerando que para a força máxima a carga deve ser de 80 a mais de 100%

de 1RM. A pirâmide plana oferece a vantagem fisiológica de proporcionar uma melhor adaptação neuromuscular para um determinado tipo de treino de força, porque mantém a carga dentro de um mesmo nível de intensidade. Isso impede que o corpo se confunda com várias intensidades diferentes.

A pirâmide plana começa com uma série de aquecimento (60% de 1RM) e, em seguida, a carga estabiliza para todo o exercício em 70% de 1RM. Outra série em 60% de 1RM pode ser realizada no final de cada exercício para acrescentar variedade. Variações da pirâmide plana são possíveis dependendo da fase e do objetivo do treino, desde que a carga permaneça dentro dos limites da intensidade necessária para uma determinada fase:

70% – 80% – 80% – 80% – 80% – 70%
80% – 90% – 90% – 90% – 90% – 80%
85% – 95% – 95% – 95% – 95% – 85%

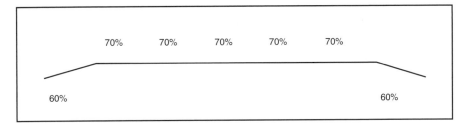

Figura 3.4 Um exemplo do padrão de carga pirâmide plana.
Reproduzido com autorização de Bompa, 1996.

Repetições por série

Praticantes do treinamento de força e fisiculturistas que seguem os métodos tradicionais em relação ao número de repetições realizadas por série – ou seja, aqueles que frequentam a academia todos os dias e sempre fazem séries de 8 a 12 – ficarão chocados com os números recomendados na Tabela 3.2. Poucas pessoas pensaram em realizar séries de 150 repetições. Altas repetições dessa natureza devem ser executadas durante a fase DM, quando você está tentando aumentar a massa muscular magra a fim de se preparar para apresentações ou competições. Lembre-se: cada fase de treinamento é diferente e requer uma abordagem individual para intervalos de recuperação, número de repetições e ordem de exercícios.

Tabela 3.2 Número de repetições apropriadas para cada fase de treinamento

Fase de treinamento	Objetivo do treino	Número de repetições
Força máxima	Aumentar a força e o tônus musculares	1-7
Hipertrofia	Aumentar o tamanho muscular	6-12
Resistência muscular	Aumentar a definição	30-150

Velocidade do movimento

A velocidade do movimento é um importante componente de força e treino de musculação. Para melhores resultados, alguns tipos de trabalho devem ser executados rapidamente, enquanto outros devem ser realizados em um ritmo médio. A velocidade com a qual você pretende levantar peso, no entanto, não é necessariamente refletida na aparência do movimento. Por exemplo, quando você levantar uma carga pesada de 90% de 1RM, o movimento realizado pode parecer lento; no entanto, a força contra a resistência deve ser aplicada logo que possível. Somente sob essa condição você será capaz de sincronizar e recrutar todas as unidades motoras necessárias para vencer a resistência.

As fibras musculares de contração rápida são recrutadas para ação somente quando a aplicação da força é rápida e vigorosa. Geralmente, você pode manter a velocidade ideal durante a primeira metade de uma série. Uma vez que a fadiga se manifesta, muitas vezes a velocidade diminui, e muita concentração mental é necessária para completar o número desejado de repetições.

Número de séries

Uma série representa o número de repetições de exercícios, seguido por um intervalo de recuperação. O número de séries prescrito por exercício e sessão de treino depende de vários fatores, incluindo quantos exercícios são realizados em uma sessão de treino, a fase do treinamento, quantos grupos musculares você deseja treinar e qual seu nível de experiência.

De fisiculturista a estrela de cinema, o ex-governador da Califórnia Arnold Schwarzenegger encontra tempo para manter a forma e motivar outros atletas.

Exercícios em uma sessão de treino – À medida que o número de exercícios aumenta, o número de séries por exercício diminui – porque, conforme a energia e o potencial de trabalho diminuem, a capacidade de realizar vários exercícios e repetições para um número muito elevado de séries é reduzida. Quando o potencial de trabalho melhora, no entanto, o número tolerado de séries por exercício também irá melhorar.

Fase de treinamento – Como explicado no Capítulo 2, um atleta passa por várias fases de treino durante um ano. Cada fase tem um objetivo específico relacionado à criação da melhor forma corporal possível. Na fase de adaptação, na qual o objetivo do treino é apenas total adaptação, o número de séries por exercício não é alto (duas ou três). Na fase de hipertrofia, no entanto, na qual o objetivo é aumentar o tamanho do músculo, é necessário realizar o maior número de séries que você consiga.

Grupos musculares trabalhados por sessão – Se estiver trabalhando apenas um ou dois grupos musculares em uma determinada sessão de treino, você pode executar mais séries por grupo muscular do que se estivesse treinando três ou quatro grupos musculares. Mas, ao selecionar os grupos por sessão de treino, você deve considerar quantas sessões são planejadas por semana e quanto tempo pode dedicar a cada treino. Quanto mais sessões de treino tiver em cada semana, menos grupos musculares exigirão sua concentração em cada uma. Se houver limitações de tempo, use exercícios multiarticulares (combinados).

Experiência de fisiculturista – A classificação do fisiculturista (i. e., iniciante, recreacional ou avançado) também desempenha um papel importante em determinar o número de séries incluídas na sessão de treino. Ao se tornar mais experiente e alcançar um alto estado de adaptação, você pode executar mais séries por parte do corpo em cada treino. Por exemplo, enquanto um fisiculturista avançado pode se preparar para uma competição realizando 20 ou 30 séries para dois ou três grupos musculares, um atleta recreacional pode treinar os mesmos grupos musculares com apenas 15 ou 20 séries.

Intervalo de recuperação – A energia é fundamental no fisiculturismo. O tipo de sistema de energia usado durante um determinado exercício varia de acordo com a fase de treinamento (p. ex., hipertrofia *versus* definição muscular), a carga utilizada e a duração da atividade. Treino de alta intensidade pode esgotar completamente sua energia armazenada. Para completar o treino, você deve estabelecer um intervalo de recuperação (IR) entre cada série para reabastecer o combustível gasto antes de executar a próxima série.

Fisiculturistas devem perceber que o IR e a restauração da energia entre séries e sessões de treino são tão importantes quanto o treino em si. A quantidade de tempo permitido entre séries determina, em um grau elevado, a medida em que será reabastecida a fonte de energia antes da próxima série. Um planejamento cuidadoso do IR é essencial se você quiser evitar um estresse fisiológico e psicológico desnecessário durante o treino.

Passos para a elaboração de um programa de treinamento

Fisiculturistas e praticantes do treinamento de força devem compreender as metas que estão tentando alcançar. Você pode criar um programa de treino eficaz usando as seguintes etapas.

1. Selecione o tipo de força desejado – O treino de força deve ser específico à fase e projetado para atender as necessidades do indivíduo. Defina o porcentual adequado de 1RM que deve ser usado e o número de repetições e séries com base no tipo de força desejado. Os ganhos do treino de força que os fisiculturistas e atletas variados tentam alcançar podem ser específicos para um esporte ou concentrados na força total do corpo na transição para ganhos musculares maiores durante a fase de hipertrofia. Detalhes sobre os métodos de treino e progressão são apresentados na Parte IV.

Laura Creavalle e Sharon Bruneau exibem sua boa forma.

2. Selecione os exercícios – Identifique os motores primários. A seguir, selecione os exercícios que melhor estimulem esses músculos para atender a suas necessidades individuais. Essas necessidades podem depender de seu histórico ou base, de seus pontos fortes e fracos ou do desenvolvimento desproporcional entre seus grupos musculares e partes do corpo. Por exemplo, você pode ter tendência a desenvolver pernas robustas rapidamente, enquanto sua parte superior leva mais tempo para crescer. Então, selecione exercícios para compensar a parte mais fraca, a fim de incentivar o crescimento e restabelecer a simetria.

A seleção de exercícios também é específica para a fase. Por exemplo, durante a fase de adaptação anatômica, a maioria dos grupos musculares é trabalhada a fim de desenvolver uma melhor base global, enquanto na fase de definição muscular o treino torna-se mais específico e os exercícios são selecionados com foco nos motores primários.

3. Teste sua força máxima – Saber sua 1RM para cada exercício é fundamental para o conceito de periodização, uma vez que cada treino é planejado usando porcentuais de 1RM. Se por algum motivo você não conseguir testar a 1RM para cada exercício, tente testar pelo menos o do exercício dominante dentro do programa de treino. Muitas vezes, praticantes do treinamento de força escolhem aleatoriamente a carga e o número de repetições, ou seguem os programas de outros em vez de usar seus próprios dados específicos. Dado que a melhoria contínua em força máxima, capacidade de recuperação, técnicas e outros fatores de levantamento ocorrem de fase a fase, quaisquer dados que não sejam relacionados à 1RM para cada exercício são válidos por apenas um curto período.

Entre alguns membros do mundo do fisiculturismo, existe uma crença infundada de que o teste de 1RM é perigoso. Alguns treinadores defendem que uma lesão ocorrerá se um atleta levantar o peso em um esforço máximo. No entanto, um atleta devidamente treinado pode levantar 100% uma vez em um período de quatro semanas sem perigo. Tenha em mente, porém, que um aquecimento muito aprofundado e progressivo deve preceder qualquer teste de 1RM. Se um atleta ainda reluta para testar o esforço máximo, outra opção é testar 3RM ou 5RM (i. e., peso máximo que pode ser levantado três ou cinco vezes antes da exaustão) e então concluir qual seria a 1RM. (Consultar Apêndice C para gráfico que informa a 1RM estimada para valores submáximos.)

4. Desenvolva o programa de treinamento real – A quarta etapa é desenvolver o programa de treino real. Neste ponto, você sabe quais exercícios devem ser executados, a 1RM para cada um deles e o tipo de força a ser desenvolvido. Com essas informações, você pode selecionar o número de exercícios, o porcentual de 1RM, o número de repetições e o número de séries.

No entanto, esse programa não pode ser o mesmo, para toda fase de treinamento. A demanda do treino deve ser aumentada progressivamente, para que você seja forçado a adaptar-se a aumentar as cargas de trabalho — tal adaptação é necessária para aumentar o tamanho do músculo, o tônus e a força. Você pode aumentar a demanda de treino por qualquer um dos seguintes meios: aumentar a carga, diminuir o intervalo de recuperação, aumentar o número de repetições ou aumentar o número de séries.

A Tabela 3.3 ilustra um programa hipotético para demonstrar como definir o seu próprio programa. Antes de olhar para o gráfico, certifique-se de que entende a notação usada para expressar o número de séries, o número de repetições e a carga. Por exemplo, a seguinte descrição

$$80/10 \times 4$$

representa a carga e o número de repetições e séries. O número 80 representa a carga como um porcentual de 1RM, de modo que o atleta está levantando uma carga que é 80% de 1RM. O número 10 significa o número de repetições por série e o número 4 representa o número de séries.

Embora muitos livros e artigos sobre esse assunto tomem a liberdade de prescrever a carga em libras ou quilogramas a serem usados, observe que não é o nosso caso. Não faz muito sentido que alguém possa sugerir legitimamente o peso que um atleta deve usar sem saber nada sobre ele. A carga deve ser sugerida como um porcentual de 1RM. Isso permite que praticantes do treinamento de força e fisiculturistas calculem individualmente a carga para cada exercício de acordo com seu próprio potencial e dentro dos requisitos de uma fase determinada do treino.

A primeira coluna da Tabela 3.3 lista os exercícios por número ou pela ordem na qual são realizados durante a sessão de treino. A segunda coluna lista os exercícios. A terceira coluna mostra o número de séries, o número de repetições e a carga. A última coluna informa o IR necessário após cada série.

Tabela 3.3 Programa de treino hipotético para ilustração do plano

Nº do ex.	Exercício	Carga/nº de repetições × séries	IR (min)
1	*Leg press*	80/6 × 4	3
2	Supino reto	75/8 × 4	3
3	Flexão da perna	60/10 × 4	2
4	Meio agachamento	80/8 × 4	3
5	Flexão abdominal	15 × 4	2
6	Levantamento terra	60/8 × 3	2

Reproduzido com autorização de Bompa, 1996.

5. Efetue um teste para recalcular a 1RM – Finalmente, faça o teste para recalcular a 1RM. Outro teste de 1RM é necessário antes do início de cada nova fase para garantir que o progresso seja identificado e que as novas cargas baseiem-se nos novos ganhos em força.

Ciclos de treino

Um bom programa de musculação melhora a definição, o tônus, a densidade e o tamanho do músculo. Um programa de treino é bem-sucedido somente quando apresenta as seguintes características:
- Integra um plano maior;
- É baseado no conhecimento científico disponível no campo;
- Usa periodização como uma diretriz para o planejamento de treino durante todo o ano.

O programa deve ter objetivos de curto e longo prazos adequados a cada fase. Cada fase de treinamento tem seus próprios objetivos, portanto, é necessário desenvolver os programas diários e semanais para cumprir esses objetivos, sempre coincidindo com o plano global.

O desenvolvimento de um plano com metas de curto e longo prazos deve considerar o histórico, o potencial físico e a taxa de adaptação de um indivíduo aos desafios fisiológicos impostos pelo treinamento. Nos Capítulos 12 a 17, apresentamos vários tipos de planos. Uma vez que a teoria de planejamento é muito complexa, discutimos o planejamento anual apenas no que se refere à musculação.

Sessão de treino

A sessão de treino, ou programa diário, inclui um aquecimento, o treino principal e a volta à calma. Cada uma dessas três partes da sessão de treino tem seus próprios objetivos. A primeira parte prepara para o treino planejado para aquele dia; o trabalho ocorre na segunda ou principal parte do treino; e a terceira parte desacelera seu corpo e acelera sua recuperação antes da próxima sessão.

Aquecimento – A finalidade do aquecimento é prepará-lo para o programa a seguir. Durante o aquecimento, sua temperatura corporal sobe, acentuando o transporte de oxigênio e prevenindo, ou pelo menos reduzindo, lesões nos ligamentos, músculos e tendões. Também estimula a atividade do sistema nervoso central, que coordena todos os sistemas do corpo, acelera reações motoras por meio de transmissão mais rápida de impulsos nervosos e melhora a coordenação. Para o treino de força e a musculação, o aquecimento consiste em duas partes.

A estrela do fitness Kasia Sitarz sempre faz aquecimento antes de uma sessão intensa de treino.

1. **Aquecimento geral (10 a 12 minutos).** Essa parte consiste em uma corrida leve, andar de bicicleta ou subir escadas, seguido de exercícios de alongamento. Isso prepara os músculos e tendões para o treino, aumentando o fluxo sanguíneo e a temperatura corporal. Durante esse tempo, você pode se preparar mentalmente para a parte principal da sessão de treino visualizando os exercícios a serem executados e motivando-se para o eventual esforço em sua realização.

2. **Aquecimento específico (3 a 5 minutos).** Essa parte é um período curto de transição que consiste em executar algumas repetições de cada exercício planejado usando cargas significativamente mais leves. Isso prepara o corpo para o trabalho específico a ser feito durante a parte principal do treino.

Treino principal – Essa parte da sessão de treino é dedicada a executar os exercícios de musculação. Para melhores resultados, crie o programa diário bem antes do treino e anote-o em um papel ou, melhor ainda, em uma agenda de atividade. Conhecer o programa antecipadamente é um benefício psicológico, porque permite que você se motive melhor e concentre-se com mais clareza na tarefa em questão.

A duração de uma sessão de treino depende do tipo de força a ser desenvolvido e da fase de treinamento específica de seu modelo de periodização. Por exemplo, sessões de treinos mais longos são necessárias para a fase de hipertrofia, porque há muitas séries para completar. Como resultado, um treino de hipertrofia pode durar até duas horas, especialmente se houver um grande número de exercícios. Exercícios multiarticulares são benéficos em um treino de hipertrofia porque poupam tempo.

A duração recomendada de um treino, tanto específico para esportes quanto para musculação, mudou drasticamente ao longo dos anos. De 1960 para o início da década de 1970, a duração dos exercícios sugeridos foi muitas vezes de 2,5 a 3 horas. Os resultados de inúmeras investigações científicas tiveram uma influência considerável na duração recomendada de um treino, demonstrando que você pode ter mais benefícios ao longo de três sessões de treino de uma hora do que durante um treino de três horas. No caso de treinamento de força e musculação, treinos mais longos resultam em uma mudança hormonal. Especificamente, os níveis de testosterona são reduzidos, promovendo a degradação (catabolismo) das proteínas, o que tem um efeito negativo no desenvolvimento muscular.

O tipo de treinamento de força ou musculação define, em um grau muito elevado, a duração de um treino. Também é importante perceber que os intervalos de recuperação empregados influenciam bastante a duração de uma sessão de treino. As seguintes durações são sugeridas para cada tipo de sessão de treino de força:

- 1 a 1,25 hora para adaptação anatômica e condicionamento geral.
- 1 a 2 horas para o treino de hipertrofia.
- 1 a 1,5 hora para treinamento de força máxima.
- 1,5 hora para treinamento de definição muscular.

Volta à calma – Assim como o aquecimento é um período de transição, para levar o corpo de seu estado biológico normal a um estado de alta estimulação, a volta à calma é um período de transição que produz o efeito oposto. A função da volta à calma é trazer o corpo progressivamente de volta a seu estado normal de funcionamento.

Uma volta à calma de 10 a 25 minutos consiste em atividades que facilitem a rápida recuperação e regeneração. Depois de um treino pesado, os músculos estão exaustos, tensos e rígidos. Para superar isso, você deve permitir a recuperação muscular (ver Cap. 4). Ir para o chuveiro imediatamente após o último exercício, apesar de tentador, não é a melhor atitude.

A remoção de ácido lático do sangue e dos músculos é necessária se os efeitos da fadiga devem ser eliminados rapidamente. A melhor maneira de conseguir isso é com a realização de 10 a 25 minutos de atividade aeróbia contínua e leve, como corrida, ciclismo ou remo, que fará com que o corpo continue a transpirar. Isso removerá cerca de metade do ácido lático do sistema e auxiliará em uma recuperação mais rápida entre as sessões de treinamento. Lembre-se: quanto mais rapidamente você se recuperar, maior a quantidade de trabalho que poderá executar na próxima sessão de treino.

Microciclo

O microciclo é o programa de treino semanal e provavelmente a ferramenta mais importante no planejamento. Ao longo do plano anual, a natureza e a dinâmica dos microciclos mudará de acordo com a fase do treino, os objetivos e as demandas fisiológicas e psicológicas do treinamento. Fisiculturistas bem organizados também devem considerar com seriedade as variações de carga. O trabalho, ou a sobrecarga total por microciclo, é aumentado principalmente pelo aumento do número de dias de treino por semana. O total de trabalho por semana segue o princípio do tipo de carga por degrau.

Capítulo 3 Desenvolvimento do programa perfeito

Padrões de carga – Em razão de teorias não científicas – como "sem dor, não há resultados" e sobrecarga – que têm dominado a categoria de fisiculturismo e musculação, a maioria dos atletas acredita em esforço intenso todos os dias, independentemente da temporada. Não é surpreendente que a maioria deles constantemente se sinta exausta e frustrada porque não obtém os ganhos esperados, e muitos desistem porque deixam de sentir prazer no esporte. Para evitar tais resultados indesejados, os atletas precisam seguir o padrão de carga em degraus, além de intensidades alternativas dentro de cada microciclo. As Figuras 3.5 a 3.7 ilustram variações de intensidade baixa, média e alta. (Esses três microciclos também representam os três primeiros microciclos de cada um dos macrociclos mostrados nas Figuras 3.9 e 3.10. Consulte a seção de macrociclo na sequência.) Outras variações são possíveis, dependendo das circunstâncias individuais.

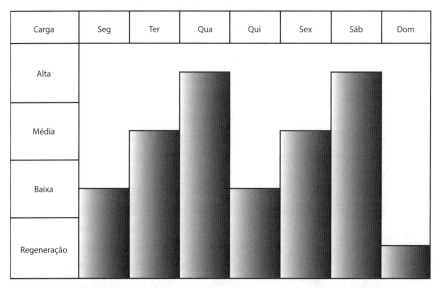

Figura 3.5 Um microciclo de baixa intensidade.
Reproduzido com autorização de Bompa, 1996.

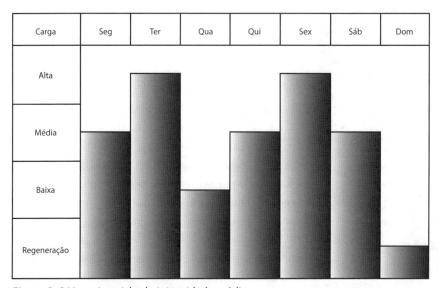

Figura 3.6 Um microciclo de intensidade média.
Reproduzido com autorização de Bompa, 1996.

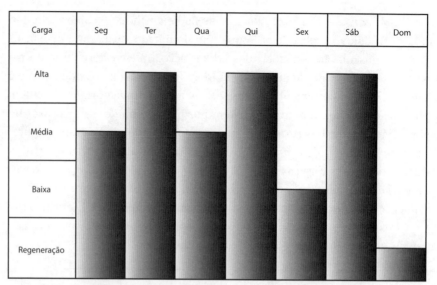

Figura 3.7 Um microciclo de alta intensidade.
Reproduzido com autorização de Bompa, 1996.

Durante os treinos de força máxima necessários para desenvolver um corpo como este, o sistema de energia esgotado (ATP-CP) pode ser reposto em aproximadamente 24 horas.

Qualquer variação de microciclo inclui dias de baixa intensidade, que são fundamentais no treinamento — pois não só ajudam a alcançar a recuperação e a supercompensação (consulte a seção Supercompensação mais adiante, neste capítulo), mas também ajudam a prevenir o sobretreinamento, tão comum entre os fisiculturistas que seguem a tradicional filosofia "sem dor, não há resultados". Os atletas podem legitimamente questionar o papel dos dias de baixa intensidade, mas eles servem a um propósito valioso. O corpo usa os combustíveis adenosina trifosfato (ATP) e fosfocreatina (CP), que são reabastecidos a partir de proteína e gordura (gliconeogênese). Para exercícios de alta intensidade que consistem em sessões de poucas repetições e intervalos de recuperação de 2 a 3 minutos, que são típicos do treino de força máxima, o sistema ATP-CP fornece a energia. Nessas condições, os depósitos da energia podem ser repostos em 24 horas, o que significa que o treino do dia seguinte também pode ser de alta intensidade.

Toda sessão de treino de alta intensidade, no entanto, cria tensão fisiológica e estresse mental ou psicológico, causados pela intensa concentração necessária para sustentar cargas desafiadoras. Consequentemente, depois de um treino como esse, os atletas devem estar preocupados com duas coisas: (1) se os seus depósitos de energia serão reabastecidos antes do próximo treino e (2) se estarão mentalmente prontos para a próxima sessão. Esses fatores fazem com que seja necessário planejar com antecedência os dias de baixa intensidade após

1 ou 2 dias de treinamento intenso, tais como os dias de baixa intensidade mostrados nas Figuras 3.5 a 3.7.

A Figura 3.8 apresenta outra opção de planejamento de um microciclo, em que dois dias de alta intensidade são planejados de forma paralela. Observe que esse tipo de microciclo é apenas para praticantes do treinamento de força altamente experientes e fisiculturistas que tenham uma elevada resposta adaptativa e que sejam capazes de tolerar a intensa sobrecarga fisiológica e psicológica.

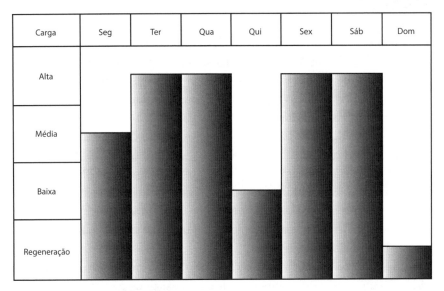

Figura 3.8 Uma sugestão de microciclo para a terceira etapa de alta intensidade de um macrociclo para fisiculturistas e praticantes do treinamento de força experientes.
Reproduzido com autorização de Bompa, 1996.

Se, no entanto, a sessão consiste em séries de muitas repetições, conforme proposto para a fase de definição do músculo, ou se o treino é especialmente longo (2 a 3 horas), a quebra e oxidação da gordura corporal fornecem uma grande parte do combustível. Após esses exercícios longos e cansativos, a restauração completa de glicogênio frequentemente leva 48 horas. A mesma duração de tempo é necessária para a síntese de proteína, o que significa que apenas depois de 48 horas o mesmo grupo muscular estará pronto para mais um treino. A Figura 3.7 sugere uma estrutura de microciclo apropriada para esse tipo de treinamento.

Frequência de treinamento – A frequência das sessões de treino depende da classificação, da fase de treinamento e do histórico do atleta. Fisiculturistas recreacionais devem introduzir o treino de forma progressiva. No começo, podem planejar duas sessões relativamente curtas de treinamento de força por microciclo. Uma vez que esse regime de treino é adotado com facilidade, a frequência pode ser aumentada gradualmente para 3 ou 4 sessões por microciclo. Atletas de alto nível que participam de competições podem planejar de 6 a 10 sessões de treino por microciclo.

Conforme apresentado na Parte III, o número de sessões de treino também depende da fase do plano: 3 a 5 para adaptação anatômica, 4 a 6 ou ainda mais para fisiculturistas e praticantes do treinamento de força profissionais e 6 a 10 nas fases de força máxima e hipertrofia.

O histórico do atleta e a tolerância à atividade física resultante são fatores importantes para determinar a frequência de sessões de treino por microciclo. É natural que atletas bem treinados com 2 a 3 anos de experiência possam treinar com facilidade pelo menos quatro vezes por microciclo, o que se traduz em melhorias visíveis em tamanho e tônus musculares. Esses atletas podem tolerar mais esforço do que os iniciantes.

Macrociclo

Para planejar um programa, você deve entender como o microciclo se encaixa em uma fase de treinamento mais longa – ou seja, o macrociclo, ou quatro semanas de treino – e como planejar a carga de treinamento por microciclo. Aumentos de carga dentro do macrociclo devem seguir uma progressão com base em etapas. A Figura 3.9 ilustra a abordagem padrão para incrementos de carga para os microciclos dentro de um macrociclo. No que se refere à intensidade, os macrociclos seguem o princípio de carga em degraus. A carga aumenta progressivamente ao longo de três microciclos (semanas) e então é reduzida para um ciclo de regeneração, para facilitar a recuperação e a reposição de energia antes de outro macrociclo começar. (As Figs. 3.5, 3.6 e 3.7 fornecem exemplos adequados de como planejar os três primeiros microciclos da Fig. 3.9.)

Com base no modelo mostrado na Figura 3.9, a Figura 3.10 apresenta um exemplo prático, sugerindo aumentos de carga e usando a notação explicada neste capítulo. A figura ilustra que o esforço, ou o estresse total no treino, aumenta em etapas, com o ponto mais alto ocorrendo na etapa 3. (As Figs. 3.5, 3.6 e 3.7 fornecem exemplos adequados de como planejar os três primeiros microciclos da Fig. 3.10.) A etapa 4 é um ciclo de regeneração em que a carga e o número de séries são reduzidos. Isso diminui a fadiga que se desenvolveu durante as três primeiras etapas e permite que o corpo reabasteça seus depósitos de energia. A etapa 4 também permite que o atleta relaxe a mente.

Para aumentar o esforço da etapa 1 para a etapa 3, há duas opções: (1) aumento da carga (sendo a mais alta na etapa 3) ou (2) aumento do número de séries (de 5 séries totais na etapa 1 para 7 séries totais na etapa 3). Nesse exemplo, ambas as opções são usadas ao mesmo tempo – uma abordagem adequada para atletas com base sólida em treino. Outras opções irão atender às necessidades de diferentes classificações. Atletas iniciantes, por exemplo, têm dificuldade de tolerar maiores cargas e aumento do número de séries, por isso, é mais importante para eles aumentar o número de exercícios. Essa abordagem desenvolverá seu sistema muscular como um todo e auxiliará na adaptação dos ligamentos e tendões ao treinamento de força.

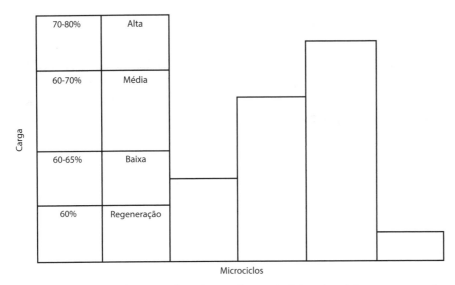

Figura 3.9 Aumento da carga de treino ao longo de três microciclos e regeneração, criando um macrociclo.
Reproduzido com autorização de Bompa, 1996.

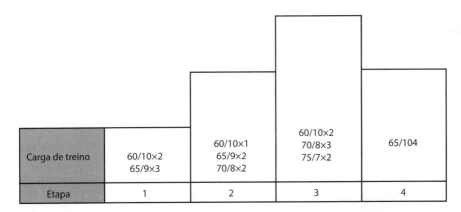

Figura 3.10 Exemplo prático de aumentos de carga ao longo de um macrociclo.
Reproduzido com autorização de Bompa, 1996.

Supercompensação

A supercompensação é o estado de excitação fisiológica e psicológica que idealmente ocorre antes de um dia de treino de alta intensidade. Ela somente será possível, no entanto, se o esforço e a regeneração ocorrerem no tempo certo. Os erros de adequação do tempo certo transformam exercícios de alta carga em sessões extenuantes. A Figura 3.11 ilustra o ciclo de supercompensação de uma sessão de treino.

Em condições normais de repouso e dieta adequada, um indivíduo está em estado de equilíbrio (homeostase). Como ilustra a Figura 3.11, certo nível de fadiga é atingido durante e ao final de uma sessão de treino. Essa fadiga é causada por esgotamento dos depósitos de combustível, acúmulo de ácido lático nos músculos em funcionamento e estresse psicológico. A queda abrupta da curva de homeostase ilustra a redução da capacidade funcional para realizar esforço de alta qualidade, a depleção de ácidos graxos livres e o fato de que os músculos estão em um estado de catabolismo, ou um estado de

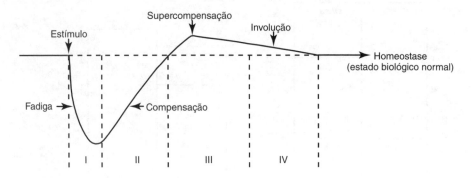

Figura 3.11 Ciclo de supercompensação de uma sessão de treino.
Reproduzido com autorização de Bompa, 1983.

pós-treino de degradação proteica. Os níveis de insulina, que aumentam a taxa de transporte de glicose para os músculos em funcionamento, são reduzidos no sangue.

O tempo entre o final de uma sessão e o início de outra é a fase de compensação, durante a qual as fontes bioquímicas de energia são reabastecidas. O retorno da curva em direção ao estado biológico normal, ou homeostase, é lento e progressivo, indicando que a reposição dos depósitos de energia perdidos requer várias horas. Se o intervalo de recuperação entre duas sessões de treino de alta intensidade é planejado corretamente, as fontes de energia (ATP-CP) são totalmente repostas, e o corpo adquire também algumas reservas de combustível. Essa recarga de energia coloca atletas em um estado de supercompensação e fornece a energia necessária para treinar mais pesado. Além disso, o estado de compensação representa o início do estado anabólico dos músculos, quando a proteína é ressintetizada e os níveis de insulina do sangue voltam ao normal. Essa fase de compensação é essencial para a adaptação ao treino e, consequentemente, para melhorar a definição, o tônus e o tamanho do músculo.

Se o tempo entre dois exercícios é muito longo, a supercompensação desaparecerá (involução), resultando em pouca ou nenhuma melhoria na capacidade de esforço. O intervalo de recuperação ideal necessário para a supercompensação varia de acordo com o tipo e a intensidade do treino, conforme mostra a Tabela 3.4.

A maneira como as cargas são planejadas afeta diretamente a resposta do corpo ao treino. Por exemplo, se um atleta segue a filosofia de que é preciso levantar a carga mais pesada possível todos

Um corpo bem abastecido e descansado pode desafiar seus limites para alcançar resultados máximos.

Tabela 3.4 Tempo necessário para que a supercompensação ocorra após diferentes tipos de treinamento

Tipo de treinamento	Sistema de energia	Tempo necessário para supercompensação (horas)
Aeróbio (cardiorrespiratório)	Glicogênio, gorduras	6-8
Força máxima	ATP-CP	24
Hipertrofia, definição muscular	Glicogênio	36

os dias e a intensidade de seu treinamento por microciclo não varia, a curva da supercompensação sofre alteração drástica. Nessas condições, o corpo nunca tem tempo para reabastecer sua energia armazenada e se aproxima da exaustão a cada treino. A Figura 3.12 ilustra o que acontece ao corpo e ao potencial de treinamento quando um treino exaustivo contínuo é empregado por um período prolongado.

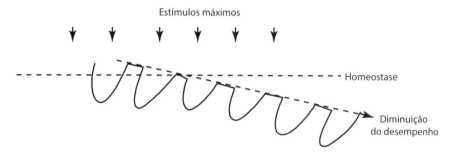

Figura 3.12 Efeito do treino com sobrecarga contínua sobre o corpo e a capacidade de esforço.
Reproduzido com autorização de Bompa, 1983.

Nessa figura, podemos ver que ainda é possível alcançar a supercompensação durante os primeiros 2 ou 3 dias de sobrecarga constante porque a fadiga ainda não afetou o potencial total do corpo. À medida que o treino com sobrecarga constante prossegue, no entanto, a fadiga aumenta, afastando o corpo ainda mais de seu estado de equilíbrio (homeostase). Após cerca de 3 ou 4 dias, cada treino começa em um estado de fadiga residual. Nessa fase, a supercompensação nunca é alcançada, e a capacidade de treino e o potencial de crescimento do fisiculturista são inibidos. Por fim, o atleta atinge um nível muito alto de exaustão e um muito baixo de motivação. A partir desse ponto, sobretreinamento e esgotamento estão a apenas alguns passos de distância.

Em comparação, quando o indivíduo alterna dias de treinamento pesado com dias de treino leve, como sugerem as Figuras 3.5 a 3.7 (pp. 4.1-4.2), e segue o princípio de carga em degraus, a curva de supercompensação forma um padrão de onda que paira em torno e acima do nível de homeostase do corpo, conforme ilustrado na Figura 3.13. Reservas de energia são continuamente repostas, e o corpo não está se esforçando para operar em um estado de exaustão ou fadiga. Quando o corpo está descansado e cheio de combustível, pode ser elevado a níveis de desempenho nunca imaginados antes.

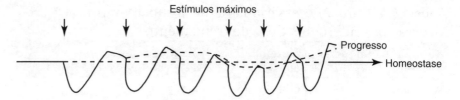

Figura 3.13 Alternância de treinos pesados com exercícios de baixa e média intensidade produz uma curva de progresso em forma de onda.
Reproduzido com autorização de Bompa, 1983.

Treinando dessa forma, você pode esperar que a supercompensação ocorra a cada 2 a 4 dias.

Melhorias em seu potencial de trabalho e sensação de bem-estar geral ocorrem principalmente nos dias em que se vivencia a supercompensação. Essa também é a ocasião em que o crescimento e o tamanho dos músculos sofrem aumento. Uma vez que todo fisiculturista e treinador de força desejam esses resultados positivos, você deve planejar cuidadosamente seu programa para que treinos pesados e intensos sejam seguidos por um dia leve que incentive a supercompensação.

Rotinas de divisão

Embora rotinas de divisão sejam uma necessidade para fisiculturistas seriamente comprometidos, não são necessariamente adequadas para atletas recreacionais, cujo objetivo é uma aparência saudável, forte e tonificada. Esses praticantes recreacionais provavelmente obterão os melhores resultados treinando três vezes por semana com uma rotina que abranja o corpo todo.

Uma aparência esportiva forte e atraente pode ser conquistada com rotinas que envolvam o corpo inteiro, em vez das rotinas de divisão preferidas por muitos fisiculturistas radicais.

Atletas mais sérios treinam com muita frequência, de 4 a 6 vezes por semana, mas é difícil desafiar os mesmos músculos em sessões de treino consecutivas. As rotinas de divisão permitem que esses atletas treinem os vários grupos musculares a cada 2 dias, mais ou menos, para garantir melhor recuperação entre os treinos. A Tabela 3.5 é um exemplo clássico de uma rotina de divisão em 6 dias. Muitos atletas acreditam que um programa como a clássica rotina de divisão, que treina cada grupo muscular duas vezes por semana, é suficiente para estimular uma resposta adaptativa ideal para o treinamento. Outros acreditam que o treino de um grupo muscular até a exaustão somente uma vez por semana é estímulo suficiente para os ganhos desejados na definição, no tônus e no tamanho do músculo.

Questionamos seriamente essas duas formas de pensamento: duas vezes por semana não é suficiente. Para melhorias contínuas, os exercícios devem *desafiar constantemente* seu presente estado de adaptação. Para provocar uma nova resposta adaptativa, você deve aumentar progressivamente a carga de treino utilizando o método de carga em degraus. Dependendo da carga utilizada, essa abordagem irá estimular um aumento no tamanho do músculo, ou um aumento do tônus e da força. Fisiculturistas competidores devem trabalhar alguns grupos musculares três vezes por semana durante certas fases do treinamento. (Observe que isso é viável apenas se você diminuir o número de séries e exercícios por grupo muscular para o menor nível realisticamente possível, a fim de garantir que sua energia seja gasta de forma mais eficaz.) A Tabela 3.6 sugere o número de séries para cada músculo ou grupo muscular por treino. Essas sugestões aplicam-se aos atletas recreacionais com experiência de 2 a 3 anos e para fisiculturistas e praticantes de treinamento de força avançados e profissionais.

A divisão de 6 dias de alta resposta adaptativa descrita na Tabela 3.7 treina cada parte do corpo três vezes por semana e permite a cada grupo muscular 48 horas de recuperação antes do próximo treino. A mesma abordagem pode ser adotada em uma rotina de divisão dupla. A Tabela 3.8 mostra uma das muitas combinações possíveis.

Embora a maioria dos fisiculturistas acredite que a rotina de divisão permite recuperação sufi-

Tabela 3.5 Divisão clássica de 6 dias

Dia	Parte do corpo
1	Coxas, panturrilhas e ombros
2	Peitoral e bíceps
3	Dorsais e tríceps
4	Coxas, panturrilhas e ombros
5	Peitoral e bíceps
6	Dorsais e tríceps
7	Descanso

Tabela 3.6 Séries sugeridas por sessão de treino

Músculo	Número de séries por treino
Peitoral	8
Dorsais	10
Quadríceps	6
Isquiotibiais	4-6
Panturrilhas	6-8
Bíceps	6
Tríceps	6
Ombros	10-12
Abdominais	6

O belo físico esculpido de Laura Creavalle é atribuído a seu programa de treino periodizado bem estruturado.

Tabela 3.7 Divisão de 6 dias de alta resposta adaptativa

Dia	Parte do corpo
1	Peitoral, dorsais e braços
2	Coxas, panturrilhas, ombros e abdominais
3	Peitoral, dorsais e braços
4	Coxas, panturrilhas, ombros e abdominais
5	Peitoral, dorsais e braços
6	Coxas, panturrilhas, ombros e abdominais
7	Descanso

Tabela 3.8 Divisão dupla de 6 dias de alta resposta adaptativa

Dia	Período	Parte do corpo
1	Manhã	Coxas e panturrilhas
	Tarde	Peitoral e bíceps
2	Manhã	Ombros e tríceps
	Tarde	Dorsais e abdominais
3	Manhã	Coxas e panturrilhas
	Tarde	Peitoral e bíceps
4	Manhã	Ombros e tríceps
	Tarde	Dorsais e abdominais
5	Manhã	Coxas e panturrilhas
	Tarde	Peitoral e bíceps
6	Manhã	Ombros e tríceps
	Tarde	Dorsais e abdominais
7		Descanso

ciente entre as sessões de treino, essa crença não corresponde à realidade das exigências dos sistemas de energia. Embora uma rotina de divisão ajude a eliminar a fadiga muscular local (o cansaço adquirido por um grupo de músculos trabalhados à exaustão), faz pouco para facilitar a reposição total das reservas de energia do corpo. Se os atletas realizam exercícios exaustivos todos os dias, há depleção das reservas de glicogênio independentemente da adoção de uma rotina de divisão. Lembre-se de que exercícios exaustivos usam glicogênio como fonte de combustível principal, retirando-o dos músculos em exercício e do fígado. O corpo precisa de 48 horas completas para restaurar os níveis de glicogênio e sintetizar proteínas, não podendo operar de forma ideal se houver treino à exaustão a cada 24 horas.

CAPÍTULO 4

Aceleração da recuperação muscular

A recuperação é um dos elementos mais importantes do treinamento bem-sucedido. Atletas que entendem o conceito evitam fadiga crítica e sobretreinamento. Os atletas de força estão constantemente expostos a diversos tipos de cargas de treino, repetições e séries, alguns dos quais podem exceder seu limite de tolerância. Como resultado, a capacidade de adaptar-se à carga de treino desejada diminui, o que reduz o desempenho geral.

Quando atletas se desafiam além de seus limites fisiológicos correm o risco de atingir um estado de fadiga – e quanto maior o nível de fadiga, maiores os prejuízos no treino, como baixa taxa de recuperação, diminuição da coordenação e potência diminuída. Fatores pessoais, como o estresse no trabalho, nos estudos ou em situações sociais, também podem aumentar os níveis de fadiga durante o treino.

Fadiga muscular

A fadiga pode ser definida como uma incapacidade de manter a força e a potência esperadas, o que resulta em capacidade de trabalho reduzida (Maassen, 1997; Powers e Howley, 2009). A fadiga depende de muitos fatores, incluindo o estado individual de aptidão física, a composição do tipo de fibra e a modalidade esportiva. Por exemplo, a fadiga em um atleta que treina a resistência é diferente daquela em um atleta que treina a potência. Estudos transversais revelam que o histórico de treino de atletas de potência e de resistência tem um impacto sobre a organização funcional do sistema neuromuscular (Garrandes et al., 2007). Esses dados demonstram que o funcionamento neuromuscular se ajusta em resposta ao tipo de contração usado com mais frequência na atividade esportiva.

Sistema nervoso central e periférico

A fadiga muscular pode ser dividida em componentes centrais e periféricos. A fadiga do sistema nervoso central (SNC) está relacionada a eventos de entrada neural nos centros superiores do cérebro e nos centros de comando central, bem como

Trevor Butler desafiando os limites da fadiga muscular.

ao recrutamento do conjunto de neurônios motores alfa e aos próprios neurônios motores alfa. A fadiga do SNC resulta de uma redução no número de unidades motoras funcionais envolvidas na atividade ou de uma redução em sua frequência de ativação (Hubal, Rubinstein e Clarkson, 2007). A fadiga do sistema nervoso periférico (SNP) envolve a junção neuromuscular, o processo de acoplamento excitação-contração (EC) (que envolve a ativação da membrana superficial), a propagação dessa ativação dos túbulos T (que traz a ativação para a parte mais interna da célula), a liberação de cálcio e a ativação de elementos contráteis envolvidos na geração de força e potência. Uma função muscular periférica prejudicada poderia resultar de proteínas contráteis danificadas, sarcolema (membrana celular em torno da fibra muscular) danificado, acoplamento excitação-contração interrompido e ambiente intracelular alterado, como a alteração de pH ou níveis de ATP (Hubal, Rubinstein e Clarkson, 2007).

Os sistemas nervosos central e periférico desempenham um papel importante na fadiga, uma vez que a temperatura, bem como os fatores psicológicos (p. ex., incentivo e estresse) podem causá-la. Em um estudo realizado por Nybo (2008), os mecanismos fisiológicos envolvidos na fadiga induzida por hipertermia se relacionam principalmente a alterações no SNC que levam à fadiga central. Segundo Amann et al. (2008), a importância de fatores psicológicos, que eventualmente também envolvem alterações neurobiológicas, e de todos os vários aspectos do metabolismo do músculo esquelético certamente não devem ser negligenciados em relação à fadiga muscular.

O SNC e os SNP têm dois processos básicos para a modulação da função muscular: excitação e inibição. Ao longo do treino, os dois processos se alternam constantemente. Como estímulo, o SNC envia um impulso nervoso para o músculo exercitado, o que ocasiona sua contração e a realização de esforço. A velocidade, a potência e a frequência do impulso nervoso dependem diretamente do estado do SNC.

Os impulsos nervosos são mais eficazes (como evidenciado pelo bom desempenho) quando prevalece a excitação controlada. Quando ocorre o oposto, como resultado da fadiga, a célula nervosa está em um estado de inibição e a contração do músculo é mais lenta e mais fraca. A força de contração se relaciona diretamente à ativação elétrica enviada pelo SNC e ao número de unidades motoras recrutadas; enquanto a fadiga aumenta, diminui o recrutamento de unidades motoras. As células nervosas não podem manter a capacidade de trabalho por um tempo muito longo. Sob a pressão do treino ou exigências da competição, a capacidade de esforço diminui. Se a alta intensidade é mantida apesar da fadiga, as células nervosas assumem um estado de inibição para se protegerem de estímulos externos. A fadiga, portanto, deve ser vista como a maneira de o corpo proteger-se contra danos ao mecanismo contrátil do músculo.

Os músculos esqueléticos produzem força que ativam suas unidades motoras e regulam sua frequência de ativação, e esses fatores devem aumentar progressivamente para aumentar o desempenho da força. O corpo pode neutralizar a fadiga em algum grau que sinaliza às unidades motoras para que mudem sua frequência de ativação, o que permite que os músculos mantenham a força com mais eficácia em um determinado estado de fadiga. Se a duração da contração sustentada máxima aumenta, diminui a frequência de ativação da unidade motora, e a inibição torna-se mais proeminente (Nybo e Nielsen, 2001).

Um estudo demonstrou que, em uma contração voluntária máxima de 30 segundos, a frequência de ativação diminuiu 80% do começo ao fim (Marsden, Meadows e Merton, 1971). Outros estudos relataram uma diminuição nas taxas de ativação da maioria das unidades motoras durante uma tarefa fatigante de curta duração (Deluca e Forrest, 1973; Garland et al., 1994). Um estudo posterior por Adam e Deluca (2005) contradizia essas descobertas demonstrando que essa diminuição inicial foi seguida por um aumento à medida que o músculo continuou a contração e o progresso em direção à exaustão. Um estudo mais recente concluiu que mudanças substanciais na atividade da unidade motora foram encontradas após o exercício excêntrico, que incluiu um aumento na taxa de disparo de unidade motora (Dartnall, Nordstrom e Semmler, 2008). Muitas informações são necessárias, ainda, sobre os mecanismos responsáveis pelas alterações na atividade de unidade motora correlacionada a fadiga muscular induzida por exercício e dano.

Locais de fadiga muscular

A maioria dos resultados de pesquisas aponta para dois locais de fadiga muscular. O neurônio motor é o primeiro. O sistema nervoso transmite impulsos nervosos para as fibras musculares por meio de nervos motores. Um impulso nervoso tem certas características de força, velocidade e frequência. Quanto maior o impulso de força, mais forte a contração do músculo, o que aumenta a capacidade de levantar cargas mais pesadas. Uma vez que a fadiga afeta consideravelmente a força dos impulsos nervosos, o aumento dos níveis de fadiga leva à diminuição da força de contração. Por isso, intervalos de recuperação maiores (IR), de até 7 minutos, são necessários para a recuperação do SNC durante a fase de força máxima.

O segundo local é a junção neuromuscular. Trata-se da ligação do neurônio à fibra muscular que retransmite os impulsos nervosos para o esforço muscular. Esse tipo de fadiga é em grande parte decorrente da maior liberação de neurotransmissores de terminações nervosas (Bigland-Ritchie et al., 1982; Tesch, Colliander e Kaiser, 1986; Kirkendall, 1990). Depois de uma série, um intervalo de 2 a 3 minutos de recuperação geralmente retorna as propriedades elétricas do neurônio a níveis normais. No entanto, depois do esforço de contrações altas (como treino de força máxima), um intervalo de recuperação de mais de 5 minutos é necessário para um descanso suficiente ocorrer.

Fontes metabólicas de fadiga

O complexo ciclo de contração muscular é desencadeado pelo impulso nervoso que despolariza a superfície da membrana da célula muscular e, em seguida, é conduzido à fibra muscular. Isso é seguido por uma série de eventos na qual o cálcio está ligado a filamentos de proteínas (actina e miosina), o que resulta em tensão contrátil. Sugere-se que o local funcional de fadiga seja a conexão entre excitação e contração, originando a redução da intensidade desses dois processos ou diminuição da sensibilidade para ativação. O fluxo de íons de cálcio afeta o mecanismo de acoplamento excitação-contração (Duhamel et al., 2007).

O retículo sarcoplasmático, composto de sacos laterais contidos nas miofibrilas das células musculares, armazena o cálcio necessário para a contração muscular (Powers e Howley, 2009). A cada contração muscular, o cálcio é liberado do retículo sarcoplasmático. Uma deficiência na liberação de cálcio contribui para vários tipos de fadiga muscular. No momento, há forte evidência de que uma diminuição do cálcio rapidamente liberado no retículo sarcoplasmático pode contribuir para a liberação de cálcio reduzida que ocorre durante a fadiga (Duhamel et al., 2007; Head, 2010).

Durante exercício vigoroso, há aumento dos níveis de concentração de fosfato inorgânico (Pi) dentro da célula muscular. O fosfato inorgânico pode entrar no retículo sarcoplasmático e vincular-se ao cálcio para formar um precipitado (CaPi), o que reduz a quantidade de cálcio disponível no retículo sarcoplasmático (Allen, Lamb e Westerblad, 2008). Outros mecanismos também contribuem para a diminuição da liberação de cálcio do retículo sarcoplasmático durante a fadiga. Há evidência crescente de que o glicogênio é um requisito essencial para o acoplamento excitação-contração normal e que, quando os níveis de glicogênio diminuem, isso também inibe a liberação de cálcio do retículo sarcoplasmático. É evidente que esses fatores contribuem para os vários aspectos da fadiga (Allen, Lamb e Westerblad, 2008).

Acúmulo de ácido lático – Fisiculturistas usam predominantemente o sistema de energia anaeróbia, que produz níveis elevados de ácido lático. Este é o principal produto final do metabolismo anaeróbio (i. e., glicólise). As trocas bioquímicas durante a contração do músculo resultam na liberação de íons de hidrogênio que, por sua vez, causam acidose (fadiga por lactato), que parece determinar o ponto de exaustão (Powers e Howley, 2009).

O aumento da acidose também inibe a capacidade de ligação de cálcio por meio da inativação de troponina, um composto de proteínas. Uma vez que a troponina é um importante contribuinte para a contração da célula muscular, sua inativação pode expandir a conexão entre exercício e fadiga. O desconforto produzido pela acidose também pode ser um fator limitante na fadiga psicológica.

A visão tradicional de que o acúmulo de lactato tem um efeito prejudicial sobre o desempenho do exercício é desafiada por novas descobertas, o que indica que o lactato é mais propenso a ter um efeito indireto na fadiga muscular. Lactato é um importante combustível para a contratação de músculo esquelético, e não, como anteriormente se acreditava, apenas um subproduto metabólico. Esse subproduto antes era pensado como destinado ao ciclo de Cori, ou o processo pelo qual o lactato formado no músculo durante o exercício é transportado pelo sangue ao fígado e convertido em glicose (Powers e Howley, 2009).

Treinamento até o acúmulo de ácido lático.

Em um estudo realizado por Lamb e Stephenson (2006), o ácido lático não causa fadiga, mas na verdade ajuda a retardar o surgimento dela de duas maneiras: (1) por compensar os efeitos negativos do potássio extracelular levantado em excitabilidade da membrana e (2) por inibir a bomba de cálcio do retículo sarcoplasmático que ajudaria a aumentar o cálcio citoplasmático e a consequente força da contração muscular. Acúmulo de ácido lático parece ser uma vantagem durante a atividade contrátil; no entanto, a absorção de cálcio reduzida aumentaria o cálcio intracelular basal, que se acredita ser relevante para causar fadiga de baixa frequência (Westerblad et al., 2000).

Embora algumas das novas descobertas da pesquisa sugiram que o acúmulo de lactato não é prejudicial ao desempenho do exercício, a fadiga é uma realidade que deve ser aceita durante o treino. Se projetar corretamente seu programa de treinamento, você vai aumentar seu limite de tolerância à fadiga. Atletas bem treinados são sempre capazes de trabalhar mais, com maior eficiência e com resultados visíveis. É igualmente importante evitar a fadiga por meio da aplicação de algumas das técnicas sugeridas neste livro, entre as quais um programa periodizado é essencial.

Depleção de ATP-CP e reservas de glicogênio – A fadiga ocorre no sistema energético quando a fosfocreatina (CP), o glicogênio muscular ou as reservas de carboidratos estão esgotadas do trabalho muscular (Conley, 1994). O resultado é que o músculo realiza menos trabalho, possivelmente porque suas células consomem ATP mais rápido do que produzem. A capacidade de resistência durante a atividade de musculação moderada a pesada prolongadas varia diretamente com a quantidade de glicogênio no músculo antes do exercício, o que indica que a fadiga ocorre como resultado da depleção de glicogênio muscular (Fox, Bowes e Foss, 1989). Para séries de alta intensidade, a fonte imediata de energia para contração muscular é o ATP-CP. O rápido esgotamento dessas reservas no músculo certamente limitará a capacidade de contração dele (Sherwood, 1993). A perda muscular de ATP com o exercício está diretamente correlacionada ao dano muscular e à fadiga (Harris et al., 1997).

Quando um atleta realiza números elevados de repetições com níveis submáximos prolongados de esforço, os combustíveis usados para produzir energia são glicose e ácidos graxos. A disponibilidade de oxigênio é fundamental para esse tipo de treinamento, porque, em quantidades limitadas, os carboidratos são oxidados, em vez dos ácidos graxos livres. A máxima oxidação de ácidos graxos livres é determinada pela entrada dos ácidos graxos no músculo em funcionamento e pelo *status* de treinamento aeróbio do atleta. A dieta para a qual um atleta está adaptado (ver Cap. 7) também é um fator importante na determinação da oxidação do substrato (gordura, proteína ou carboidrato). Em outras palavras, a dieta influencia se gordura, proteína ou carboidrato são utilizados para produção de energia. Baixa capacidade de transporte de oxigênio no sangue e fluxo sanguíneo inadequado contribuem significativamente para fadiga muscular (Grimby, 1992).

Dano muscular

Quem já treinou conhece a sensação de rigidez de poucos dias após uma sessão de treino intenso. Avaliar o processo no nível de fibra contrátil irá ajudá-lo a entender a recuperação muscular de uma perspectiva científica. A recuperação é um dos elementos mais importantes de um treino bem-sucedido. Dois mecanismos básicos explicam como o exercício inicia o dano muscular. Um é associado à perturbação da função metabólica, enquanto o outro emerge da ruptura mecânica das células musculares.

Os danos metabólicos ao músculo ocorrem durante o esforço submáximo prolongado até a exaustão. Sobrecarga direta ao músculo, especialmente durante as fases de contração, pode causar dano muscular, e essa alteração metabólica pode agravar os danos. A fase concêntrica de um movimento ocorre quando um músculo é ativado e força é produzida, o que resulta em encurtamento muscular (Powers e Howley, 2009) (p. ex., o movimento ascendente de um exercício de bíceps). A fase excêntrica do movimento ocorre quando um músculo é ativado e força é produzida, o que resulta em alongamento do músculo (Powers e Howley, 2009) (p. ex., o movimento de resistência descendente de um exercício de bíceps). O dano muscular pode ser atribuído aos movimentos concêntricos e excêntricos.

De acordo com estudos de Evans e Cannon (1991) e Ryschon et al. (1997), a força em contrações concêntricas se dispersa ao longo de um maior número de fibras musculares e requer muito mais atividade metabólica em comparação a contrações excêntricas. A taxa máxima de produção de ATP é maior em ação concêntrica, o que sugere uma ativação do metabolismo energético sob essas condições. Esses dados demonstram um aumento da eficiência metabólica na ação muscular humana de concêntrica a excêntrica. Em um estudo mais recente por Muthalib et al. (2010), o músculo bíceps braquial utiliza uma menor quantidade de oxigênio em relação ao suprimento de oxigênio para maior produção de torque durante as contrações excêntricas máximas comparadas com as concêntricas máximas. Isso provavelmente se relaciona a maior capacidade inerente de produção de força das pontes cruzadas de miosina que conectam os filamentos de actina e a menor hidrólise de ATP, a reação que quebra o ATP em ADP e fosfato inorgânico, durante as contrações excêntricas em relação às concêntricas.

O movimento excêntrico utiliza menos fibras musculares do que o concêntrico. Uma vez que a fase excêntrica tende a recrutar poucas fibras musculares, cada fibra individual é suscetível a danos físicos maiores. Em um estudo investigativo de Nosaka, Newton e Sacco (2002), contrações musculares excêntricas máximas produziram uma maior magnitude de dano muscular em comparação a contrações concêntricas contínuas. Além disso, Howatson e Someren (2008) apontaram que as contrações excêntricas exigem um menor custo metabólico por unidade de torque em comparação a contrações concêntricas.

Dor muscular

Por anos, o acúmulo de ácido lático foi considerado a principal causa de dor muscular (Powers e Howley, 2009). Agora entende-se que ele é removido rapidamente do músculo e do sangue após uma sessão de treino. Bond et al. (2005) mostraram que realizar exercício contínuo leve durante a recuperação remove ácido lático do sangue mais rapidamente. Agora acredita-se que a dor é causada por um influxo de íons de cálcio em células musculares (Fahey, 1991). O cálcio é muito importante na contração muscular. Estimula a fibra a contrair-se e é bombeado rapidamente de volta à área de reserva de cálcio (retículo sarcoplasmático) após o término da contração.

O cálcio sai do retículo sarcoplasmático quando a fadiga muscular é evidente. A saída é coletada nas mitocôndrias e inibe a produção de ATP (Proske e Allen, 2005). O acúmulo de íons de cálcio dentro da fibra muscular provoca a liberação de proteases – enzimas degradantes de proteína que quebram fibras musculares. A dor é principalmente decorrente da formação de componentes de proteínas degradadas ou tecido morto. Em resposta ao tecido danificado, o corpo inicia uma fase de limpeza, o que traz os neutrófilos e macrófagos (tipos de glóbulos brancos) para o local da lesão. Embora esses glóbulos brancos limpem o tecido danificado, eles também participam da produção de radicais livres. Estes podem prolongar o tempo de recuperação e causar mais dano muscular (Pedersen, Steensberg e Schjerling, 2001; Close et al., 2005). Antioxidantes são substâncias químicas que protegem as células dos danos oxidativos causados pelos radicais livres. Antioxidantes são importantes porque podem remover os radicais livres, o que pode atrasar a fadiga muscular induzida por exercício.

Portanto, é evidente que o dano muscular ocorra no momento do exercício, como avaliado pela perda de força. Algumas das consequências, como dor, inchaço e liberação de enzimas intracelulares, não ocorrem imediatamente (Howell, Chleboun e Conatser, 1992). O atraso pode representar o curso natural do tempo da resposta inflamatória à lesão, que será induzida 24 a 48 horas após o exercício intenso. A dor muscular de início tardio (DMIT) é definida como dano muscular por tensão que apresenta suavidade e rigidez do músculo durante o movimento. O estímulo de dor associado a DMIT inclui espasmo muscular, danos ao tecido conjuntivo, ácido lático, dano muscular, inflamação e efluxo de enzima (Cheung, Hume e Maxwell, 2003). A DMIT está associada ao dano muscular, que é caracterizado como ruptura das fibras musculares em si ou do tecido conjuntivo que transmite a força da fibra ao tendão.

A DMIT ocorre mais frequentemente quando os atletas utilizam os músculos que não estão acostumados a trabalhar (Powers e Howley, 2009). Por meio de vários estudos, estabeleceu-se que o exercício excêntrico induz o surgimento de DMIT mais do que o concêntrico (Cheung, Hume e Maxwell, 2003). Uma recomendação geral para a prevenção de DMIT é lentamente incorporar um exercício específico em suas sessões de treino. Um padrão de progressão lenta durante as primeiras 5 a 10 sessões de treino permite que você se adapte em termos musculares ao estresse do exercício e reduz a incidência de DMIT (Powers e Howley, 2009).

Recuperação do treinamento de força

Na recuperação da fadiga, sobretreinamento ou apenas uma sessão de treino exaustiva, os atletas devem estar cientes das várias técnicas que podem acelerar ou facilitar a tarefa. Adotar essas técnicas é tão importante quanto o treino eficaz. À medida que atletas continuamente se esforçam para implementar novas cargas em seus programas de treino, muitas vezes não ajustam seus métodos de recuperação para coincidir com as novas cargas. Esse desequilíbrio pode levar a sérios contratempos. Aproximadamente 50% do desempenho final de um atleta depende de sua capacidade de se recuperar de forma eficaz e rápida.

É essencial que os atletas considerem *todos* os fatores que auxiliam o processo de recuperação, porque é a *combinação* de todos eles que leva à recuperação mais bem-sucedida. Os principais fatores a considerar são os seguintes.

- A idade afeta a taxa de recuperação. Atletas mais velhos geralmente exigem períodos mais longos de recuperação do que os mais jovens.
- Atletas mais bem treinados e experientes geralmente requerem menos tempo para se recuperar, pois têm uma adaptação fisiológica mais rápida a um determinado estímulo de treino.
- Atletas do sexo feminino tendem a ter uma taxa mais lenta de recuperação que os do sexo masculino, aparentemente por causa das diferenças em seu sistema endócrino.
- Fatores ambientais como *jet lag*, alterações de curto prazo em altitude e climas frios tendem a retardar o processo de recuperação.
- Reposição de nutrientes em nível celular afeta a recuperação. Células musculares requerem constantemente adequados níveis de proteínas, gorduras, carboidratos e ATP-CP para metabolismo celular geral eficiente, bem como para a produção de energia (Fox, Bowes e Foss, 1989).
- As emoções negativas como medo, indecisão e falta de força de vontade tendem a prejudicar o processo de recuperação.
- O processo de recuperação é lento e depende diretamente da magnitude da carga empregada no treino.

O tempo de recuperação depende do sistema de energia utilizado. A Tabela 4.1 fornece tempos de recuperação recomendados após o treino de força exaustivo. Essas são orientações gerais. Você precisará determinar seu tempo de recuperação ideal. O momento das técnicas de recuperação influencia consideravelmente sua eficácia — sempre que possível, elas devem ser realizadas *durante e após* cada sessão de treinamento (Bompa, 1999).

O processo de recuperação após o treino de força e fisiculturismo envolve o surgimento de sintomas associados a danos musculares. Estes incluem dor muscular e rigidez, inchaço, diminuição da amplitude de movimento e diminuição da produção de força muscular. Com a intenção de aumentar a dinâmica do músculo, os atletas utilizam várias técnicas de recuperação. Estudos mostram que realizar algumas séries leves com o grupo muscular danificado pode diminuir a dor e induzir o surgimento de recuperação muscular mais cedo (Saxton e Donnelly, 1995; Sayers, Clarkson e Lee, 2000).

Técnicas de recuperação, como massagem, terapia de calor e frio e alongamento (ver Fig. 4.1), podem ser empregadas para aumentar o processo de recuperação muscular.

Tabela 4.1 Tempos de recuperação sugeridos após treino exaustivo

Processo de recuperação	Tempo de recuperação
Restauração de ATP-CP	2-4 minutos

Restauração de glicogênio muscular:
  Após o exercício prolongado
  Após o exercício intermitente (como treino de força)
	10-48 horas
	24 horas

Remoção de ácido lático do músculo e do sangue	1-2 horas
Restauração de vitaminas e enzimas	24 horas
Recuperação do treino de força de alta intensidade (para supercompensação metabólica e do SNC)	2-3 dias
Restauração do débito de ATP-CP e de oxigênio (fase rápida)	2-3 minutos
Restauração do débito de ácido lático e de oxigênio (fase lenta)	30-60 minutos

Intervalos de recuperação

É durante os intervalos de recuperação entre as séries, não durante o exercício, que o coração bombeia o maior volume de sangue para os músculos em funcionamento. Um intervalo de recuperação (IR) inadequado diminui a quantidade de sangue, o que atinge os músculos em ação; sem esse fornecimento de combustível e oxigênio, o atleta não terá energia suficiente para completar a sessão de treino planejada. A Tabela 4.2 fornece diretrizes para a duração dos intervalos de recuperação entre as séries.

Um intervalo de recuperação curto entre as séries ocasiona um aumento da utilização do sistema energético oriundo do ácido lático. O grau ao qual ATP e CP, um composto de alta energia armazenado nos músculos, são recuperados entre as séries depende da duração do intervalo de recuperação. Quanto menor o IR, menos ATP-CP será restaurado e, como consequência, menos energia estará disponível para a próxima série. Se o IR é muito curto, a energia necessária para as séries seguintes é fornecida pela glicólise, a via metabólica anaeróbia que produz ácido lático e íons de hidrogênio (H^+) como seu subproduto, contribuindo para a acidose (Powers e Howley, 2009). O aumento da acidose inibe a capacidade de ligação de cálcio pela inativação de troponina (um composto de proteínas). Sua inativação pode aumentar a conexão entre exercício e fadiga. Além disso, o desconforto produzido pela acidose pode ser um fator limitante na fadiga psicológica. Embora estudos recentes desafiem a velha teoria de que o acúmulo de lactato tem efeitos prejudiciais sobre o desempenho do exercício, é ainda evidente que o lactato pode ter um efeito indireto na fadiga muscular de baixa frequência.

Figura 4.1

TÉCNICAS DE RECUPERAÇÃO

Massagem terapêutica

A massagem terapêutica é a manipulação dos tecidos moles do corpo com o objetivo de alcançar sua normalização. Pode ter efeitos mecânicos, neurológicos, psicológicos e reflexivos, além de ser usada para reduzir a dor ou aderências, promover sedação, mobilizar líquidos, aumentar o relaxamento muscular e facilitar a dilatação dos vasos sanguíneos.

Efeitos fisiológicos

- Pressão mecânica sobre o tecido mole desloca fluidos.
- Uma vez que os fluidos mobilizados deixam os tecidos moles, entram em sistemas de baixa pressão venosos ou linfáticos.
- A massagem provoca a liberação de *histamina*, o que causa dilatação dos vasos sanguíneos superficial para ajudar a eliminar produtos de resíduos metabólicos. Aumenta o retorno venoso, que posteriormente aumenta o volume de ejeção.
- Outros compostos sanguíneos que mostram aumentos por meio de massagem incluem a mioglobina, creatina quinase e lactato desidrogenase.
- A massagem pode diminuir marcadores de inflamação.
- A massagem pode diminuir o espasmo muscular e aumentar a força de contração do músculo esquelético.
- Espasmo reduzido, diminuição da dor muscular e aumento da resistência podem resultar da eliminação dos produtos de resíduos metabólicos pela mobilização de líquidos e aumento do fluxo sanguíneo.

Terapia de calor

A terapia de calor envolve aquecimento local dos músculos ou articulações – geralmente 15 a 20 minutos com calor na área afetada seguidos por 15 a 30 minutos de repouso (sem calor). A terapia pode ser realizada usando uma variedade de fontes de energia:
- Correntes de alta frequência, como diatermia de ondas curtas (calor profundo).
- Radiação eletromagnética, como micro-ondas (calor profundo).
- Calor condutivo, como banhos de água quente, bolsa de água quente, bolsas elétricas ou compressas de calor (calor superficial).

Efeitos fisiológicos

- Os efeitos locais da terapia de calor são decorrentes da resposta de temperatura elevada da função celular.
- Localmente, há um aumento do fluxo sanguíneo com dilatação capilar associada a aumento da permeabilidade capilar.
- O metabolismo inicial do tecido aumenta, e pode haver alterações no limiar da dor.
- Alterações distantes do local aquecido incluem dilatação reflexa dos vasos sanguíneos e redução do espasmo muscular por conta do relaxamento do músculo esquelético.

Terapia de frio (crioterapia)

A crioterapia envolve resfriamento local de músculos ou articulações – geralmente 10 a 15 minutos de frio aplicado à área afetada seguidos por 15 a 30 minutos de repouso (sem frio). As formas mais comuns de crioterapia incluem cubos de gelo, banhos gelados, bolsas de gel e massagem com gelo.

Efeitos fisiológicos

- A crioterapia reduz o edema dos tecidos moles
  - diminuindo a circulação para o local lesionado pela constrição dos vasos sanguíneos no e ao redor do local, o que faz com que o sangue se torne mais viscoso ou resistente ao fluxo, e
  - diminuindo o acúmulo de fluido local e promovendo a absorção do excesso de líquido.
- A crioterapia pode também diminuir a hemorragia, a dor e os espasmos musculares.

Alongamento

A flexibilidade refere-se à amplitude absoluta do movimento em uma articulação, que pode ser aumentada por meio de alongamento.

Efeitos fisiológicos

- O alongamento melhora o desenvolvimento da propriocepção.
- O alongamento reduz a dor e a tensão musculares.

As informações sobre massagem, terapia de calor e crioterapia foram parcialmente adaptadas, com permissão, de materiais desenvolvidos por Greg Wells, Ph.D. (site: www.drgregwells.com – em inglês).

Tabela 4.2 Orientações para intervalos de recuperação entre séries para diversas cargas

Porcentual de carga	Velocidade de desempenho	IR (min)	Aplicabilidade
101-105 (excêntrico)	Lenta	4-7	Melhorar o tônus muscular e força máxima
80-100	Lenta a média	3-7	Melhorar o tônus muscular e força máxima
60-80	Lenta a média	2	Melhorar a hipertrofia muscular
50-79	Rápida	4-5	Melhorar a potência
30-49	Lenta a média	1-2	Melhorar a definição muscular

Reproduzido com permissão de Bompa, 1996.

Diversos fatores influenciam a duração adequada do intervalo de recuperação entre as séries:

- Tipo de força que o atleta está desenvolvendo.
- Magnitude da carga empregada.
- Velocidade de contração.
- Número de grupos musculares trabalhados durante a sessão.
- Nível de condicionamento.
- Quantidade de descanso entre dias de treino.
- Peso total do atleta (atletas pesados com músculos maiores geralmente se recuperam a um ritmo mais lento do que os atletas mais leves).

A maioria dos atletas não faz nada durante o IR para facilitar a recuperação entre as séries. No entanto, existem algumas coisas que você pode fazer para aumentar a velocidade e a magnitude da recuperação:

- **Exercícios de relaxamento.** Técnicas simples, como mexer pernas, braços e ombros ou uma leve massagem, são eficazes para facilitar a recuperação entre as séries. Exercícios que usam cargas pesadas causam um aumento na quantidade de proteína muscular, que provoca rigidez muscular (Baroga, 1978). Essas técnicas básicas de recuperação ajudam em sua remoção, o que melhora a circulação sanguínea dentro do músculo.

- **Atividades de distração.** Por exemplo: realizar contrações leves com os músculos não afetados pela fadiga durante o IR (Asmussen e Mazin, 1978). Tais atividades físicas podem facilitar uma recuperação mais rápida dos motores primários. A mensagem de fadiga muscular local é enviada ao SNC pelos nervos sensoriais. O cérebro envia sinais inibitórios para o músculo cansado reduzir sua produção de trabalho durante o IR. Como o músculo se torna mais relaxa-

Sugestões de intervalo de recuperação

- Um IR de 30 segundos restaura aproximadamente 50% da depleção do ATP-CP.

- Um IR de 3 a 5 minutos ou mais permite uma restauração quase total de ATP-CP.

- Depois de treinar até a exaustão, um IR de 4 minutos não é suficiente para eliminar o ácido lático dos músculos trabalhados ou para recuperar as reservas de energia de glicogênio.

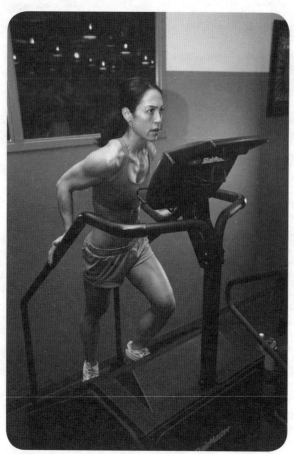

A modelo de *fitness* Sue Ling entende que o treinamento aeróbio ajuda o processo de recuperação do atleta.

do, suas reservas de energia são restauradas com mais facilidade.

A atividade aeróbia deve ser considerada um importante contribuinte para o IR entre as sessões de treino de força. O nível de condicionamento físico do atleta e a capacidade de recuperação influenciam o intervalo de recuperação. Atletas bem condicionados recuperam-se com mais rapidez do que aqueles com baixos níveis de aptidão. É altamente recomendável que fisiculturistas e praticantes do treinamento de força treinem seus sistemas aeróbios por meio de treinamento cardiorrespiratório, além de treinar seus sistemas musculares. Outro benefício do treinamento aeróbio é que ajuda os fisiculturistas e praticantes do treinamento de força a ficar relativamente em forma ao longo de todo o plano anual, não apenas durante a preparação para competições.

A fonte de energia utilizada durante o treino é provavelmente o fator mais importante a considerar ao planejar o intervalo de recuperação entre as sessões. Por exemplo, durante a fase de força máxima, quando você se baseia principalmente no sistema ATP-CP, o treino diário é possível porque a restauração de ATP-CP está completa dentro de 24 horas. Se, por outro lado, você está treinando a resistência muscular (para definição muscular), deve agendar sessões a cada dois dias – demora 48 horas para a completa restauração de glicogênio. Mesmo com uma dieta rica em carboidratos, os níveis de glicogênio não irão retornar aos níveis normais em menos de dois dias.

Suplementos nutricionais para recuperação

Suplementos de energia podem evitar ou atenuar vários aspectos de fadiga (ver discussões sobre nutrição pré-treino e durante treino no Cap. 8). Um grande número de suplementos nutricionais pode afetar positivamente o sistema imunológico e auxiliar na recuperação, prevenção e tratamento de lesões decorrentes do sobretreinamento. Um exemplo de suplemento abrangente, multifacetado e sinérgico que pode ser útil para todas essas condições é o Joint Support (site: www.MetabolicDiet.com – em inglês), que contém os seguintes ingredientes:

Açafrão	Boro
Betaína HCl	Bromelina
BioCell Colágeno II (inclui o sulfato de condroitina e ácido hialurônico)	Caiena
	Cálcio

Cartilagem de tubarão	N-acetilcisteína
Extrato de *Boswellia serrata*	Niacina
Extrato de urtiga	Óleo de peixe com ômega-3 (EPA, DHA)
Extrato de *Yucca*	Papaína
Gengibre	Quercetina di-hidratada
Glutationa	Rutina
Harpagophytum	Salgueiro-branco
Kavalactones	Silício
L-arginina	Sulfato de glucosamina
L-metionina	Vitamina C
Magnésio	Vitamina D
Manganês	Vitamina E
Metilsulfonilmetano (MSM)	Zinco

Embora a maioria das dores resulte de trauma no tecido muscular, o estresse também é induzido em tecidos ligados aos músculos, incluindo ossos, tendões e ligamentos. Esses tecidos são também sujeitos a envelhecimento. O trauma de tecido conjuntivo é uma importante fonte de desconforto físico em atletas. Isso não é uma surpresa, considerando que o tecido conjuntivo é amplamente distribuído no corpo – forma os ossos, circunda os órgãos, mantém os dentes no lugar, amortece e lubrifica as articulações e conecta os músculos ao esqueleto.

A maioria das lesões de tecido conjuntivo envolve danos aos componentes estruturais do tecido. Em atividades esportivas, lesões são classificadas em dois tipos: aguda e por esforço repetitivo. Trauma agudo ocorre de lacerações e de ruptura parcial ou total do tecido. Lesões por esforço repetitivo, as mais comuns, resultam de sobrecarga crônica ou movimentos repetitivos.

Inflamação é o sintoma mais proeminente dos dois tipos de lesões. Embora a inflamação seja uma parte natural do processo de cura, a inflamação crônica pode levar ao aumento da degradação do tecido e interferir no processo de reparação. Com efeito, a inflamação crônica é um fator importante em várias doenças do tecido conjuntivo, especialmente nas articulações. Produtos farmacêuticos são usados com frequência para tratar ou aliviar os sintomas de inflamação do tecido conjuntivo – ainda que muitas dessas substâncias possam alterar o processo de cicatrização, além de oferecerem somente alívio temporário. Muitos desses medicamentos causam efeitos colaterais (como irritação gastrintestinal) e ainda podem acelerar a degradação da articulação em longo prazo.

Ao longo dos séculos, remédios naturais têm sido usados para aliviar os sintomas de tensão do tecido. Também foi demonstrado que reconstroem o tecido e restauram a função nas articulações. Muitas dessas substâncias naturais ajudam na recuperação, auxiliam a curar as articulações e os músculos doloridos, aumentam a recuperação de lesões, como tensões e distensões, e ajudam a fortalecer os tecidos de suporte musculoesqueléticos.

PARTE II

MAXIMIZAÇÃO DA NUTRIÇÃO PARA O CRESCIMENTO MUSCULAR

CAPÍTULO

5

Nutrição e dieta metabólica

Durante as últimas seis décadas, a nutrição tem sido reconhecida como um elemento importante de qualquer esporte, incluindo o fisiculturismo e os esportes de força. No passado, muitos acreditavam que os atletas não precisavam de uma alimentação diferenciada, afinal, as dietas (desde que cuidadosamente planejadas) fornecem tudo aquilo que os atletas precisam para desenvolver seus corpos e competir. Entretanto, inúmeras informações médicas e científicas provaram que abordagens nutricionais específicas são essenciais ao sucesso esportivo.

Este capítulo aborda as necessidades especiais de nutrição dos fisiculturistas e como você pode usar dietas e suplementos nutricionais para maximizar seus ganhos de força e massa muscular, o que minimiza sua gordura corporal. É evidente que aqueles que se exercitam regularmente precisam ingerir mais calorias do que as pessoas sedentárias. Porém, não é tão óbvio que eles precisam de maior quantidade de proteínas e outros macronutrientes, micronutrientes e suplementos nutricionais. Além disso, é preciso refletir sobre o que é necessário para maximizar os ganhos de músculo e força e minimizar a gordura corporal.

Dieta metabólica

No passado, a maioria dos fisiculturistas e atletas de esportes de força seguia dietas planejadas durante o ano inteiro, ricas em proteínas e carboidratos complexos, mas com pouca gordura. A única diferença (quando eles não saíam da dieta) era o número de calorias – maior quando tentavam ganhar massa muscular, menor para definição muscular. A dieta padrão, especialmente entre os fisiculturistas, consistia em ingerir muitos alimentos altamente proteicos, como claras de ovos, carne de frango sem pele cozida ou grelhada, atum conservado na água e, é claro, muita aveia e arroz.

Quando Mauro Di Pasquale iniciou a dieta metabólica, muitos atletas de esportes de força, e especialmente os fisiculturistas, abandonaram as dietas ricas em carboidrato e pobres em gordura. A revolucionária dieta metabólica manipula a massa magra e a gordura corporal. Ela faz isso ao gerar mudanças metabólicas e alterar os hormônios anabólicos e catabólicos do corpo e os fatores de crescimento.

É fácil seguir a dieta metabólica, e ela apresenta três grandes benefícios:

1. Estimula o seu metabolismo a queimar gorduras em vez de carboidratos como fonte de energia principal.

2. Mantém a queima de gordura à medida que você diminui a ingestão de calorias, para que o seu corpo queime gordura em vez glicogênio ou proteína muscular para obter energia.
3. Ela economiza e mantém as proteínas, para que você aumente sua massa muscular.

O primeiro passo da dieta metabólica é alterar o seu metabolismo para que ele queime gordura como combustível primário. Isso acontece ao eliminar os carboidratos da dieta e consumir grandes quantidades de gordura. Depois da fase inicial de adaptação, você mudará de uma dieta pobre em carboidratos nos dias da semana para uma dieta rica em carboidratos no final de semana. Ao fazer isso, a dieta manipula os hormônios e os processos de crescimento muscular e queima de gordura. Alternar entre uma dieta com pouco carboidrato e muita gordura e outra com muito carboidrato e pouca gordura manipula os processos anabólicos e de queima de gordura do seu corpo, para que ele possa manter ou aumentar a massa muscular enquanto diminui a gordura corporal. Você está treinando o seu corpo para queimar gordura como combustível principal, em vez de carboidratos e proteínas.

Quando o seu corpo estiver adaptado, você poderá variar as calorias de acordo com seus objetivos. Para aumentar a massa muscular, aumente a ingestão diária de calorias e consuma mais gordura e proteína. Para perder gordura e manter a massa muscular, diminua lentamente a ingestão de calorias e gorduras. Pode ser uma boa ideia ganhar peso de maneira controlada primeiro e depois perder a gordura corporal excedente ao mesmo tempo que mantém os músculos que ganhou enquanto aumentava o peso. Ao começar a reduzir a ingestão de calorias e gorduras, o seu corpo receberá menos calorias e gorduras e queimará cada vez mais seus depósitos de gordura, em vez dos músculos, para lidar com esse déficit energético. Em alguns casos, a sua dieta poderá conter apenas níveis moderados ou baixos de gordura, principalmente na forma de ácidos graxos essenciais e monoinsaturados.

A dieta metabólica funciona porque o seu corpo aprende a queimar gordura em vez de carboidrato. O seu corpo continua a preferir gordura quando você diminui as calorias, especialmente as provenientes da gordura e de alguns carboidratos, dependendo da sua ingestão de carboidratos. Você deve sempre manter um alto nível de proteínas para manter os músculos. Conforme a ingestão de calorias diminui, a gordura corporal torna-se o principal combustível, mesmo se você diminuir consideravelmente a ingestão de gorduras.

A nutrição adequada ajuda a criar uma musculatura incrível.

Benefícios físicos da dieta metabólica

Uma das vantagens da dieta metabólica é o aumento da massa corporal magra sem o uso de esteroides anabolizantes. A própria dieta realiza muitas das funções hormonais dos esteroides, mas de maneira natural e sem riscos. Outra vantagem da dieta metabólica é a capacidade de diminuir a gordura corporal sem sacrificar a massa magra.

Diminua a gordura corporal sem sacrificar a massa magra – Diferentemente da dieta rica em carboidratos, quando você ganha peso com a dieta metabólica, é muito mais ganho de músculos do que de gordura corporal. Foi descoberto que comer gordura não faz engordar. Na verdade, dietas ricas em gordura são úteis para aumentar a lipólise, ou quebrar a gordura, o que resulta em perda da gordura corporal. Além disso, um fisiculturista manterá mais massa corporal magra durante a fase de *cutting* da dieta.

Em uma dieta rica em carboidratos, se você se exercitar e fizer tudo corretamente, descobrirá que, ao perder peso, 60% dele será gordura e 40% músculos. Você pode chegar ao seu peso ideal e estar em forma, mas ficará bem menor do que poderia ser. Com a dieta metabólica, esse porcentual cai para 90% de gordura e 10% de músculos. Com uma dieta rica em gorduras, você alcança o peso desejado, ao mesmo tempo que mantém a massa corporal magra. Você ficará maior e mais forte.

Fortaleça-se enquanto perde gordura corporal – É algo bastante óbvio. A força é proporcional à massa muscular. Ao seguir uma dieta rica em carboidratos, sacrificando a massa magra para ficar em forma, você certamente se sentirá mais fraco. Como o ciclo da dieta metabólica tem uma fase rica em carboidratos a cada semana para estimular a produção de insulina e desencadear crescimento, você não terá que lidar psicologicamente com o tédio de seguir uma única dieta semanalmente. Existe variedade na sua dieta, e isso o ajuda a ter mais energia e comprometimento do que teria com uma dieta rica em carboidratos.

Laura Binetti demonstra o que significa diminuir a gordura corporal sem sacrificar a massa magra.

Maximize os efeitos dos hormônios anabólicos endógenos – A dieta metabólica maximiza os níveis de testosterona (mesmo nas mulheres) (Goldin et al., 1994), hormônio do crescimento e insulina, além de promover o crescimento e ajudar a dar firmeza e forma ao seu corpo enquanto elimina gordura. Ela condiciona o seu sistema hormonal para criar um ambiente anabólico (crescimento) endógeno (natural). Você ficará surpreso com a rapidez com que poderá esculpir o seu corpo quando esses hormônios trabalharem em conjunto.

A maximização desses três hormônios é um dos efeitos mais importantes da dieta metabólica. Muitos hormônios reagem a outros. Por exemplo, quando a insulina sobe, o hormônio do crescimento pode diminuir. Se a insulina reduz, ele aumenta. Ambos os hormônios não costumam funcionar bem em conjunto, mas é possível que isso aconteça. É importante compreender que, durante e após um exercício, o corpo diminui os níveis de testosterona e hormônio do crescimento. A dieta metabólica tenta maximizar o efeito dos

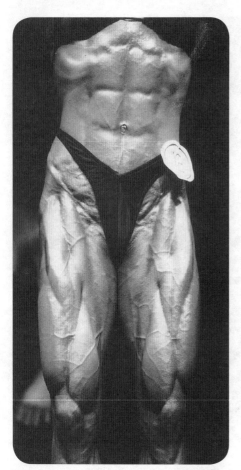

O efeito anabólico máximo é atingido quando a dieta metabólica é realizada corretamente.

três hormônios anabólicos durante 24 horas pois, diferentemente do que se pensa, você fica mais forte e cria musculatura não somente após um exercício, se realizado corretamente, mas também durante. Se conseguir aumentar os dois hormônios, terá um efeito anabólico melhor do que se aumentar apenas um. No nível celular, os hormônios anabólicos devem ser elevados para conduzir aminoácidos até as células para a formação de proteína. A dieta metabólica, o ciclo semanal nela incluído (fase de carboidratos) para estimular a produção de insulina e a utilização de suplementos como Exersol (site: www.MetabolicDiet.com – em inglês) irão otimizar a síntese de proteínas e maximizar o crescimento.

O Capítulo 8 recomenda alguns suplementos que você pode usar em sua dieta metabólica para ajudar a aumentar a sensibilidade à insulina, testosterona, hormônio do crescimento e ao fator de crescimento semelhante à insulina 1 (IGF-1) conforme o necessário. Suas escolhas de suplementos e exercícios serão determinadas de acordo com quanto você deseja definir o seu corpo. Quaisquer que sejam os objetivos, você verá que a dieta metabólica é uma ferramenta eficiente para diminuir o peso, mantê-lo baixo e dar a melhor forma ao seu corpo.

Aumente sua força – Durante a dieta metabólica, as pessoas costumam perceber um aumento da força conforme perdem peso e gordura corporal. A maioria dos fisiculturistas adora esse feito. Eles sabem que, ao perder peso, também estão perdendo músculos e força. Porém, com a dieta metabólica, eles perdem menos músculos e, como seus corpos estão trabalhando em um ambiente anabólico, ficam mais fortes. Eles nem conseguem acreditar quando começam a ver a gordura ser eliminada ao mesmo tempo que sua força aumenta.

Diminua a atividade catabólica – A dieta metabólica resulta em níveis mais baixos de cortisol, um hormônio produzido pelas glândulas suprarrenais que quebra os músculos (catabolismo) e os utiliza como energia. Certos suplementos podem ser incluídos na dieta (ver Cap. 8) para diminuir ainda mais a quebra muscular durante e após os exercícios, o que aumenta os níveis de insulina e hormônio do crescimento em momentos críticos para criar um efeito anabólico. Em resumo, você eliminará menos músculos enquanto aumenta sua construção.

Natural é melhor

Usar drogas causa um curto-circuito nos processos normais do corpo. Ao obter hormônios e outras substâncias de maneira artificial, você interrompe os mecanismos internos que normalmente produziriam essas substâncias. É mais fácil entender esse conceito ao usar a analogia da fábrica. Se você fornece a uma fábrica as mercadorias que ela costuma produzir, então não é necessário que ela continue a funcionar. Se a fábrica for fechada durante um longo tempo, então pode ser difícil colocá-la em funcionamento novamente, pois você precisa conseguir funcionários e matéria-prima, de forma a fazer com que tudo funcione com a eficiência máxima.

O mesmo acontece com a fábrica que é o corpo quando você fornece hormônios e drogas de fontes artificiais. Quando os processos envolvidos na criação desses compostos e na execução das suas funções não são mais necessários, eles são desligados. Isso pode provocar um desequilíbrio duradouro, ou até mesmo permanente, em seu corpo, o que pode prejudicar a sua saúde.

Um exemplo disso é o efeito dos esteroides anabolizantes em homens. Seu uso desativa os processos hipotalâmicos, hipofisários e testiculares (isso fica evidente com a atrofia dos testículos) responsáveis pela produção da testosterona. Ao interromper o uso desses esteroides, a maior parte dos resultados e vantagens do uso dessas drogas é inevitavelmente perdida enquanto o corpo volta ao normal. Porém, em alguns casos, os sistemas jamais voltam a funcionar como antes, o que deixa o atleta em uma situação pior do que estaria se nunca tivesse usado essas substâncias. Por outro lado, ao maximizar a estimulação ou ativação das suas fábricas internas, juntamente com as linhas de produção que seriam naturalmente estimuladas, o que você está fazendo é maximizar a entrada de matéria, a operação e o resultado final do seu próprio corpo, fazendo-o funcionar com eficiência máxima.

Ao manter-se natural, você também evita possíveis consequências de curto e longo prazo decorrentes do uso dessas drogas, incluindo alterações hormonais, metabólicas ou nos processos homeostáticos, além de possíveis disfunções em tecidos e órgãos. Os resultados de longo prazo do uso de alguns ergogênicos e drogas que alteram a composição corporal ainda precisam ser determinados, mas podem resultar em sérias consequências cardiovasculares, hormonais e carcinogênicas (produção ou estímulo ao câncer).

Macronutrientes

Macronutrientes são compostos químicos necessários para a sobrevivência do corpo. Os três macronutrientes primários são carboidratos, proteínas e gordura. Nesta seção, será falado sobre carboidratos e proteínas, e a gordura será abordada no Capítulo 6.

Carboidrato

Os carboidratos se dividem em duas categorias: simples e complexos (ver Fig. 5.1). Açúcares simples (carboidratos simples) incluem monossacarídeos

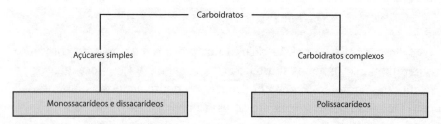

Figura 5.1 Carboidratos simples e complexos.

e dissacarídeos. Os dois monossacarídeos mais comuns são a glicose, uma importante fonte de energia para os seres vivos e um componente de muitos carboidratos, e a frutose, que é o açúcar natural encontrado em frutas e no mel. Dissacarídeos são compostos por dois monossacarídeos. Os dois dissacarídeos mais comuns são a sacarose, ou o açúcar de mesa, e a lactose, o açúcar do leite. Quando o açúcar é consumido, o fígado o converte em glicose para energia imediata ou o transforma em glicogênio ou gordura, para ser usado como reserva.

O consumo excessivo desse tipo de carboidrato pode ser prejudicial aos atletas profissionais por diversos motivos. Alimentos que contêm açúcares simples costumam ter baixo valor nutritivo em termos de vitaminas, minerais e proteínas (Wardlaw e Insel, 1990).

Polissacarídeos são os carboidratos complexos. Como o nome sugere, eles são compostos por muitas (poli) unidades de glicose. São chamados de amidos e podem ser encontrados em vegetais, frutas e grãos. Esses carboidratos são digeridos lentamente e, portanto, não causam grandes alterações na insulina ou no nível de glicose no sangue (Jenkins, 1982).

Uma maneira prática para escolher os alimentos com os carboidratos certos ao seguir a dieta metabólica é consultar seu índice glicêmico. Os alimentos que não causam grandes alterações na insulina por terem uma digestão lenta têm baixos índices glicêmicos. Aqueles que causam mudanças rápidas nos níveis de insulina e açúcar no sangue têm valores glicêmicos altos (Jenkins, 1987).

Proteína

Proteínas são compostas por cadeias de aminoácidos (AAs), conhecidos como os "blocos de construção das proteínas". Existem 20 tipos diferentes de aminoácidos; 11 deles podem ser sintetizados pelo corpo (aminoácidos não essenciais) a partir daquilo que é ingerido, enquanto os outros 9 (aminoácidos essenciais) devem ser fornecidos pela dieta (ver Fig. 5.2). Todos os 9 aminoácidos essenciais devem estar presentes no corpo para que as proteínas sejam produzidas (Wardlaw e Insel, 1990).

Para os fisiculturistas e atletas de esportes de força, é extremamente importante consumir os alimentos certos de forma que todos os 20 aminoácidos funcionem em conjunto para formar proteínas. A principal preocupação é obter os aminoácidos que não podem ser sintetizados pelo corpo – os 9 aminoácidos essenciais que devem ser consumidos na dieta. O corpo providenciará os outros 11 aminoácidos não essenciais. Alimentos que contêm os 9 aminoácidos essenciais são chamados de *proteínas completas* e são muito úteis para os atletas. Alimentos que não contêm os nove aminoácidos essenciais são denominados *proteínas incompletas*. A Tabela 5.1 apresenta uma pequena lista com algumas proteínas completas e incompletas e suas características.

Tabela 5.1 Comparação entre proteínas completas e incompletas

Características	TIPO DE PROTEÍNA	
	Proteína completa	Proteína incompleta
Contém todos os 9 AAs essenciais?	Sim	Não
Auxilia no crescimento e manutenção do corpo?	Sim	Não, mas auxilia na manutenção do corpo
Fonte	Proteínas animais	Proteínas vegetais
Fontes alimentares	Carne vermelha, frango, porco, ovos, peixe, leite, queijo, iogurte	Soja, legumes, tofu, grãos, oleaginosas, sementes, vegetais

Embora os carnívoros tenham a certeza de que obtêm todos os aminoácidos de que necessitam, fisiculturistas e atletas de esportes de força que sejam vegetarianos e dependam somente de proteínas vegetais devem prestar maior atenção a sua ingestão de proteínas e comer uma grande variedade de proteínas vegetais para consumir todos os aminoácidos essenciais. Atletas vegetarianos devem obter tudo aquilo de que precisam ao combinar as proteínas vegetais. Um exemplo de combinação de duas proteínas incompletas para formar um conjunto completo é comer pão com manteiga de amendoim. Essa combinação oferece os 9 aminoácidos essenciais que, sozinhos, esses alimentos não ofereceriam.

O valor biológico (VB) de uma proteína descreve o grau de eficiência com que serão criados os tecidos do corpo usando a proteína dos alimentos. De acordo com Wardlaw e Insel (1990), o VB dos alimentos depende da semelhança entre o padrão do aminoácido do alimento com o do aminoácido nos tecidos; quanto mais semelhantes, melhor será o aproveitamento da proteína alimentar em proteína corporal. Se o padrão do AA no alimento é muito diferente do padrão do aminoácido no tecido humano, então a proteína do alimento é transformada em glicose (para ser usada como energia) ou gordura (armazenada) em vez de virar proteína corporal.

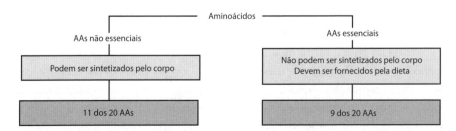

Figura 5.2 Aminoácidos essenciais e não essenciais.

Dicas de nutrição

- Leia o rótulo dos alimentos para conhecer seu conteúdo de macronutrientes.

- Certifique-se de consumir proteínas suficientes para o seu tamanho. Confira as seções de nutrição dos Capítulos 12 ao 17.

- Consuma uma ampla variedade de proteínas alimentares.

Humanos e outros animais possuem composições similares de aminoácidos, enquanto os aminoácidos das plantas são muito diferentes. A Tabela 5.2 apresenta um ranking com o valor biológico e a taxa da utilização proteica (NPU) para muitos dos principais alimentos na dieta dos atletas. A utilização proteica líquida ajuda o VB de um alimento de acordo com a sua digestibilidade e, como muitas proteínas são quase que completamente digeridas e absorvidas, o VB e a NPU para a maioria das proteínas alimentares são semelhantes. Novamente, ao ingerir uma grande variedade de alimentos, você aumenta em muito o valor biológico da sua alimentação. Isso é ainda mais importante para atletas vegetarianos, pois, como pode ser visto na Tabela 5.2, em sua maioria, os alimentos com o maior VB são aqueles que possuem proteínas animais.

Tabela 5.2 Comparação da qualidade da proteína em alimentos selecionados

Alimento	Valor biológico (VB)	Taxa de utilização proteica (NPU)
Ovo	100	94
Leite bovino	93	82
Arroz integral	86	59
Peixe	76	–
Carne vermelha	74	67
Soja	73	61
Milho	72	36
Aveia	65	–
Pão integral	65	49
Arroz branco	64	57
Ervilha	64	55
Amendoim	55	55

Adaptado com permissão de G. M. Wardlaw e P.M. Insel, 1990. *Perspectives in nutrition* (St. Louis: Mosby). © The McGraw-Hill Companies, Inc.

Vantagem metabólica

A esta altura, uma pequena aula de bioquímica pode ser necessária para entender por que a dieta metabólica é superior às outras dietas. A adenosina trifosfato (ATP) é a fonte de energia de todas as atividades metabólicas do corpo humano. Para obter a energia que o corpo precisa para contração muscular, respiração, funcionamento das células cerebrais e praticamente todas as outras atividades, deve haver geração de ATP. As pessoas já sabem que o glicogênio e a glicose provenientes dos carboidratos alimentares são necessários para que o corpo produza e recarregue sua ATP para sobreviver.

Quando os carboidratos são a base da sua dieta, você queima praticamente só a glicose dos carboidratos (e outros açúcares que, assim como a glicose, entram na glicólise) como energia. A glicose entra na corrente sanguínea e é usada como energia imediata ou armazenada como glicogênio no fígado e nos músculos. Quando necessário para gerar energia, o glicogênio é convertido novamente em glicose, que é usada diretamente pelas células ou transportada pela corrente sanguínea para outras células do corpo para ser convertida e utilizada como energia. A glicose não armazenada como glicogênio é transformada em triglicerídeos (na forma de ácidos graxos livres) e armazenada como gordura corporal.

Quando gordura e proteína são a maior parte da sua dieta, o seu corpo não depende mais dessas grandes quantidades de glicogênio ou glicose como energia. Uma boa parte da sua energia virá dos ácidos graxos livres de sua dieta ou da quebra e oxidação da gordura corporal. O corpo pode produzir glicose sem a ingestão de carboidrato (por um processo chamado de gliconeogênese), e as proteínas e gorduras podem ser usadas para fornecer energia e recarregar a ATP. Em vez de queimar todo o estoque de glicogênio ou glicose para obter energia, o corpo queima os ácidos graxos livres ou triglicerídeos e a glicose que eles produzem. (O Cap. 6 fala sobre as gorduras boas e as ruins, e as preocupações com doenças cardíacas e os níveis de colesterol.)

É um equívoco pensar que você deve ter carboidratos na sua dieta para o seu corpo funcionar. Isso pode até ser verdade em casos em que a pessoa tem dificuldades genéticas para aproveitar a gordura da maneira adequada. E, mesmo nesses casos, provavelmente não será necessária uma dieta com níveis extremamente altos de carboidratos. Muitos dos motivos que nos levam a pensar que precisamos de carboidratos na alimentação também são equivocados. Uma das principais razões citadas é a de que o cérebro precisa de carboidratos para funcionar de forma adequada; na verdade, o lactato é a substância preferida para os neurônios, e essas células cerebrais também podem metabolizar cetonas eficientemente. E também, outras células do sistema nervoso central suprem as principais células cerebrais de energia derivada de outros nutrientes. Por exemplo, foi comprovado que os astrócitos enviam nutrientes aos neurônios (Magistretti e Pellerin, 2000; Deitmer, 2001).

Gliconeogênese

O fluxo metabólico celular é drasticamente alterado por mudanças no consumo de macronutrientes. Algumas vias se tornam mais ativas do que outras, e alguns processos dominam a produção de energia. Em todos os casos, o corpo se adapta ao conteúdo de macronutrientes de qualquer dieta – por mais extrema que seja – desde que ela supra os macronutrientes e micronutrientes essenciais.

Existem aminoácidos essenciais e condicionalmente essenciais e ácidos graxos essenciais (ver Cap. 6 para saber mais sobre estes últimos), mas não existem açúcares ou carboidratos essenciais, pois o corpo pode produzir glicose e carboidratos de maneira endógena. A glicose pode ser produzida pela gliconeogênese, quando necessário. Neste processo, outros nutrientes, incluindo aminoácidos e glicerol (que forma a maior parte da sua gordura corporal), podem ser convertidos em glicose ou usados diretamente como energia. Embora seja complexo, a Figura 5.3 explica como o corpo produz glicose internamente a partir de outras substâncias, como aminoácidos, glicerol (cuja fonte pode ser a quebra da gordura corporal ou fornecida pela dieta), lactato e piruvato.

Como existem vias comuns para o metabolismo dos três macronutrientes, a variação do conteúdo de macronutrientes resulta em adaptações que permitem a produção eficiente de compostos e substratos para a produção de energia e manutenção do corpo. Independentemente da combinação de macronutrientes, o resultado final e a via final serão os mesmos. A interconversão de macronutrientes, normalmente com custos energéticos (conversão de proteínas em gorduras) e com algumas exceções (incapacidade de produzir glicose a partir de ácidos graxos livres – embora você possa, até certo ponto, fazer isso com triglicerídeos e gordura corporal), é uma parte essencial do metabolismo energético. As Figuras 5.4 e 5.5 explicam como a glicose, os ácidos graxos livres, o glicerol e os aminoácidos são quebrados para fornecer energia.

Lipólise e oxidação de gordura

A dieta metabólica também aumenta a atividade da lipase hormônio-sensível (LHS), a enzima que quebra a gordura corporal. A lipólise do tecido adiposo é estimulada por uma série de sinais celulares, o que resulta na ativação da LHS. Basicamente, uma dieta rica em gordura ativa as enzimas lipolíticas (que queimam gordura) do seu corpo e diminui a atividade das enzimas lipogênicas (que produzem gordura). Ácidos graxos livres e triglicerídeos fornecidos pela dieta tornam-se a principal fonte de energia do corpo. Os triglicerídeos são quebrados em ácidos graxos livres, e alguns desses ácidos graxos são metabolizados em cetonas que, por sua vez, podem ser usadas como energia nas células do corpo. O uso de cetonas como energia

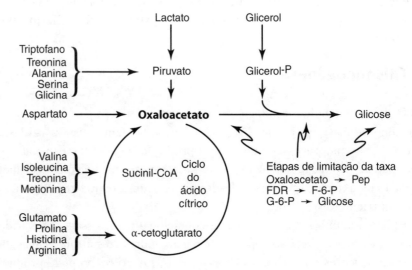

Figura 5.3 Entrada dos precursores na via da gliconeogênese.
Adaptado com permissão de Di Pasquale, 2002, p. 34.

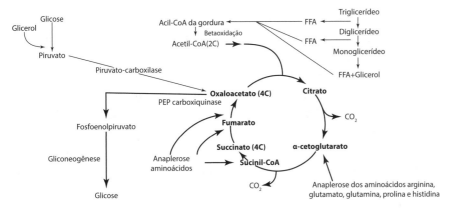

Figura 5.4 Não há síntese de glicose líquida a partir de lipídios, exceto na parte do glicerol – 10% do peso.

Adaptado com permissão de Di Pasquale, 2002, p. 35.

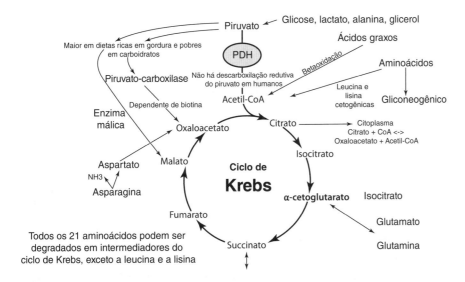

Figura 5.5 A dieta metabólica controla a maioria dos hormônios de construção muscular e queima de gordura do corpo para maximizar a massa muscular e minimizar a gordura corporal. Esses hormônios incluem testosterona, hormônio do crescimento, IGF-1, insulina, hormônio da tireoide e cortisol.

Adaptado com permissão de Di Pasquale, 2002, p. 36.

é especialmente importante para o cérebro, que somente pode usar glicose e cetonas como energia. Em resumo, os ácidos graxos livres e as cetonas assumem o lugar da glicose, e os triglicerídeos agem como glicogênio.

Quando os carboidratos são a principal fonte de energia, o corpo produz insulina para processá-los e armazená-los. Não há nada de errado com isso, mas um dos problemas da insulina é que ela ativa as enzimas lipogênicas (que produzem gordura) do corpo e, portanto, diminui a atividade das enzimas lipolíticas (que queimam gordura). Isso resulta em uma armazenagem cada vez maior de gordura corporal e na diminuição da quantidade de gordura armazenada para ser queimada.

Em uma dieta rica em gordura e pobre em carboidratos, acontece exatamente o oposto. Após a mudança metabólica de uma máquina que queima carboidrato para uma que queima gordura, a lipogênese (produção e armazenamento de gordura no corpo) é reduzida, e a lipólise (queima da gordura fornecida pela dieta e da gordura corporal) aumenta. Você passa a queimar gordura como combustível primário, em vez de usar glicogênio ou quebrar as preciosas proteínas.

Isso pode ter um grande efeito sobre a gordura geral do corpo, e as pesquisas indicam que, em uma dieta rica em gordura e pobre em carboidratos, a maior perda de peso se dá com a perda da gordura corporal (Schurch, Hillen et al., 1979; Yancy et al., 2004). Em um estudo sobre o peso ideal realizado em humanos, dietas ricas em gordura foram acompanhadas por um efeito lipolítico (queima de gordura) muito potente (Kather et al., 1987; Yancy et al., 2004).

Em outro estudo com foco em pessoas obesas, descobriu-se que, ao comparar dietas ricas em carboidrato e relativamente pobres de gordura com dietas pobres em carboidratos e relativamente ricas em gordura, as pessoas que seguiram dietas com menos carboidratos perderam uma quantidade significativamente maior de gordura (Rabast, Kasper e Schonborn, 1987; Brehm et al., 2003). Embora a sabedoria popular pudesse imaginar que uma dieta rica em gordura tornaria as pessoas mais gordas, as pessoas, na verdade, perderam mais peso com esse tipo de dieta.

Contrariamente ao que a maioria das pessoas acreditava, a oxidação de gordura é regulada primariamente pela ingestão de carboidrato, e não pelo consumo de gordura (Flatt, 1995). Depois de se adaptar a uma dieta rica em gordura e pobre em carboidratos, uma dieta adequada com mais gordura e menos carboidratos não resulta no armazenamento excessivo de gordura corporal. Na verdade, ela resulta em um corpo mais magro.

Porém, controlar a formação (lipogênese) e a quebra (lipólise) da gordura corporal não é o suficiente. A gordura quebrada também deve ser usada pelo corpo como energia (betaoxidação ou oxidação de gordura) em vez de simplesmente ser usada para reconstituir a gordura corporal. A lipólise não serve para nada se os ácidos graxos não forem utilizados. Por exemplo, um estudo recente demonstra que compostos similares a efedrina aumentam a lipólise, mas diminuem a oxidação de gordura, o que resulta em um efeito geral que pode aumentar a gordura corporal. A dieta metabólica não aumenta apenas a quebra de gordura, mas também o uso dela como combustível para suprir as necessidades de energia do corpo. E ela faz isso em parte controlando o aumento e a sensibilidade à insulina, e em parte elevando os níveis de hormônio do crescimento, IGF-1 e testosterona (incluindo um aumento da ligação e do receptor de androgênio).

Regulação da insulina

A dieta metabólica, diferentemente de outras que promovem ingestão de poucos carboidratos, não considera a insulina uma inimiga. Na verdade, ela só é um problema quando for cronicamente alta ou extremamente variável, como acontece em dietas baseadas em carboidratos. A dieta metabólica aproveita os efeitos anabólicos da insulina, ao mesmo tempo que previne os efeitos negativos sobre a gordura corporal e a sensibilidade à insulina.

Sem controle, a insulina afeta de maneira negativa a gordura corporal, diminuindo a quebra (lipólise) e aumentando o acúmulo (lipogênese) da gordura corporal. O que você precisa fazer, e esse é o foco da dieta metabólica, é aumentar a insulina no momento certo, para que ela trabalhe para aumentar a massa muscular e maximizar o potencial anabólico do corpo, aumentando o fluxo de aminoácidos para as células musculares. A insulina também tem efeitos benéficos sobre a síntese de proteínas, o metabolismo muscular e a supercompensação do glicogênio.

O que você deseja evitar é o acúmulo de gordura ao mesmo tempo. É por isso que a produção de insulina precisa ser controlada e limitada. Em vez dos níveis cronicamente elevados de insulina das dietas ricas em carboidratos, a dieta metabólica gerencia de forma cuidadosa a insulina durante a semana, para que você tenha seus benefícios anabólicos sem acumular gordura indesejada. A dieta metabólica realiza isso da seguinte maneira:

- Permitindo somente o aumento controlado da insulina para atingir o efeito desejado na síntese de proteínas.
- Reduzindo os efeitos da insulina sobre a lipólise e a lipogênese.
- Fornecendo pulsos de insulina e o aumento controlado dela em diferentes momentos nos finais de semana.

A dieta metabólica evita flutuações da insulina, o que acontece nas dietas baseadas em carboidratos.

De maneira geral, pode-se perceber que há um efeito anabólico agudo sobre os músculos quando uma dieta de curto prazo pobre em carboidratos é alternada com uma carga de carboidratos. A hidratação celular é maximizada pela carga de água e carboidratos, e a sensibilidade à insulina é aumentada, o que cria um intenso estímulo anabólico. As flutuações planejadas criam um efeito anabólico que não pode ser alcançado com nenhuma outra dieta. Esse efeito anabólico permite que você ganhe força e massa muscular magra.

Insulina, hormônio do crescimento (GH), testosterona e fator de crescimento semelhante à insulina 1 (IGF-1)

A insulina é produzida no pâncreas e liberada no sangue, onde se liga às proteínas para ser levada até os músculos, o fígado e outros tecidos. Sua principal atividade é regular o nível de glicose no sangue. Para fazer isso, a insulina influencia o metabolismo dos açúcares e carboidratos, além das gorduras e proteínas (Boden et al., 1991). A Figura 5.6 mostra os locais de atividade da insulina no metabolismo da proteína muscular. Ela também pode influenciar outros hormônios anabólicos, incluindo o hormônio do crescimento (GH), o fator de crescimento semelhante à insulina 1 (IGF-1) e a testosterona para aumentar ainda mais o efeito anabólico.

O hormônio de crescimento é muito importante, pois ele aumenta a síntese de proteínas e diminui a quebra muscular. Durante os dias da semana, quando você está seguindo uma dieta rica em gordura e proteína, mas com

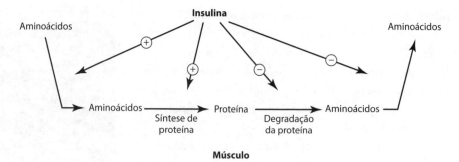

Figura 5.6 Locais de atividade da insulina sobre o metabolismo da proteína muscular.
Adaptado com permissão de Di Pasquale, 2002, p. 43.

pouco carboidrato, os níveis de insulina não flutuam de maneira exagerada enquanto a secreção do GH aumenta. Além de estimular um ambiente melhor para moldar o corpo, o GH também induz as células a usar gordura em vez de açúcar como energia, o que aumenta ainda mais a queima da gordura corporal e limita a sua produção.

O GH é um polipeptídio produzido na porção anterior da glândula hipofisária. Os efeitos metabólicos do GH humano incluem a promoção da conservação de proteínas, estímulo à lipólise e oxidação da gordura (Sjogren et al., 2007). O GH funciona quase como se fosse um hormônio de "emergência". Quando o seu corpo tem problemas ou você está em uma situação de ameaça ou estresse, o GH atua para mobilizar os estoques de energia do corpo para lidar com esse estresse e a maior necessidade de energia, ao mesmo tempo que preserva a massa muscular essencial. Os níveis de GH também aumentam com o estresse dos exercícios. Normalmente, a insulina diminui a secreção de GH, mas, aparentemente, o corpo interpreta o aumento de carboidratos e insulina durante o final de semana da dieta metabólica como uma situação de estresse, como se fosse um exercício, e o GH pode até mesmo aumentar junto com a insulina. Assim, você pode ter os efeitos positivos do aumento do GH durante a semana e também em uma parte do final de semana.

A testosterona é uma substância androgênica e anabólica produzida pelos testículos. Diversos estudos apontam que ela aumenta a síntese de proteína muscular, o que aumenta a força, o tamanho muscular e o desempenho atlético (Urban et al., 1995; Bhasin et al., 2001). A testosterona, essencial para o aumento da massa e da força muscular, também responde bem à dieta metabólica. Pesquisas nessa área descobriram que a testosterona tem uma reação positiva com a gordura fornecida pela dieta. Por exemplo, mulheres na pré-menopausa que seguiram dietas com baixa gordura tiveram uma diminuição nos níveis de estradiol e testosterona não ligados à proteína (Ingram et al., 1987), e animais que seguiram uma dieta rica em colesterol e óleo de peixe tiveram uma produção de testosterona maior do que a dos animais com uma dieta

Hormônios, como o GH e a testosterona, são essenciais para o sucesso de um fisiculturista.

pobre em colesterol que continha óleo de linhaça (Sebokova et al., 1990). Outro estudo demonstrou que, em homens mais velhos, o consumo de uma dieta que contém carnes (como recomendado na dieta metabólica) contribuiu para um ganho maior de massa livre de gordura e massa muscular esquelética com o treinamento de força, em comparação com a dieta ovo-lacto-vegetariana (Campbell et al., 1999).

Evidências recentes mostram que uma dieta pobre em gordura resulta em concentrações menores de testosterona basal, comparadas com dietas ricas em gorduras para os homens (Wang et al., 2005), e que o aumento no consumo de gordura e proteínas em uma dieta aumenta os níveis de testosterona induzida pelos exercícios, quando acompanhada por exercícios pesados de força, em homens mais jovens (Sallinen, Pakarinen, Ahtiainen et al., 2004) e idosos (Sallinen, Pakarinen, Fogelholm, et al., 2007). Da mesma forma, uma dieta pobre em gordura e rica em fibras diminui os níveis de testosterona em homens (Dorgan et al., 1996; Wang et al., 2005).

O fator de crescimento semelhante à insulina 1 foi relacionado ao metabolismo e crescimento de proteínas e aos processos de crescimento de diversos tecidos em animais (O'Sullivan et al., 1989; Schoenle et al., 1982). Ele tem uma estrutura semelhante à da insulina (Zapf, Schmid e Froesch, 1984; Blundell et al., 1979) e parece interferir na maioria dos efeitos anabólicos do hormônio do crescimento (GH) do corpo. O IGF-1 é produzido no fígado, nos condrócitos, nos rins, músculos, hipófise e no trato gastrintestinal. O fígado é a maior fonte de IGF-1 em circulação (Underwood et al., 1986). Os peptídeos IGF se ligam às proteínas plasmáticas (IGFBP). Graças a essa ligação, sua atividade dura diversas horas, diferentemente das formas não ligadas, que duram de 20 a 30 minutos.

Os níveis de IGF-1 e IGFBP-3 (uma proteína dependente do GH que se liga ao IGF-1) estão vinculados à secreção e aumento do GH quando os níveis de GH aumentam. Esses níveis também dependem da idade, sendo baixos durante a infância, com um pico na adolescência e um declínio depois dos 50 anos. Como consequência dessa ligação às proteínas, e da liberação controlada, a concentração do IGF-1 permanece relativamente constante durante todo o dia, em contraste com a flutuação dos níveis de GH. O IGF-1 parece exercer atividades semelhantes à da insulina e do GH sobre a musculatura esquelética (Fryburg, 1994), o que aumenta a síntese de proteínas e diminui sua quebra. Tanto o GH quanto o IGF-1 parecem alterar o metabolismo, o que diminui a formação de gordura e aumenta a síntese de proteínas.

Cortisol

Cortisol é um hormônio vital, que direciona a utilização da glicose dos músculos para o cérebro, o que facilita a ação das catecolaminas (hormônios produzidos pela glândula suprarrenal) e evita uma reação excessiva do sistema imunológico às lesões (Ganong, 1988). O cortisol exerce muitas funções, incluindo estimular a gliconeogênese (a síntese de glicose a partir de fontes que não sejam carboidratos); aumentar a proteólise (a quebra de proteínas em aminoácidos) (Simmons et al., 1984) e a síntese de alanina; sensibilizar o tecido adiposo à ação dos hormônios lipolíticos (GH e catecolaminas); e oferecer uma ação anti-inflamatória. Além disso, o cortisol cria resistência à insulina ao diminuir a taxa de ativação da glicose pela insulina no sistema de ingestão, provavelmente por causa de um bloqueio do receptor pós-insulina (Brown, Wallace e Breachtel, 1987; Rizza, Mandarino e Gerich, 1982).

O estresse e níveis mais elevados de cortisol causam um efeito adverso nos níveis de testosterona. Um efeito anticatabólico primário da testosterona exógena e dos esteroides anabólicos acontece por causa de uma interferência no metabolismo do cortisol muscular (Hickson et al., 1986). Da mesma forma, esses componentes podem evitar a atividade de supressão de crescimento do cortisol (Hickson et al., 1990). O hormônio do crescimento também inibe as ações catabólicas musculares do cortisol (Horber e Haymond, 1990). Além disso, baixar o nível de cortisol no sangue aumenta a resposta ao hormônio liberador de GH em adultos saudáveis (Dinan, Thakore e O'Keane, 1994). Níveis altos de cortisol inibem a liberação de GH durante exercícios, o que aumenta a liberação da somatostatina, que bloqueia a liberação de GH no cérebro.

O IGF-1 pode diminuir os efeitos catabólicos do cortisol sem apresentar efeitos colaterais como a terapia de GH (Mauras e Beaufrere, 1995). O cortisol desregula os níveis de IGF-1 mRNA para menos, indicando que alguns dos efeitos catabólicos dos glicocorticoides nos humanos são gerados pela redução da expressão autócrina (sinalização na qual uma célula secreta um hormônio) e parácrina (sinalização na qual as células-alvo estão próximas das sinalizadoras) do IGF-1 (Swolin et al., 1996). (O RNA mensageiro, ou mRNA, carrega códigos de informação genética aos locais de síntese de proteínas.) A glutamina previne diretamente a destruição de proteínas de contração muscular induzida pelo cortisol (Hickson, Czerwinski e Wegrzyn, 1995). Estudos em animais mostram que uma dieta rica em proteínas e gorduras, acompanhada pelo uso de esteroides anabólicos, reduzirá a quebra de músculos induzida pela corticosterona (Ohtsuka et al., 1992).

O aumento normal do cortisol estimula a lipólise, a cetogênese (o processo de produção dos corpos cetônicos como resultado da quebra de ácidos graxos) e a proteólise. Além disso, a variação circadiana da concentração de cortisol tem importância fisiológica em humanos normais, pois ajuda a regular os eventos anabólicos e catabólicos (Dinneen et al., 1993). Até mesmo as pequenas elevações no nível de cortisol acima da média fisiológica podem aumentar a concentração de glicose no plasma e o catabolismo proteico em poucas horas em uma pessoa saudável (Simmons et al., 1984; Shamoon, Soman e Sherwin, 1980). O cortisol (que induz a quebra de proteínas celulares) sobe quando se aumenta a duração de exercícios intensos. Em atletas que treinam com eficiência, os níveis de testosterona basal aumentam, e também os níveis de cortisol. Embora os exercícios aumentem o cortisol, atletas bem condicionados apresentam uma secreção menor de cortisol durante os exercícios, em comparação com pessoas destreinadas (Deschenes et al., 1991).

Sue Price mantém sua massa muscular ao mesmo tempo que queima gordura.

Proteção da proteína muscular

Um importante subproduto da alteração metabólica que ocorre quando você muda de uma dieta rica em carboidrato para uma rica em gordura e pobre em carboidrato é que a gordura protege a proteína do corpo. Quando você utiliza carboidratos como sua principal fonte de energia, o corpo tende a economizar sua gordura corporal e prefere quebrar a proteína muscular e formar glicose para ser consumida como energia quando os estoques de energia imediata forem exauridos. Por isso, uma quantidade significativa de catabolismo muscular pode ocorrer em uma dieta rica em carboidratos.

Na verdade, sempre que você estiver se exercitando e o seu corpo precisar de energia, ele consumirá o que precisar, incluindo músculos, para obter energia. Uma das formas usadas pelos atletas para combater essa perda é consumir bebidas com glicose durante o exercício. O corpo não terá de quebrar músculos para obter energia, pois uma fonte externa de energia será disponibilizada. O problema é que essa ingestão constante de glicose cria níveis cronicamente elevados de insulina e uma queda na oxidação de gordura corporal. Em vez de perder gordura com os exercícios, você estará preservando-a.

Quando você está seguindo uma dieta metabólica, a gordura funciona da mesma forma que a glicose. Ela protege os músculos e serve como uma alternativa mais disponível de energia, e ela faz isso sem que você tenha que consumir mais calorias, pois o corpo aprendeu a oxidar a gordura corporal para obter a energia necessária. Então, quando você se exercita, não precisa ingerir carboidratos para preservar os seus músculos. O seu corpo queimará o excesso de gordura corporal para obter a energia necessária para o exercício, ao mesmo tempo que preservará a proteína muscular.

O foco é o catabolismo, ou a quebra de tecido muscular. As pessoas pensam que os exercícios somente criam músculos, mas eles também os quebram. Pesquisas suportam que a dieta metabólica também poderia ser chamada de "dieta anticatabólica". Além de ativar o sistema hormonal do corpo para queimar melhor as gorduras, ela diminui a quantidade de músculos que poderiam ser perdidos durante um exercício ou nas atividades do dia a dia, o que protege a proteína muscular. Isso é muito importante para quem quer definir o corpo ao máximo.

Uma pesquisa mostra que os corpos cetônicos (beta-hidroxibutirato e acetoacetato) queimados para obtenção de energia em uma dieta rica em gordura e pobre em carboidrato diminuem o catabolismo proteico (Thompson e Wu, 1991). Em um estudo em ratos de laboratório, um tratamento que combina insulina, testosterona e uma dieta rica em gordura e proteína levou a uma diminuição da perda de proteína muscular causada pelo hormônio catabólico corticosterona (Ohtsuka et al., 1992). Outro estudo mostra ganhos mais elevados de proteína e mais baixos de gordura em ratos que seguiram uma dieta rica em gordura (McCarger, Baracos e Clandinin, 1992). As implicações de um decréscimo similar do catabolismo em humanos que seguiram uma dieta rica em gordura e pobre em carboidratos são óbvias.

Nelson da Silva demonstra seu físico bem definido.

A distribuição de gordura também parece mais uniforme com a dieta metabólica. A gordura que permanece no corpo parece ser distribuída de maneira mais equilibrada. Você não terá aquelas dobrinhas que incomodam algumas pessoas. A gordura é distribuída em uma proporção mais balanceada ao redor do corpo, o que facilita os seus esforços para defini-lo.

CAPÍTULO 6

Gorduras boas e ruins

Os ácidos graxos são classificados em três grupos: saturados, poli-insaturados e monoinsaturados (Fig. 6.1). Ácidos graxos saturados costumam ficar no estado sólido em temperatura ambiente e derivam de fontes animais. A carne e a gordura da manteiga contêm muitos ácidos graxos saturados e são bons exemplos de fontes animais de gordura saturada. Óleos tropicais, como de coco, de sementes e os de palma também contêm gordura saturada, embora não adotem o estado sólido em temperatura ambiente. Eles costumam ser encontrados em alimentos processados. Derivados do leite, como leite desnatado ou com baixo teor de gordura, costumam ter bem menos gordura saturada.

Gorduras e óleos são compostos pela repetição de algumas unidades moleculares. Uma molécula de gordura contém uma única molécula de um álcool chamado glicerol combinada com três moléculas de ácidos graxos. Os ácidos graxos são compostos por cadeias de átomos de carbono e hidrogênio, com um grupo metila (três átomos de hidrogênio e um de carbono) em uma extremidade, cadeias de átomos de carbono e hidrogênio no meio e um grupo carboxila (composto por carbono, oxigênio e hidrogênio) na outra extremidade. Os átomos de hidrogênio estão ligados a cada átomo de carbono, e seus números e posições determinam o grau de saturação do ácido graxo e sua forma.

Ácidos graxos saturados contêm átomos de carbono ligados a átomos de hidrogênio. Eles recebem o nome de gordura saturada porque são saturados com átomos de hidrogênio, e esses átomos de carbono estão todos unidos por ligações simples. A Figura 6.2 demonstra a estrutura de um ácido graxo, o ácido butírico da manteiga, e a Figura 6.3, a composição de carbono e hidrogênio do ácido esteárico.

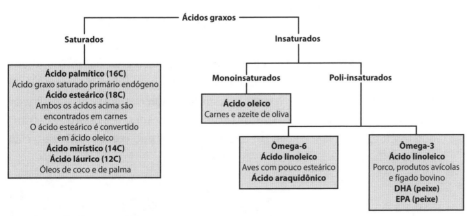

Figura 6.1 Ácidos graxos comuns.
Reproduzido com permissão de Di Pasquale, 2002, p. 74.

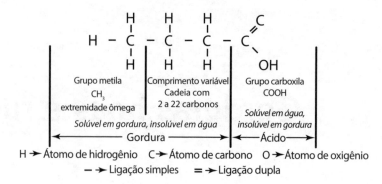

Figura 6.2 Estrutura do ácido butírico da manteiga (um ácido graxo saturado).
Reproduzido com permissão de Di Pasquale, 2002, p. 72.

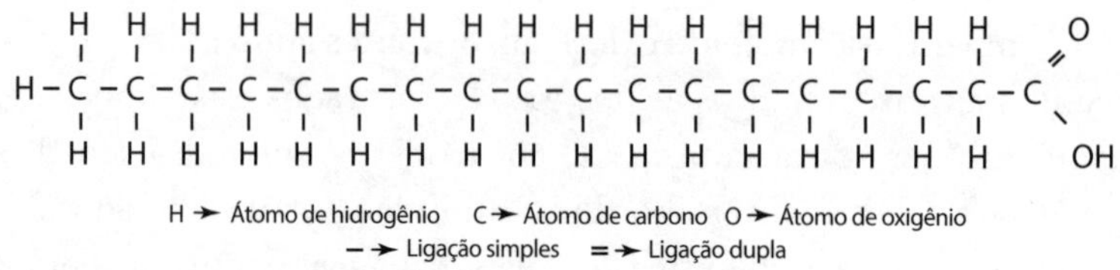

Figura 6.3 Ácido esteárico (um ácido graxo saturado).
Reproduzido com permissão de Di Pasquale, 2002, p. 72.

As gorduras também podem ser insaturadas. Gorduras insaturadas normalmente são encontradas na forma líquida em temperatura ambiente. Esses tipos de gorduras provêm de oleaginosas, vegetais ou sementes. A Figura 6.4 exibe uma gordura insaturada. Nota-se que, na gordura insaturada, uma ou mais ligações duplas unem diversos átomos de carbono. Quando uma ligação dupla está presente, cada átomo de carbono pode se ligar a somente um único átomo de hidrogênio. Os átomos de carbono não estão mais ligados ao máximo possível de átomos de hidrogênio e são considerados insaturados.

Um ácido graxo monoinsaturado contém uma única ocorrência de ligação dupla em sua cadeia. As gorduras monoinsaturadas, como o ácido oleico, estão presentes no azeite de oliva e nas carnes. Um ácido graxo poli-insaturado apresenta duas ou mais ligações em sua cadeia, na qual dois átomos de carbono são uma ligação dupla.

A solidez da gordura diminui conforme aumenta o número de ligações duplas. Como resultado, a maioria das gorduras no estado líquido, como óleos vegetais ou de peixe, é poli-insaturada. Às vezes, os fabricantes de alimentos adicionam hidrogênio às ligações duplas da cadeia para torná-las menos insaturadas, em um processo chamado hidrogenação. Dessa forma, óleos vegetais podem ser endurecidos em cremes para uso culinário. Quando gorduras insaturadas são hidrogenadas, o resultado é um composto de substâncias chamado de gorduras trans. Muitos estudos mostram que as gorduras trans aumentam os níveis de colesterol e são prejudiciais ao coração (Mozaffarian et al., 2006).

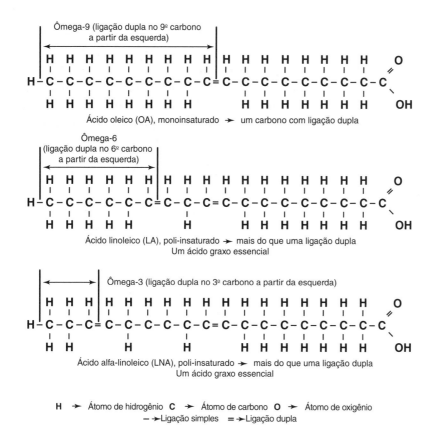

Figura 6.4 Ácidos graxos insaturados.

Reproduzido com permissão de Di Pasquale, 2002, p. 73.

Gorduras boas

A gordura é uma parte importante de uma dieta saudável. Os dois ácidos graxos essenciais (AGE), ácido linoleico (LA) e ácido alfa-linoleico (LNA) (também conhecido como gordura ômega), são vitais para a saúde e devem ser fornecidos pela dieta da pessoa, pois o corpo humano não consegue produzi-los. O LA (Fig. 6.4) é classificado como uma gordura ômega-6. As gorduras ômega-6 são ácidos graxos poli-insaturados que possuem seus seis átomos de carbono com ligação dupla mais para a extremidade, longe do CH3 da outra extremidade da cadeia. O LNA (conferir Fig. 6.4) é uma gordura ômega-3. Essas gorduras ômega-3 são ácidos graxos poli-insaturados com três átomos de carbono com ligação dupla mais para o lado CH3 da cadeia.

Muitos indivíduos não obtêm uma quantidade suficiente de AGE em suas dietas. Isso pode provocar problemas de saúde, pois esses AGE são necessários ao crescimento, à integridade das membranas celulares e à síntese de importantes substâncias semelhantes a hormônios, chamadas de eicosanoides (conferir a próxima seção). Além disso, a deficiência de AGE pode levar a aumento da pressão arterial, disfunção hormonal, prejuízos à função imunológica, problemas de coagulação, alterações inflamatórias, pele seca e coceira, edema periférico e muitos outros problemas.

A maioria dos indivíduos tem deficiência no consumo de gorduras ômega-3. Essas gorduras, como LNA, ácidos eicosapentaenoico (EPA) e docosa-hexaenoico (DHA), são essenciais para qualquer pessoa preocupada com a saúde e a aptidão física. Elas aumentam a oxidação de gordura (queima de gordura) e as taxas do metabolismo basal e diminuem o colesterol. As gorduras ômega-3 também oferecem um efeito anabólico, aumentando a ligação do IGF-1 à musculatura esquelética e aprimorando a sensibilidade à insulina (Liu et al., 1994). Da mesma forma, óleos de peixe podem ter importantes implicações na propensão feminina a sofrer de osteoporose (perda de cálcio dos ossos) (Kruger, 1995).

Eicosanoides

Eicosanoides são metabólitos fisiologicamente ativos (substâncias produzidas durante o metabolismo) dos AGE, com efeitos importantes sobre os sistemas imunológico, cardiovascular e nervoso central. AGE, assim como LA e LNA, são convertidos em outros ácidos graxos – EPA, DHA e ácido di-homo-gama-linoleico (DGLA) – e em ácido araquidônico, a partir dos quais os eicosanoides são sintetizados. A produção dos eicosanoides é iniciada pela transdução de sinais, que resulta na hidrólise dos ácidos araquidônicos livres a partir dos fosfolipídios da membrana. Como os eicosanoides agem localmente e em torno dos tecidos em que foram produzidos, eles não são hormônios, mas sim autacoides. Autacoides têm efeitos semelhantes aos dos hormônios e influenciam a função hormonal. Praticamente todas as células do corpo podem formar alguns dos eicosanoides, mas o perfil enzimático de cada tecido é diferente e, consequentemente, os produtos formados também são. Os tecidos também diferem em sua capacidade de serem afetados por determinados eicosanoides. Eicosanoides não são armazenados, mas são sintetizados para responder a necessidades imediatas.

Prostaglandinas são eicosanoides que regulam a atividade nas células corporais a cada momento e se envolvem em funções essenciais, como regulação da pressão arterial, sensibilidade à insulina e funções imunológicas. Muitas dessas descobertas ainda precisam ser definitivamente comprovadas por meio de pesquisas. Embora pudesse ser vantajoso controlar a produção de eicosanoides para que somente os bons fossem produzidos, em vez dos ruins, é difícil fazer isso, dada a complexidade da produção, da atividade e do metabolismo desses eicosanoides.

Os eicosanoides ruins, como as prostaglandinas da série 2 (PGE-2), derivados do ácido araquidônico, aumentam a agregação plaquetária e a inflamação, e causam efeitos adversos no sistema cardiovascular. Assim, acredita-se que, ao inibir as enzimas que catalisam a síntese do ácido araquidônico, uma menor quantidade de PGE-2 seria formada. Mais metabólitos estariam presentes para produzir alguns dos eicosanoides bons, como as prostaglandinas da série 1 (PGE-1), que causam efeitos positivos à coagulação do sangue e ao sistema cardiovascular. Sabemos que o EPA pode inibir a formação do ácido araquidônico ou a formação da PGE-2 a partir do ácido araquidônico. Estudos mais extensos ainda precisam ser realizados para que possamos compreender melhor como esses compostos são formados, agem e são metabolizados antes de que possamos saber como manipular os eicosanoides.

No momento, algumas estratégias com o uso de AGE foram criadas para aproveitar os eicosanoides bons. Por exemplo, as gorduras ômega-3 encontradas em óleos de peixe podem diminuir a produção dos metabólitos araquidônicos e aumentar os níveis de certas prostaglandinas. A ingestão de gordura ômega-3 foi usada para diminuir a agregação plaquetária. Acredita-se que, ao diminuir a ingestão de gordura ômega-6 e aumentar a de ômega-3, o fluxo de LA pode ser direcionado aos eicosanoides bons em vez dos ruins. Isso pode ser realizado aumentando-se a transformação do LA em ácido gama-linoleico (GLA) ou suplementando o GLA com óleos ricos em GLA. Ao fazer isso, incentiva-se a formação de eicosanoides bons, em vez de ácido araquidônico.

A enzima responsável pela conversão do LA em GLA é a delta-6-desaturase, e muitos fatores podem inibi-la. Esses fatores incluem o LNA (outro ácido graxo essencial), os ácidos graxos trans (conferir a seção Gorduras ruins), estresse e infecções virais. Limitando esses fatores, mais GLA pode ser naturalmente produzido a partir do LA obtido pela dieta.

A enzima responsável pela formação do ácido araquidônico a partir do DGLA é a delta-5-desaturase, e muitos fatores podem inibi-la. Esses fatores incluem o glucagon e o EPA. A insulina aumenta a formação do ácido araquidônico a partir do DGLA, aumentando a formação de eicosanoides ruins.

Então, em tese, as dietas podem limitar a produção ou a transformação do ácido araquidônico e elevar a produção e a transformação do GLA, maximizando a produção de eicosanoides bons em vez dos ruins. Se isso for respaldado por novas pesquisas, essa maneira de alterar a síntese dos eicosanoides pela ingestão de AGE seria um bom uso do conhecimento científico sobre eicosanoides.

A dieta metabólica desencoraja o consumo excessivo de carboidratos, incentivando gorduras boas na dieta, como a de peixes, óleos de peixe e fontes como o GLA (prímula noturna e óleo de borragem). Atualmente, essa é a maneira mais eficaz para garantir as proporções corretas de AGE, ômega-3 e ômega-6 na dieta.

Ácidos graxos essenciais e dieta metabólica

AGE podem ser benéficos mesmo se não houver deficiência em seu consumo. Se usados adequadamente, eles podem melhorar a saúde e ajudar a evitar doenças do coração e a perder gordura corporal. De maneira geral, o aumento do processamento de alimentos em nossa sociedade diminuiu significativamente a quantidade de AGE nas dietas tradicionais. Alimentos ricos em AGE são extremamente perecíveis e não são considerados práticos ou lucrativos para fins comerciais. Os AGE extras que você poderá obter com a dieta metabólica, como explicado aqui, são apenas mais um motivo para experimentá-la.

Como mencionado na seção anterior, as gorduras ômega-3 são um fator positivo em dietas ricas em gordura. Elas são encontradas em grandes quantidades nos óleos de peixe (na forma de EPA e DHA) e foram consideradas importante fator na redução dos níveis de colesterol sérico, na prevenção de doença arterial coronariana (Hodgson et al., 1993; Davidson, 1999; Harris e

Bulchandani, 2006) e, talvez, até na prevenção ou cura da arteriosclerose (Ni, Wu e Xiao, 1994; Simopoulos, 2008). Óleos marinhos são uma parte importante da dieta das tribos esquimós. Embora sua dieta rica em gordura pareça torná-los candidatos a doenças do coração e arteriosclerose, descobriu-se que eles são praticamente imunes a problemas cardiovasculares (pelo menos até a influência das dietas ocidentais começarem a alterar sua dieta tradicional). Estudos sobre as gorduras ômega-3 encontradas nos óleos de peixe e sobre suas capacidades de proteção cardíaca indicam que elas foram decisivas nesse fenômeno (Henzen, 1995).

Para quem está seguindo uma dieta metabólica, com altos níveis de gordura e proteína, as gorduras ômega-3 podem fornecer uma vantagem contra as preocupações com o colesterol. A pressão arterial, a coagulação, a resposta imunológica, a resistência à insulina e os níveis de triglicerídeos são afetados de maneira positiva (Simopoulos, 1999). Mesmo nos casos em que o colesterol fornecido pela dieta aumenta, as gorduras ômega-3 podem auxiliar na diminuição do colesterol sérico (Garg et al., 1989). Existem algumas evidências de que, em dietas ricas em gordura, os exercícios aeróbios também reduzem o colesterol sérico (Schurch, Reinke e Hollmann, 1979), ao aumentar os efeitos dos óleos de peixe ricos em ômega-3 sobre o colesterol.

LNA, EPA e DHA também podem aumentar a lipólise (quebra da gordura corporal) (Awad e Zepp, 1979; Parrish et al., 1991) e diminuir a lipogênese (formação de gordura corporal) (Belzung, Raclot e Groscolas, 1993; Parrish, Pathy e Angel, 1990). A quebra combinada da gordura corporal armazenada e a diminuição da adição de gordura podem ter resultados muito positivos para atletas. Você pode acabar formando menos gordura e quebrando mais da já existente no corpo ao usar esses óleos. EPA também diminui alguns possíveis efeitos inflamatórios do uso de suplementos de GLA, pois o EPA pode reduzir o acúmulo de ácido araquidônico em algumas células e tecidos, um efeito colateral dos suplementos de GLA (Barham et al., 2000).

Por isso, incentivamos a adição de porções de peixe e óleo de peixe em sua dieta diária. E, embora muitos alimentos contenham mais de um tipo de ácido graxo, os óleos vegetais costumam ser mais ricos em ácidos graxos insaturados do que o encontrado em óleos animais. Não é surpresa que óleo de linhaça, oleaginosas, sementes e óleo de vegetais não processados também sejam ricos em ácidos graxos essenciais.

Gorduras ruins

Existe um equívoco no conhecimento popular de que os óleos vegetais comerciais são fontes boas e saudáveis de ácidos graxos essenciais e não essenciais. Isso não poderia ser menos verdadeiro. A maioria dos óleos vegetais que você encontra nas prateleiras dos mercados locais é altamente processada. O processamento não apenas remove as propriedades úteis desses óleos, como os AGE e antioxidantes, como também os torna predispostos a certos tipos de cânceres e baixos níveis de HDL (lipoproteínas de alta densidade, colesterol bom) (Lichtenstein et al., 1993).

A hidrogenação foi utilizada durante décadas para transformar óleos naturais em gorduras mais sólidas e estáveis em temperatura ambiente, com maior vida útil e mais fáceis de usar no preparo de certos alimentos e refeições. A hidrogenação envolve aquecer o óleo no vácuo e depois forçar a entrada de hidrogênio mediante pressão. O processo continua até que o nível desejado de hidrogênio seja atingido.

Embora a hidrogenação e outros métodos usados para refinar ou alterar óleos, como solventes químicos, descolorantes e aquecimento, sejam bons para os negócios, infelizmente, eles não fazem bem ao nosso corpo. Gorduras trans, cadeias de ácidos graxos com ligações cruzadas e fragmentos de cadeias de ácidos graxos produzidos como subproduto da hidrogenação podem ter sérios efeitos negativos sobre o colesterol no sangue, aumentando o risco de doenças do coração. Ao competirem com os AGE, essas gorduras causam deficiência de AGE e, consequentemente, diversos outros problemas de saúde, incluindo diabetes, câncer e ganho de peso. Também se especula que as gorduras trans podem afetar negativamente a sensibilidade à insulina, diminuir a oxidação da gordura e aumentar a síntese desta; todos esses efeitos seriam negativos para alguém que segue uma dieta metabólica.

Gorduras trans são encontradas em óleos vegetais refinados, cremes, na maioria das margarinas e em outros alimentos à base de óleo; em quase

Compreender os aspectos nutritivos das gorduras boas e ruins, aliado ao treino cardiorrespiratório, possibilita um corpo saudável.

todas as frituras de *fast foods*; e até mesmo em itens preparados e assados, como biscoitos, bolachas e salgadinhos. Alimentos com grandes quantidades de gorduras trans costumam conter produtos hidrogenados ou parcialmente hidrogenados em sua lista de ingredientes. (Conferir o Apêndice A para saber mais sobre como ler o rótulo dos alimentos.) Grandes quantidades de gorduras trans não naturais também são encontradas como subprodutos em alimentos que foram excessivamente aquecidos em frituras em óleo e também em outros procedimentos de preparo que exijam calor.

Grande parte do problema está no fato de que o formato de um ácido graxo é essencial para o seu funcionamento adequado. Embora as gorduras trans tenham o mesmo número de átomos de carbono e hidrogênio encontrado no ácido graxo original (conhecido como ácido graxo cis), seu formato foi extremamente alterado. Essa mudança de formato, de ácido graxo cis para trans, causa uma concorrência entre as enzimas existentes. Como resultado, os ácidos graxos cis não conseguem desempenhar adequadamente sua função biológica, o que afeta negativamente o metabolismo e a estrutura celulares.

A quantidade de gorduras trans e outros subprodutos tóxicos encontrados em um alimento varia de acordo com a extensão e natureza do processamento. Geralmente, produtos de óleos vegetais que adotem o estado sólido em temperatura ambiente (i. e., cremes e margarinas) são mais concentrados de gorduras trans do que aqueles em estado líquido em temperatura ambiente (como os óleos vegetais). Diversos estudos destacaram os efeitos negativos das gorduras hidrogenadas e dos ácidos graxos trans nelas contidos para a saúde (especialmente as margarinas duras, mas também se suspeita das margarinas moles), incluindo aumento da incidência de problemas cardíacos (Willett et al., 1993), provavelmente acompanhados por alterações negativas nos níveis lipoproteicos, um alto fator de risco para doenças arteriais coronarianas (Mensink, 1992).

Além das funções bem conhecidas do EPA, a ausência de gorduras trans na dieta tradicional dos esquimós também pode ser responsável pela sua saúde cardiovascular. Essa dieta contém gorduras insaturadas na forma cis, em concentrações fisiológicas ideais, e é praticamente isenta dos potencialmente perigosos isômeros trans e cis desses ácidos graxos (Booyens, Louwrens e Katzeff, 1986). Essas diferenças na dieta dos esquimós provavelmente garantiriam que os eicosanoides sintetizados a partir dos ácidos di-homo-gama-linoleico, araquidônico e eicosapentaenoico fossem equilibrados em concentrações fisiológicas ideais.

Resumindo, descobriu-se que as gorduras trans aumentam os níveis gerais de colesterol ao aumentar os LDL (colesterol ruim). Elas também reduzem as respostas à testosterona e à insulina, afetando negativamente a atividade enzimática do fígado e prejudicando o sistema imunológico. Elas foram relacionadas a doenças cardíacas, câncer e outras associadas ao envelhecimento. Evite o máximo possível essas gorduras não saudáveis. Em seu lugar, consuma as recomendadas na próxima seção, as gorduras boas.

Gorduras a evitar

- Todas as margarinas que sejam sólidas, em razão da concentração de gorduras trans. (Margarinas líquidas em bisnagas têm concentração mais baixa de gorduras trans.)

- Produtos e cremes à base de óleos hidrogenados, encontrados em quase todos os alimentos processados.

- Alimentos assados e fritos, especialmente de *fast foods*.

- Gorduras e óleos rançosos de qualquer tipo. Óleos que foram guardados por muito tempo provavelmente já oxidaram e podem causar danos por radicais livres no corpo.

Fontes de gordura boa para a dieta metabólica

Obter gordura boa em quantidade suficiente ajuda os atletas a manter a saúde e melhorar a composição corporal. Esta seção aborda as diversas fontes de gordura boa que você deveria incluir em sua dieta.

Óleo de linhaça

Uma das fontes mais conhecidas de LNA (e uma boa fonte de LA) à disposição é o óleo de linhaça. O óleo de cânhamo, outra fonte rica em LNA (e LA e, em menor grau, GLA), está sendo disponibilizado aos poucos. O óleo de linhaça consiste em 45 a 65% de LNA, 15% de LA e uma pequena quantidade de ácidos graxos monoinsaturados e saturados. Além disso, o óleo de linhaça é uma excelente fonte de LNA e uma boa adição à dieta, especialmente à dieta metabólica.

Apesar de sua alta concentração de LNA, algumas informações contraditórias podem limitar o uso do óleo de linhaça. Alguns estudos demonstraram que aumentar o consumo de LNA na dieta (como ao usar o óleo de linhaça) provoca o aumento da concentração de EPA nos tecidos, de maneira previsível (Mantzioris et al., 1995). Níveis mais altos de EPA diminuem a produção do ácido araquidônico e seu metabolismo em eicosanoides ruins (Kobayashi, Yokoyama e Kitamura, 1995). Entretanto, maiores níveis de LNA também diminuem a produção de GLA a partir de LA, pois o LNA inibe a enzima delta-6-desaturase, que converte LA em GLA, diminuindo a formação de certas prostaglandinas boas.

Aparentemente, embora o óleo de linhaça seja um bom suplemento para a nossa dieta, seu uso não pode ser excessivo. Somente o suficiente para aumentar a nossa produção natural de EPA, mas não o bastante para diminuir a formação de GLA a partir de LA. Assim, juntamente com o óleo de linhaça, recomendamos o uso de GLA e EPA, como será detalhado.

Se você for usar óleo de linhaça, assegure-se de que seja fresco. O óleo de linhaça, bem como outros alimentos perecíveis, estraga rapidamente. Por isso, ele precisa ser refrigerado e consumido logo depois de aberto. Procure em uma boa loja de alimentos saudáveis ou centro de nutrição e você encontrará o óleo de linhaça na seção de produtos refrigerados. Se for refrigerado, costuma durar até 6 semanas depois de ser aberto.

Uma porção mínima diária de uma colher de chá (5 mL) de óleo de linhaça é o recomendado para obter os AGE necessários. Também existem cápsulas de óleo de linhaça, geralmente em doses de 1 grama por cápsula. E você pode atingir a dose diária recomendada tanto na forma líquida quanto com as cápsulas. O óleo de linhaça fresco e não refinado também pode ser adicionado a drinques proteicos e saladas (de uma a três colheres de chá) como uma maneira saborosa de consumir LNA.

Prímula noturna e óleo de borragem

Os óleos de prímula noturna e de semente de borragem são ricos em ácido linoleico, vitamina E e GLA. O óleo de prímula noturna normalmente contém menos do que a metade de GLA encontrado no óleo de borragem. O DGLA é facilmente produzido a partir do GLA, e o uso de suplementos de GLA pode gerar um aumento na produção das prostaglandinas boas, que ajudam a combater a inflamação musculoesquelética, reduzir os níveis de colesterol e a retenção de líquidos, e causar efeitos positivos em diversos hormônios do corpo. Como o GLA é um precursor do DGLA, que, como demonstrado, é livre de esteroides, álcool e outras drogas, sugeriu-se que, então, o GLA oferece proteção ao fígado.

O GLA pode ser útil por vários motivos. O óleo da prímula noturna, por exemplo, tem sido usado como tratamento para diversos problemas, incluindo tensão pré-menstrual (TPM), síndrome da fadiga crônica e artrite. Como o GLA é importante para a produção de diversas prostaglandinas usadas para combater inflamações e dores musculares no corpo, ele pode ser muito útil para quem está seguindo um programa de exercícios avançados. Se você sofre com alguma dessas condições, talvez possa experimentar esse óleo.

De qualquer modo, para a maioria de nós, não é uma má ideia complementar nossas dietas com GLA. Recomendamos pelo menos 500 miligramas diárias de GLA. Isso significa, normalmente, seis ou mais cápsulas de óleo de prímula noturna ou três ou mais de óleo de borragem diariamente. Esses produtos podem ser adquiridos na seção de suplementos de qualquer loja de alimentação saudável. Cada um desses produtos deve conter um rótulo informando seu conteúdo, indicando se devem ser refrigerados após abertos ou armazenados em um local seco e fresco.

Peixes e óleos de peixe

Óleos de peixe pertencem à série de ácidos graxos alfa-linolênicos-ômega-3 e são ricos em ácido eicosapentaenoico (EPA), como dissemos antes. Embora o corpo seja capaz de converter o ácido alfa-linolênico em EPA e DHA com cadeias mais longas, isso é feito lentamente. Faz sentido, em termos de saúde, consumir óleos de peixe, pois eles são fontes ricas em EPA e DHA.

Além de aumentarem as capacidades de queima de gordura e diminuírem a quantidade de gordura no corpo, os óleos de peixe também ajudam a limitar a quebra de tecido muscular, tonificando a musculatura para dar forma ao corpo. Uma das maneiras de realizar isso é com o aumento da sensibilidade à insulina ou com a diminuição da resistência à insulina, especialmente em dietas ricas em gordura (Taouis et al., 2002). Eles também podem diminuir os níveis de colesterol no sangue, apresentar efeitos de dilatação dos vasos sanguíneos (aumentando a dilatação das veias) e proteger contra certos tipos de câncer (Bartram et al., 1993) e talvez até mesmo ter efeitos terapêuticos em seu combate (Rose et al., 1995). EPA também parece diminuir a produção de ácido araquidônico a partir do DGLA, diminuindo a produção de algumas prostaglandinas ruins.

Óleos de peixe também aparentam ter efeitos anti-inflamatórios e protetores relevantes na cartilagem das articulações, especialmente em caso de artrite (Curtis et al., 2000). EPA e DHA parecem ter efeitos similares e independentes sobre o corpo. Por exemplo, um estudo descobriu que o DHA, mais do que o EPA, é responsável pelos efeitos anti-inflamatórios dos óleos de peixe (Tomobe et al., 2000).

A melhor maneira de obter óleos de peixe, complementando o consumo do importantíssimo ômega-3, é comer regularmente peixes gordurosos frescos. Por exemplo, 100 gramas de salmão-do-atlântico contam com cerca de 1.400 miligramas de gordura ômega-3 (EPA e DHA). Além disso, 226 gramas de salmão-do-atlântico oferecem excelente dose de ômega-3 para a sua dieta.

Qualquer peixe, sejam frutos do mar, peixes de água doce ou salgada, ou qualquer outro tipo, contém gorduras ômega-3. Entretanto, existem evidências de que peixes marinhos sejam uma fonte melhor de ômega-3 do que os peixes de água doce (exceto pelas trutas de lago). Peixes de águas mais frias do Norte, como do Norte do Atlântico, são superiores àqueles encontrados nas proximidades da linha do Equador, e frutos do mar contêm menos ômega-3 do que peixes. Dentre os peixes mais comuns à disposição, aqueles com mais ômega-3 são salmão, arenque, sardinhas, cavalinha e anchova. Você pode comer um ou mais desses peixes de três a quatro vezes por semana.

Com base em diversos estudos que demonstram os benefícios do óleo de peixe, recomendamos que peixes ou óleos de peixe sejam consumidos diariamente, se possível, ou, caso contrário, pelo menos dia sim e dia não. Se você tiver problema em consumir peixe diariamente, use óleo de peixe para complementar a dieta, como cápsulas de óleo de salmão. Busque consumir 2.000 miligramas de EPA todos os dias. Óleos de peixe costumam conter 20% de EPA e uma quantidade menor de DHA, de modo que 10 cápsulas por dia com 1.000 miligramas de óleo de peixe são suficientes para atingir o mínimo recomendado. Se quiser, ou houver histórico pessoal ou familiar de doenças arteriais coronarianas, você pode consumir mais, pois, aparentemente, não há nenhum efeito metabólico adverso no consumo prolongado de óleos de peixe (Eritsland et al., 1995).

Tenha cuidado ao comprar cápsulas de óleo de peixe que sejam frescas e armazenadas em uma embalagem opaca. Se as cápsulas tiverem gosto de peixe, provavelmente elas estão parcialmente estragadas e não devem ser consumidas. Mantenha as cápsulas sob refrigeração e protegidas da luz, e consuma-as o mais rápido possível, no máximo após alguns meses da compra.

Gorduras monoinsaturadas

Gorduras monoinsaturadas são produzidas pelo corpo e encontradas em gorduras de origem vegetal e animal. O ácido oleico é a principal gordura monoinsaturada. Fontes animais de ácido oleico incluem carne vermelha, de porco, cordeiro, frango, peru, laticínios, ovos e alguns peixes (p. ex., enguias e trutas). Embora seja comum a crença de que as gorduras nesses alimentos sejam todas saturadas, isso não é verdade. O ácido oleico representa 20 a 50% das gorduras.

Fontes vegetais de gordura monoinsaturada incluem azeite de oliva e óleos de canola (colza), avelã e amendoim, bem como os alimentos dos quais eles são extraídos. Oleaginosas, como amêndoas, pistache e macadâmias, e abacates contêm valores elevados de ácido oleico, em comparação com as demais gorduras monoinsaturadas.

Gorduras monoinsaturadas, especialmente o ácido oleico, parecem ser mais vantajosas do que outros ácidos graxos. O consumo significativo de gorduras monoinsaturadas não aumenta o seu risco de doenças cardíacas, podendo até diminuí-lo graças aos seus efeitos sobre o colesterol total, HDL e LDL (Wahrburg et al., 1992). Aparentemente, é mais fácil para o nosso corpo realizar o metabolismo do ácido oleico, em comparação com as demais gorduras monoinsaturadas.

O óleo de canola contém ácido erúcico, que pode apresentar alguns efeitos tóxicos. Em decorrência de seu modo de extração, o óleo de canola pode conter alguns ácidos graxos deformados. Estudos mostram que, diferentemente do azeite de oliva, que pode diminuir o colesterol total e o LDL, o óleo de canola não exerce esse efeito sobre o colesterol no sangue (Lichtenstein et al., 1994).

Por diversos motivos, o azeite de oliva parece ser uma das melhores gorduras para o consumo na dieta metabólica. Contudo, somente alguns azeites de oliva são adequados. Assim como para qualquer outro óleo, aquecimento, produtos químicos, solventes e outros processos de refinamento prejudicam os efeitos saudáveis do azeite de oliva. Os melhores são os azeites de oliva extravirgens com extração a frio, pois o óleo é retirado mediante pressão, e não pelo uso de calor e solventes.

Um conjunto de evidências epidemiológicas apontam para os efeitos saudáveis do azeite de oliva (Keys et al., 1986; Katsouyanni, 1991). Estudos mostram que o azeite de oliva diminui a aterogênese (formação de depósitos de gordura dentro das artérias, como na arteriosclerose) (Aviram e Eias, 1993). O azeite de oliva parece ser um dos principais responsáveis pelos efeitos da dieta do Mediterrâneo sobre a saúde (Massaro, Carluccio e De Caterina, 1999), parcialmente em função dos efeitos antioxidantes dos fenóis absorvíveis presentes nesse óleo (Vissers et al., 2002; Leenen et al., 2002). Além disso, poucos pesticidas e produtos químicos são necessários para produzir azeitonas; portanto, essa fonte de gordura apresenta somente pontos positivos. O azeite de oliva é, definitivamente, uma parte útil e essencial da dieta metabólica.

Gorduras saturadas

Muitos dos alimentos recomendados na dieta metabólica, como carne vermelha, ovos, queijo e manteiga, contêm gorduras saturadas. Essas gorduras têm a tendência de elevar os níveis de colesterol total sérico e de LDL em alguns indivíduos, especialmente aqueles que já têm problemas de colesterol no sangue. O aumento do colesterol total ocorre principalmente em razão do aumento dos LDL, embora haja um pequeno aumento nos HDL (McNamara, 1992).

Entretanto, nem todas as gorduras saturadas exercem um efeito negativo sobre o colesterol total. Por exemplo, o ácido esteárico (principal ácido graxo saturado encontrado na carne) e os ácidos graxos saturados de cadeias médias exercem pouco ou nenhum efeito sobre o colesterol total. Estudos recentes mostram que a substituição de carboidratos por ácido esteárico (como realizado, em certo grau, na fase rica em gordura e pobre em carboidrato da dieta metabólica) tem pouco efeito sobre a concentração de lipídios e lipoproteína no plasma (Denke e Grundy, 1991; Katan, Zock e Mensink, 1994). Da mesma forma, nesses estudos, os ácidos oleico e linoleico tiveram efeitos benéficos nos lipídios do sangue, aumentando o HDL e diminuindo o LDL.

É importante perceber que, como indicam pesquisas recentes, é a forma oxidada do colesterol e dos LDL que aumenta a incidência de doenças cardiovasculares, incluindo doenças arteriais coronarianas (Hansen, Pedersen e Mulvad, 1994). Além disso, os fatores que diminuem a tendência de oxidação dos LDL (como o consumo de gorduras monoinsaturadas e óleos marinhos) podem prevenir os efeitos negativos das dietas ricas em gordura com relação ao surgimento de doenças cardiovasculares. Ácidos graxos naturais na configuração cis não possuem os efeitos tóxicos observados com o uso de gorduras trans. Eles são, basicamente, uma fonte eficiente e compacta de energia. A maioria dos indivíduos não tem problema com essas gorduras saturadas – nossos corpos sabem como lidar com elas.

As gorduras saturadas são parte integrante da dieta metabólica. Se usadas adequadamente, as gorduras saturadas naturais o ajudarão a perder peso e gordura corporal. Qualquer efeito adverso que elas possam ter sobre o colesterol geral no sangue costuma ser diminuído, pois a gordura saturada corporal estará sendo consumida como fonte principal de energia. Portanto, as gorduras não conseguem causar prejuízo. (Conferir o Cap. 7 para mais informações sobre como monitorar o colesterol.) Outras gorduras recomendadas podem diminuir ou eliminar quaisquer mudanças negativas, resultantes da dieta metabólica, sobre o colesterol total, os HDL e LDL.

Manteiga ou margarina?

A maioria dos especialistas da área de saúde pode explicar os prós e contras das margarinas e manteigas. As margarinas não contêm colesterol e possuem altas concentrações de gorduras monoinsaturadas e poli-insaturadas, que reduzem os LDL. Entretanto, elas contêm gorduras trans, que passaram pelo processo de hidrogenação. Houve um tempo em que as gorduras trans eram consideradas mais saudáveis do que a gordura saturada encontrada nas manteigas. Contudo, alguns estudos descobriram que a gordura trans é mais prejudicial do que a saturada. A manteiga não é processada e, portanto, não contém gorduras trans. O aspecto negativo da manteiga é que ela contém gordura saturada. Descobriu-se que tanto a gordura saturada quanto a trans causam efeitos negativos sobre o colesterol no sangue e doenças cardíacas. Como sempre, o segredo é consumi-las em porções moderadas e controladas.

O segredo é que, quando você se adapta às gorduras, o seu metabolismo é diferente do que seria em um sistema padrão, que predominantemente queima carboidratos. A gordura consumida na dieta, como a saturada, não reage da mesma forma durante o metabolismo. Assim, não ocorrerão os problemas cardiovasculares e metabólicos resultantes de dietas com muita gordura e muito carboidrato.

Carne vermelha

A carne vermelha foi considerada uma inimiga durante as últimas décadas. Parecia não apresentar nada de positivo, exceto por fazer um bom churrasco. Mas as coisas estão mudando, e pesquisas apontam que a carne vermelha foi injustamente rejeitada (Hodgson et al., 2007).

Sempre dissemos que a carne vermelha é boa. E há vários motivos para pensarmos assim. Novamente, em termos de gordura saturada, há muita divergência. Afinal, a carne vermelha tem sido presença constante em nossas dietas desde o começo dos tempos. Por que, de repente, ela passou a ser tão prejudicial? Em primeiro lugar, a carne vermelha contém tanto ácido oleico, e a mesma gordura monoinsaturada do azeite de oliva, quanto gordura saturada. Acredita-se que o ácido oleico apresente efeitos positivos sobre a saúde (Wahle et al., 2004) e também parece agir como um nutriente de saciedade, diminuindo o apetite (Obici et al., 2002).

Ademais, a carne vermelha é uma das melhores fontes de aminoácidos. Tem muita vitamina A, E e complexo B. A vitamina B12, abundante na carne, não é encontrada em fontes vegetais. A carne vermelha é repleta de ferro, que pode ser facilmente absorvido, diferentemente do ferro encontrado em fontes vegetais. Ela também é excelente fonte de outros nutrientes, como a L-carnitina, taurina, ácido linoleico conjugado (CLA), coenzima Q10, potássio, zinco e magnésio – todos nutrientes vitais, especialmente para quem quer melhorar sua composição corporal.

A L-carnitina é encontrada principalmente em carnes, e a carne vermelha é a sua melhor fonte, com cerca de 600 miligramas a cada 100 gramas. Peixe contém somente 35 miligramas a cada 100 gramas. Para atletas, o consumo ideal da L-carnitina não significa somente uma proporção maior de massa muscular magra, mas também o aumento do uso de gorduras ricas em energia como combustível durante exercícios. O ácido linoleico conjugado pode resultar na redução da gordura geral do corpo e no aumento do metabolismo muscular do corpo (Gaullier et al., 2004; Eyjolfson, Spriet e Dyck, 2004; Steck et al., 2007).

A carne vermelha também é um dos melhores alimentos para maximizar a composição corporal. Um estudo recente descobriu que mulheres que seguiram uma dieta de baixa caloria com carne vermelha perderam mais peso e estavam mais saudáveis do que aquelas que seguiram uma dieta de baixa caloria com pouca carne vermelha (Clifton et al., 2003). Normalmente, em dietas ricas em proteínas, a eliminação de cálcio na urina aumenta, prejudicando o equilíbrio do cálcio. Durante esse estudo, não ocorreu nenhum efeito negativo sobre a reabsorção do metabolismo ósseo (processo pelo qual o cálcio é transferido do fluido ósseo para o sangue). Essa reabsorção dos ossos costuma ser um precursor da osteoporose.

Em outro estudo, demonstrou-se que a carne vermelha tem efeitos benéficos sobre o colesterol sérico e os triglicerídeos, a outra gordura importante (Davidson et al., 1999). Ao final de 9 meses de estudo, o grupo que consumiu carne vermelha teve uma queda média de 1 a 3% do colesterol LDL (lipoproteína de baixa densidade) "ruim", um aumento médio de 2% no colesterol HDL (lipoproteína de alta densidade) "bom" e uma diminuição média de 6% nos níveis de triglicerídeos.

A carne vermelha, com sua gordura saturada, aumenta os níveis de testosterona. Percebemos isso em nossos estudos clínicos com pacientes e atletas que seguiram as nossas dietas, com ênfase em carne vermelha. E essa associação também foi percebida em alguns outros estudos (Hamalainen et al., 1983; Hamalainen et al., 1984; Dorgan et al., 1996).

Sugestões para o consumo de gordura

Vinte e cinco por cento da sua ingestão de gordura deve ser proveniente do azeite de oliva e de alimentos ricos em AGE, mencionados na seção anterior. Eles incluem oleaginosas, sementes, peixes, óleo de linhaça, óleo de salmão e óleos vegetais não processados. Compre óleos vegetais em mercados orgânicos, pois eles não são processados. Se você pode comprar todos os seus alimentos na forma orgânica, sem que tenham sido refinados ou processados, isso seria o ideal. Os outros 75% de gordura a ser consumida deve vir de carnes vermelhas de alta qualidade, frango, ovos, queijo, porco, frutos do mar e peixes, e margarina líquida ou manteiga orgânica. Além disso, faça um esforço para adquirir ovos e derivados do leite enriquecidos com ômega-3. A Tabela 6.1 apresenta um modo fácil de avaliar as diferentes gorduras em alguns alimentos e óleos comuns.

Compre e consuma óleos que sejam predominantemente monoinsaturados (azeite de oliva). Asse, ferva, cozinhe no micro-ondas, escalde ou cozinhe no vapor os alimentos em vez de fritá-los, e consuma somente alimentos frescos. Complemente a sua dieta com óleos que contenham GLA (como óleo de borragem ou de prímula noturna), óleos de peixe natural (caso sua ingestão de peixe seja deficiente) e, em menor grau, óleo de linhaça, conforme abordado anteriormente. Use azeite de oliva extravirgem à vontade para preparar alimentos, saladas e drinques proteicos, do jeito que você gostar mais.

Tabela 6.1 Composição de ácidos graxos em alimentos comuns

Alimento	% de gordura saturada	% de gordura monoinsaturada	% de gordura poli-insaturada
Manteiga, creme de leite, leite	65	30	5
Carne vermelha	46	48	6
Bacon e porco	38	50	12
Banha	42	45	13
Frango	33	39	28
Peixe	29	31	40
Óleo de coco	92	6	2
Óleo de palma	86	12	2
Manteiga de coco	63	34	3
Azeite de oliva	15	76	9
Óleo de amendoim	20	48	32
Óleo de semente de algodão	27	20	53
Óleo de soja	16	24	60
Óleo de milho	13	26	61
Óleo de girassol	11	22	67
Óleo de cártamo	10	13	77

Reproduzido com permissão de Di Pasquale, 2002, p. 95.

CAPÍTULO

7

Implementação do plano de dieta metabólica

Este capítulo explica como fazer seu corpo deixar de ser predominantemente um sistema de queima de carboidratos para um em que predomina a queima de gorduras nas fases de início e avaliação. Assim, você conseguirá controlar a quantidade ideal ingerida de calorias provenientes de carboidratos (período de carga de carboidratos) durante a semana e nos fins de semana. Depois de conseguir isso, a dieta metabólica poderá ser usada para maximizar a massa corporal magra e a força, por meio da progressão de diferentes fases de treinamento.

Antes de começar

Antes de começar a dieta metabólica, é preciso solicitar ao médico um exame físico completo. Também é preciso solicitar uma análise do sangue, o que inclui um hemograma completo, níveis de colesterol (total, LDL e HDL), TSH (teste de função da tireoide), glicemia em jejum, ácido úrico sérico, potássio sérico, função hepática e nitrogênio ureico no sangue. Seu médico também pode pedir a realização de exames adicionais.

Em relação ao problema do colesterol, como a gordura está sendo queimada para a obtenção de energia, grande parte do colesterol e das gorduras saturadas, que poderiam causar problemas, é utilizada no processo. Estudos demonstraram inclusive que, com o aumento na utilização de gordura como fonte de energia e com a determinação de perda de peso, a dieta metabólica pode até reduzir o colesterol sérico (Schurch, Reinke e Hollmann, 1979). De fato, um estudo publicado em julho de 2002 demonstrou que a dieta com poucos carboidratos em longo prazo resultou em um aumento na perda de peso e de gordura, além de uma melhora expressiva no perfil lipídico (diminuição dos níveis de colesterol, triglicerídeos e LDL e aumento dos níveis de HDL) (Westman et al., 2002).

É sempre bom ficar de olho nos níveis de colesterol toda vez que você trocar de dieta, e mais ainda se você teve ou tem tendência a apresentar problemas de colesterol. Seus níveis são fortemente determinados pelo metabolismo individual e pela composição química corporal, e a genética desempenha um papel crucial. Se há histórico familiar de problemas de colesterol, você tem grandes chances de também os ter. Se você tiver um problema crônico de colesterol, é preciso conversar com seu médico sobre como a dieta metabólica pode interferir nisso e o que você pode fazer para minimizar os efeitos adversos. O monitoramento frequente de seu *status* lipídico indicará a sua situação e a necessidade de mudar algo ou não.

É possível fazer vários ajustes na dieta metabólica para controlar o colesterol conforme a necessidade. Óleos de origem marinha e de linhaça, azeite de oliva e outros suplementos nutricionais também ajudam. Se seus níveis séricos de LDL e HDL forem negativamente afetados pela dieta no início (durante a adaptação à queima de gordura como seu principal combustível) ou quando você estiver acumulando e ingerindo mais gordura, então o problema pode se autocorrigir se você modificar o nível de carboidratos para adequar a seu metabolismo ou quando você está em processo de diminuição da gordura corporal, como quando passa por uma fase de definição ou corte. Talvez também seja preciso restringir a carne. Isso também é algo que precisa ser tratado com o seu médico. Se a dieta metabólica parecer ser a resposta, é preciso reunir informações para a criação de um plano com as mesmas vantagens da perda de peso e da composição corporal que a dieta proporciona enquanto mantém o colesterol sob controle. Além disso, depois que o corpo fizer a transição dos carboidratos para as gorduras como fonte principal de combustível, as gorduras passam a ser menos importantes do que eram antes em contribuir para a dislipidemia (perfil lipídico anormal).

Na verdade, se você seguir uma dieta com altos níveis de gordura durante a fase inicial de adaptação à gordura ou para ganho de massa, é preciso diminuir esses níveis na dieta conforme essa gordura corporal indesejada passa a ser queimada. Para isso, costuma ser necessário reduzir a ingestão calórica diária e a ingestão de gorduras (já que não é possível reduzir uma ingestão já baixa de carboidratos) e ter altos níveis de proteínas para manter a massa muscular. Assim, é preciso diminuir progressivamente a ingestão de gorduras até alcançar seu objetivo. É desse modo que a dieta metabólica passa de uma dieta com alta ingestão de gordura para uma de moderada e até baixa ingestão de gordura, dependendo do quanto a ingestão calórica diária é reduzida. Como a adaptação da gordura foi realizada, a sua diminuição não afetará sua capacidade de utilizá-la como combustível principal.

Assim, caso você esteja apresentando problemas de colesterol, reduza a ingestão de gorduras saturadas ao máximo e compense as calorias que faltam com alimentos que tenham altas quantidades de gorduras poli-insaturadas e monoinsaturadas (o que libera o uso de azeite de oliva e óleo de linhaça) e de proteínas, com menos gorduras saturadas. Não há problema, por exemplo, em comer um bife, mas é preciso retirar toda a gordura visível. Diminuir o consumo das gemas de ovos, mas mantendo a quantidade de claras consumidas, também é uma boa ideia.

Compreensão e acompanhamento do progresso

Além de consultar seu médico para os exames físico e de sangue, é preciso se pesar e obter uma análise da gordura corporal antes de dar início à dieta. A perda de peso é importante, mas a diminuição de medidas também. Use a balança uma vez por semana para determinar seu peso, mas não confie somente nessa única forma de medição. A perda de medidas é fundamental e pode não estar refletida na perda de peso. Conte também com o espelho, porque uma perspectiva visual sempre revela a massa corporal magra e áreas em que há muito acúmulo de gordura. Ao compreender isso, você será capaz de manter um alto nível de entusiasmo, o que é muito importante para o sucesso.

O porcentual ideal de gordura corporal para atletas é de 10 a 18% para mulheres e de 5 a 10% para homens. É importante compreender que muitos atletas de ambos os sexos podem ter os percentuais mais baixos e ser perfeitamente normais, e isso não afeta o desempenho nos esportes. Atletas altamente treinados precisam se preocupar menos com calorias, em razão de sua capacidade de queima de calorias durante os exercícios e, com isso, de melhora na queima de gordura. Assim, restrições de calorias marcadas com exercícios intensos não são desejáveis, pois esgotar excessivamente os depósitos de gordura do corpo não é saudável e é contraproducente em relação à maximização do desempenho e da composição corporal.

Atletas do sexo feminino devem estar cientes da tríade da mulher atleta, que é caracterizada por hábitos alimentares nocivos, menstruações irregulares e ossos fracos (princípio de osteoporose) (Kleiner e Greenwood-Robinson, 2007). Fisiculturistas do sexo feminino têm risco porque o esporte requer o controle frequente do peso e a prática constante de dietas para as apresentações. No caso de atletas do sexo masculino, a prática obsessiva do controle do peso, o sobretreinamento, a exigência diante do espelho e a insatisfação constante com o corpo é conhecida como dismorfia corporal. O desejo obsessivo de desenvolver músculos e evitar o acúmulo de gordura é compreensível em uma sociedade movida pela aparência. Não há necessidade de cair em nenhuma dessas armadilhas na dieta metabólica porque sua principal fonte de combustível é a gordura, que pode ser queimada sem sacrificar massa muscular. Tenha uma dieta saudável e rica em energia e torne-se unido com o seu corpo, compreendendo exatamente o que ele precisa para que você tenha sucesso no seu esporte.

O porcentual geral de gordura corporal pode ser medido com um adipômetro. Essa técnica envolve a medição dos níveis de gordura corporal pela avaliação de depósitos importantes de gordura com o aparelho. A medição pode ser realizada por um profissional ou por você, se tiver o aparelho, seguindo instruções fáceis. Com o adipômetro, é possível determinar o porcentual de gordura corporal por meio de medições da densidade da pele da área suprailíaca (consultar a Fig. 7.1). Essa área fica aproximadamente 2,5 centímetros acima do osso do quadril, cerca de 13 centímetros à direita e logo abaixo do umbigo. Como demonstrado no desenho, enquanto fica parado, aperte a dobra suprailíaca entre o dedo polegar e o indicador. Coloque o compasso do adipômetro na dobra enquanto continua segurando-a com a mão esquerda. Então realize a medição de acordo com as instruções e o desenho. Depois de medir, consulte o quadro de interpretação da gordura corporal, que vem junto com o adipômetro, para determinar seu porcentual de gordura corporal.

O melhor modo de medir seu progresso enquanto você estiver fazendo a dieta metabólica é o índice metabólico (IM). O IM é a razão derivada que considera não somente o peso e a altura, mas também o porcentual de gordura corporal. O IM leva em consideração todas as variáveis que outros métodos desconsideram. Com ele, você obtém um panorama de sua composição corporal e seu progresso.

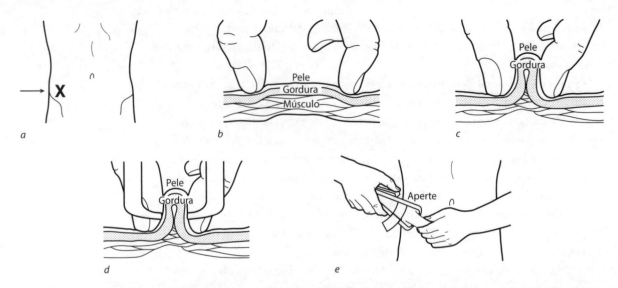

Figura 7.1 Para concluir o teste da dobra na área suprailíaca, (*a*) fique de pé com a postura reta, (*b* e *c*) aperte a pele entre os dedos polegar e indicador e (*d* e *e*) coloque o compasso do adipômetro na dobra da pele enquanto continua segurando a dobra com a mão.

Reproduzido com permissão de Di Pasquale, 2002, p. 99.

Registro da dieta

Lembre-se de que é importante documentar aspectos da dieta e seus efeitos no corpo. Às vezes, pode ser inconveniente e até irritante, mas, se você tiver interesse em obter os melhores resultados para seus esforços, é preciso registrar o progresso e as maneiras como você responde às mudanças na dieta. Tome notas para si sobre quando começa a ter um comportamento mais livre no fim de semana, o que você estava comendo, quantas calorias estava ingerindo e todas as outras informações essenciais.

Ter o seu próprio registro da dieta é uma maneira de reunir as informações sobre o que você fez e de dar-lhe mais confiança às mudanças realizadas no treino e na dieta. Assim, você terá controle sobre o momento em que sua aparência está melhor e sobre como obter essa aparência. Você pode abrir mão das anotações depois de estar na dieta há algum tempo e de ter adquirido familiaridade com ela; ainda assim, é bom continuar tomando notas, pelo menos, semanalmente sobre suas descobertas durante a permanência na dieta.

É muito fácil calcular o IM.* É só incluir seu peso em quilos e sua altura em metros, além de seu nível de gordura corporal na forma de porcentual, utilizando fórmula a seguir e fazer os cálculos. Divida seu peso corporal em quilos por sua altura em metros ao quadrado. Então, multiplique os resultados por 10,3 e, finalmente, divida-os por seu porcentual de gordura corporal (Di Pasquale, 2002-2008).

*Adaptado com permissão de Di Pasquale, 2002, pp. 100-102.

IM = {peso corporal em quilos ÷ (altura em metros)² × 10,3} ÷ % de gordura corporal

Por exemplo, o cálculo para um atleta que pesa 84 quilos, tem altura de 1,68 metro e um total de 10% de gordura corporal:

$$IM = \{84 \text{ kg} \div (1{,}68 \text{ m})^2 \times 10{,}3\} \div 10$$
$$IM = \{(84 \text{ kg} \div 2{,}8224 \text{ m}) \times 10{,}3\} \div 10$$
$$IM = (29{,}7619 \times 10{,}3) \div 10$$
$$IM = 306{,}547619 \div 10$$
$$IM = 30{,}6$$

Início

A transição para a baixa quantidade de carboidratos pode durar de duas a várias semanas e permite determinar se você é um usuário de gordura eficiente e se, sendo assim, pode ficar bem sem muitos carboidratos. Se esse for o caso, então você está bem para seguir adiante com o regime tradicional de alternância com poucos carboidratos por 5 dias e com 2 dias de troca de regime (fins de semana).

Fase de adaptação

A fase inicial da dieta metabólica mostra como o corpo funciona quando faltam carboidratos e é a fase de teste para determinar a capacidade do atleta de utilizar a gordura como principal fonte de energia. Aqueles que são eficientes em metabolizar gordura têm muito sucesso nessa fase da dieta. Por fim, a dieta metabólica enfatizará a alternância entre dias da semana com baixas quantidades de carboidratos e finais de semana com quantidades maiores. Contudo, isso não ocorre nos 12 primeiros dias. Durante a fase de adaptação, a melhor abordagem é a de consumir pouco ou nenhum carboidrato nesses 12 primeiros dias. Desse modo, serão fornecidos ao corpo o incentivo e o caminho para fazer a alternância da queima de carboidratos para a queima de gorduras como principal fonte de energia. Também fornecerá uma indicação imediata se o pouco consumo de carboidratos não é adequado para você.

Essa fase da dieta metabólica requer uma dieta especial, com mais gorduras, grandes quantidades de proteínas e poucos carboidratos a partir de uma segunda-feira até a sexta-feira da semana seguinte (total de 12 dias). Durante esse período, sua dose máxima de carboidratos será limitada a 30 gramas por dia. Se você conseguir consumir menos carboidratos – ou até mesmo nenhum –, melhor ainda. A ingestão de gorduras deve corresponder a aproximadamente 50 a 65% das calorias ingeridas e as proteínas, a 30 a 40% das calorias (ver Tab. 7.1).

Durante esse estágio de adaptação, não é de fato necessário alterar a quantidade normal de calorias ingeridas – simplesmente substitua proteínas e gorduras pelas calorias de carboidratos que eram consumidas antes.

Para fazer isso, substitua os carboidratos que está ingerindo pelas proteínas e gorduras e não mude o nível calórico em um primeiro momento. (Consultar a seção "O que comer", mais adiante neste capítulo, para obter sugestões específicas de alimentos.)

Ao começar a dieta com 12 dias de alto consumo de gordura e baixo de carboidratos, a mudança metabólica ocorrerá rapidamente, por certo, nos indivíduos que são ou podem vir a ser eficientes metabolizadores de gorduras. Aqueles para quem a dieta com a quantidade mínima de carboidratos não é adequada serão fortemente afetados. Entre os sintomas, estão a fadiga e a sensação de gripe e mal-estar. Outras dificuldades dos atletas nos estágios iniciais incluem sensação de falta de energia, fraqueza, irritabilidade e irregularidades intestinais, especialmente quando o corpo não está reagindo bem à mudança dos hábitos alimentares.

Tabela 7.1 Quantidade consumida na fase de adaptação

	Consumo de carboidratos	Consumo de macronutrientes como porcentual do total de calorias		
		Gorduras	Proteínas	Carboidratos
Primeiros 12 dias	30 g	50-65%	30-40%	4-10%
Máximo em um dia de semana comum	30 g	50-65%	30-40%	4-10%
Carga de carboidratos no fim de semana de 12 a 48 horas	Sem limite real	25-40%	15-30%	35-55%

Fase de avaliação

Se você tiver êxito na fase de adaptação durante os 12 primeiros dias, realizará uma grande mudança no segundo sábado (13º dia). Você consumirá altas quantidades de carboidratos entre 12 e 48 horas no fim de semana. Durante esse período, conforme visto na Tabela 7.1, defina seu consumo de gorduras entre 25 e 40%, de proteínas entre 15 e 30% e de carboidratos entre 35 e 55%. O processo é muito similar ao que os atletas chamam de carga de carboidratos. Esse período de 14 dias, que abrange a fase de adaptação com restrição de carboidratos por 12 dias seguida pelos dois dias da fase de avaliação com mais carboidratos, é crucial porque faz com que você compreenda completamente a dieta, em todas as suas dimensões. Nesse ponto, é sua a tarefa de controlar a quantidade ideal de consumo de carboidratos durante a semana e os fins de semana (ponto de ajuste metabólico).

Quando o segundo fim de semana (dias 13 e 14) chegar e você estiver alternando para um consumo muito mais alto de carboidratos, os níveis de insulina aumentarão muito. De fato, a fase da dieta com mais gorduras e poucos carboidratos torna a resposta de insulina ao alto consumo de carboidratos ainda maior do que seria normalmente (Sidery, Gallen e Macdonald, 1990; Bhathena et al., 1989). O instinto inicial do corpo é de ser predominantemente um sistema de queima de carboidratos. Com isso, sua insulina aumenta imediatamente com as altas quantidades de carboidratos consumidas.

Infelizmente, a maioria dos indivíduos exagera na primeira carga de carboidratos e descobre rapidamente as consequências. Sintomas como gases e inchaço podem ocorrer, o que pode ocasionar o acúmulo imediato de gordura corporal. Embora essa experiência seja desconfortável, pode resultar em uma lição aprendida. Ao compensar demais a falta de carboidratos nos 12 dias anteriores, a maioria dos indivíduos acredita que está regredindo e que perdeu o progresso feito durante o período com poucos carboidratos. De fato, essa compensação excessiva fornece uma experiência de aprendizagem e pode ensinar atletas sobre a quantidade apropriada de carboidratos durante os fins de semana, especialmente quando você faz isso de modo consistente e está tentando melhorar sua composição corporal. O excesso no fim de semana com carboidratos é claramente ideal para a fase de treinamento de hipertrofia (H) (consulte o Capítulo 13) e permitirá que você crie massa muscular e, a menos que seja um grande exagero, mantenha sua gordura corporal em um nível gerenciável.

A primeira coisa que seu corpo faz em resposta a essa ingestão exagerada de carboidratos é estufar os músculos com glicogênio, o que faz com que eles aparentem estar mais cheios e promovam a síntese de proteínas por meio do estímulo direto da absorção de aminoácidos pelas células musculares.

Quando você passa a queimar gordura de modo eficiente, os resultados ficam evidentes.

Seu consumo de proteínas nos fins de semana é muito inferior que durante a semana, especialmente quando você adquire experiência e já está na dieta há algum tempo. É importante compreender que você está consumindo a quantidade suficiente de proteínas durante os dias da semana para compensar, se necessário. O uso de proteínas após uma restrição relativa resulta em níveis mais altos que os presentes antes da restrição (Di Pasquale, 1997).

Após as duas primeiras semanas, o que inclui seu primeiro fim de semana de carga de carboidratos, ao começar a rotina normal na segunda-feira, você se sentirá energizado e pronto para ganhar o mundo. Durante o exercício, você se sentirá mais otimista, saudável e motivado. Na segunda e na terça-feira, seu sistema estará trabalhando muito, queimando todo o glicogênio aumentado que você ganhou no fim de semana, e continuando a queimar ácidos graxos. De modo geral, você sentirá um aumento no potencial de queima de gorduras e de modelagem corporal. Assim, de quarta a sexta-feira, com o glicogênio limitado novamente, você contará muito mais com seu metabolismo primário de queima de gordura para maximizar a perda de gordura e a tonificação do corpo.

O corpo passa por uma grande transição durante as fases de adaptação e de avaliação (fim de semana inicial de carga de carboidratos). É crucial entender quando parar com a carga de carboidratos porque alguns indivíduos tendem a fazer reservas de gordura mais rápido que outros. Como atleta, é preciso ficar ciente do ponto em que você começa a sentir inchaço e gases. Esse ponto varia muito de indivíduo para indivíduo. Alguns praticamente não percebem a resposta no apetite com as oscilações da insulina. Outros, contudo, têm grandes mudanças nos níveis de insulina. As grandes oscilações na insulina podem ser um grande problema, porque causam mais apetite. Por esse motivo, são 12 a 48 horas de tempo de carga de carboidrato nos fins de semana. Seria possível cortar esse tempo para até menos de 12 horas no caso de atletas que sentem uma fome insaciável ou no caso daqueles com tendência a acumular gordura no corpo rapidamente na fase do carboidrato. O importante é saber e compreender quando é a hora de parar. O momento do inchaço e dos gases indica que é hora de voltar à rotina da semana com alta quantidade de gorduras e baixa quantidade de carboidratos.

Note que pode levar algum tempo até você aprender quando seu corpo está indicando que é hora de alternar. Se estiver tendo problemas com isso, faça a alternância mais cedo no fim de semana e veja como você estará e se sentirá na semana seguinte. Com a prática, você acabará aprendendo a interpretar corretamente os sinais de seu corpo e sabendo quando ingerir gorduras. Além disso, lembre-se de que os porcentuais listados na Tabela 7.1 para o consumo de gorduras, proteínas e carboidratos representam as quantidades ideais, pelo menos até encontrar os melhores valores para si. Se você nunca tiver feito um plano de dieta real antes, talvez tenha uma certa dificuldade em alcançar os objetivos em um primeiro momento. Se esse for o caso, não se preocupe. Ao se manter no limite de 30 gramas de carboidratos e 50% de gorduras no mínimo na dieta durante as semanas iniciais, você realizará a mudança metabólica necessária para o sucesso inicial.

Determinação do ponto de ajuste metabólico

O ponto de ajuste metabólico é o nível de carboidratos adequado ao seu metabolismo enquanto sua capacidade de aumentar a massa muscular e diminuir a gordura corporal é maximizada simultaneamente. No caso de atletas e fisiculturistas que sejam queimadores eficientes de gorduras e tenham pouca necessidade de carboidratos na dieta, o ponto de ajuste da dieta metabólica é baixo, menos de 30 gramas, e em geral perto de zero, por dia. Para alguns, o ponto de ajuste pode ser suficientemente alto, de modo que eles acabam consumindo uma dieta com muitos carboidratos. Contudo, para a maioria dos indivíduos, o ponto fica em alguma área entre 30 e 100 gramas de carboidratos por dia na dieta.

Com o monitoramento cuidadoso das reações do corpo à quantidade de carboidratos consumida e os ajustes necessários na sua ingestão, você chegará, por fim, na zona mágica da dieta, o nível de carboidratos adequado para si. Para entender totalmente como funciona a dieta metabólica, é preciso perceber que ela tem uma progressão dinâmica, na qual você tem um envolvimento ativo.

A parte interativa desse processo permite que você descubra muitas coisas sobre o seu metabolismo, de modo que consiga alcançar seus objetivos finais.

Caso esteja se sentindo cansado, é sinal de que você precisa de ajuda com a parte dos carboidratos na sua dieta. Quando é preciso aumentar a quantidade, leva um tempo até descobrir qual é seu ponto de ajuste. A maioria dos indivíduos leva cerca de dois meses em média para descobrir o nível ideal de carboidratos na dieta. Após descobrir seu ponto de ajuste metabólico, você pode estabilizar a dieta para esse nível por vários meses enquanto trabalha a modificação da sua composição corporal.

Costuma levar cerca de três ou quatro semanas na parte de alternância de fases da dieta metabólica (a alternância de poucos carboidratos durante a semana para uma carga mais alta durante uma parte ou todo o fim de semana) para determinar se você pode sobreviver com a baixa quantidade de carboidratos ou se necessita de mais em um momento específico da semana. Para avaliar a parte rígida da dieta metabólica (dias da semana com poucos carboidratos e, dependendo de quanto tempo o atleta tem para realizar a carga de carboidratos, talvez parte do fim de semana) é preciso ter foco na dieta a cada duas semanas. Se você se sentir bem após as duas primeiras semanas, então pode continuar com os cinco dias adicionais com 30 gramas e um ou dois dias nos fins de semana de carga de carboidratos.

Se você se sentir leve ou relativamente cansado, ou se sentir afetado de outro modo, faça mais uma fase de adaptação de duas semanas para ver se o equilíbrio é restabelecido. Se você se sentir muito afetado, faça uma dieta de variação em que você absorve, de modo seletivo, mais carboidratos, dependendo de quando estiver sentido fadiga. Caso se sinta bem de sábado até quarta-feira e passe a sentir cansaço e um certo mal-estar por volta de quinta-feira, então um aumento de carboidratos na quarta-feira pode ser necessário. Na quarta-feira, você deverá aumentar a quantidade de carboidratos para pelo menos 100 gramas e frequentemente até mais. Talvez seja o caso de incorporar entre 0,5 e 1 grama de carboidratos a cada 0,5 quilo de peso corporal para ver como seu corpo responde.

Uma advertência: não consuma carboidratos antes do treino. Isso diminuirá a produção de GH e IGF-1 e, como resultado, aumentará a insulina e diminuirá o uso da gordura corporal como fonte principal de energia durante o treino.

Caso sinta cansaço e não se sinta bem durante a maioria dos dias da semana com a dieta de baixo teor de carboidratos, tente aumentar o consumo em 10 gramas por dia durante a semana para ver se ajuda. Se não ajudar, dobre a quantidade de carboidratos para 60 gramas por dia durante o número necessário de semanas até que fique em condições ideais. A maioria dos atletas encontra seu ponto de equilíbrio entre 30 e 100 gramas por dia. Alguns têm um metabolismo único e precisam de mais de 100 gramas por dia. Aproximadamente 0,5 a 1 grama de carboidrato a cada 0,5 quilo de peso corporal é a regra diária no caso de indivíduos com baixa capacidade de oxidação de lipídios. Em raros casos, pode ser necessário trabalhar com até 3 gramas de carboidratos a cada meio quilo de peso corporal, dependendo do indivíduo e da atividade praticada.

Guia de solução de problemas

Siga os procedimentos para determinar sua necessidade exata de carboidratos e garantir que esteja consumindo a quantidade ideal (mínima) necessária. Você começa com uma fase de adaptação e avaliação de duas semanas com uma dieta metabólica rígida para ver como se sente com 30 gramas de carboidratos durante os dias da semana e carga de carboidratos nos fins de semana. O que fazer agora?

Se estiver se sentindo bem, siga esses procedimentos:

1. Continue com uma fase de adaptação e avaliação posterior de duas semanas com a dieta metabólica rígida para ver como se sente.

2. Se você continuar se sentindo bem após quatro semanas na fase de avaliação da dieta metabólica rígida, o que deve fazer depois? Agora, sua dieta metabólica rígida começa a se intensificar: mantenha-se com 30 gramas de carboidratos durante os cinco dias da semana e com a carga de carboidratos durante os dois dias do fim de semana.

Caso sinta cansaço, siga esses procedimentos:

1. No caso de cansaço leve a moderado, passe por mais uma fase de avaliação de duas semanas do plano de dieta regular (usando as quantidades de carboidratos para os dias da semana e os fins de semana indicadas na Tab. 7.1) para ver como se sai.

2. Em caso de cansaço moderado a intenso, é preciso introduzir variações na dieta para que esse cansaço seja superado.

3. Tente maior quantidade de carboidratos com uma adição de 120 gramas somente na quarta-feira para ver como se sente.

4. Você aumentou o consumo de carboidratos no meio da semana, mas sente falta de energia durante o treino. O que fazer? Consuma de 30 a 100 gramas de carboidratos meia hora após o treino para combater a falta de energia nos dias de treino.

5. Ainda falta energia durante o treino. O que você pode fazer? Aumente sua ingestão diária de carboidratos em dias de treino em até 30 gramas, e faça isso toda a semana até se sentir normal durante os treinos.

6. Você sente falta de energia toda a semana. O que é possível fazer? Aumente sua dose diária de carboidratos em 30 gramas.

7. Você aumentou o consumo diário de carboidratos em 30 gramas durante o período de uma semana e ainda sente cansaço durante toda a semana. O que é possível fazer depois nesse caso? Adicione mais 30 gramas de carboidratos em sua ingestão diária para uma avaliação de uma semana e novamente toda a semana até você se sentir normal.

O que comer

As Tabelas 7.2 e 7.3 fornecem a amostra de um cardápio com uma dieta de 2.500 calorias para os dias da semana e de um cardápio com uma dieta de 2.100 calorias para o fim de semana de carga de carboidratos. Para obter mais planos de dietas semanais e para os fins de semana, consulte *A dieta metabólica*, de Mauro Di Pasquale (2000). Durante os dias da semana, há várias opções de alimentos ricos em gorduras e proteínas e com poucos carboidratos, conforme exibido na Tabela 7.4.

Há várias dicas úteis sobre a preparação dos alimentos também. Use uma balança de cozinha comum para pesar as porções escolhidas a fim de garantir

Capítulo 7 Implementação do plano de dieta metabólica

Tabela 7.2 Cardápio da dieta de 2.500 calorias por dia durante a semana (30 gramas de carboidratos)

Refeição	Alimento	Calorias	Carboidratos (g)
Café da manhã	4 ovos fritos com 2 colheres de sopa de manteiga	508	0
	4 fatias de bacon	140	0
Lanche	½ xícara de queijo cottage	90	4
Almoço	275 gramas de carne moída (extra magra)	654	0
	1 colher de sopa de mostarda Dijon	15	1
	60 gramas de queijo parmesão	220	2
Lanche	4 xícaras de pedaços de alface	200	4
	90 gramas de peru	133	0
Jantar	250 gramas de frango	365	0
	½ fatia de pão integral de linhaça (torrada)	60	8
	½ xícara de repolho, brócolis e couve-flor misturados (no vapor)	25	5
	½ xícara de morangos	20	5
Lanche	30 gramas de queijo magro	110	1
Total		2.540	30

Tabela 7.3 Cardápio da dieta de 2.100 calorias por dia durante o fim de semana (carga de carboidratos)

Refeição	Alimento	Calorias	Carboidratos (g)	Proteínas (g)
Café da manhã	2 fatias de pão integral de linhaça (torradas)	200	38	6
	2 colheres de sopa de geleia	100	20	0
	1 xícara de cereal matinal	110	20	3
	1 xícara de leite desnatado	80	8	8
Lanche	250 gramas de purê de maçã	200	50	<1
	1 biscoito com semente de papoula (sem manteiga)	195	37,5	4,5
Almoço	2 xícaras de salada de alface	90	20	2
	1 pimenta vermelha inteira			
	½ xícara de cenouras			
	2 colheres de sopa de molho italiano para salada com pouca gordura	10	0	0
	2 fatias de pão integral de linhaça (torradas)	200	38	6
	1 colher de sopa de manteiga	100	0	0
Lanche	1 biscoito com semente de papoula	195	37,5	4,5
	2 colheres de sopa de geleia	100	20	0
Jantar	1 xícara de massa vegetal de penne	410	81	10,5
	½ xícara de molho de tomate (orgânico)	40	7	1
	½ xícara de ervilhas	25	16	2,5
	2 xícaras de salada de alface	90	20	2
	1 pimentão verde inteiro			
	½ xícara de cenouras			
Lanche	40 gramas de bolo de banana	90	20	1
Total		2.155	413	50

Tabela 7.4 Alimentos sugeridos para os dias da semana

Carne		Queijo[1]	Oleaginosas	Vegetais[2]	Condimentos	Bebidas	Sobremesa
Bife	Frango	Monterey Jack	Nozes	Pepinos Alface Brotos de alfafa	Manteiga	Água	Gelatina com cobertura de creme batido[4]
Hambúrguer	Ovos	Brie	Sementes de girassol		Vinagre	Café	
Carne cozida na brasa	Sardinha	Camembert			Óleos[3]	Refrigerante *diet*	
Carne de veado	Atum	Muenster			Maionese	Chá	
Ovelha	Arenque	Gruyère			Sal		
Bacon	Lagosta						
Carne defumada	Salmão						
Linguiça	Anchova						
Peru	Camarão						

[1] Gordura total, poucos carboidratos.
[2] Apenas poucos carboidratos. Sem feijão, milho, cenoura ou ervilha.
[3] Gorduras monoinsaturadas e poli-insaturadas, como as encontradas em oleaginosas, azeite de oliva e óleo de linhaça.
[4] Gelatina sem açúcar com cobertura de creme batido sem carboidratos.

que a contagem diária de calorias seja precisa. Você também pode usar o óleo Pam (original, azeite de oliva ou mesmo um óleo leve) para cozinhar. Uma borrifada de 0,6 segundo tem apenas 4 calorias ou menos. As recomendações de alimentos específicos, a seguir, podem ajudá-lo a fazer boas decisões em relação à dieta metabólica:

- **Carne bovina, aves e peixes** – Praticamente todas as carnes são aprovadas e a maioria dos indivíduos come bife, hambúrguer, porco ou outros tipos de carne vermelha na dieta. Além disso, carne de veado, peixe (de grande importância, como será observado adiante), ovelha, camarão, lagosta, frango e peru, além de outras carnes brancas, também podem ser consumidas. Do mesmo modo, atum, sardinhas enlatadas, camarão, arenque e anchova. Você pode grelhar, assar no forno ou na churrasqueira, refogar ou fritar esses alimentos. Contudo, não acrescente calorias ao cozinhar (ou seja, use uma panela de Teflon ou o óleo Pam ao fritar em vez de usar óleo ou outras gorduras).

- **Ovos** – Se você tiver problema de colesterol, talvez queira limitar o consumo de ovos. Contudo, a maioria dos indivíduos pode tranquilamente comer de um a quatro ovos por dia. O ovo inteiro é bom. Ovos cozidos temperados podem ser um bom aperitivo para ficar à mão na geladeira.

- **Queijo** – Quase todos os tipos de queijo podem ser usados. Use variedades com as gorduras totais. Lembre-se de que cremes de queijo, queijo *cottage* e ricota têm mais carboidratos. Os queijos Brie, Camembert, Muenster, Gruyère e Monterey Jack contêm poucos carboidratos e são bons para a dieta.

- **Frutas** – Diferentemente de outras dietas com poucos carboidratos, as frutas são permitidas, mesmo nos dias de poucas calorias. Há várias frutas com poucos carboidratos que você pode comer, incluindo laranjas, maçãs, melões e morangos.

- **Vegetais** – É bom usar vegetais na dieta metabólica, mas é preciso tomar cuidado com a quantidade de carboidratos durante a semana. Cenoura, milho, cebola e ervilha são ricos em carboidratos.
- **Saladas** – As saladas também constituem uma excelente fonte de variedades verdes, mas é preciso excluir os croutons. A porção de 150 g de croutons contém 10,4 g de carboidratos. Durante a semana, isso representa 1/3 de todo o carboidrato permitido diariamente. Use a criatividade com as saladas. Faça combinações dos vários alimentos na Tabela 16.3. As escolhas alimentares a serem cortadas incluem aspargos, couve-de-bruxelas, repolho, aipo, conservas condimentadas (não doces), endívias, alface (romana, mimosa, americana, lisa, crespa, entre outras), cogumelos, rabanetes, espinafre, ervilha e agrião.
- **Oleaginosas e sementes** – As nozes e as sementes de girassol também são boas, mas controle a quantidade de carboidratos.
- **Condimentos** – Condimentos como vinagre, óleo e maionese são permitidos. Manteiga e margarina também, mas tente usar óleo (especialmente azeite de oliva) e vinagre como molho na maioria das ocasiões. A maioria dos outros temperos para salada tem cerca de 7% de carboidratos. Mostarda, vinagre, suco de limão, molho de soja, pimenta em pó, raiz forte, sal, pimenta, alho, manjericão, canela, noz-moscada, *curry* e outras ervas e temperos são permitidos. Outros condimentos com poucos carboidratos também. O catchup tem muitos carboidratos, mas alguns molhos de carnes podem ser usados.
- **Bebidas** – Em relação às bebidas, é muito fácil saber o que fazer. As bebidas permitidas são água com ou sem gás, refrigerantes *diet*, água tônica *diet*, café e chá (preferencialmente preto ou apenas com creme e adoçante artificiais). A regra geral é cortar as bebidas com muitas calorias, como sucos e refrigerantes com açúcar. A água com ou sem gás com gelo e sabor de limão é uma bebida refrescante e pode ser consumida em passeios e festas no lugar de refrigerantes (já que poucos anfitriões fornecem refrigerantes *diet*, mas costumam ter água com gás, gelo e suco de limão).

No caso das bebidas alcoólicas, evite cerveja e vinhos doces. Você pode beber vinho seco e bebidas destiladas, mas tome cuidado: pílulas de dieta e álcool não são uma boa combinação. Como a dieta e as pílulas podem aumentar o efeito do álcool, é melhor limitar a ingestão de bebidas alcoólicas.

Consuma fibras, especialmente durante as fases de adaptação e avaliação. Durante os dois primeiros meses da dieta, o intestino pode ficar solto ou ter funcionamento irregular, conforme o corpo se transforma durante a dieta rica em gorduras. Para os indivíduos que continuarem a ter problemas durante períodos mais longos, é importante fazer uso de suplementos de fibras naturais ou incorporar uma salada à dieta ao longo do dia.

> ## Alimentos processados e *junk food* (alimentos sem valor nutritivo)
>
> Tente ficar longe dos alimentos processados, pré-prontos e sem valor nutritivo. Por quê? Os alimentos processados (enlatados, embalados, engarrafados e, em muitos casos, até congelados) contêm muito açúcar, farinha, amido, gordura e sal. O açúcar, a gordura, a farinha branca e o amido são calorias inúteis. Muito sal causa inchaço.
>
> *Junk food* (alimentos nocivos ao organismo e com pouco ou nenhum valor nutritivo) e *fast food* (alimentos pré-prontos e rápidos) nem sempre são provenientes de lanchonetes e mercados. Às vezes, esses alimentos são feitos em casa. É fácil transformar bons alimentos em *junk food*. Basta adicionar gordura, molhos, sal, catchup, maionese, corantes e sabores artificiais e açúcar. A melhor maneira de largar o hábito de consumir *junk food* é não ir aos estabelecimentos que vendem esse tipo de comida e não ter nada disso em casa.

Outro fator a ser considerado é que, se você tem fome de alimentos específicos, só está adiando a satisfação deles até o fim de semana. Você pode comer praticamente de tudo nessa ocasião. A única coisa que fazemos aqui é dividir e separar os alimentos. Não estamos dizendo que você não pode comer lasanha. Você apenas precisa esperar o fim de semana. Isso é muito melhor do que outras dietas com restrição ou com baixa gordura ou, em alguns casos, um mundo com poucos carboidratos para o resto da vida.

Isso também pode funcionar em termos psicológicos. A comida que você ama até pode te dar um objetivo. Só espere até o fim de semana para comer aquele pedaço de torta de maçã. Assim você está dando para si uma meta, algo a ser alcançado, o que pode ser divertido. E você não sente aquela certa frustração e tédio de ficar comendo sempre a mesma coisa, semana após semana, mês após mês. Não é preciso elaborar um conjunto de receitas para manter a sanidade.

Ao chegar o fim de semana, coma o que quiser. Encha o reservatório com as comidas que você gosta, mas lembre-se de que deve haver equilíbrio entre alimentos mais e menos saudáveis. Satisfaça seus desejos. Alguns indivíduos exageram no início da dieta e comem até ficar quase doentes. A maioria exagera em algum ponto, mas isso é parte do processo. Fica mais fácil com o tempo. Depois de fazer a dieta por algum tempo, grande parte dos indivíduos deixa de ter uma vontade descontrolada de comer sorvete ou anéis de cebola empanada. Pode ser que comam esses alimentos eventualmente, mas não precisam mais se empanturrar com eles. Conforme os atletas começam a adequar a dieta e a ter controle para obter o máximo progresso, começam a ver melhoras reais e a adquirir um conhecimento real sobre o modo como o corpo funciona e os ajustes que podem ser feitos para alcançar seus objetivos.

Adoçantes artificiais – O açúcar será um problema para indivíduos com apetite por doces. É possível que você sinta essa vontade, especialmente no início, conforme se adapta à dieta. Embora o açúcar seja eliminado durante a parte com poucos carboidratos da dieta, você pode consumir um pouco nos fins de semana durante a carga mais alta de carboidratos. Contudo, durante os fins de semana de carga de carboidratos, o atleta não deverá consumir muitos açúcares ou carboidratos simples. Em vez disso, deverá ingerir mais carboidratos complexos, o que preencherá as reservas de carboidratos sem os níveis mais altos de insulina. Sacie os desejos nessa linha com bebidas com poucos carboidratos e sobremesas com adoçantes artificiais. Entretanto, evite sorbitol e frutose – lembre-se de que a ausência de açúcar não significa necessariamente que não há carboidratos. Verifique os rótulos. Você também pode colocar gelatina sem açúcar (sem carboidratos, com uso de adoçante artificial) para fazer bom uso. Talvez a cobertura de creme batido sem carboidratos seja exatamente o que você procura para obter controle.

Ainda há muitas controvérsias sobre os benefícios e riscos dos adoçantes artificiais. O açúcar, alimento natural, tem muito mais calorias que os adoçantes artificiais. Embora a indústria do açúcar esteja tentando minimizar a importância do seu conteúdo calórico, é melhor ficar longe dele e consumir alimentos com adoçantes artificiais, em vez de açúcar, sempre que possível (p. ex., beba refrigerante *diet*, em vez do normal). Vamos examinar os tipos comuns de adoçantes para ajudá-lo a decidir quais devem ser usados para satisfazer seus desejos quando necessário.

Estévia é um arbusto com folhas longas usadas pelos habitantes da América do Sul para adoçar suas bebidas. É vendida como suplemento alimentar e fornece sabor doce sem calorias. A Food and Drug Administration (FDA) – agência governamental norte-americana que regula e fiscaliza a fabricação de comestíveis, drogas e cosméticos – concluiu, por meio de algumas pesquisas, que a estévia pode estar associada ao desenvolvimento de câncer e ter efeitos negativos sobre a capacidade de reprodução e o metabolismo da energia. Algumas pesquisas sugerem que, quando usada de maneira esparsa, a estévia pode causar pouco mal, mas a FDA não pode aprovar esses achados, em razão da falta de pesquisa na área. Por isso, a FDA, a União Europeia, o Canadá e as Nações Unidas não aprovam o uso continuado e amplo desse produto pela comunidade global.

A sacarina é derivada de produtos do petróleo, sendo cerca de 300 vezes mais doce que o açúcar. Estudos canadenses demonstram que ela pode ser um agente cancerígeno fraco. O ciclamato é um produto químico sintético. Embora não seja tão doce quanto a sacarina (é 40 vezes mais doce que o açúcar de mesa), não deixa um gosto amargo posteriormente, familiar para os usuários de sacarina. Como no caso da sacarina, algumas pesquisas demonstram que pode ser uma causa de câncer em potencial. Os ciclamatos também podem apresentar propriedades mutagênicas (causar danos genéticos).

Atualmente, o aspartame é o principal substituto do açúcar usado na América do Norte, embora a sacarina e os ciclamatos sejam muito usados (os Estados Unidos restringem o uso de ciclamatos e permitem que a sacarina seja usada livremente, enquanto no Canadá ocorre o oposto), e a sucralose e o acessulfame K estejam ganhando seus lugares. O aspartame (mais doce que o ciclamato, mas não tão doce quanto a sacarina) é uma substância produzida por humanos feita de três produtos – dois aminoácidos naturais, fenilalanina e ácido aspártico, e metanol. Todos os três ingredientes do aspartame são quebrados pelo corpo em componentes naturais – diferentemente da sacarina e do ciclamato, que são quebrados em produtos químicos sintéticos.

Comer fora de casa

Comer em restaurantes enquanto se está seguindo uma dieta metabólica não é um problema, mesmo durante a semana, se você desenvolver uma abordagem adequada desse estilo de vida. Atletas que seguiram a dieta durante anos conseguem olhar nos olhos do garçom e dizer "Eu gostaria de um pedaço de chuleta, nada mais!". Em geral o garçom vai olhar de volta e dizer "mas vem junto uma batata assada, vegetais, pão...". Os atletas interromperão e repetirão, "Nada mais." Você precisará fazer o mesmo, interrompa e repita. Pode ser difícil de compreender no início, mas, com a repetição, os garçons aceitarão.

O fato é que você quer evitar adicionais em seu prato. Durante a semana, fique longe desses alimentos com carboidratos. Para tanto, mantenha-os fora do campo de visão e do pensamento. Deixe-os longe de seu prato, caso contrário, acabará cedendo à tentação de "prová-los". (Consultar o Apêndice A para obter informações sobre carboidratos ocultos.) A carne está liberada, está de acordo com sua dieta e você se sentirá bem. Coma o que quiser independentemente do que diz o garçom. Se ele tentar te dizer que você está desperdiçando seu dinheiro, diga que ele está desperdiçando o tempo dele.

No fim de semana, tudo é diferente. Todos os pães, as batatas e as saladas são autorizados. Dependendo de como sua dieta estiver estruturada, você pode repetir. Só mantenha-os fora do prato durante a semana.

Sódio – Embora a dieta metabólica permita o sal, costumamos tomar cuidado com o abuso dessa substância, então não use muito para compensar a vontade de alimentos que não pode consumir. Os indivíduos com hipertensão ou aqueles com histórico familiar de hipertensão ou com doença cardíaca devem aposentar o saleiro e se contentar com o sal que há naturalmente em vários alimentos ou adicionar um pouco somente durante o cozimento. As mulheres propensas à retenção de líquidos e inchaços e aquelas que apresentam sintomas de tensão pré-menstrual (TPM) devem evitar a ingestão de muito sal.

Cortar a ingestão de sal pode fazer com que a comida pareça sem gosto inicialmente, mas suas papilas gustativas se adaptarão com rapidez à diminuição de sal na ingestão. Depois de algum tempo, você ficará impressionado com a melhora no sabor da comida sem aquela camada de sal e com seu gosto natural.

Quem deseja diminuir o consumo de sal deve ficar longe de alimentos com excesso desse ingrediente mesmo nos dias de mais calorias. Isso inclui certos sucos (suco de laranja tem muito mais sal que suco de toranja), picles, chucrute, vegetais enlatados, peixe enlatado, refrigerante *diet*, alimentos congelados, catchup, sopas prontas, alguns cereais e pães, farinhas com fermento, carnes curtidas, carne enlatada, azeitonas, fermento em pó, caldos para tempero, a maioria dos queijos e muitos outros alimentos.

Além disso, tudo o que é processado ou modificado de algum modo normalmente tem mais sal do que os alimentos em estado natural. Por exemplo, uma xícara de cogumelos frescos tem cerca de 12 miligramas de sal, enquanto a sopa cremosa de cogumelos tem cerca de 1.000 miligramas. Considere a diferença entre 60 gramas de carne de porco e cachorro-quente: o porco tem cerca de 50 miligramas de sal, enquanto os cachorros-quentes têm mais de 1.000 miligramas.

Programação do consumo de carboidratos

A verdadeira questão na ingestão de altas quantidades de gorduras e poucas de carboidratos da dieta metabólica é quando comer seu carboidrato durante o dia. Alguns indivíduos dividem os alimentos com carboidratos. Outros consomem tudo em uma refeição. Mais uma vez, a resposta sobre o que é melhor depende das preferências pessoais e de descobrir o que funciona da maneira ideal para cada indivíduo.

Muitos acreditam que nossos padrões alimentares se tornaram contraproducentes na sociedade moderna. O norte-americano típico consome muitos carboidratos durante o dia, e as respostas de insulina e serotonina (um neurotransmissor do cérebro que tem relações com a fadiga) podem se tornar muito acentuadas. Quando é preciso ser produtivo e alerta (p. ex., no início da tarde), esses indivíduos ficam sonolentos e letárgicos, em decorrência de todos os carboidratos e hormônios resultantes e da liberação de neurotransmissores.

Os amantes de carboidratos ficarão melhor ao guardarem os alimentos com carboidratos para mais adiante durante o dia. Muitos fazem isso na dieta metabólica, minimizam os carboidratos durante o dia e obtêm como resultado um grande aumento do nível de energia. Carboidratos no jantar ajudam a relaxar à noite e proporcionam um sono de bebê. Alguns indivíduos viciados em carboidratos deixam para consumi-los à noite. Quase não comem carboidratos durante o dia, a fim de poderem consumir os 30 gramas, ou outra quantidade, à noite, na forma de chocolate ou sorvete. Está tudo bem, contanto que a cota diária não seja ultrapassada.

O momento ideal para consumir carboidratos é duas horas após fazer exercícios. Algumas horas depois do exercício, há uma janela de oportunidade quando fatores hormonais estão adequados para a reconstrução muscular. Consumir carboidratos duas horas após o exercício faz o nível de insulina aumentar. O mesmo ocorre com a síntese de proteínas, que maximiza os efeitos que o exercício tem sobre a tonificação e o fortalecimento do corpo. Mais uma vez, é importante compreender como alcançar as vantagens de gerenciar a menor quantidade possível de ingestão de carboidratos. Para a maioria dos atletas, isso significa não exceder o limite de 30 gramas sugerido durante os dias da semana.

Experiência para personalização

A experiência pessoal e a química corporal de cada indivíduo influenciam o modo como a dieta é estruturada. Os indivíduos têm respostas diferentes na carga de carboidratos do fim de semana. Como resultado, a duração desse período de carga de carboidratos pode variar muito.

Parte II Maximização da nutrição para o crescimento muscular

Controle psicológico

Junto com o controle hormonal, você descobrirá que a dieta metabólica contribui para o controle psicológico. As grandes oscilações de humor e a irritabilidade que às vezes acompanham a dieta baseada em carboidratos também podem aumentar a cortisona. O estresse psicológico também pode ser um componente importante na diminuição da produção de testosterona.

A dieta metabólica, em parte por meio do controle da insulina, pode interromper as oscilações de humor e a irritabilidade que atrapalham as dietas com alta ingestão de carboidratos. Ela também minimiza a fome e a frustração criadas por outras dietas. Vamos encarar os fatos. Qualquer dieta pode ser difícil. Dietas envolvem mudanças no estilo de vida, e toda a mudança pode ser estressante. Contudo, a flexibilidade, a conveniência e a simplicidade da dieta metabólica é muito vantajosa, no sentido de livrar o praticante do estresse que normalmente acompanha a dieta.

O limite de 30 gramas de consumo também não é fixo. Serve como guia e deve ser seguido no início da dieta, mas alguns indivíduos descobrem que podem aumentar a ingestão de carboidratos posteriormente para até 50 gramas por dia e ficar bem. Outros descobrem que, se consumirem mais de 20 gramas, sentirão preguiça. Alguns dos que fazem dietas com mais calorias, principalmente na fase de treinamento de hipertrofia, conseguem consumir mais de 30 gramas e continuar bem. Depois que tiver dado a alternância metabólica, você poderá fazer experiências para descobrir o que funciona melhor para si. Contudo, o objetivo é descobrir a menor quantidade de carboidratos com a qual seu sistema é capaz de funcionar, o que, na maioria dos casos, corresponde à sugestão de cerca de 30 gramas a cada dia da semana.

Em um certo sentido, também é possível experimentar os níveis de gorduras. Alguns indivíduos obtêm excelentes resultados com meros 30% de gordura na dieta, mas é importante tomar cuidado. Não é possível consumir muito pouco, especialmente no início, quando o corpo está trocando a utilização de gorduras, em vez de carboidratos, como fonte primária de energia.

Embora o consumo de muitas proteínas ajude o corpo a alcançar um equilíbrio positivo, é preciso consumir gorduras o bastante para transformar seu metabolismo em um sistema de queima de gorduras com êxito. Lembre--se de que, sem gorduras suficientes, o corpo não irá aprender como usá-las como fonte principal de energia. O corpo diz, basicamente, "Eu não vou me livrar disso, porque posso precisar mais adiante." Limite as gorduras na dieta e seu corpo solicitará descanso para poupá-las. Você acaba cortando gorduras da dieta, mas acrescenta gordura corporal (Kather et al., 1987).

O fato é que o corpo precisa de gorduras para se ajustar à queima destas enquanto, ao mesmo tempo, poupa os músculos. Intensificar a ingestão de gorduras aumentará o uso delas no corpo e dos alimentos como fonte principal de combustível, por meio do aumento dos níveis de enzimas necessárias para aumentar a quebra de gorduras e diminuir enzimas envolvidas nos depósitos de gorduras do corpo. Em resumo, você basicamente perde gordura corporal com o aumento da ingestão de gordura na dieta.

Assim, não se preocupe muito com o porcentual geral de gorduras, porque isso é algo que em geral se autocontrola, a menos que você, erroneamente, pelo menos em um primeiro momento, tente limitar seu consumo. É claro que você pode fazer alguns ajustes, dependendo de como estiver respondendo à dieta, mas tome cuidado. Lembre-se de que, se você não der ao corpo gorduras suficientes, não conseguirá dar o salto para um metabolismo baseado nelas, e seu corpo perderá a forma, exatamente o que você não quer que aconteça.

Pode parecer sem sentido, mas não é. Dê gorduras ao corpo e você verá que ele fará uso delas e queimará a gordura corporal. Quando tiver concluído essa adaptação, o corpo estará metabolizando gorduras como combustível principal, de modo que, mesmo se você cortá-las da dieta, seu corpo ainda assim as queimará e poupará músculos, só que, dessa vez, a gordura de que ele precisa virá da sua gordura corporal.

Um dos pontos fortes dessa dieta é que você não precisa ficar paranoico e manter tabelas elaboradas para consumir a quantidade adequada de gorduras. De fato, se for tomar cuidado com a ingestão de carne vermelha e outros produtos animais, incluindo comidas populares como bifes,

Modelo *fitness*, Melanie Marden, sem gordura e sensual.

hambúrgueres, presunto, peixe, costela de porco, e consumir óleos, como azeite de oliva e ácidos graxos essenciais, você não deverá se preocupar em atingir a alta dose recomendada de gorduras e proteínas. Isso ocorrerá naturalmente.

Mais uma vez, é importante perceber que a experiência individual tem um papel importante na dieta metabólica. Ela deve ser variada para fornecer o nível ideal de desempenho e sucesso a cada indivíduo. Somos todos diferentes em algum grau em termos de química corporal e de necessidades.

Regulagem do consumo de carboidratos

Há várias outras maneiras de regular a dieta de modo que esteja ajustada à sua capacidade metabólica. Embora todos sejamos capazes de usar a gordura como fonte principal de energia, temos diferentes capacidades genéticas. Como resultado, alguns de nós são eficientes na queima de gordura, outros não.

Depois das primeiras semanas, você saberá se está entre os poucos com dificuldade de ajuste para usar as gorduras como combustível principal. Eles tendem a ter mais dificuldades em fazer a troca, podem sentir cansaço e ficam facilmente exaustos com a atividade física. Parece que ficam rapidamente sem combustível após o fim de semana de carga de carboidratos. O motivo disso é que o metabolismo desses indivíduos prefere carboidratos a gorduras e, aparentemente, não consegue ficar satisfeito na transição de 5 e de 2 dias. Durante o fim de semana, os carboidratos são carregados e o indivíduo sente-se bem durante os primeiros dias da semana, mas, quando as reservas de glicogênio são consumidas, ele frequentemente se sente como se tivesse sido atropelado por um caminhão.

Só porque seu corpo prefere carboidratos e não consegue funcionar muito bem com gorduras, isso não significa que você precisa abandonar a dieta metabólica. Significa somente que você precisa mudar a quantidade e a programação de consumo de carboidratos, a fim de que a quantidade máxima de gordura seja queimada junto com os carboidratos necessários. Se conseguir descobrir qual é a quantidade mínima de carboidratos que você precisa ingerir para que seu corpo tenha um funcionamento normal, então conseguirá se beneficiar da dieta metabólica.

Agora, digamos que você tenha passado pelos dois primeiros meses e ainda não se sinta bem, apesar de estar usando os suplementos corretos e fazendo tudo certo. Talvez você sinta cansaço a maior parte do tempo, especialmente de quarta até sexta-feira, e os resultados disso podem aparecer no treino porque você perdeu o entusiasmo e o vigor que tinha antes. É hora de regular seu consumo de carboidratos. Você pode fazer isso de várias maneiras.

Aumento no consumo durante a semana

Uma maneira de regular seu consumo de carboidratos é aumentá-lo gradualmente a cada dia em 10 gramas até atingir um nível em que os sintomas melhorem. Para a maioria dos indivíduos, esse nível final está em algum lugar entre 30 e 100 gramas de carboidratos por dia.

Além de descobrir o nível de carboidratos inicial, talvez você tenha que determinar o momento certo de consumir esses alimentos com grandes quantidades de carboidrato. Programar sua ingestão é tão importante quanto aumentar a quantidade consumida. No caso de indivíduos que precisam aumentar a quantidade, o momento certo de consumir os carboidratos adicionais é após o treino. Por exemplo, você pode querer 20 a 30 gramas após o treino junto com a refeição pós-treino ou com o pó que você utiliza como substituto de refeição.

Por outro lado, o ponto fraco pode ser à noite, após um longo dia de trabalho. Nesse caso, um aumento de carboidratos logo após o trabalho pode ser a melhor aposta. Ou você pode preferir dividir os carboidratos adicionais ao longo do dia. Faça o que for melhor para você, tendo em mente que está em busca da quantidade diária mínima de carboidratos necessária para seu corpo.

Outro fator importante é a adição dos tipos corretos de carboidratos. Alimentos com carboidratos de alto índice glicêmico são absorvidos muito rapidamente e causam um rápido aumento na insulina. Na maioria dos casos, o maior consumo de carboidratos com menor índice glicêmico, por meio do aumento do consumo de vegetais, é o melhor caminho. Para a maioria dos indivíduos, dobrar ou triplicar o consumo desse modo ajuda no período de poucos carboidratos e não parece afetar a perda de peso e gordura, enquanto, ao mesmo tempo, evita a fome descontrolada por carboidratos. Se eles consumirem carboidratos de outras fontes, como produtos derivados do leite ou alimentos com alto índice glicêmico, os ganhos musculares e a perda de gordura podem ser reduzidos, e isso poderá causar fome.

Reforço no meio da semana

Alguns indivíduos descobrem que precisam de um reforço na quantidade semanal de carboidratos com o intuito de ter seu consumo regulado. Isso reabastece seus depósitos de glicogênio e ajuda na satisfação até o fim de semana. Há várias maneiras de reforçar a quantidade de carboidratos.

Uma delas é aumentar muito o seu consumo nesse dia ingerindo tudo de uma vez (p. ex., panquecas com calda) ou dividindo durante o dia, usando alimentos de alto ou baixo valor glicêmico. Um modo popular é fazer uma carga de carboidratos de uma hora na quarta-feira de manhã. Durante o aumento de carboidratos, a maioria dos indivíduos se concentra em ingerir alimentos com alto teor glicêmico e consome entre 200 e 1.000 calorias durante essa hora. Após o suprimento de carboidratos do meio da semana, você deverá retornar ao mundo dos poucos carboidratos.

Para alguns indivíduos, o reforço de carboidratos no meio da semana pode ser muito produtivo, como no caso de interessados em modelagem avançada do corpo ou fisiculturismo. O aumento do açúcar no sangue e o consequente pico de insulina aumentarão muito o glicogênio do fígado e dos músculos, fornecendo uma dose extra de energia e direcionando aminoácidos para dentro das células musculares para um desenvolvimento aprimorado. Contanto que retorne à dieta metabólica, você evitará o acúmulo de gorduras indesejadas.

Em todos os casos em que você aumenta a ingestão de carboidratos durante a semana, é importante conter subsequentemente parte do seu consumo durante o fim de semana. Assim, você não excederá sua ingestão de carboidratos em longo prazo. Por exemplo, você poderá fazer a carga de carboidratos somente um dia no fim de semana. A ideia é compreender que você precisa criar o equilíbrio do trabalho ajustado ideal.

Carga de curto prazo nos fins de semana

Nos fins de semana, você costuma ter bastante liberdade para ingerir os alimentos que gosta. Em geral, pode aumentar tanto a ingestão calórica quanto a de carboidratos sem se preocupar muito com os tipos de alimento que come. Contudo, em alguns casos, dois dias de carga de carboidratos podem ser muito, especialmente se você extrapolar e comer tudo o que estiver ao seu alcance. Alguns indivíduos mantêm os níveis calóricos em 2.000 calorias por dia durante a semana e pulam para 10.000 calorias por dia no fim de semana. Naturalmente, a sobrecarga de carboidratos nos fins de semana deve ser contida por quem tem objetivos de perda de peso e gordura.

Outros indivíduos têm bastante sensibilidade a alimentos com carboidratos e não se sentem bem após a carga, com sintomas de inchaço, cansaço e sensação de não funcionar bem. Nesses casos, é melhor consumir carboidratos somente por um dia ou mesmo parte de um dia e então retornar à dieta com alta ingestão de gorduras e baixa de carboidratos. Em alguns casos, uma única refeição com carboidratos pode ser melhor. Isso fará com que a dieta consista em 6 dias com muitas gorduras e poucos carboidratos e uma refeição para um dia de muito consumo de carboidratos, mas, se isso funcionar para você, então é o caminho certo a ser seguido. Lembre-se de que a quantidade da carga de carboidratos varia de indivíduo para indivíduo. O importante é fazer experiências com a quantidade da carga de carboidratos do fim de semana e aprender o que funciona melhor para você.

Consumir alimentos com altos valores glicêmicos e menos gorduras costuma levar a uma carga de carboidratos menor e mais intensa. É muito provável que você perca tônus e retenha água, normalmente antes do período de 24 horas. Ao consumir alimentos com carboidratos de valor glicêmico inferior ou combinar alimentos (como massas misturadas com proteínas e gorduras), você demorará mais tempo para fazer a carga. Você pode tentar ambas as abordagens para descobrir qual é a melhor.

Evitando a reversão metabólica

Alguns indivíduos trapaceiam nessa dieta – e pagam por isso. Na quinta-feira, decidem que vão começar a carga de carboidratos na sexta-feira, permanecendo até o domingo, e adivinhe o que ocorre? O corpo retorna ao metabolismo de carboidratos. Três dias é muito. Nesse ponto, você está correndo um risco real de perder a vantagem da queima de gorduras da dieta, por causa da carga de carboidratos de longo prazo.

Um lado positivo da dieta com muitas gorduras e poucos carboidratos é sua capacidade de perdão. Se você estiver em uma festa de aniversário no meio da semana e não quiser ser antissocial, pode comer aquele pedaço de bolo. Do mesmo modo, eventos sociais ou de negócios podem exigir uma refeição com muitos carboidratos durante a semana. Não se preocupe com isso. Contanto que você retorne à dieta com muitas gorduras e poucos carboidratos, seu corpo não se comportará de maneira irregular. Depois de estar na dieta durante algum tempo, pelo menos três dias de carga contínua de carboidratos costumam ser necessários para que seu metabolismo volte a ser um sistema em que predomina a queima deles.

De fato, quanto mais adaptado se está à dieta metabólica, mais tempo parece levar para retornar a um metabolismo de carboidratos. No caso de indivíduos em dieta há anos, pode acabar sendo mais difícil retornar à queima de glicose para a obtenção de energia do que havia sido fazer a troca para um sistema de queima de gordura.

A dieta metabólica suprime a via glicolítica usada pelo corpo quando os carboidratos são a fonte de energia principal. Do mesmo modo, a via lipolítica (queima de gorduras) é ativada. Quanto mais tempo você permanecer na dieta, mais carga de carboidratos parece ser necessária para reativar totalmente a via glicolítica. Mesmo se você viajar e for forçado a trocar de dieta por uma semana, normalmente pode voltar a ela sem passar por outra mudança metabólica se tiver se tornado um veterano da dieta metabólica.

Variação na ingestão calórica diária

Muitos fisiculturistas descobriram que, se repetirem a mesma rotina todos os dias, o corpo ficará acostumado e não mais responderá. Eles não ficam mais fortes, mas paralisados. Você pode passar por isso em seu programa de exercícios. O mesmo ocorre com a dieta metabólica.

Se você comer a mesma quantidade de calorias todos os dias, poderá começar a perder o efeito da dieta. Portanto, deverá tentar várias calorias diariamente. Distribua-as de modo que, se seu objetivo for 2.000 calorias por dia, tente consumir 3.000 em um dia, 1.000 no dia seguinte, 2.500 no próximo dia e assim por diante. A Tabela 7.5 fornece um exemplo de uma semana para uma dieta com 3.000 calorias. Alguns fisiculturistas descobrem que progridem melhor mantendo o corpo em dúvida, em vez de adaptá-lo a um consumo diário de calorias fixo. A dúvida evita que seu corpo faça mudanças hormonais adversas ou diminua a taxa metabólica basal (TMB) para acomodar uma queda nas calorias.

Você também pode contar calorias semanalmente, em vez de fazer isso todos os dias. Essa é uma boa abordagem para quem tem dificuldades de se manter em um limite calórico diário. Ela permite consumir mais calorias em alguns dias do que em outros. Caso seu consumo seja rígido, não há razão para não contar calorias por semana, em vez de fazer isso diariamente.

Tabela 7.5 Distribuição de uma dieta de 3.000 calorias por dia durante a semana

Segunda-feira	3.500 cal.
Terça-feira	2.000 cal.
Quarta-feira	3.000 cal.
Quinta-feira	4.000 cal.
Sexta-feira	2.500 cal.
Total	15.000 cal. (3.000/dia)

Você também pode variar essas calorias no fim de semana. Uma regra de ouro é começar a aumentar as calorias em até 25% de sua dose durante a semana, mas, depois que estiver experiente com a dieta, você poderá fazer suas próprias escolhas. Contudo, é preciso tomar cuidado. Se você ingerir muitas calorias, especialmente da variedade de alto valor glicêmico, poderá adquirir gordura muito rapidamente.

Introdução de fins de semana com poucas proteínas

Após estar na dieta há algum tempo, você pode querer passar o fim de semana com um exercício com muitos carboidratos e mais gorduras, enquanto presta menos atenção às proteínas. Alguns indivíduos que fizeram a dieta por períodos mais longos descobriram que uma dieta de fim de semana com cerca de 40 a 45% de gorduras, 50 a 55% de carboidratos e somente 7 a 10% de proteínas pode produzir excelentes resultados.

A gordura adicional ajuda a tornar a liberação de glicose no sangue mais lenta, evitando, assim, o excesso e a falta de açúcar no sangue, que podem dar a sensação de cansaço e irritação. Ao consumir alimentos com valor glicêmico inferior e mais gordura, você também conseguirá aumentar o tempo de sua carga de carboidratos e não sentirá inchaço e retenção de líquidos, o que deve indicar o seu fim. No que diz respeito às proteínas, você está obtendo o suficiente durante a semana, de modo a não ter problemas no fim de semana.

Estudos demonstram que o uso de proteínas, após uma relativa restrição, repercute em níveis mais altos do que os presentes antes da restrição. Estudos também mostram que, em tempo de restrição de proteínas, é provável que o corpo conserve proteína muscular e aumente a queima dos depósitos de gorduras, a fim de obter energia. Essa adaptação costuma ser perdida quando os depósitos de gordura corporal chegam perto do fim (Goodman et al. 1984).

CAPÍTULO 8

Uso de suplementos nutricionais

A melhor solução para atender a todas as necessidades metabólicas de seu corpo é consumir alimentos que estejam o mais próximo possível de suas formas naturais. Sempre acreditamos que hábitos alimentares adequados correspondem à ingestão de vegetais, carnes, peixes, gorduras e óleos, produtos derivados do leite com pouca gordura, grãos integrais e oleaginosas. Essas fontes são ricas em uma combinação de importantes proteínas, carboidratos, gorduras, vitaminas e minerais, fibras, antioxidantes e fitoquímicos que atletas precisam consumir todos os dias. Infelizmente, na sociedade ocidental, o trabalho com muita pressão, a construção de famílias e as interações sociais consomem uma grande parte do tempo dos indivíduos. Por isso, os suplementos são recomendados como parte integrante da rotina diária.

Embora os suplementos nutricionais possam desempenhar um papel vital na maximização dos efeitos do exercício, eles não podem trabalhar no vácuo. Devem fazer parte de um estilo de vida razoável, com rotinas adequadas de treino e uma boa dieta. Quando esses três aspectos estão em ordem, os suplementos nutricionais podem ter efeitos adicionais. Ao usar suplementos apropriados de um modo e no momento certo, você poderá levar o desempenho atlético e a composição do corpo a novos patamares.

Os suplementos podem aumentar os estímulos anabólicos e a capacidade de carga de trabalho, além de diminuir o tempo de recuperação. Infelizmente, a maioria dos atletas não faz uso adequado dos suplementos, não obtendo, assim, benefícios significativos. Isso ocorre em grande parte por conta do uso questionável e ignorância; os indivíduos não usam suplementos com a mesma seriedade com que usam medicamentos vendidos sob prescrição.

Muitos suplementos obtêm seu potencial anabólico de um ou mais dos três modos indicados a seguir:
- Aumento da capacidade de treino (p. ex., por meio do aumento da resistência ou da contração muscular).

Matt Trudeau acredita que os suplementos nutricionais têm um papel fundamental para maximizar os efeitos do treino.

- Aumento da produção de testosterona endógena e do hormônio de crescimento ou diminuição da secreção de cortisol.
- Aumento na síntese de proteínas.

Sob condições específicas, muitos suplementos nutricionais podem ter efeitos positivos sobre massa corporal magra, força e resistência. O uso correto deles é a chave para a obtenção de uma quantidade significativa de massa corporal magra e para a melhora do desempenho atlético. O truque, no uso de suplementos, consiste em saber o bastante sobre eles, a ponto de usá-los de modo efetivo.

Breve panorama de alguns suplementos nutricionais

Esta seção fornece um breve panorama de alguns dos mais populares suplementos nutricionais para que você tenha mais informações sobre suas propriedades individuais e sobre como pode combiná-los para aumentar seus efeitos em geral sobre o desempenho e a composição corporal. Muitos desses suplementos nutricionais, como ingredientes individuais ou em formulações, podem ser encontrados em ofertas de várias empresas de suplementos.

Se você já tem uma dieta balanceada, os suplementos nutricionais não são tão importantes quanto são para um indivíduo que não se alimenta de modo saudável. Dito isso, é preciso compreender em qual categoria você se encontra. Você faz uma dieta balanceada com tudo o que é necessário em termos de grupos alimentares, vitaminas e minerais ou tem deficiências em relação a essas necessidades?

Vitaminas e minerais

Vitaminas e minerais são catalisadores metabólicos que regulam as reações bioquímicas do corpo. Muitos indivíduos as consomem na forma de alimentos enriquecidos ou de suplementos. Quando se fala em suplementos nutricionais, a maioria dos indivíduos pensa na vitamina diária em forma de pílula. A "combinação" de vitaminas e minerais é o exemplo mais difundido da reunião de um número de suplementos para facilidade de uso e, em alguns casos, para efeitos sinérgicos ou combinatórios.

O consumo insatisfatório de vários nutrientes pode levar a deficiências marginais. O baixo consumo é um problema de proporção significativa em atletas, especialmente aqueles que controlam o peso e a composição corporal e que, sendo assim, não consomem quantidades suficientes de vários nutrientes a partir dos alimentos. Essas deficiências podem ser exacerbadas pelo exercício, pois ele pode aumentar a necessidade de certos nutrientes. Por exemplo, a diminuição no consumo de magnésio para menos do que o normal em conjunto com a realização de exercícios extenuantes, que comprovadamente aumentam a taxa de perda de magnésio por meio do suor e da urina, pode ocasionar uma deficiência marginal. Isso, por sua vez, pode prejudicar o metabolismo energético, a função muscular e o consumo de oxigênio, bem como o equilíbrio de eletrólitos (Nielsen e Lukaski, 2006; Laires e Monterio, 2008).

Vitamina C combinada com quercetina (pigmento de planta solúvel em água) demonstrou ser um excelente antioxidante e aumentar a biogênese mitocondrial cerebral e muscular, bem como a tolerância ao exercício; assim, essa combinação pode melhorar o desempenho atlético (Davis et al., 2009). O ácido alfa-lipoico (gordura saturada derivada do ácido octanoico) demonstrou aumentar a sensibilidade à insulina, diminuir as concentrações de ácido lático após o exercício e ter efeitos antioxidantes potentes pela combinação com outras vitaminas, como C, D e E, para resultados positivos sobre o corpo (Kinnunen et al., 2009). Muitos nutrientes têm várias ações no corpo. Por exemplo, o selênio também tem propriedades anti-inflamatórias (Duntas, 2009).

Conforme observado, podem surgir problemas em consequência da perda de minerais induzida pelo exercício, que aumenta mais pelo fato de que muitos de nós não consomem quantidades adequadas de muitos minerais essenciais. Por exemplo, um estudo mostrou aumento na necessidade de selênio em decorrência do exercício (Margaritis et al., 2005). Estudos demonstram que muitos atletas, particularmente mulheres, fazem dietas irregulares com relação a certos minerais essenciais, como zinco, magnésio, cobre e ferro. A combinação de exercícios extenuantes com o nível comprometido de minerais ocasiona, no fim, pouca capacidade de resistência, funções imunológicas debilitadas e desenvolvimento de várias doenças.

Qualquer indivíduo que se exercita deve considerar o consumo diário de várias vitaminas e suplementos minerais. Isso garantirá que não ocorram deficiências marginais, fornecerá altos níveis de certos nutrientes que podem proporcionar benefícios fisiológicos e metabólicos e agirá como medida preventiva contra algumas doenças e problemas (Tuohimaa et al., 2009; Bonjour et al., 2009; Evans, 2006; Newman et al., 2007).

Zinco – A deficiência de zinco em humanos é ampla, e os atletas em particular podem ter tendência a diminuir seus níveis no plasma (Cordova e Alvarez-Mon, 1995; Prasad, 1996). O zinco é parte constituinte de mais de cem enzimas fundamentalmente importantes. Uma deficiência dele pode afetar negativamente todas as funções corporais (Kieffer, 1986).

Especialmente nos casos em que a deficiência pode estar presente, o suplemento de zinco resultou em aumento da secreção do hormônio do crescimento (IGF-1) (Dorup et al., 1991) e testosterona (Ghavami-Maibodi et al., 1983); e observou-se o aumento da testosterona no plasma e da contagem de esperma (Hartoma, Nahoul e Netter, 1977; Hunt et al., 1992). Do mesmo modo, a deficiência de zinco pode afetar negativamente os hormônios reprodutivos e, assim, prejudicar os esforços atléticos (Oteiza et al., 1995). Um estudo recente observou os efeitos da deficiência de zinco no desempenho físico e descobriu que sua falta estava associada a funções cardiorrespiratórias e respostas metabólicas debilitadas durante o exercício (Lukaski, 2005). A deficiência de zinco também pode afetar de modo adverso a síntese de proteínas. Um estudo com ratos investigou os efeitos da deficiência de zinco nos níveis de aminoácidos livres na urina, no plasma e em extrato de pele (Hsu, 1977). Essa deficiência afetou de modo negativo a síntese de proteínas da pele.

Um estudo recente indica que a suplementação de zinco para *wrestlers* evita a produção de radicais livres por ativar o sistema antioxidante. Os autores concluíram que doses fisiológicas de suplementação de zinco em atletas podem contribuir de modo benéfico para sua saúde e seu desempenho (Kara et al., 2010).

Magnésio – Um estudo demonstrou que a suplementação de magnésio aumentou a síntese de proteínas e a força (Brilla e Haley, 1992). Outro estudo concluiu que a sensibilidade à insulina poderia ser melhorada por meio da redução do peso corporal excessivo, da atividade física regular e, possivelmente, da correção da deficiência de magnésio (Lefebvre e Scheen, 1995) que ainda não apresentou sintomas.

Cálcio – O cálcio permite que os filamentos contráteis de actina e miosina da célula muscular se associem e produzam a força que gera o movimento. Quando o neurônio que inerva uma célula muscular sinaliza que ela deve contrair, o cálcio é liberado do retículo sarcoplasmático para a região dos filamentos contráteis, permitindo, assim, a ocorrência da contração. Em um estudo, a suplementação de cálcio pareceu efetiva em prolongar o tempo até o início da fadiga em músculos estriados (Richardson, Palmerton e Chenan, 1980).

O cálcio pode evitar cãibras durante o exercício. Suspeita-se que ele também possa aumentar a secreção de hormônio do crescimento durante o exercício. Caso sinta que precisa de cálcio adicional, consuma duas doses de 500 a 1.000 miligramas, sendo uma antes e outra durante o treino.

Vitamina D – A vitamina D é um grupo de substâncias químicas com relação próxima que regula a absorção do cálcio ingerido no intestino. Com esse cálcio, ela está intimamente envolvida na homeostase esquelética. No entanto, cada um deles faz muito mais. A vitamina D tem várias funções vitais fora desse papel já estabelecido. Demonstrou-se ter implicações importantes para a saúde em geral, a imunidade e as funções cognitivas (Adams e Hewison, 2008; Ceglia, 2008; Buell et al., 2009). De importância para atletas, a vitamina D está intimamente envolvida na composição corporal, no desempenho atlético e no risco de lesões (Bartoszewska, Kamboj e Patel, 2010; Hamilton, 2010).

Cromo – O cromo está envolvido no metabolismo de carboidratos e lipídios. Como sua necessidade de cromo aumenta com o exercício (Anderson et al., 1982) e os alimentos refinados modernos contêm pouca quantidade dele, os atletas podem precisar incorporar suplementos alimentares ricos em cromo em suas dietas. Caso você tenha aderido a um programa de exercícios altamente agressivo, a deficiência de cromo, mesmo quando é somente marginal, pode se tornar uma preocupação (Lefavi et al., 1992). Cromo insuficiente tem sido vinculado a diabetes e doenças cardiovasculares, sendo que a suplementação resulta na melhora de fatores de risco associados a essas doenças (Anderson, 1986).

Antioxidantes

O foco do uso de antioxidantes está nos radicais livres – moléculas altamente reativas que possuem elétrons não pareados. Esses radicais livres têm um papel de grande dimensão no metabolismo normal de alimentos e no uso de recursos energéticos durante o exercício. Há também uma forte suspeita de que eles reagem com os componentes das células do corpo de um modo que resulta em danos moleculares e morte celular – e, por fim, em envelhecimento e morte. As reações químicas que envolvem os radicais livres no corpo têm sido implicadas como fatores que causam ou contribuem para o câncer, aterosclerose (endurecimento das artérias), hipertensão, doença de Alzheimer, deficiência imunológica, artrite, diabetes, doença de Parkinson e várias outras doenças vinculadas ao processo de envelhecimento. Os antioxidantes podem proteger o corpo de modo significativo de altas concentrações de radicais livres, que podem ocasionar essas doenças (Packer e Landvik, 1989).

Um número crescente de dados mostra que exercícios pesados podem aumentar a formação de radicais livres, o que então causa fadiga muscular, inflamação e danos aos tecidos musculares (Reid et al., 1992). O exercício também pode diminuir o fornecimento de antioxidantes. Os níveis de vitamina E, por exemplo, podem diminuir muito com o treino, privando assim o músculo de seu mais importante antioxidante (Gohil et al., 1987).

O estresse emocional pode elevar os níveis de radicais livres tanto quanto o estresse físico (como o causado pelo exercício). Em condições normais, os radicais livres são gerados a uma baixa taxa e neutralizados pelos antioxidantes no fígado, no musculoesquelético e em outros sistemas. No entanto, sob estresse, eles aumentam muito e podem diminuir a capacidade de o corpo neutralizá-los. Sem acompanhamento, podem causar envelhecimento precoce e colapso físico.

Lenda Murray e Laura Creavalle sempre combinaram treino, dieta e suplementos nutricionais para manter o físico para campeonatos.

Embora alguns estudos recentes tenham colocado em questão o papel geral dos antioxidantes, a preponderância de evidências ainda mostra que eles podem ajudar a desfazer grande parte da sujeira feita pelos radicais livres. Se você segue a dieta metabólica e, especialmente, se está se exercitando como deve, é preciso que inclua antioxidantes à sua dieta.

Uso de antioxidantes por atletas – Muitos estudos têm demonstrado que reforçar as defesas de antioxidantes pode amenizar os danos induzidos pelo exercício (Packer, 1997). Por exemplo, um estudo observou os efeitos do treinamento de força sobre a produção de radicais livres. Doze indivíduos do sexo masculino praticantes de treinamento de força recreacionalmente foram divididos em dois grupos. O grupo de suplemento recebeu 1.200 UI (unidades internacionais) de vitamina E uma vez por dia durante duas semanas. O grupo-controle recebeu placebo. Os dados indicaram que o treinamento de força de alta intensidade aumentou a produção de radicais livres e que a suplementação de vitamina E pode diminuir a ruptura da membrana muscular (McBride et al., 1998).

Quando usados corretamente, os antioxidantes fornecem uma margem adicional para a criação de um corpo saudável, em forma e atraente. São especialmente importantes para aqueles que embarcam em um programa com maior demanda de exercícios avançados. Se você estiver em um programa avançado assim, talvez queira ir além das quantidades mínimas fornecidas por multivitaminas para maximizar as vantagens que os antioxidantes podem fornecer.

Ainda que você possa consumir antioxidantes diariamente, deve consumi-los com sua multivitamina diária nos dias em que se exercita. Também recomendamos consumir muitos vegetais (especialmente brócolis, repolho, alface e folhas verdes) e beber uma taça de vinho tinto com sua refeição noturna. Com essa combinação, a maioria dos indivíduos deve satisfazer suas necessidades de antioxidantes.

Efeitos ergogênicos dos antioxidantes – O músculo esquelético tem uma capacidade imensa de adaptação e reparação. Contudo, níveis significativamente altos de atividades físicas, como treinamento intenso e excessivo, exercícios crônicos de longa duração e sobretreinamento, limitam a capacidade de adaptação do corpo a danos em tecidos e, em certo grau, ocasionam má adaptação e mudanças no tecido musculoesquelético que são contraprodutivas para o funcionamento e o desempenho do músculo esquelético.

Os antioxidantes formam defesas de base contra danos celulares causados por radicais livres, os quais estão relacionados a danos e inflamações em músculos, articulações e tendões, artrite degenerativa e até mesmo com o processo de envelhecimento. O uso de antioxidantes pode reduzir os danos de radicais livres que ocorrem quando fazemos exercícios (Vincent et al., 2006) e também pode diminuir danos contínuos a tecidos lesionados, causados pelos radicais livres, acelerando assim o processo de regeneração. Os antioxidantes demonstraram um aprimoramento do desempenho aeróbio (Aguilo et al., 2007).

Os antioxidantes, como vitaminas C e E, selênio, chá verde, glutationa reduzida e N-acetilcisteína (NAC), têm um papel importante na redução de inflamação e fadiga, diminuindo danos a tecidos e evitando e tratando lesões. Descobriu-se que vários antioxidantes, como a vitamina E, têm sido úteis no tratamento de algumas formas de artrite (Sangha e Stucki, 1998) e do estresse oxidativo do exercício (Sacheck e Blumberg, 2001). Danos oxidativos contribuem para a patogênese de lesões e artrite, e antioxidantes, como NAC (Zafarullah et al., 2003), têm valor terapêutico para a redução de disfunções endoteliais, inflamações, fibrose, invasão e erosão de cartilagens.

Um estudo descobriu que uma combinação de dois antioxidantes, epigalocatequina galato (EGCG – o principal antioxidante no extrato de chá verde) e selenometionina, teve efeitos benéficos sobre a expressão dos genes catabólicos e anabólicos de condrócitos articulares (Agarwal, Gupta e Sharma, 2005). Os autores do estudo concluíram que a EGCG e a selenometionina regulam o metabolismo de condrócitos e proporcionam efeitos benéficos para as cartilagens articulares.

Vários nutrientes são necessários para a preparação dos sistemas antioxidantes endógenos (que se originam dentro do corpo). Por exemplo, alguns minerais (cobre, zinco, selênio) contribuem para o sistema de defesa antioxidante ao agir como cofatores para as atividades da glutationa peroxidase e cobre-zinco superóxido dismutase.

Os antioxidantes exógenos suplementares (que se originam de fontes externas do corpo) interagem com antioxidantes endógenos para fornecer proteção contra o aumento de radicais livres produzidos pelo exercício. Antioxidantes suplementares são cruciais para quem realiza exercícios e treinos de forma aguda e crônica intensa ou exaustiva, pois essas intensidades de treino produzem muitos radicais livres e causam problemas oxidativos irreparáveis que devastam o sistema antioxidante endógeno, resultando em danos irreparáveis aos tecidos, tendência a lesões e saúde debilitada.

Compostos com propriedades antioxidantes potentes – Alguns antioxidantes são particularmente potentes. Além da capacidade de proteger o tecido muscular, a vitamina E também parece limitar os danos arteriais causados pelo envelhecimento e minimizar os efeitos adversos de gorduras prejudiciais no corpo (Yoshida e Kajimoto, 1989). A vitamina C fornece proteção direta contra danos dos radicais livres e também conserva a vitamina E (Sies, Stahl e Sundquist, 1992). Elas trabalham juntas de modo sinérgico, controlando a ruptura muscular.

O selênio tem um papel na conversão de gorduras e proteínas em energia e fornece proteção antioxidante quando consumido com a vitamina E. Ressalta-se que a vitamina E não apenas é uma força importante em si, mas também o é por melhorar os efeitos de outros antioxidantes.

Carotenos são provenientes naturais de plantas como cenoura, melão cantaloupe, batata-doce e outros vegetais nas cores laranja, verde e amarelo. Muitos carotenos também são denominados pró-vitamina A, pois o corpo os converte em vitamina A. Além disso, há evidências de que os carotenos também podem fortalecer o sistema imunológico e proteger contra danos ao tecido corporal (Bendich, 1989).

O carotenoide mais conhecido é o betacaroteno. É especialmente obrigatório por sua importância na oxidação de lipoproteínas de baixa densidade (LDLs) (Lavy, Ben-Amotz e Aviram, 1993). Ainda assim, o betacaroteno consumido sozinho pode ser contraprodutivo, reforçando nossa ideia de que antioxidantes, ou qualquer vitamina ou mineral, não devem ser usados em grandes doses de modo independente.

O ácido alfa-lipoico (ALA) tem propriedades antioxidantes potentes intrinsecamente, secundárias à sua capacidade de aumentar os níveis de glutationa intracelular e de reciclar outros antioxidantes, como as vitaminas C e E e a glutationa (Bast e Haenen, 2003; Packer, Witt e Tritschler, 1995; Jones et al., 2002; Packer, Tritschler e Wessel, 1997; Podda et al., 1994). O ALA e a glutationa têm demonstrado efeitos significativos na diminuição da toxicidade por mercúrio no corpo (Patrick, 2002).

O ALA tem outros efeitos benéficos, como a diminuição de citocinas pró-inflamatórias (Packer, 1998; Lee e Hughes, 2002) e elevações secundárias de cortisol, bem como anabólicos significativos secundários a seus efeitos benéficos sobre a sensibilidade à insulina e a secreção de hormônio de crescimento e IGF-1, todos os fatores que envolvem a manutenção, o reparo e a regeneração de tecidos musculoesqueléticos (Faust et al., 1994; Burkart et al., 1993; Lateef et al., 2005; Thirunavukkarasu, Nandhini e Anuradha, 2004). O ALA também é útil na reversão de disfunções mitocondriais, especialmente com o envelhecimento das mitocôndrias (Arivazhagan, Ramanathan e Panneerselvam, 2001; Palaniappan e Dai, 2007).

Ácidos graxos ômega-3

Os ácidos graxos ômega-3 consistem em ácidos graxos poli-insaturados de cadeia longa, que são convertidos em várias substâncias no corpo, como prostaglandinas e leucotrienos; também estão muito envolvidos em vários eventos metabólicos. Como visto no Capítulo 6, o ácido linoleico é um ácido graxo ômega-3 essencial, pois o corpo não pode sintetizá-lo. Contudo, outros ácidos graxos ômega-3 são sintetizados no corpo a partir do ácido linoleico.

Como discutido no Capítulo 6, os ácidos graxos ômega-3, o eicosapentaenoico (EPA) e o docosa-hexaenoico (DHA) são encontrados em óleos de peixe, os quais são recomendados. Os ácidos graxos ômega-3 podem aumentar a secreção de hormônio de crescimento, pois eles estão envolvidos na formação de prostaglandina E1, que, por sua vez, está envolvida na liberação de hormônio de crescimento (GH) (Dray et al., 1980).

Os ácidos graxos ômega-3 também fornecem um efeito anabólico, aumentando a ligação de IGF-1 ao músculo esquelético e melhorando a sensibilidade à insulina, mesmo em dietas com grandes quantidades de gordura, que tendem a diminuir a sensibilidade à insulina (Liu et al., 1994). Do mesmo modo, aumentam a oxidação de ácidos graxos (queima de gordura) e a taxa metabólica basal e diminuem o colesterol.

Ácido linoleico conjugado (CLA)

Ácido linoleico conjugado (CLA), uma mistura de isômeros posicionais e geométricos de ácido linoleico (LA), é encontrado preferencialmente em produtos derivados de leite e na carne. O CLA está presente em queijo, leite e iogurte, que passaram por tratamento térmico, bem com em carne bovina e de veado. A suplementação com 120 gramas de queijo *cheddar* por dia demonstrou aumentar a proporção de CLA para LA em até 130%.

O CLA aparenta ter propriedades benéficas que vão além daquelas do ácido linoleico. Demonstrou potencial como anticarcinogênico potente (Ip, Scimeca e Thompson, 1994; Ip et al., 1994) e exibe atividade antioxidante potente (Pariza et al., 1991). O CLA pode ser citotóxico para células cancerígenas humanas *in vivo* (Shultz et al., 1992). De importância para os que querem maximizar a massa corporal magra, o CLA tem possíveis propriedades anticatabólicas (Cook et al., 1993; Miller et al., 1994).

Vito Binetti ultrapassando seus limites.

Uma equipe de pesquisadores escandinavos descobriu que o CLA ajudou indivíduos com sobrepeso e obesos a mobilizar gordura de células, enquanto acelerava o metabolismo muscular (Blankson et al., 2000). Indivíduos que tomam CLA também perceberam reduções no colesterol total e LDL. Os autores do estudo concluíram que o consumo de CLA parece reduzir a gordura corporal em indivíduos com sobrepeso e moderadamente obesos saudáveis.

Cafeína, efedrina e aspirina

Embora vários estudos demonstrem que a cafeína pode afetar de modo favorável o desempenho de resistência em longo prazo (McNaughton, 1986), os dados sobre exercícios de alta intensidade em curto prazo são confusos (Williams, 1991). Ainda assim, parece muito provável que, a partir de uma análise dos efeitos bioquímicos da cafeína, ela tenha um efeito benéfico sobre a fadiga em curto prazo e fibras musculares em exercícios de alta intensidade em curto prazo, como o levantamento de peso (Dodd, Herb e Powers, 1993; Jacobson et al., 1992).

A efedrina está banida das mais importantes federações esportivas, porque é um estimulante poderoso e fornece uma vantagem injusta no desempenho (p. ex., atraso no aparecimento da fadiga e incrementos no desempenho). A efedrina tem efeitos leves no SNC, como a anfetamina, e é usada por atletas para melhorar o treino e o desempenho. A aspirina é usada por atletas por vários motivos. É um analgésico leve comum, tem propriedades anti-inflamatórias e alguns efeitos termogênicos. Uma combinação de cafeína, efedrina e aspirina é comumente usada como coquetel termogênico para promover a lipólise (quebra de gordura) enquanto diminui a ruptura muscular. O resultado é uma maior proporção de massa corporal magra em relação à gordura.

A principal hipótese relacionada à adição de aspirina e cafeína à efedrina é que o sinergismo permite doses reduzidas de efedrina sem redução de eficácia. Isso resulta em uma diminuição nos efeitos colaterais, como estímulos cardíacos, da efedrina. A presença ou ausência desse efeito com pequenas quantidades de aspirina é algo a ser debatido. Ainda assim, a aspirina é amplamente usada com outros dois compostos.

Embora o uso da efedrina e da cafeína resulte em lipólise aumentada, há dúvidas se isso se traduz em perda de gordura. Alguns dados indicam que a efedrina, apesar de aumentar a lipólise, não aumenta a betaoxidação de ácidos graxos – a lipólise aumentada simplesmente resulta em mais reesterificação de ácidos graxos sem nenhuma mudança na gordura corporal. Esse certamente é o caso de indivíduos que estão adaptados a dietas com mais carboidratos, mas não daqueles adaptados a dietas com mais gorduras e menos carboidratos em que há mais uso e oxidação de ácidos graxos livres.

Suplementos anticortisol

Qualquer tipo de estresse – inclusive altos níveis de exercício, trauma físico ou emocional, infecções ou cirurgias – ocasiona mudanças no eixo hipotálamo-hipófise que resultam em mais secreção de cortisol. O exercício em si, embora aumente o cortisol, tem efeitos anticatabólicos compensatórios. Sessões curtas e intensas de treinamento tendem a resultar em uma secreção mais moderada de cortisol. Atletas com bom condicionamento demonstram menor secreção de cortisol durante o exercício em comparação àqueles que não estão com a mesma forma. Um parâmetro para o sobretreinamento é a proporção de testosterona em relação ao cortisol. O cortisol elevado em relação à testosterona é considerado um sinal de sobretreinamento – ou seja, se o treinamento estiver adequado, sua testosterona aumentará, enquanto o cortisol permanecerá estável.

A vitamina C tem alguns efeitos anticatabólicos que provavelmente envolvem a diminuição do cortisol induzido pelo exercício, mas também pode funcionar por meio de sua ação antioxidante. Inversamente, alguns efeitos anticatabólicos dos antioxidantes podem ser mediados pela diminuição no cortisol. Cerca de um grama de vitamina C, junto a um pouco de vitamina E (400 UI), betacaroteno (20.000 UI), zinco (50 miligramas) e selênio (50 microgramas) antes dos exercícios podem ser úteis.

Um suplemento que tem sido comercializado talvez possa reduzir os aumentos no cortisol induzidos pelo exercício. De acordo com alguns estudos, a fosfatidilserina parece enfraquecer a resposta ao cortisol mediada pela hipófise. Embora seja preciso realizar mais pesquisas para verificar se a diminuição no cortisol se transforma em mais ganhos, a fosfatidilserina pode ser de algum benefício; talvez você queira incluí-la em sua combinação de suplementos, ingerindo de 1 a 2 gramas antes de cada sessão de treino. Uma advertência: pode haver aumento na sensação de inflamação e inchaço, bem como em lesões secundárias à redução no cortisol. Leve em consideração os riscos e os benefícios ao usar esses componentes.

L-carnitina

A L-carnitina aparenta aumentar o uso de ácidos graxos livres e tecido adiposo pelo corpo como fonte de energia. Mais gordura fica disponível para a obtenção de energia, economizando assim proteínas em células musculares. A ruptura muscular pode ser reduzida. Alguns atletas têm usado doses que vão de 100 a 3.000 miligramas ou mais por dia antes do treino com bons efeitos. Entretanto, parece que apenas 2 gramas por dia (i. e., pelo menos 2.000 miligramas) são necessários para os efeitos desejados.

Por outro lado, não parece que a carnitina seja um fator de limitação no transporte e no uso de ácidos graxos. Assim, embora quem julga ainda não esteja de acordo sobre a efetividade da carnitina, seu uso faz sentido, especialmente quando o gasto de energia aumenta. Se você estiver em um programa de exercícios aprimorado, talvez valha a pena experimentar a L-carnitina; apenas certifique-se de procurar pelo nome *L-carnitina* no rótulo. Alguns fabricantes usam uma forma mais barata e menos efetiva. Algumas fontes, especialmente as mais baratas ou as que dizem "nível profissional", contêm L-carnitina que não é de nível farmacêutico e quase sempre têm quantidades significativas de D-carnitina tóxica.

Creatina mono-hidratada

No início dos anos 1980, conforme os esteroides anabolizantes ganhavam má reputação, os fabricantes começaram a criar produtos que seriam supostamente "ainda melhores que os esteroides". Na maioria dos exemplos, a falsidade dessas alegações foi comprovada. A maioria dos atletas logo passou a duvidar se os suplementos nutricionais realmente seriam capazes de melhorar a força, a massa muscular e o desempenho esportivo.

A atitude da maior parte dos atletas passou da descrença ao encantamento, porque os suplementos nutricionais proporcionam resultados. Um dos suplementos que ajudou a mudar a opinião foi a creatina mono-hidratada. Embora não seja tão efetiva quanto altas doses de esteroides anabolizantes, a creatina funciona – mas não tem nenhum dos efeitos colaterais associados às drogas anabólicas. Ajuda a aumentar a massa muscular, fornece mais energia e auxilia os indivíduos na recuperação mais rápida após uma sessão de exercícios. O mecanismo básico da ação da creatina ajuda as células a converterem ADP em ATP (a fonte básica de energia celular) de modo acelerado.

A creatina é usada pelos participantes de vários tipos de esportes, incluindo fisiculturistas, atletas olímpicos e jogadores de futebol, de *hockey*, de futebol americano, de *softball* e até mesmo de tênis. Os efeitos colaterais potenciais da superdose são desidratação, passando por excesso de calor, até danos ao rim.

Suplementação de proteínas

Atletas precisam de mais proteínas do que indivíduos sedentários. Muitos procuram os suplementos proteicos para aumentar seu consumo diário de proteínas. As boas fontes incluem ovos, carne, peixe, soja e produtos derivados do leite. Os suplementos de proteínas totais costumam ser baratos e normalmente contêm soja, leite, proteína de ovos, proteína hidrolisada com quantidades variáveis de di, tri e polipeptídeos, além de misturas de aminoácidos.

O consenso é de que não há estudos científicos ou médicos que mostrem que os suplementos de proteínas intactas têm vantagens anabólicas sobre alimentos proteicos de alta qualidade. Ainda assim, parece que há alguma vantagem no uso de suplementos com proteínas totais por parte de alguns atletas, como:

- Preparo e armazenamento convenientes, além de uma longa vida útil.
- Utilidade como substituição de proteínas para quem deseja diminuir o consumo de gorduras (muitos alimentos ricos em proteínas tendem a ter gordura).
- Possibilidade de aumento no consumo de proteínas, com a simultânea minimização do consumo de calorias.
- Possibilidade de aumento no consumo de proteínas em indivíduos que não podem ingerir o volume de alimentos necessário para garantir o consumo adequado ou aumentado de proteínas.
- Em alguns casos, o custo dos suplementos de proteínas é inferior ao dos alimentos correspondentes com muitas proteínas.

Os suplementos de proteínas têm outras vantagens distintas sobre proteínas de alimentos em dietas hipocalóricas, isocalóricas e hipercalóricas. Muitos estudos demonstram que os suplementos de proteínas, incluindo o leite e as proteínas da soja, têm efeitos ergogênicos (Dragan, Vasiliu e Georgescu, 1985; Dragan, Wagner e Ploesteanu, 1988; Laricheva et al., 1977). Esses estudos descobriram que as proteínas suplementares melhoraram significativamente a condição fisiológica e o desempenho esportivo dos atletas e resultaram em aumentos significativos de sua massa corporal magra e força. Atletas que fizeram uso de suplementos de proteínas tiveram ganhos musculares superiores aos daqueles que simplesmente consumiram a quantidade equivalente de proteínas. Além disso, os suplementos de proteínas com outros ingredientes, como creatina mono-hidratada, taurina e L-glutamina, frequentemente aumentam os ganhos de massa corporal magra.

Produtos substitutos de refeição (PSR), seja para a perda ou para o ganho de peso, fornecem macro e micronutrientes padrão com diferentes níveis calóricos. Eles podem custar mais ou menos que os alimentos que você compra no supermercado. Como pacote completo, costumam ser mais convenientes e fornecem mais nutrição do que muitos indivíduos obtêm a partir de *junk food* e refeições de alta caloria, porém são deficientes em termos nutricionais. Para certos efeitos, os suplementos alimentares de ponta são melhores que fontes de proteínas provenientes de alimentos e podem ser usados de modo seguro e eficaz para aumentar o consumo de proteínas e como substitutos para até duas refeições ao dia. Ainda assim, se você é cuidadoso em relação ao que compra e come e deseja fazer o tempo e o esforço valerem a pena, pode ter um resultado tão bom ou melhor simplesmente comprando alimentos não processados e planejando sua dieta para o ganho ou a perda de peso.

Os melhores suplementos de proteínas são combinações específicas de várias proteínas de alta qualidade. Tomar uma combinação de proteínas suplementares não somente aumenta as proteínas da dieta – que devem ser consumidas em maior quantidade quando você está tentando perder gordura corporal e peso –, mas também fornece um aumento do metabolismo, dos níveis de hormônios da tireoide e da taxa metabólica.

Como mencionado anteriormente, é importante consumir pelo menos 1 grama por dia de proteínas por quilo de peso corporal. É melhor dividir o consumo em intervalos com não mais de 3 horas, enquanto você estiver acordado. Consuma um pouco antes de ir dormir e assim que acordar, a fim de diminuir os efeitos catabólicos do jejum do sono. Se você acordar durante a noite, é um bom momento para ingerir um pouco mais de proteínas e diminuir ainda mais o catabolismo.

Aminoácidos

Níveis sanguíneos aumentados de aminoácidos, secundários a uma refeição com muitas proteínas, podem causar aumento nos níveis de insulina e no hormônio do crescimento. Aumentar esses hormônios – ao mesmo tempo que se aumenta os níveis de aminoácidos, mas diminuindo simultaneamente o catabolismo muscular – ocasiona uma resposta anabólica melhor.

Estudos demonstram que a ingestão de aminoácidos de cadeias ramificadas modifica o ambiente hormonal. Há também algumas informações de que os aminoácidos (principalmente a metionina) e os dipeptídeos metionina-glutamina e o triptofano-isoleucina têm um efeito anabólico profundo: ao fornecer os elementos reparativos certos, eles aumentam a síntese de proteínas e promovem o reparo muscular. Essas substâncias poderiam suprimir ou bloquear o aumento nos níveis de glicocorticoides em pacientes com diabetes, mas pesquisas posteriores precisam ser realizadas para confirmar esses achados em diabéticos.

A proteína consumida após o treino pode aumentar a insulina e o hormônio do crescimento, tendo, assim, efeitos anabólicos. A maior disponibilidade de aminoácidos tem demonstrado influenciar de forma direta a síntese de proteínas, especialmente algumas horas após exercícios físicos. A

O regime de treinamento e os hábitos de dedicação à dieta de Trevor Butler resultaram em uma resposta anabólica aprimorada.

taxa de síntese e de catabolismo de proteínas e do transporte de aminoácidos aumenta normalmente após o exercício, e depende da disponibilidade de aminoácidos. Se há um aumento nessa disponibilidade durante o período pós-exercício, então os processos catabólicos são compensados pelo aumento nos processos anabólicos, resultando em um acréscimo geral da proteína celular contrátil. Desse modo, é vital aumentar a absorção de aminoácidos o mais rápido possível após o exercício.

O consumo de alimentos pode estimular a síntese de proteínas musculares secundárias à liberação aumentada de insulina, pois esta pode estimular diretamente a síntese de proteínas musculares e, pelo menos até certo ponto, diminuir a quebra de proteínas (Biolo, Fleming e Wolfe, 1995); uma melhora no equilíbrio energético pode afetar o equilíbrio de proteínas musculares (Butterfield e Calloway, 1984). Contudo, o principal modo como se espera que o consumo de alimentos estimule a síntese de proteínas musculares é pelo fornecimento crescente de aminoácidos para os músculos.

Glutamina

Aminoácidos individuais ou combinados de modo seletivo podem servir como suplementos de desempenho. Um exemplo é o aminoácido glutamina, que é o mais abundante no corpo, correspondendo a mais de 50% dos aminoácidos intra e extracelulares. A glutamina desempenha um papel fundamental na função hepática, serve como combustível celular para os músculos e outros tecidos do corpo e pode regular a síntese de proteínas (Rennie et al., 1989).

Mais importante para o atleta sério e o entusiasta da boa forma é a capacidade que a glutamina tem de aumentar a produção de proteínas (para crescimento muscular) e de diminuir a degradação delas (o que resulta em ruptura muscular). Ambas dependem da dimensão da reserva de glutamina em uma célula do músculo. Se for alta, outros aminoácidos não serão forçados a produzir glutamina e ficarão disponíveis para a síntese de proteínas. Os músculos esqueléticos que podem ter sido usados para substituir a glutamina são poupados. Ela também mantém o equilíbrio de aminoácidos no corpo, possibilitando, assim, a síntese de mais proteínas pelo corpo e, possivelmente, a diminuição de sintomas de sobretreinamento.

A suplementação de glutamina pode oferecer várias vantagens aos atletas. A glutamina exógena pode poupar a intramuscular e resultar em proteólise diminuída (quebra de proteínas em aminoácidos pela ação de enzimas) e, potencialmente, em níveis aumentados de proteína muscular. A glutamina pode levar à liberação eficiente de hormônio do crescimento e, talvez, a níveis mais altos de outros hormônios anabólicos. Todos esses fatores sugerem fortemente que a suplementação de glutamina possa desempenhar um papel fundamental no aumento dos efeitos do treinamento de força.

Aminoácidos de cadeia ramificada

Os aminoácidos de cadeia ramificada (BCAA), incluindo isoleucina, leucina e valina, têm uma cadeia de carbono que é ramificada da estrutura de carbono linear principal. Os BCAA têm sido investigados quanto a seus efeitos anticatabólicos e anabólicos. No coração e no músculo esquelético *in vitro*, o aumento da concentração desses três BCAA ou apenas da leucina reproduz os efeitos do aumento do fornecimento de todos os aminoácidos no estímulo da síntese de proteínas e na inibição da degradação delas (May e Buse, 1989).

Maximização do uso de suplementos

Os suplementos nutricionais podem ser úteis de vários modos, contanto que sejam usados adequadamente, conforme o objetivo a ser alcançado. Ter foco no objetivo envolve usar uma variedade de suplementos em sequência (o que se conhece como *combinação*), para aumentar seus efeitos, nos momentos certos e, em certos casos, em *ciclos*. O uso em ciclos garante que os suplementos farão o melhor, além de diminuir qualquer tolerância que possa ser desenvolvida com o uso ininterrupto em longo prazo.

Combinação

Os suplementos nutricionais são usados por vários motivos (p. ex., para aumentar o desempenho e alterar a composição corporal). Como há vários suplementos disponíveis, é natural que alguns sejam usados juntos para aumentar alguns efeitos, o que é denominado combinação. A seguir, há alguns exemplos de diferentes combinações para diversas situações.

Combinação pré-treino – O objetivo de uma combinação pré-treino ou antes do exercício é maximizar os níveis energéticos, minimizar o catabolismo de proteínas e aumentar a síntese delas, aumentar os níveis de testosterona e de hormônio do crescimento, além de diminuir o cortisol. Um exemplo de uma combinação pré-treino é o Resolve (suplemento), uma combinação com efedrina e ioimbina, que inclui os seguintes ingredientes:

Ácido alfa-lipoico	Extrato de banaba
Ácido cordicépico	Extrato de salgueiro-branco
Ácido pirúvico	Gengibre
Alcaloides de efedrina	Glutationa
Alcaloide ioimbina	Inosina
Cafeína USP	L-alanina
Caiena (pimenta)	N-acetilcisteína
Cálcio (como fosfato de cálcio)	Octacosanol
Canela	Taurina
Coenzima Q10	Vitamina A
Cromo	Vitamina C
Dimetilglicina	

Combinação para exercícios – Um exemplo de uma combinação a ser usada durante o treinamento é uma bebida de treinamento. A combinação de níveis mais altos e aminoácidos de uma vez quando o fluxo sanguíneo aumenta parece maximizar a síntese de proteínas musculares. As concentrações de bebidas ricas em aminoácidos e outros ingredientes devem variar dependendo se o treinamento é de resistência ou para massa e potência muscular. Em todos os casos, a bebida deverá (1) fornecer hidratação, reposição de eletrólitos, reposição de energia e algumas funções pré-treinamento – incluindo síntese de proteínas aumentada e catabolismo muscular diminuído – e (2) diminuir os efeitos do sobretreinamento e as lesões musculares.

Uma boa bebida de treinamento para atletas de força deve conter pelo menos 30 gramas de *whey protein* isolado (uma proteína "rápida" que resulta em altos níveis de aminoácidos sistêmicos – mais de 25% deles ramificados). Também é bom que contenha:

Arginina	Peptídeos de glutamina
Cálcio	Potássio
Creatina	Ribose
Fósforo	Sódio
Leucina	Taurina
Magnésio	

Combinação pós-treino – O consumo de gorduras, proteínas e aminoácidos individuais (e, em particular, certas combinações de aminoácidos) após o exercício pode aumentar o armazenamento de ATP-CP, a síntese de proteínas e os efeitos anabólicos do exercício. Uma combinação adequada de proteínas e algumas gorduras logo após o exercício parece alcançar os seguintes benefícios, especialmente se você estiver na dieta metabólica e adaptado em termos de gordura:

- Reversão da redução da síntese de proteínas observada com exercícios.
- Mais suprimento de glicogênio muscular e triglicerídeos intramuscular.
- Aumento da síntese de proteínas e diminuição do catabolismo de proteínas pós-exercício.
- Aumento nos níveis de hormônio do crescimento e testosterona.
- Aumento na eficiência da recuperação.

Há dois estágios distintos a serem considerados: o período imediatamente após o treino e o período 2 a 3 horas depois. Logo após o treino, a ingestão de uma mistura de aminoácidos, que são absorvidos quase imediatamente, induz um aumento rápido e forte da aminoacidemia, que, por sua vez, estimula de modo agudo a síntese de proteínas e diminui o catabolismo dos músculos. A ingestão aguda de aminoácidos, bem com sua absorção, estimula o transporte deles para o músculo, e há um vínculo direto entre o transporte de aminoácidos para o interior e a síntese de proteínas no músculo (Wolfe, 2000). Também parece que vários aminoácidos podem aumentar a secreção de dois hormônios anabólicos poderosos: o hormônio do crescimento e a insulina (Bucci et al., 1990; Iwasaki et al., 1987).

É interessante observar que a ingestão simultânea de carboidratos e proteínas diminui a taxa de absorção de aminoácidos (Mariotti et al., 2000). Assim, você deve limitar seu consumo imediatamente após o exercício para apenas aminoácidos sem carboidratos até 2 horas após o exercício (Di Pasquale, 2002). Imediatamente após o treino, é preciso ingerir aminoácidos ou *whey protein* em pó de modo a maximizar a síntese de proteínas e os depósitos de triglicerídeos intramusculares. Para obter mais informações sobre a nutrição pós-treino e a dieta metabólica, consultar os capítulos 12 a 17.

Combinação de efedrina, cafeína e aspirina – Uma combinação de efedrina, cafeína e aspirina é usada para aumentar a lipólise e a termogênese, o desempenho aeróbio e anaeróbio e manter a síntese de proteínas. O objetivo central é obter massa corporal magra aumentada e reduzir a gordura corporal. Muitos outros componentes podem ser adicionados a essa combinação para torná-la mais efetiva para a perda de peso e gordura e para manutenção da massa muscular.

Ciclos

Os atletas consomem suplementos nutritivos em ciclos por duas razões. Primeiramente, eles têm mais necessidade de certos suplementos somente em certas fases do treinamento, e é sem sentido desperdiçar dinheiro quando eles não serão de grande ajuda. Em segundo lugar, como o corpo se adapta a certos suplementos, eles passam a ser menos úteis se forem tomados durante períodos prolongados. Ficar sem suplementos permite que o corpo retorne ao normal, de modo que obtenha novamente os resultados máximos caso sejam reintroduzidos.

O corpo, às vezes, somente se adapta a certas ações dos suplementos. Por exemplo, a combinação de efedrina, cafeína e aspirina gradualmente perde seu efeito no sistema nervoso central, mas pode não perder sua capacidade de estimular a termogênese ou aumentar a oxidação de ácidos graxos livres durante o treinamento. Os atletas comumente passam por ciclos de creatina, usando-a somente durante o treino mais intensivo.

O incrível Nelson da Silva sempre acreditou que a combinação, os ciclos e o momento apropriados dos suplementos nutricionais desempenham um papel fundamental para obter a melhor condição física para um evento importante.

Assim como o treinamento é mais efetivo quando é periodizado, os suplementos nutricionais também podem ser. Se você estiver seguindo um ciclo de 12 semanas de treinamento, poderá talvez variar o consumo de suplementos nutricionais de acordo com a fase do treinamento. No início, no primeiro ciclo, você poderá querer usar somente um tablete de multivitaminas e multiminerais ou talvez alguns antioxidantes, alguma proteína adicional ou alguma barra ou pó substituto de refeição. Na próxima fase, no treinamento mais intenso, você poderá escolher a introdução de creatina, uma combinação pré-treinamento e uma mistura de aminoácidos pós-treinamento. Na fase mais intensa desse ciclo, você poderá querer usar combinações que maximizam o aumento do hormônio do crescimento e de testosterona, além de um suporte mais abrangente durante o treino e em torno dele. Os capítulos 12 a 17 fornecem informações adicionais sobre ciclos de dietas e suplementos nutricionais.

Momento certo para o uso

O momento certo para o uso de suplementos pode ser tão importante quanto a sua ingestão, com frequência, determinando se uma certa combinação de suplementos é efetiva. Há, quase sempre, o melhor momento de ingeri-los para que o efeito máximo seja obtido, bem como momentos não efetivos. O momento certo difere de acordo com o suplemento.

O melhor momento de consumo de cafeína e certos aminoácidos, por exemplo, é cerca de meia hora do treinamento. Uma mistura de macronutrientes funciona melhor quando tomada após algumas horas de treino. As formulações que aumentam o hormônio do crescimento funcionam melhor antes do treino e do sono.

O momento adequado também maximiza o uso dos suplementos de proteínas. Por exemplo, as melhores horas de consumir suplementos de proteínas são após o despertar, para dar um fim abrupto aos efeitos catabólicos do jejum do sono; após o treinamento, para aproveitar a vantagem da síntese de proteínas aumentada que ocorre após o exercício; e imediatamente antes de ir para a cama, a fim de fazer uso da maior secreção de hormônio do crescimento durante a noite e dar um fim à resposta catabólica noturna.

Recomendações para a suplementação

O uso de suplementos nutricionais é uma arte e uma ciência. Mesmo com a disponibilidade de informações científicas, os atletas devem fazer experiências para determinar como cada suplemento interage com seu metabolismo exclusivo e com suas necessidades e seus objetivos específicos. Somente você pode descobrir quais suplementos funcionam melhor para si e quando usá-los.

Para os melhores resultados com suplementos nutricionais, use produtos em que vários ingredientes tenham sido combinados com sinergia e que sejam desenvolvidos para momentos e ciclos de treinamento específicos. A fim de obter uma lista de suplementos que podem ser usados nas fases específicas do treinamento, consultar os capítulos 12 a 17 ou acessar o site www.MauroMD.com – em inglês.

PARTE III

EXERCÍCIOS DE ESTIMULAÇÃO MÁXIMA

CAPÍTULO

9

Seleção dos melhores exercícios

Ao contrário do treinamento de força, pouca pesquisa foi realizada na área de musculação. Muito do "conhecimento" apresentado por autoproclamados especialistas no mercado é principalmente produto de tentativa e erro, observações cientificamente nulas transmitidas de uma geração para outra. A tradição, sem o suporte da informação científica, tem validado e perpetuado uma grande variedade de mitos no mundo do fisiculturismo e mesmo no treinamento de força. Por razões de segurança e para o desenvolvimento de nosso esporte, alguns desses mitos foram testados em laboratório.

Pesquisa eletromiográfica

A eletromiografia (EMG) tornou-se uma ferramenta essencial de pesquisa, pois permitiu que fisiologistas e médicos especialistas determinassem o papel dos músculos durante movimentos específicos (Melo e Cararelli, 1994-1995). A EMG mede o nível de excitação (sinais elétricos) de um grupo muscular. A contração do músculo é iniciada por cargas elétricas transportadas pela membrana das fibras musculares e esse movimento de fluxo iônico pode ser medido na pele por uma eletromiografia de superfície (SEMG) (Kobayashi Matsui, 1983; Moritani, Muro e Nagata, 1986). Uma SEMG representa a atividade elétrica de todas as unidades motoras e a frequência de suas taxas de disparo para cada músculo a ser examinado (DeLuca et al., 1982; Moritani e deVries, 1987).

Realizamos uma série de estudos para determinar, por meio de registros da EMG, quais exercícios causam a maior quantidade de estimulação dentro de cada grupo muscular e, consequentemente, aqueles que irão produzir os maiores ganhos de massa e força. A Figura 9.1 mostra a atividade da EMG durante a rosca direta com barra e a Figura 9.2, um exemplo de um teste da EMG.

Parte III Exercícios de estimulação máxima

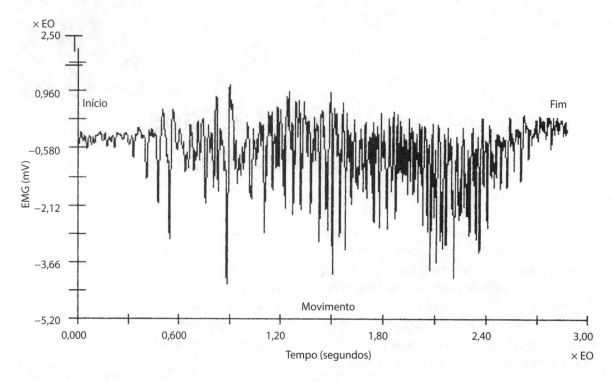

Figura 9.1 Atividade da EMG durante a rosca direta com barra.

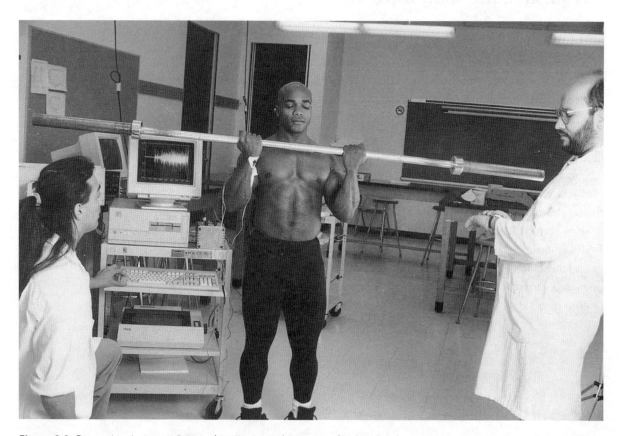

Figura 9.2 O coautor, Lorenzo Cornacchia (à esquerda), com o fisiologista de exercícios Louis Melo (à direita), determina a atividade da EMG durante uma sessão de aquecimento com a rosca direta.

Métodos

Para cada estudo, usamos fisiculturistas de ambos os sexos e praticantes de treinamento de força que não apresentavam doença neuromuscular, tinham pelo menos dois anos de experiência em fisiculturismo e não usavam drogas para melhorar o desempenho por pelo menos dois anos. Realizamos o teste em dois dias separados. No primeiro dia, a 1RM foi determinada para todos os exercícios. Cada indivíduo foi submetido a um aquecimento de 10 repetições a 50% de 1RM, 5 repetições a 80% de 1RM e 2 repetições em 90% de 1RM, com um intervalo de 5 minutos de recuperação entre as séries; a 1RM foi, então, realizada por três vezes, com um intervalo de 5 minutos de recuperação entre cada repetição. No segundo dia, os indivíduos realizaram 80% de 1RM cinco vezes, com intervalos de 3 minutos de recuperação.

Medimos a atividade eletromiográfica (EMG) durante todos os exercícios, posicionando eletrodos a quatro centímetros de separação sobre o centro do grupo muscular a ser examinado. Todos os dados da EMG foram ratificados e integrados (IEMG) durante 1 segundo. Para cada músculo, o exercício que gerou o maior IEMG determinado em 1RM foi designado como IEMGmax para o músculo especificado. Determinamos o IEMG em 80% de 1RM tomando a média dos cinco testes de 80% de 1RM.

Foram analisados os dados usando duas análises de medidas unidirecionais repetidas de variância para determinar qual o exercício gerou o maior IEMGmax porcentual para cada músculo. Determinamos as diferenças entre os exercícios com o teste *post hoc* de Newman-Keuls. O objetivo era identificar as variações na ativação elétrica muscular usando diferentes exercícios para treinar o mesmo grupo muscular. O resultado final seria determinar qual exercício poderia produzir a maior quantidade de ativação EMG para esse grupo muscular.

Resultados da pesquisa de EMG

Os resultados de nosso programa de estudos de EMG mostram qual exercício produz a maior quantidade de estimulação dentro de cada grupo muscular alvo. Para compreender a validade científica da pesquisa eletromiográfica, é importante entender a base para o recrutamento de fibras musculares e unidades motoras. Músculos inteiros contêm muitas unidades motoras; cada uma contém um único neurônio motor e todas as fibras musculares que ele inerva. O número de fibras musculares pertencentes a uma única unidade motora pode ser descrito como a relação de inervação. O número de fibras musculares e de unidades motoras varia muito de músculo para músculo. Por exemplo, o músculo gastrocnêmio lateral tem uma inervação de aproximadamente 2.500 a 5.000. A importância da relação de inervação é, em grande parte, relacionada à tensão gerada em cada unidade motora (Alway, 1997).

O recrutamento de fibras musculares dentro de cada unidade motora começa no cérebro, e o sinal é enviado para os corpos celulares na medula espinal e, então, finalmente à junção neuromuscular. Esta não oferece uma verdadeira conexão direta entre o músculo e o nervo, mas uma conexão indireta. É similar a uma vela de ignição em um carro, na qual há uma pequena diferença (fenda sináptica) que o sinal elétrico deve "saltar" para ativar o desempenho do motor. No entanto, ao contrário da analogia da vela de ignição, o sinal elétrico que é transmitido pelo axônio não chega a saltar a fenda sináptica. Em vez disso, uma vez que o sinal elétrico chega ao fim do axônio na junção neuromuscular, pequenas vesículas se abrem e enchem a fissura sináptica com um produto químico neurotransmissor (uma substância que transmite o sinal do nervo para o outro lado da fenda sináptica) chamado acetilcolina (Alway, 1997).

A acetilcolina atravessa a fenda sináptica e liga-se a receptores na membrana muscular, o que ocasiona um novo impulso elétrico gerado na membrana ao redor da fibra muscular (sarcolema). Uma vez que o sinal elétrico (potencial de ação) é gerado sobre o sarcolema muscular, move-se ao longo dessa membrana e por dentro da fibra muscular em cada um dos tubos abertos, chamados túbulos transversos, ao longo do sarcolema. Os túbulos transversos conectam-se ao retículo sarcoplasmático (sacos contendo cálcio). Quando o sinal elétrico passa do túbulo transverso para o retículo sarcoplasmático, o cálcio irriga as miofibrilas, que, em seguida, colocam em movimento uma série de eventos que ocasionam o encurtamento das fibras musculares (porções do sarcômero em cada fibra). Após a interrupção do potencial de ação (término do sinal elétrico do nervo), o cálcio retorna para o retículo sarcoplasmático e aguarda o próximo impulso elétrico. Com a maior frequência de envio de potenciais de ação ao nervo, mais frequentemente os potenciais de ação são formados nos sarcolemas musculares; e quanto maior o sinal para iniciar a liberação de cálcio do retículo sarcoplasmático, maior força será gerada (Alway, 1997).

As Tabelas 9.1 e 9.2 apresentam os resultados dos estudos de EMG. Consultar a Figura 9.3 para ver representações anteriores e posteriores do sistema muscular humano e a maioria dos músculos analisados nos estudos.

Tabela 9.1 Ativação da unidade motora IEMGmax

Exercício	% IEMGmax	Exercício	% IEMGmax
Estudo 1: bíceps braquial (cabeça longa)		**Estudo 4: reto do abdome**	
Rosca alternada em pé com halteres	87	Abdominal inclinado com peso	81
Rosca alternada com halteres no banco inclinado (palmas para cima, rotação lateral)	86	Abdominal reto	80
		Abdominal com peso	80
Rosca alternada com halteres no banco inclinado (palmas para cima)	84	Abdominal com apoio	72
		Abdominal tipo remo	69
		Abdominal com polia	68
Estudo 2: reto femoral (quadríceps)		**Estudo 5: bíceps femoral excêntrico *vs.* concêntrico**	
Agachamento com barra de segurança	90	Flexão concêntrica do joelho em pé	79
Agachamento com peso atado ao cinto	85	Flexão excêntrica do joelho em pé	72
Extensão de joelhos (dedos dos pés em linha reta)	85	**Estudo 6: latíssimo do dorso excêntrico *vs.* concêntrico**	
Agachamento (90°)	80	Barra fixa concêntrica	79
Estudo 3: trapézio		Barra fixa excêntrica	72
Encolhimento de ombros atrás das costas com barra	59		
Encolhimento frontal com barra olímpica	54		
Desenvolvimento posterior	41		

Observação: estudos realizados em 2001. Dados fornecidos pelos autores (não publicados).

Tabela 9.2 Ativação da unidade motora IEMGmax

Exercício	% IEMGmax	Exercício	% IEMGmax
Estudo 1: peitoral maior		**Estudo 3: parte acromial do deltoide**	
Supino declinado com halteres	93	Elevação lateral inclinada com halteres	66
Supino declinado (barra olímpica)	90	Elevação lateral em pé com halteres	63
Flexão de braços entre bancos	88	Elevação lateral sentado com halteres	62
Supino reto com halteres	87		
Supino reto (barra olímpica)	85	Elevação lateral com cabo	47
Crucifixo reto	84	**Estudo 4: parte espinal do deltoide**	
Estudo 2: peitoral menor		Crucifixo invertido em pé com halteres	85
Supino inclinado com halteres	91	Crucifixo invertido sentado com halteres	83
Supino inclinado (barra olímpica)	85		
Crucifixo inclinado	83	Crucifixo invertido em pé com cabo	77
Supino inclinado (máquina Smith)	81		

(continua)

Parte III Exercícios de estimulação máxima

Tabela 9.2 Ativação da unidade motora IEMGmax (*continuação*)

Exercício	% IEMGmax	Exercício	% IEMGmax
Estudo 5: parte clavicular do deltoide		**Estudo 9: reto femoral (quadríceps)**	
Desenvolvimento sentado com halteres	79	Agachamento com barra de segurança (ângulo de 90°, posição na largura dos ombros)	88
Elevação frontal em pé com halteres	73	Extensão de joelho sentado (dedos dos pés em linha reta)	86
Desenvolvimento sentado com barra	61	Agachamento no *hack* (ângulo de 90°, posição na largura dos ombros)	78
Estudo 6: bíceps braquial (cabeça longa)		*Leg press* (ângulo de 110°)	76
Rosca Scott (barra olímpica)	90	Agachamento com máquina Smith (ângulo de 90°, posição na largura dos ombros)	60
Rosca alternada com halteres no banco inclinado	88	**Estudo 10: bíceps femoral (isquiotibial)**	
Rosca direta (barra olímpica, pegada fechada)	86	Flexão dos joelhos em pé	82
Rosca alternada em pé com halteres	84	Flexão dos joelhos deitado	71
Rosca concentrada com halteres	80	Flexão dos joelhos sentado	58
Rosca bíceps em pé (barra olímpica, pegada aberta)	63	*Stiff*	56
Rosca bíceps em pé com a barra W (pegada aberta)	61	**Estudo 11: semitendíneo (isquiotibial)**	
Estudo 7: tríceps braquial (cabeça lateral)		Flexão dos joelhos sentado	88
Tríceps testa declinado (barra olímpica)	92	Flexão dos joelhos em pé	79
Tríceps na polia (barra v)	90	Flexão dos joelhos deitado	70
Mergulho entre bancos	87	*Stiff*	63
Tríceps invertido unilateral na polia	85	**Estudo 12: gastrocnêmio (músculo da panturrilha)**	
Tríceps com corda sobre a cabeça	84	Panturrilha tipo burrinho	80
Tríceps francês unilateral com halteres (pegada neutra)	82	Panturrilha unilateral em pé	79
Supino fechado (barra olímpica)	72	Panturrilha em pé	68
Estudo 8: latíssimo do dorso		Panturrilha sentado	61
Remada com barra	93		
Remada unilateral com halteres	91		
Remada cavalinho	89		
Puxador frontal	86		
Remada sentado na polia	83		

Observação: estudos realizados e documentados em 1998 por T. O. Bompa e L. Cornacchia no livro *Treinamento de força levado a sério* (Champaign: Human Kinetics).

Capítulo 9 Seleção dos melhores exercícios

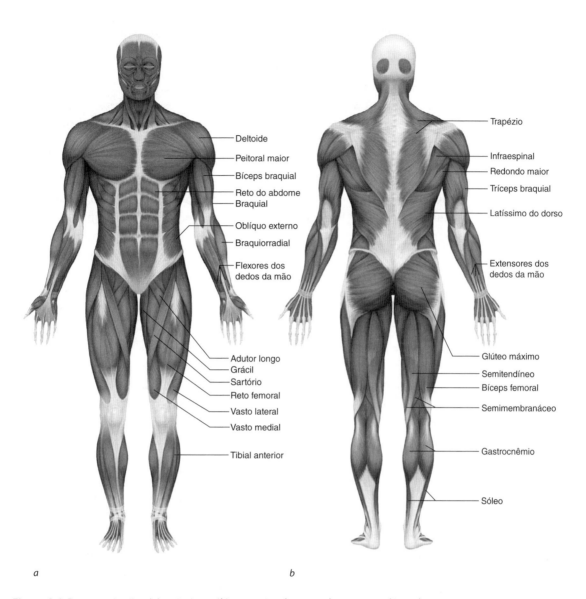

Figura 9.3 Representações (*a*) anterior e (*b*) posterior da musculatura esquelética humana.

Individualização de um regime de treinamento

Na musculação, a hipertrofia muscular está diretamente relacionada ao esforço (força produzida = alta intensidade). O treinamento de alta intensidade induz o crescimento quando feito cuidadosa e corretamente. Muitos fisiculturistas fogem de alta intensidade ou interrompem a maioria de suas séries antes que a atividade se torne desconfortável, escolhendo compensar simplesmente malhando por mais tempo.

Infelizmente, a lógica do "mais é melhor" está errada, em especial quando você está tentando conquistar volume muscular máximo tão rapidamente quanto possível. Quando se trata de ganhar força e tamanho, intensidade é a chave. Quanto mais você trabalha um músculo, mais ele é forçado a se adaptar (crescer). Prolongar a duração de suas sessões de trcinamento terá pouco ou nenhum efeito sobre o crescimento muscular e, na maioria dos casos, adicionar séries somente causa problemas, como atrofia muscular e sobre-treinamento.

A eficácia de um programa está bastante relacionada à sua intensidade e aos exercícios realizados. Exercícios que fornecem a maior quantidade de atividade elétrica durante a contração muscular produzirão altos níveis de hipertrofia muscular e força. Os exercícios apresentados nos capítulos 10 e 11 são reconhecidos por seu potencial de aumentar o tamanho e a força muscular. A Tabela 9.3 lista todos os exercícios dos membros inferiores por área corporal, indicando os músculos primários e secundários trabalhados em cada um deles. A Tabela 9.4 lista todos os exercícios dos membros superiores por área corporal e os músculos primários e secundários treinados em cada um.

No entanto, é importante compreender que o melhor programa é o que se adapta às suas metas pessoais. Estudos eletromiográficos têm demonstrado que a forma como um músculo responde a um exercício difere entre os atletas. Muitos fisiculturistas acabam seguindo planos de terceiros, na esperança de progredir usando a programação e as recomendações de outro indivíduo. Esperam obter os mesmos resultados do outro atleta. Isso é um erro.

Depois de definir os alicerces de uma rotina completa de exercícios básicos, graduais e progressivos (adaptação anatômica), apenas sua opinião pessoal (ou de um instrutor profissional) pode orientá-lo para ganhos maiores. Seu corpo é único. Se este livro oferecer a confiança e independência que precisa para ouvir seus instintos e determinar o que funciona melhor para você, então está no caminho certo.

Os programas de treinamento vistos em revistas especializadas são essencialmente inúteis. Claro, é interessante saber como o Mister Olympia se preparou para a vitória. Ainda assim, é provável que seu regime de treinamento não funcione para você. Esses artigos devem ser de interesse acadêmico apenas. Muitos atletas tendem a imitar os outros, em vez de prestar atenção às respostas de seus corpos a cada exercício. Quando os fisiculturistas descobrem que um determinado exercício ou uma variação dele funciona melhor para eles, devem usá-lo. Siga nossos programas de treinamento, mas seu objetivo final deve ser esculpir seu físico usando seu regime de treinamento próprio, determinado por você.

Tabela 9.3 Exercícios para membros inferiores

Exercício	Principais músculos trabalhados	Músculos secundários trabalhados	Nº da página
COXAS, QUADRIS E GLÚTEOS			
Agachamento com barra de segurança	Reto femoral, vasto intermédio, vasto medial, glúteos, vasto lateral	Eretores da espinha, abdominais, isquiotibiais	160
Extensão dos joelhos sentado (dedos dos pés em linha reta)	Vasto medial, vasto lateral, reto femoral, vasto intermédio	Abdominais, gastrocnêmio	161
Agachamento no *hack*	Reto femoral, vasto intermédio, vasto medial, glúteos, vasto lateral	Isquiotibiais, abdominais	162
Leg press	Reto femoral, vasto intermédio, vasto medial, vasto lateral	Glúteos, isquiotibiais, oblíquos	163
Agachamento na máquina Smith	Reto femoral, vasto intermédio, vasto medial, glúteos, vasto lateral	Eretores da espinha, abdominais, isquiotibiais	164
Avanço com halteres	Reto femoral, vasto intermédio, vasto medial, glúteos, vasto lateral, isquiotibiais	Músculos do antebraço, eretores da espinha	165
Avanço (barra olímpica)	Reto femoral, vasto intermédio, vasto medial, glúteos, vasto lateral, isquiotibiais	Músculos do antebraço, eretores da espinha, trapézio (partes descendente e ascendente)	166
ISQUIOTIBIAIS			
Flexão dos joelhos em pé	Bíceps femoral, semimembranáceo, semitendíneo	Glúteos, eretores da espinha, gastrocnêmio	168
Flexão dos joelhos deitado	Bíceps femoral, semimembranáceo, semitendíneo	Glúteos, eretores da espinha, gastrocnêmio	169
Flexão dos joelhos sentado	Bíceps femoral, semimembranáceo, semitendíneo	Glúteo máximo (parte inferior), gastrocnêmio	170
Stiff	Bíceps femoral, semimembranáceo, semitendíneo, glúteo máximo	Eretores da espinha, trapézio (parte descendente), redondos maior e menor, infraespinal, romboides	171
PANTURRILHA			
Panturrilha tipo burrinho	Gastrocnêmio	Sóleo, isquiotibiais	173
Panturrilha unilateral em pé	Gastrocnêmio	Sóleo, isquiotibiais	174
Panturrilha em pé	Gastrocnêmio	Sóleo, isquiotibiais	175
Panturrilha sentado	Sóleo	Gastrocnêmio	176

Parte III Exercícios de estimulação máxima

Tabela 9.4 Exercícios para membros superiores

Exercício	Principais músculos trabalhados	Músculos secundários trabalhados	Nº da página
PEITORAL			
Supino declinado com halteres	Peitoral maior (parte inferior do peito), parte clavicular do deltoide, tríceps braquial	Latíssimo do dorso, redondos maior e menor, infraespinal, romboide maior, trapézio (partes ascendente e descendente)	178
Supino declinado (barra olímpica)	Peitoral maior (parte inferior do peito), parte clavicular do deltoide, tríceps braquial	Latíssimo do dorso, redondos maior e menor, infraespinal, romboide maior, trapézio (partes ascendente e descendente)	179
Flexão de braços entre bancos	Peitoral maior (parte medial do peito), tríceps braquial	Parte clavicular do deltoide, latíssimo do dorso, trapézio (partes ascendente e descendente), romboide maior, infraespinal, redondos maior e menor	180
Supino reto com halteres	Peitoral maior (parte medial do peito), parte clavicular do deltoide, tríceps braquial	Redondos maior e menor, infraespinal, romboide maior, trapézio (partes ascendente e descendente)	181
Supino reto (barra olímpica)	Peitoral maior (parte medial do peito), parte clavicular do deltoide, tríceps braquial	Latíssimo do dorso, redondos maior e menor, infraespinal, romboide maior, trapézio (partes ascendente e descendente)	182
Crucifixo reto	Peitoral maior (parte medial do peito)	Latíssimo do dorso, tríceps braquial, partes clavicular e acromial do deltoide, trapézio (partes ascendente e descendente)	183
Supino inclinado com halteres	Peitoral menor (parte superior do peito), parte clavicular do deltoide, tríceps braquial	Parte acromial do deltoide, peitoral maior, trapézio (partes ascendente e descendente), latíssimo do dorso	184
Supino inclinado (barra olímpica)	Peitoral menor (parte superior do peito), parte clavicular do deltoide, tríceps braquial	Latíssimo do dorso, parte acromial do deltoide, peitoral maior, trapézio (partes ascendente e descendente)	185
Crucifixo inclinado	Peitoral menor (parte superior do peito)	Parte clavicular do deltoide, trapézio (partes ascendente e descendente), músculo latíssimo do dorso, tríceps braquial	186
Supino inclinado (máquina Smith)	Peitoral menor (parte superior do peito), parte clavicular do deltoide	Peitoral maior, trapézio (partes ascendente e descendente), latíssimo do dorso, tríceps braquial	187
Crossover	Peitoral maior (parte medial e inferior do peito), parte clavicular do deltoide	Latíssimo do dorso, trapézio (partes ascendente e descendente)	188

(continua)

Capítulo 9 Seleção dos melhores exercícios

Tabela 9.4 Exercícios para membros superiores (*continuação*)

Exercício	Principais músculos trabalhados	Músculos secundários trabalhados	Nº da página
Mergulho paralelo	Peitoral maior e menor, parte clavicular do deltoide, tríceps braquial	Latíssimo do dorso, redondos maior e menor, infraespinal, parte acromial do deltoide, trapézio (partes descendente e ascendente)	189
ABDOMINAIS			
Abdominal (banco reto)	Reto do abdome (superior e médio)	Intercostais (laterais da cintura)	191
Abdominal tipo remo	Reto do abdome (superior e médio)	Intercostais	192
Abdominal com polia	Reto do abdome (superior)	Parte inferior do latíssimo do dorso, serrátil, intercostais	193
Elevação dos joelhos (banco reto)	Reto do abdome (inferior)	Intercostais	194
Elevação de pernas suspensas	Reto do abdome (principalmente inferior), serrátil anterior	Intercostais	195
Abdominal cruzado	Serrátil anterior, reto do abdome (principalmente superior)	Intercostais	196
DORSAIS			
Remada curvada (barra olímpica)	Latíssimo do dorso, trapézio (parte transversa), braquial, flexores do antebraço	Braquiorradial, bíceps braquial, redondos maior e menor, romboides e infraespinal	198
Remada unilateral com halteres	Latíssimo do dorso, trapézio (parte transversa), braquial, parte espinal do deltoide, flexores do antebraço	Bíceps braquial, redondo maior e menor, infraespinal, romboides	199
Remada cavalinho	Latíssimo do dorso, trapézio, flexores do antebraço, braquiorradial	Redondos maior e menor, eretores da espinha, infraespinal, romboides	200
Puxador frontal	Latíssimo do dorso, braquial, braquiorradial	Bíceps braquial, parte espinal do deltoide, redondos maior e menor, infraespinal, romboides	201
Remada sentado com polia	Latíssimo do dorso, trapézio, romboides, eretores da espinha	Parte espinal do deltoide, bíceps braquial, braquiorradial, redondo menor, infraespinal, flexores do antebraço	202
Barra fixa frontal	Latíssimo do dorso, trapézio (parte descendente), bíceps braquial, braquiorradial, braquial	Parte espinal do deltoide, eretores da espinha, infraespinal	203

(*continua*)

Tabela 9.4 Exercícios para membros superiores (*continuação*)

Exercício	Principais músculos trabalhados	Músculos secundários trabalhados	Nº da página
Puxador posterior	Latíssimo do dorso, trapézio (parte descendente), bíceps braquial, braquial	Extensores do antebraço, redondo menor, infraespinal, parte espinal do deltoide	204
Extensão do tronco	Eretores da espinha	Glúteos, trapézio (parte ascendente)	205
DELTOIDES E TRAPÉZIO			
Elevação lateral em pé com halteres	Parte acromial do deltoide	Parte clavicular do deltoide, trapézio (partes descendente e ascendente)	208
Crucifixo invertido	Parte espinal do deltoide	Parte acromial do deltoide, trapézio (parte descendente), redondo menor, romboides, infraespinal	209
Desenvolvimento sentado com halteres	Parte clavicular do deltoide	Peitoral maior, tríceps braquial, trapézio (partes descendente e ascendente), serrátil anterior	210
Desenvolvimento sentado com barra	Parte clavicular do deltoide	Peitoral maior, tríceps braquial, trapézio, serrátil anterior	211
Encolhimento frontal com barra olímpica	Trapézio (parte descendente), romboides	Peitoral maior, tríceps braquial, trapézio (parte ascendente), serrátil anterior	212
Elevação frontal em pé com halteres	Parte clavicular do deltoide	Extensores do antebraço, parte acromial e espinal do deltoide, romboides, peitoral maior	213
Remada frontal (barra olímpica)	Trapézio, deltoide (partes clavicular e acromial)	Bíceps braquial, braquial, flexores do antebraço	214
Desenvolvimento posterior (barra olímpica)	Parte espinal do deltoide, trapézio (parte descendente), tríceps braquial	Trapézio (parte ascendente), romboides, infraespinal, redondos maior e menor, latíssimo do dorso	215
BÍCEPS			
Rosca Scott (barra olímpica)	Bíceps braquial, braquial	Flexores do antebraço	217
Rosca alternada com halteres no banco inclinado	Bíceps braquial	Flexores do antebraço	218
Rosca bíceps em pé (barra olímpica, pegada fechada)	Bíceps braquial, braquial	Flexores do antebraço, pronador redondo, flexores do punho (flexor longo do polegar, flexor superficial dos dedos)	219
Rosca alternada em pé com halteres	Bíceps braquial	Flexores do antebraço, pronador redondo, flexores do punho (flexor longo do polegar, flexor superficial dos dedos)	220
Rosca concentrada com halteres	Bíceps braquial	Flexores do antebraço, braquial	221

(continua)

Tabela 9.4 Exercícios para membros superiores (*continuação*)

Exercício	Principais músculos trabalhados	Músculos secundários trabalhados	Nº da página
Rosca bíceps em pé (barra olímpica, pegada aberta)	Bíceps braquial (cabeça curta), braquial	Bíceps braquial (cabeça longa), flexores do antebraço, flexores do punho	222
Rosca bíceps em pé com barra W (pegada aberta)	Bíceps braquial (cabeça curta), braquial	Bíceps braquial (cabeça longa), flexores do antebraço	223
TRÍCEPS			
Tríceps testa declinado (barra olímpica)	Tríceps (cabeças lateral e medial)	Extensores do antebraço	225
Tríceps na polia (barra V)	Tríceps (cabeças lateral e medial), ancôneo	Extensores do antebraço	226
Mergulho entre bancos	Tríceps (cabeças medial e lateral)	Parte clavicular do deltoide, peitoral maior (parte inferior do peito)	227
Tríceps invertido unilateral na polia	Tríceps (cabeças medial e lateral)	Extensores do antebraço	228
Tríceps com corda sobre a cabeça	Tríceps (todas as cabeças)	Extensores do antebraço	229
Tríceps francês unilateral com halteres (pegada neutra)	Tríceps (cabeças medial e interna), ancôneo	Extensores do antebraço, parte espinal do deltoide	230
Supino fechado (barra olímpica)	Tríceps (todas as cabeças), peitoral maior (médio e inferior)	Latíssimo do dorso, parte clavicular do deltoide	231
ANTEBRAÇOS			
Flexão de punho (barra olímpica)	Flexores do antebraço	Flexores do punho	233
Extensão de punho (barra olímpica)	Extensores do antebraço	Extensores do punho	234

CAPÍTULO 10

Exercícios para membros inferiores

Este capítulo apresenta exercícios para trabalhar os músculos dos membros inferiores. Quase todos os exercícios foram escolhidos com base nos resultados dos estudos EMG da parte dos membros inferiores. Em cada seção de grupo muscular, os exercícios estão em ordem da maior ativação EMG para a menor. Consultar as tabelas de ativação da unidade motora no Capítulo 9.

Coxas, quadris e glúteos

Na musculação, as palavras *maciçamente esculpidas*, *talhadas*, *definidas* e *distintas* descrevem o par perfeito de coxas. Como a base da musculatura humana, as coxas são claramente os mais poderosos músculos do físico.

Agachamentos podem ser excelentes exercícios para fortalecer diversos músculos, ossos, ligamentos e pontos de inserção tendinosa nos membros inferiores. Na verdade, há anos o agachamento tem sido considerado o exercício perfeito para os membros inferiores. Infelizmente, por esse exercício frequentemente causar lesões na coluna lombar e nos joelhos, muitos fisiculturistas profissionais e amadores eliminaram com relutância o agachamento convencional (com a barra olímpica) de suas rotinas de treinamento.

No entanto, pelo fato de o agachamento promover ganhos substanciais, a maioria dos instrutores e praticantes do treinamento de força não estava preparada para testemunhar sua extinção: muitas pesquisas foram conduzidas a fim de desenvolver equipamentos e outros métodos mais seguros para a atividade. Para o desenvolvimento máximo de quadril e glúteos, técnicas seguras de agachamento devem ser parte integrante de todos os programas relacionados. A extensão dos joelhos é um excelente exercício para o vasto medial.

Coxas, quadris e glúteos

Agachamento com barra de segurança

Principais músculos trabalhados	Músculos secundários trabalhados
• Reto femoral • Vasto intermédio • Vasto medial • Glúteos • Vasto lateral	• Eretores da espinha • Abdominais • Isquiotibiais

Posição inicial

1. Descansar os apoios da barra de agachamento nos músculos do trapézio e levantar a barra de modo a tirá-la dos encaixes do equipamento.
2. Os pés devem estar paralelos e ajustados à largura dos ombros, com os joelhos ligeiramente flexionados.
3. Manter a barra firme sobre os ombros e colocar as mãos sobre as alças do equipamento.

Dica

Usar as mãos durante o agachamento com barra de segurança ajuda a equilibrar e manter a forma rigorosa da posição, permitindo a identificação dos próprios limites. Isso ajudará a trabalhar com cargas mais pesadas, sem medo de sofrer lesões ao exercer força por meio do ponto mais fraco.

Técnica de exercício

1. Mantendo as mãos sobre as alças do aparelho durante todo o movimento, abaixar lentamente os glúteos em direção ao solo, dobrando os joelhos.
2. Quando chegar a um ângulo aproximado de 90°, forçar para cima os músculos do quadríceps, permitindo a ativação muscular máxima.
3. Executar o movimento até que o número desejado de repetições seja alcançado.

Principais músculos trabalhados	Músculos secundários trabalhados
• Vasto medial • Vasto lateral • Reto femoral • Vasto intermédio	• Abdominais • Gastrocnêmio

Extensão dos joelhos sentado (dedos dos pés em linha reta)

Posição inicial

1. Sentar-se em uma máquina de extensão dos joelhos e pressionar a parte de trás deles firmemente contra a borda da cadeira.
2. Posicionar a frente dos tornozelos sob a almofada para os pés, segurando as alças nas laterais do aparelho.

Técnica de exercício

1. Movendo apenas as regiões inferiores das pernas, levantar o peso desejado até que os músculos do quadríceps estejam totalmente estendidos.
2. Manter essa posição por 1 segundo, permitindo que a contração de pico do quadríceps ocorra.
3. Abaixar o peso lentamente à posição inicial. Execute o movimento até completar o número desejado de repetições.

Agachamento no *hack*

Principais músculos trabalhados	Músculos secundários trabalhados
• Reto femoral • Vasto intermédio • Vasto medial • Glúteos • Vasto lateral	• Isquiotibiais • Abdominais

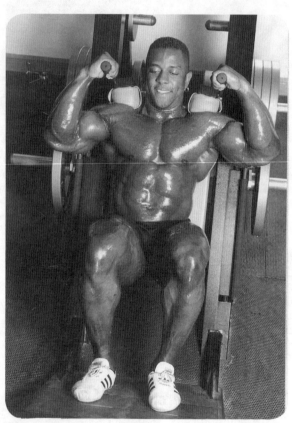

Posição inicial

1. Posicionar o corpo sobre o *hack* com os músculos do trapézio sob as almofadas de ombro e as costas pressionadas firmemente contra o encosto.
2. Posicionar os pés no ângulo para apoio, com os calcanhares distanciados cerca de 20 cm (varia dependendo da pessoa) e os dedos ligeiramente voltados para fora.

Técnica de exercício

1. Flexionar os joelhos lentamente, trazendo o tronco para baixo em direção aos calcanhares.
2. Quando os joelhos alcançarem um ângulo aproximado de 90°, empurrar para cima a fim de retornar à posição inicial.
3. Executar o movimento até completar o número desejado de repetições.

Leg press

Principais músculos trabalhados	Músculos secundários trabalhados
• Reto femoral • Vasto intermédio • Vasto medial • Vasto lateral	• Glúteos • Isquiotibiais • Oblíquos

Posição inicial

1. Deitar-se no equipamento com os glúteos apoiados no assento e as costas pressionadas firmemente contra o encosto.
2. Colocar os pés sobre a plataforma na largura dos ombros com os dedos ligeiramente voltados para fora.
3. Segurar as alças e destravar o peso para realizar o *leg press*.

Técnica de exercício

1. Flexionar lentamente as pernas, permitindo que os joelhos se desloquem em direção ao peito.
2. Quando os joelhos atingirem um ângulo ligeiramente superior a 90° (110° a 115°), empurrar lentamente as pernas para retornar à posição inicial (não juntar os joelhos na parte superior do movimento).
3. Executar o movimento até completar o número desejado de repetições.

Agachamento na máquina Smith

Principais músculos trabalhados	Músculos secundários trabalhados
• Reto femoral • Vasto intermédio • Vasto medial • Glúteos • Vasto lateral	• Eretores da espinha • Abdominais • Isquiotibiais

Posição inicial

1. Posicionar o corpo sob a barra olímpica ligada à máquina Smith.
2. Segurar a barra de baixo para cima, com as mãos ligeiramente mais afastadas que a largura dos ombros.
3. Nesse ponto, a barra está descansando confortavelmente nos músculos do trapézio e os pés estão separados pela largura dos ombros.
4. Desencaixar a barra do suporte e dar um pequeno passo à frente com os dois pés.
5. Lembrar-se de manter as costas eretas e olhar para a frente durante todo o movimento.

Técnica de exercício

1. Dobrar as pernas lentamente até que os joelhos atinjam um ângulo de 90°.
2. Sem deslocar a parte inferior no movimento, endireitar as pernas lentamente e retornar à posição inicial.
3. Executar o movimento até completar o número desejado de repetições.

Dica

O agachamento é um exercício no qual técnica e equilíbrio são de extrema importância. Praticá-lo com a máquina Nautilus Smith remove o elemento de equilíbrio porque a barra olímpica é anexada ao aparelho. Apesar de ser considerada um avanço revolucionário, a máquina de agachamento pode produzir muita pressão na região lombar e nos joelhos.

Avanço com halteres

Principais músculos trabalhados	Músculos secundários trabalhados
• Reto femoral • Vasto intermédio • Vasto medial • Glúteos • Vasto lateral • Isquiotibiais	• Músculos do antebraço • Eretores da espinha

Posição inicial
1. Segurar um haltere com cada mão.
2. Manter os halteres nas laterais do corpo, com os braços totalmente estendidos (palmas voltadas para o tronco).

Técnica de exercício
1. Dar um passo adiante com a perna direita (se for destro), mantendo as costas eretas.
2. Dobrar o joelho da perna à frente até um ângulo de 90°.
3. Nesse ponto, o joelho da perna traseira deve estar aproximadamente 5 a 8 cm do chão.
4. Quando a perna de trás estiver totalmente abaixada, empurrar com força com a perna da frente e retornar à posição inicial.
5. Repetir o exercício com a perna esquerda e prosseguir alternando até completar o número desejado de repetições.
6. Lembrar-se de que um passo adiante mais curto coloca mais ênfase nos músculos do quadríceps, e um mais longo trabalha mais os músculos glúteos e isquiotibiais.

Avanço
(barra olímpica)

Principais músculos trabalhados	Músculos secundários trabalhados
• Reto femoral • Vasto intermédio • Vasto medial • Glúteos • Vasto lateral • Isquiotibiais	• Músculos do antebraço • Eretores da espinha • Trapézio (partes descendente e ascendente)

Posição inicial
1. Posicionar-se sob a barra olímpica e retirá-la dos suportes.
2. A barra deve estar descansando nos músculos do trapézio, com as mãos segurando-a a uma distância levemente maior que a largura dos ombros.
3. Dar vários passos para trás para ter bastante espaço para inclinar-se para a frente.

Técnica de exercício
1. Dar um passo adiante com a perna direita (se for destro), mantendo as costas eretas.
2. Dobrar o joelho da perna à frente até atingir um ângulo de 90°.
3. Nesse ponto, o joelho da perna traseira deve estar aproximadamente 5 a 8 cm do chão.
4. Quando a perna de trás estiver totalmente abaixada, empurrar com força com a direita e retornar à posição inicial.
5. Executar o movimento com a outra perna e continuar a alternar até completar o número desejado de repetições.
6. Lembrar-se de que um passo mais curto com a perna à frente coloca mais ênfase nos músculos do quadríceps, e um mais longo trabalha mais os músculos glúteos e isquiotibiais.

Isquiotibiais

Poucas pessoas falam sobre os músculos isquiotibiais. Mesmo os que costumam ler revistas de musculação raramente encontrarão fisiculturistas profissionais que discutam isquiotibiais como discutem treino de peitoral, modelamento dos dorsais ou aumento do braço. No entanto, todos eles dirão como os músculos isquiotibiais são importantes para o desenvolvimento global da perna. Nada é mais impressionante do que um fisiculturista que se vira para o lado e revela um isquiotibial com grande quantidade de massa muscular. Flexões dos isquiotibiais em pé, sentado e deitado parecem ser as melhores opções para a região. Os exercícios são apresentados em ordem para a ativação do músculo bíceps femoral (ver Tab. 9.1).

Isquiotibiais

Flexão dos joelhos em pé

Principais músculos trabalhados	Músculos secundários trabalhados
• Bíceps femoral • Semimembranáceo • Semitendíneo	• Glúteos • Eretores da espinha • Gastrocnêmio

Posição inicial

1. Em pé do lado direito da máquina, posicionar o quadríceps esquerdo contra a almofada para coxa e o calcanhar esquerdo (panturrilha) sob a almofada retangular no tornozelo.
2. Com a mão esquerda, segurar a barra diretamente à frente do corpo e inclinar o tronco levemente para a frente.

Técnica de exercício

1. Levantar o pé lentamente em direção aos glúteos.
2. Erguer o corpo para cima tanto quanto possível para permitir a contração máxima.
3. Ao alcançar o topo do movimento, abaixar lentamente a perna enquanto resiste contra o peso (não deixar o pé tocar o chão).
4. Executar o movimento até completar o número desejado de repetições.
5. Inverter a posição do corpo e repetir o exercício com a outra perna.

Flexão dos joelhos deitado

Isquiotibiais

Principais músculos trabalhados	Músculos secundários trabalhados
• Bíceps femoral • Semimembranáceo • Semitendíneo	• Glúteos • Eretores da espinha • Gastrocnêmio

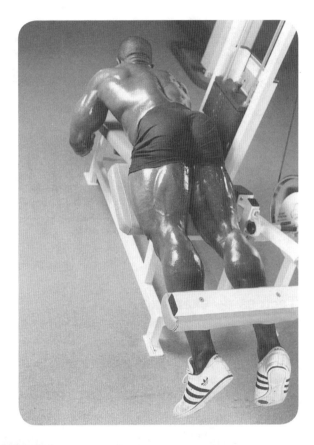

Posição inicial
1. Deitar de bruços sobre o aparelho.
2. Deslizar os tornozelos sob as almofadas e colocar os joelhos na borda do banco.
3. Segurar as alças na parte superior do aparelho para manter o corpo estabilizado durante a execução da série.

Técnica de exercício
1. Levantar os calcanhares, trazendo-os na direção dos glúteos.
2. Erguer-se tanto quanto possível para permitir a contração máxima.
3. Ao alcançar o topo do movimento, abaixar lentamente a perna enquanto resiste contra o peso (não deixar as placas se tocarem – manter a tensão sobre os músculos trabalhados).
4. Executar o movimento até completar o número desejado de repetições.

Flexão dos joelhos sentado

Principais músculos trabalhados
- Bíceps femoral
- Semimembranáceo
- Semitendíneo

Músculos secundários trabalhados
- Glúteo máximo (parte inferior)
- Gastrocnêmio

Posição inicial
1. Sentar-se no aparelho com os tornozelos sobre as almofadas.
2. Ajustar a almofada na coxa e fixá-la confortavelmente sobre as pernas.
3. Manter as costas pressionadas firmemente contra o suporte.

Técnica de exercício
1. Dobrar os joelhos, trazendo os calcanhares sob o corpo e na direção das nádegas.
2. Inclinar-se para trás até onde possível para permitir a contração máxima.
3. Uma vez que os músculos isquiotibiais alcancem a contração máxima enquanto estiverem resistindo, permitir lentamente que o peso traga o corpo de volta à posição inicial.
4. Executar o movimento até completar o número desejado de repetições.

Stiff

Isquiotibiais

Principais músculos trabalhados	Músculos secundários trabalhados
• Bíceps femoral • Semimembranáceo • Semitendíneo • Glúteo máximo	• Eretores da espinha • Trapézio (parte ascendente) • Redondos maior e menor • Infraespinal • Romboides

Posição inicial

1. Segurar uma barra olímpica com as mãos ligeiramente mais afastadas que a largura dos ombros.
2. Segurar a barra com os braços totalmente estendidos ao nível da coxa.

Técnica de exercício

1. Manter as costas eretas e os joelhos ligeiramente flexionados.
2. Abaixar lentamente a barra 5 a 8 cm além dos joelhos.
3. Nesse ponto, deve-se sentir um alongamento nos glúteos e isquiotibiais.
4. Lentamente, levantar a barra contraindo os glúteos e isquiotibiais e endireitando o tronco.
5. Executar o movimentos até completar o número desejado de repetições.

Dica

A maioria dos levantadores executa esse exercício de forma incorreta por inclinar-se demais. Quando os músculos do quadril estão totalmente flexionados, a única maneira de abaixar ainda mais a barra para os pés é hiperflexionando a coluna. Quando isso ocorre, o levantador coloca a coluna lombar em uma posição muito vulnerável (lesões ou complicações graves).

Panturrilhas

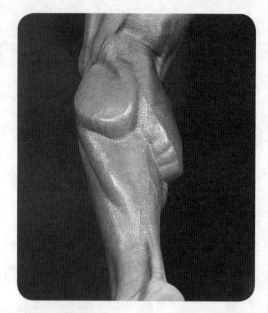

Todos os bons fisiculturistas têm panturrilhas incríveis. Alguns dos maiores deles com desenvolvimento incrível da região são Arnold Schwarzenegger, Tom Platz e Gary Strydom. Muitos fisiculturistas acreditam que as panturrilhas são praticamente impossíveis de desenvolver porque seu tamanho é determinado de forma genética. Mas persistência é a marca de todo campeão, especialmente com músculos teimosos como panturrilhas. Arnold Schwarzenegger é um exemplo de alguém sem desenvolvimento nato de panturrilha. Portanto, ele priorizou o desenvolvimento da região e adotou um treinamento intenso para adquirir grandes panturrilhas em forma de diamante.

Para panturrilhas que precisam de largura, concentrar os esforços em elevações sentadas de panturrilha. Esse exercício também é excelente para entalhar os músculos da região lateral da panturrilha. Para ampliar os músculos gastrocnêmios, é necessário fazer muitos exercícios de panturrilha tipo burrinho, panturrilha em pé e unilateral.

Panturrilha tipo burrinho

Principais músculos trabalhados	Músculos secundários trabalhados
• Gastrocnêmio	• Sóleo • Isquiotibiais

Posição inicial
1. Colocar os dedos dos pés na borda de uma placa para panturrilha, a aproximadamente 8 a 13 cm de altura.
2. Inclinar os quadris para a frente até o tronco ficar paralelo ao solo e estabilizar o corpo segurando uma parte do equipamento (p. ex., a haste de agachamento).
3. Nesse ponto, um parceiro sobe nas costas da pessoa que realizará o exercício e acomoda-se sobre seus quadris.
4. Abaixar os calcanhares o mais confortavelmente que conseguir em relação ao nível dos dedos.

Técnica de exercício
1. Levantar o tronco o mais alto possível nas pontas dos pés.
2. Ao alcançar o topo do movimento, abaixar lentamente os calcanhares até abaixo do nível dos dedos o máximo possível, retornando à posição inicial.
3. Executar o movimento até completar o número desejado de repetições.

Panturrilha unilateral em pé

Principais músculos trabalhados	Músculos secundários trabalhados
• Gastrocnêmio	• Sóleo • Isquiotibiais

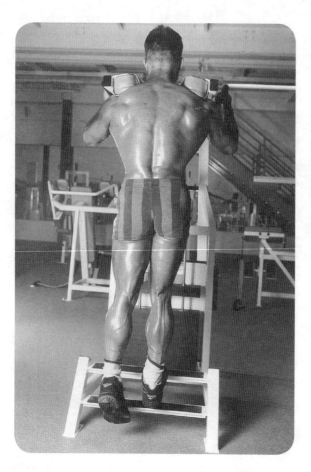 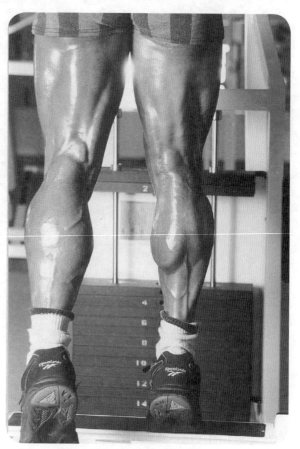

Posição inicial
1. Posicionar-se no aparelho para a panturrilha com o pé direito na borda da plataforma.
2. Permitir que o calcanhar direito desça abaixo do nível dos dedos tanto quanto possível.
3. Colocar as mãos sobre as ombreiras para estabilizar o corpo.

Técnica de exercício
1. Levantar o tronco o mais alto possível na ponta do pé direito e dos dedos do pé.
2. Ao alcançar o topo do movimento, abaixar lentamente o calcanhar além do nível dos dedos tanto quanto possível, retornando à posição inicial.
3. Executar o movimento até completar o número desejado de repetições.
4. Repetir para o pé esquerdo.

Principais músculos trabalhados	Músculos secundários trabalhados
• Gastrocnêmio	• Sóleo • Isquiotibiais

Panturrilha em pé

Panturrilhas

 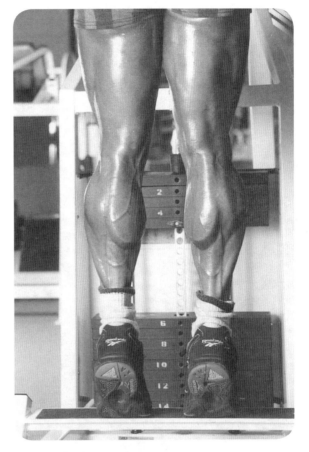

Posição inicial
1. Posicionar-se no aparelho para panturrilha com as pontas dos pés na borda da plataforma.
2. Deixar os calcanhares descerem abaixo do nível dos dedos tanto quanto possível.
3. Colocar as mãos sobre as ombreiras para estabilizar o corpo.

Técnica de exercício
1. Levantar o tronco o mais alto possível sobre as pontas e os dedos dos pés.
2. Ao alcançar o topo do movimento, abaixar lentamente os calcanhares além do nível dos dedos tanto quanto possível, retornando à posição inicial.
3. Executar o movimento até completar o número desejado de repetições.

Panturrilhas

Panturrilha sentado

Principais músculos trabalhados	Músculos secundários trabalhados
• Sóleo	• Gastrocnêmio

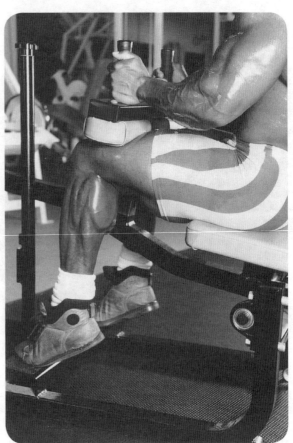

Posição inicial

1. Sentar-se no aparelho para panturrilha com as pontas dos pés na borda da plataforma.
2. Encaixar os joelhos sob as almofadas e segurar as alças para estabilizar o corpo.
3. Destravar o peso.
4. Deixar os calcanhares descerem abaixo do nível dos dedos tanto quanto possível.

Técnica de exercício

1. Levantar os calcanhares até que as panturrilhas estejam totalmente contraídas.
2. Ao alcançar o topo do movimento, abaixar lentamente os calcanhares até abaixo dos dedos tanto quanto possível, retornando à posição inicial.
3. Executar o movimento até completar o número desejado de repetições.

CAPÍTULO

11

Exercícios para membros superiores

Este capítulo apresenta exercícios para trabalhar os músculos dos membros superiores. Quase todos eles foram escolhidos com base nos resultados dos estudos EMG da parte em questão. Em cada seção de grupo muscular, os exercícios estão em ordem de maior ativação na EMG para a menor. Consultar as tabelas de ativação da unidade motora no Capítulo 9.

Peitoral

Não há nada mais impressionante no fisiculturismo do que músculos peitorais estriados e maciços. Quando vemos as fotos de competição de Arnold Schwarzenegger e Lee Haney, chegamos à conclusão de que é fundamental reforçar o peitoral se o desejo for ganhar um título de fisiculturismo importante. Quando esses fisiculturistas relaxam, seu peitoral parece duas vezes maior que suas cinturas em vista lateral.

Muitos fisiculturistas profissionais ficam ótimos de frente porque têm bons peitorais. Ainda assim, pela visão lateral, a caixa torácica é claramente pouco trabalhada — o peito e a cintura parecem ter mais ou menos a mesma espessura. Expandir completamente a caixa torácica é um dos fatores essenciais no desenvolvimento de um peitoral impressionante. Quanto maior a base sobre a qual os músculos peitorais são fixados, maior o nível de desenvolvimento e imponência obtidos.

Os peitorais devem ser trabalhados em todos os ângulos. Certos exercícios básicos – como supino inclinado com halteres, supino reto e supino declinado com barra – desenvolvem músculos do peito. Crucifixos e *crossover* são mais eficazes para modelar e estriar a região peitoral. O desenvolvimento peitoral completo resulta de trabalhar as quatro regiões da musculatura: superior, inferior, interna e externa.

Supino declinado com halteres

Principais músculos trabalhados	Músculos secundários trabalhados
• Peitoral maior (parte inferior do peito) • Parte clavicular do deltoide • Tríceps braquial	• Latíssimo do dorso • Redondos maior e menor • Infraespinal • Romboide maior • Trapézio (partes ascendente e descendente)

Posição inicial
1. Segurar dois halteres, de baixo para cima, sentado na parte alta de um banco declinado.
2. Travar os tornozelos e pés sob as almofadas.
3. Descansar os halteres para cima sobre os joelhos.
4. Deitar-se no banco enquanto traz os halteres para as laterais do tronco no nível do peito.
5. Levantar os halteres no comprimento dos braços estendidos (sem travar os cotovelos), com as palmas das mãos voltadas para a frente.
6. Nesse ponto, os halteres estão diretamente sobre o peito, encostados um ao outro.

Técnica de exercício
1. Flexionar os braços lentamente e abaixar os halteres até as laterais do peito.
2. Abaixar os halteres a uma posição em que um alongamento máximo, mas confortável, seja alcançado.
3. Levantar os halteres das laterais do peito à posição inicial.
4. Executar o número desejado de repetições, mantendo o movimento fluente, lento e controlado.

Supino declinado (barra olímpica)

Peitoral

Principais músculos trabalhados	Músculos secundários trabalhados
• Peitoral maior (parte inferior do peito) • Parte clavicular do deltoide • Tríceps braquial	• Latíssimo do dorso • Redondos maior e menor • Infraespinal • Romboide maior • Trapézio (partes ascendente e descendente)

Posição inicial
1. Deitar em um banco declinado com as costas firmemente apoiadas contra o estofamento e os pés e tornozelos fixos sob as almofadas.
2. Segurar a barra olímpica com as palmas voltadas para cima, mãos afastadas 8 a 13 cm além da largura dos ombros, e levantar a barra dos encaixes.
3. Os braços devem ser totalmente estendidos (não bloqueados) enquanto se segura a barra sobre a área do peito.

Técnica de exercício
1. Abaixar lentamente a barra para tocar a linha dos mamilos.
2. Quando a barra tocar levemente o peito, empurrá-la para cima até a posição inicial.
3. Lembrar-se de nunca bloquear os cotovelos durante esse movimento. Isso permitirá que a tensão contínua permaneça sobre os músculos trabalhados.
4. Executar o número desejado de repetições, mantendo o movimento fluente, lento e controlado.

Peitoral

Flexão de braços entre bancos

Principais músculos trabalhados	Músculos secundários trabalhados
• Peitoral maior (parte medial) • Tríceps braquial	• Parte clavicular do deltoide • Latíssimo do dorso • Trapézio (partes ascendente e descendente) • Romboide maior • Infraespinal • Redondos maior e menor

Posição inicial

1. Dispor três bancos – dois paralelos um ao outro e afastados em uma distância um pouco maior que a largura dos ombros e o outro perpendicular e atrás desses dois bancos.
2. Colocar os pés no banco traseiro e uma mão em cada um dos bancos paralelos.
3. Nesse ponto, o corpo está em uma posição com suporte, pronto para realizar flexões.

Técnica de exercício

1. Abaixar o corpo entre os bancos o máximo possível até alcançar um alongamento confortável (área medial do peito).
2. Empurrar o corpo para cima, retornando à posição inicial.
3. Executar o número desejado de repetições, mantendo o movimento fluente, lento e controlado.

Supino reto com halteres

Peitoral

Principais músculos trabalhados	Músculos secundários trabalhados
• Peitoral maior (parte medial) • Parte clavicular do deltoide • Tríceps braquial	• Redondos maior e menor • Infraespinal • Romboide maior • Trapézio (partes ascendente e descendente)

Posição inicial
1. Segurar dois halteres com as palmas para baixo e senta-se na borda do banco reto.
2. Descansar os halteres em posição vertical sobre os joelhos.
3. Deitar no banco reto, trazendo os halteres para as laterais do corpo, no nível do peito.
4. Levantar os halteres na posição de braços estendidos (sem bloquear os cotovelos).
5. Nesse ponto, os halteres estão diretamente sobre a área do peito, quase em contato, e as palmas das mãos voltadas para a frente.

Técnica de exercício
1. Flexionar os braços lentamente e abaixar os halteres até que estejam nas laterais do peito.
2. Abaixar os halteres a uma posição em que um alongamento máximo confortável seja alcançado.
3. Levantar os halteres dos lados do peito, retornando à posição inicial.
4. Executar o número desejado de repetições, mantendo o movimento fluente, lento e controlado.

Peitoral

Supino reto (barra olímpica)

Principais músculos trabalhados	Músculos secundários trabalhados
• Peitoral maior (parte medial) • Parte clavicular do deltoide • Tríceps braquial	• Latíssimo do dorso • Redondos maior e menor • Infraespinal • Romboide maior • Trapézio (partes ascendente e descendente)

Posição inicial
1. Deitar no banco reto com as costas firmemente apoiadas contra o estofamento e os pés no chão.
2. Segurar a barra com as palmas para cima e as mãos separadas 8 a 13 cm além da largura dos ombros; retirar a barra dos encaixes.
3. Os braços devem estar totalmente estendidos (não bloqueados) enquanto a barra é erguida sobre o peito.

Técnica de exercício
1. Abaixar a barra devagar até a linha dos mamilos.
2. Quando a barra tocar levemente o peito, empurrá-la para cima, retornando à posição inicial.
3. Executar o número desejado de repetições, mantendo o movimento fluente, lento e controlado.

Crucifixo reto

Principais músculos trabalhados	Músculos secundários trabalhados
• Peitoral maior (parte medial)	• Latíssimo do dorso • Tríceps braquial • Parte clavicular do deltoide • Parte acromial do deltoide • Trapézio (partes ascendente e descendente)

Posição inicial

1. Segurar os halteres com as palmas para baixo, sentado na extremidade do banco reto.
2. Descansar os halteres em posição vertical sobre os joelhos.
3. Deitar no banco, trazendo os halteres para as laterais do corpo, no nível do peito.
4. Levantar os halteres com os braços estendidos para cima.
5. Nesse ponto, os halteres estão diretamente sobre o peito, em contato, e as palmas das mãos voltadas para dentro.
6. Os cotovelos devem permanecer flexionados ao longo de todo o movimento.

Técnica de exercício

1. Abaixar os halteres lentamente em um movimento de arco até o chão, até que o peito esteja confortavelmente alongado (como em um livro sendo aberto).
2. Ao alcançar esse ponto do movimento (halteres nas laterais do peito), voltar à posição inicial usando o mesmo movimento de arco com os halteres.
3. Executar o número desejado de repetições, mantendo o movimento fluente, lento e controlado.

Peitoral

Supino inclinado com halteres

Principais músculos trabalhados	Músculos secundários trabalhados
• Peitoral menor (parte superior do peito) • Parte clavicular do deltoide • Tríceps braquial	• Parte acromial do deltoide • Peitoral maior • Trapézio (partes ascendente e descendente) • Latíssimo do dorso

Posição inicial

1. Segurar os halteres com as palmas para baixo, sentado na borda do banco inclinado.
2. Descansar os halteres em posição vertical sobre os joelhos.
3. Deitar no banco, trazendo os halteres às laterais do corpo, no nível do peito.
4. Levantar os halteres estendendo os braços para cima (cotovelos não bloqueados).
5. Nesse ponto, os halteres estão diretamente sobre a parte superior do peito, quase em contato, e as palmas voltadas para a frente.

Técnica de exercício

1. Flexionar os braços lentamente e abaixar os halteres até as laterais do peito.
2. Abaixar os halteres até uma posição em que um alongamento confortável seja alcançado.
3. Levantar os halteres das laterais do peito à posição inicial.
4. Executar o número desejado de repetições, mantendo o movimento fluente, lento e controlado.

Supino inclinado (barra olímpica)

Principais músculos trabalhados	Músculos secundários trabalhados
• Peitoral menor (parte superior do peito) • Parte clavicular do deltoide • Tríceps braquial	• Latíssimo do dorso • Parte acromial do deltoide • Peitoral maior • Trapézio (partes ascendente e descendente)

Posição inicial

1. Deitar-se em um banco inclinado com as costas firmemente apoiadas contra o encosto e os pés planos no chão.
2. Segurar a barra olímpica com as palmas para cima e as mãos um pouco mais afastadas que a largura dos ombros, levantando a barra dos encaixes.
3. Os braços devem estar totalmente estendidos (não bloqueados) ao segurar a barra sobre a área do peito.

Técnica de exercício

1. Abaixar a barra olímpica devagar até a porção superior do peito.
2. Quando a barra tocar levemente a parte superior do peito, empurrá-la para cima de volta à posição inicial.
3. Lembrar: nunca bloquear os cotovelos. Isso permitirá que a tensão permaneça na porção superior do peito.
4. Executar o número desejado de repetições, mantendo o movimento fluente, lento e controlado.

Crucifixo inclinado

Principais músculos trabalhados

- Peitoral menor (parte superior do peito)

Músculos secundários trabalhados

- Parte clavicular do deltoide
- Trapézio (partes ascendente e descendente)
- Latíssimo do dorso
- Tríceps braquial

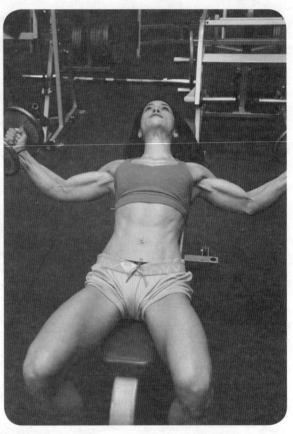

Posição inicial

1. Segurar os halteres com as palmas para baixo sentado no banco inclinado.
2. Descansar os halteres em posição vertical sobre os joelhos.
3. Deitar no banco, trazendo os halteres às laterais do corpo, no nível do peito.
4. Levantar os halteres na posição de braços estendidos (cotovelos não bloqueados).
5. Nesse ponto, os halteres estão diretamente sobre a parte superior do peito, em contato, e as palmas das mãos voltadas para dentro.
6. Os cotovelos devem permanecer flexionados durante todo o movimento.

Técnica de exercício

1. Abaixar os halteres lentamente em um movimento de arco até o chão, até que o peito esteja confortavelmente alongado (como em um livro sendo aberto).
2. Ao alcançar esse ponto (halteres nas laterais do peito), voltar à posição inicial usando o mesmo movimento de arco com os halteres.
3. Executar o número desejado de repetições, mantendo o movimento fluente, lento e controlado.

Supino inclinado (máquina Smith)

Principais músculos trabalhados	Músculos secundários trabalhados
• Peitoral menor (parte superior do peito) • Parte clavicular do deltoide	• Peitoral maior • Trapézio (partes ascendente e descendente) • Latíssimo do dorso • Tríceps braquial

Posição inicial

1. Deitar no banco inclinado (dentro da estação de trabalho da máquina Smith) com as costas firmemente apoiadas contra o encosto e os pés planos no chão.
2. Segurar a barra olímpica com as palmas para cima, afastando as mãos cerca de 8 a 13 cm além da largura dos ombros e retirando a barra dos encaixes.
3. Os braços devem estar totalmente estendidos (não bloqueados) ao segurar a barra sobre a parte superior do peito.

Técnica de exercício

1. Abaixar a barra olímpica (máquina Smith) lentamente até tocar de leve a porção superior do peito.
2. Quando a barra tocar levemente a parte superior do peito, empurrá-la para cima em direção à posição inicial.
3. Lembrar: nunca bloquear os cotovelos. Isso permitirá que a tensão permaneça na porção superior do peito.
4. Executar o número desejado de repetições, mantendo o movimento fluente, lento e controlado.

Peitoral

Crossover

Principais músculos trabalhados	Músculos secundários trabalhados
• Peitoral maior (partes medial e inferior do peito) • Parte clavicular do deltoide	• Latíssimo do dorso • Trapézio (partes ascendente e descendente)

Posição inicial

1. Segurar cada cabo com as palmas voltadas para dentro.
2. Posicionar-se no meio do aparelho com os pés ligeiramente mais afastados que a largura dos ombros ou com um pé um pouco à frente do outro (escolher a opção mais confortável).
3. Manter as costas eretas e os cotovelos levemente flexionados durante todo o movimento.
4. Para começar o exercício, estender os cabos até o ponto em que o peito estiver completamente alongado (braços abertos).

Técnica de exercício

1. Mover os cabos em um movimento de arco descendente até as mãos fazerem contato ou chegarem perto disso (15 a 20 cm de distância da frente do quadril).
2. Manter a posição durante 1 ou 2 segundos para contrair totalmente os músculos peitorais.
3. Resistir lentamente ao retornar os cabos à posição inicial.
4. Executar o número desejado de repetições, mantendo o movimento fluente, lento e controlado.

Mergulho paralelo

Principais músculos trabalhados	Músculos secundários trabalhados
• Peitorais maior e menor • Parte clavicular do deltoide • Tríceps braquial	• Latíssimo do dorso • Redondos maior e menor • Infraespinal • Parte acromial do deltoide • Trapézio (partes ascendente e descendente)

Posição inicial

1. Sustentar o corpo com os braços estendidos (cotovelos não bloqueados).
2. Manter os joelhos flexionados, os pés para trás, e o tronco ereto na posição inicial.

Técnica de exercício

1. Flexionar os braços, permitindo que os cotovelos se movam um pouco para fora nas laterais enquanto o tronco se inclina para a frente.
2. Abaixar o corpo a um ponto em que se obtenha um alongamento confortável.
3. Quando isso ocorrer, empurrar devagar o tronco para cima, na posição inicial.
4. Lembrar: nunca bloquear os cotovelos.
5. Executar o número desejado de repetições, mantendo o movimento fluente, lento e controlado.

Músculos abdominais

Os grupos musculares que proporcionam desenvolvimento completo na porção central estão entre os mais importantes, em parte porque contribuem para a saúde e integridade da região lombar e do abdome. Muitas lesões dorsais inferiores resultam mais de músculos abdominais fracos do que de sustentação subdesenvolvida dos eretores da espinha.

Os músculos abdominais são uma parte importante da compleição física de um fisiculturista competitivo. Uma área central cuidadosamente esculpida é uma característica que todo juri observa. Um fisiculturista que entra em uma fase competitiva com grandes músculos abdominais gera um impacto psicológico que a avaliação de juri e público não pode ignorar. Abdominais densamente musculosos e rigidamente definidos produzem uma boa primeira impressão, resultando em uma resposta favorável no restante da competição.

No panorama de competição atual, homens entre 118 e 122 kg e mulheres entre 73 e 82 kg devem ter desenvolvimento abdominal completo. Devem ter musculatura densa nos abdominais frontais, oblíquos e intercostais, com sulcos profundos entre os principais grupos do abdome.

Abdominal (banco reto)

Principais músculos trabalhados	Músculos secundários trabalhados
• Reto do abdome (superior e médio)	• Intercostais

Posição inicial
1. Deitar-se em um banco plano com os joelhos flexionados e os pés fixados sob as almofadas para tornozelo.
2. Colocar as mãos e os braços atrás da cabeça.

Técnica de exercício
1. Usar a força abdominal superior para erguer a cabeça e os ombros do banco.
2. Quando o músculo reto do abdome alcançar sua contração máxima, resistir por 1 a 2 segundos e retornar à posição inicial.
3. Para manter a tensão nos músculos trabalhados, não permitir que a parte descendente do trapézio e os ombros) entrem em contato com o banco.
4. Executar o movimento até completar o número desejado de repetições.

Abdominal tipo remo

Principais músculos trabalhados	Músculos secundários trabalhados
• Reto do abdome (superior e médio)	• Intercostais

Posição inicial
1. Sentar-se no aparelho.
2. Nesse ponto, uma almofada peitoral deve estar fixada firmemente contra o peito.
3. Colocar as mãos em torno da almofada para obter apoio.

Técnica de exercício
1. Inclinar o tronco para frente até contrair os músculos abdominais ao máximo.
2. Expirar todo o ar dos pulmões durante a execução do movimento.
3. Lentamente, retornar à posição inicial, nunca deixando que as placas entrem em contato (mantendo a tensão nos músculos trabalhados).
4. Executar o movimento até completar o número desejado de repetições.

Abdominal com polia

Principais músculos trabalhados	Músculos secundários trabalhados
• Reto do abdome (superior)	• Parte inferior do latíssimo do dorso • Serrátil • Intercostais

Posição inicial
1. Encaixar a corda na polia superior e segurar as alças da corda com as palmas para dentro.
2. Segurar a corda atrás do pescoço e ajoelhar-se a aproximadamente 30 cm da polia.

Técnica de exercício
1. Flexionar-se no nível da cintura até contrair os abdominais ao máximo.
2. Expirar todo o ar dos pulmões durante a execução do movimento.
3. Executar o movimento até completar o número desejado de repetições.
4. O objetivo é realizar o exercício de forma controlada e manter a tensão sobre os músculos trabalhados ao longo de todo o movimento.

Músculos abdominais

Elevação dos joelhos (banco reto)

Principais músculos trabalhados	Músculos secundários trabalhados
• Reto do abdome (inferior)	• Intercostais

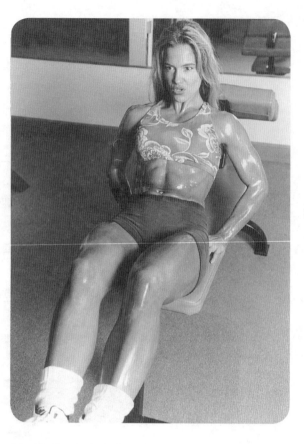 

Posição inicial
1. Sentar-se na extremidade do banco e colocar as mãos atrás das nádegas para apoiar o corpo.
2. Inclinar-se até o tronco atingir um ângulo de aproximadamente 45° em relação ao banco.
3. Estender as pernas até que estejam quase retas.

Técnica de exercício
1. Puxar os joelhos em direção ao peito.
2. Enquanto os joelhos se aproximam do peito, flexionar o pescoço, permitindo que a cabeça se incline em direção aos joelhos (isso garantirá contração abdominal máxima).
3. Retornar à posição inicial.
4. Executar o movimento até completar o número desejado de repetições.

Elevação de pernas suspensas

Principais músculos trabalhados	Músculos secundários trabalhados
• Reto do abdome (principalmente inferior) • Serrátil anterior	• Intercostais

Posição inicial

1. Segurar as alças de suspensão do aparelho e sustentar o peso do corpo nos braços.
2. Deixar o tronco suspenso em linha reta vertical.
3. Manter os joelhos ligeiramente flexionados durante todo o movimento para evitar qualquer tensão desnecessária na parte inferior das costas.

Técnica de exercício

1. Com a força abdominal, suspender lentamente as pernas até o nível dos quadris.
2. Manter a contração por um momento e, em seguida, abaixar lentamente as pernas, retornando à posição inicial.
3. Executar o movimento até completar o número desejado de repetições.

Abdominal cruzado

Principais músculos trabalhados	Músculos secundários trabalhados
• Serrátil anterior • Reto do abdome (principalmente superior)	• Intercostais

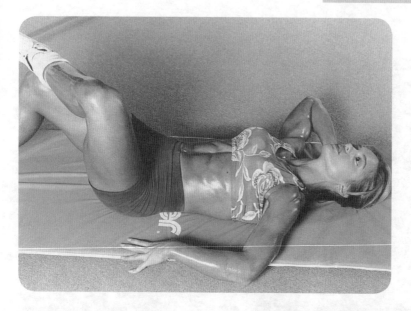

Posição inicial
1. Deitar-se sobre uma prancha abdominal ou colchonete, com os joelhos flexionados e os pés no chão.
2. Colocar o tornozelo esquerdo sobre o joelho direito, formando um triângulo.
3. Colocar a mão direita atrás da cabeça e a esquerda sobre o solo, para obter apoio.

Técnica de exercício
1. Contrair o tronco na diagonal, levando o ombro direito em direção ao joelho esquerdo.
2. Quando alcançar contração máxima, segurar por 1 a 2 segundos.
3. Retornar à posição inicial (nunca permitindo que os ombros toquem o colchonete) e realizar o movimento até completar o número desejado de repetições.
4. Inverter a posição do corpo e repetir para o outro lado.

Dorsais

Dorsais definidos representam outra característica notável no fisiculturismo. Parecem asas largas e sólidas prontas para o voo. Os maiores fisiculturistas profissionais têm os latíssimos do dorso bem desenvolvidos e seus eretores da espinha são impressionantes. É possível trabalhar essa região com os exercícios a seguir. Exercícios para os dorsais são estruturados com foco em largura, como puxadas na máquina e barras fixas com pegada aberta, e exercícios compostos, como remada curvada, remada cavalinho e remada unilateral com halteres.

Remada curvada (barra olímpica)

Principais músculos trabalhados	Músculos secundários trabalhados
• Latíssimo do dorso • Trapézio (parte transversa) • Braquial • Flexores do antebraço	• Braquiorradial • Bíceps braquial • Redondos maior e menor • Romboides • Infraespinal

Posição inicial

1. Segurar a barra com as palmas para baixo e as mãos afastadas aproximadamente 10 a 15 cm além da largura dos ombros e retirar a barra dos encaixes.
2. Afastar as pernas na largura dos ombros e manter os pés no chão.
3. Inclinar-se lentamente para a frente nos quadris, mantendo as costas eretas e permitindo uma ligeira flexão dos joelhos.
4. Nesse ponto, o tronco deve estar paralelo ao chão, com os braços completamente estendidos segurando a barra.

Técnica de exercício

1. Movendo apenas os braços, puxar lentamente a barra para cima, permitindo que toque a parte inferior da caixa torácica. O tronco não deve se mover para cima mais do que 10 cm.
2. Abaixar o peso lentamente à posição inicial. Realizar o movimento até completar o número desejado de repetições.

Remada unilateral com haltere

Dorsais

Principais músculos trabalhados	Músculos secundários trabalhados
• Latíssimo do dorso • Trapézio (parte transversa) • Braquial • Parte espinal do deltoide • Flexores do antebraço	• Bíceps braquial • Redondos maior e menor • Infraespinal • Romboides

Posição inicial

1. Segurar um haltere com a mão direita, com as palmas para dentro (em direção ao corpo).
2. Descansar o joelho esquerdo sobre um banco reto. A perna direita deve estar flexionada com o pé no chão.
3. Inclinar-se para a frente na altura dos quadris e estabilizar o corpo com o braço esquerdo estendido.
4. Nesse ponto, o tronco deve estar quase paralelo ao chão.
5. O braço direito com o haltere deve estar completamente estendido.

Técnica de exercício

1. Com o cotovelo junto ao tronco, puxar o haltere para cima em uma linha reta vertical, permitindo que toque levemente a caixa torácica.
2. Abaixar o haltere lentamente, retornando à posição inicial. Realizar o movimento até completar o número desejado de repetições.
3. Repetir com a mão esquerda.

Dorsais

Remada cavalinho

Principais músculos trabalhados	Músculos secundários trabalhados
• Latíssimo do dorso • Trapézio • Flexores do antebraço • Braquiorradial	• Redondos maior e menor • Eretores da espinha • Infraespinal • Romboides

Posição inicial

1. Inclinar-se para a frente na altura dos quadris, mantendo as costas eretas e os joelhos flexionados.
2. Segurar as alças de suporte com as palmas voltadas para trás.
3. Levantar o tronco até uma posição paralela ao chão.
4. Os braços devem estar totalmente estendidos.

Técnica de exercício

1. Puxar as mãos para cima até que o peso toque o peito.
2. O tronco não deve se mover para cima mais do que 10 cm.
3. Lentamente, retornar à posição inicial. Realizar o movimento até completar o número desejado de repetições.

Puxador frontal

Dorsais

Principais músculos trabalhados	Músculos secundários trabalhados
• Latíssimo do dorso • Braquial • Braquiorradial	• Bíceps braquial • Parte espinal do deltoide • Redondos maior e menor • Infraespinal • Romboides

Posição inicial

1. Posicionar-se no aparelho e segurar a barra com as palmas para baixo e as mãos afastadas.
2. Sentar-se com os pés no chão, com as coxas fixadas sob as almofadas.
3. Arquear o tronco e inclinar-se para trás.
4. O tronco permanece rígido durante todo o movimento.
5. Nesse ponto, os braços devem estar completamente estendidos segurando a barra.

Técnica de exercício

1. Iniciar o movimento puxando os cotovelos para baixo e para trás.
2. Puxar a barra na frente da cabeça até tocar a parte superior do peito; segurar por 1 a 2 segundos.
3. Lentamente, levar a barra de volta à posição inicial e realizar o movimento até completar o número desejado de repetições.

Remada sentado com polia

Principais músculos trabalhados	Músculos secundários trabalhados
• Latíssimo do dorso • Trapézio • Romboides • Eretores da espinha	• Parte espinal do deltoide • Bíceps braquial • Braquiorradial • Redondo menor • Infraespinal • Flexores do antebraço

Posição inicial

1. Segurar a alça vertical com as palmas das mãos voltadas para dentro.
2. Estender os braços, sentar-se e posicionar os pés nos suportes do aparelho.
3. Flexionar ligeiramente os joelhos ao longo de todo o movimento.
4. Inclinar-se para a frente, permitindo que a cabeça se abaixe um pouco (excelente pré-alongamento do latíssimo do dorso), mantendo as costas eretas.

Técnica de exercício

1. Deixar o tronco em posição ereta, puxando a alça em direção ao abdome.
2. Para contração máxima do latíssimo do dorso, lembrar-se de arquear levemente as costas e manter os cotovelos perto do tronco, puxando a alça em direção aos músculos abdominais.
3. Retornar à posição inicial. Realizar o movimento até completar o número desejado de repetições.

Barra fixa frontal

Principais músculos trabalhados
- Latíssimo do dorso
- Trapézio (parte descendente)
- Bíceps braquial
- Braquiorradial
- Braquial

Músculos secundários trabalhados
- Parte espinal do deltoide
- Eretores da espinha
- Infraespinal

Posição inicial
1. Segurar a barra fixa com as palmas para baixo e afastadas aproximadamente 8 a 13 cm além da largura dos ombros.
2. Flexionar os joelhos em um ângulo de 90° para que os tornozelos possam ficar cruzados.

Técnica de exercício
1. Puxar o corpo em linha vertical até que o queixo esteja paralelo à barra.
2. Abaixar o corpo lentamente até a posição inicial. Realizar o movimento até completar o número desejado de repetições.

Dorsais

Puxador posterior

Principais músculos trabalhados	Músculos secundários trabalhados
• Latíssimo do dorso • Trapézio (parte descendente) • Bíceps braquial • Braquial	• Extensores do antebraço • Redondo menor • Infraespinal • Parte espinal do deltoide

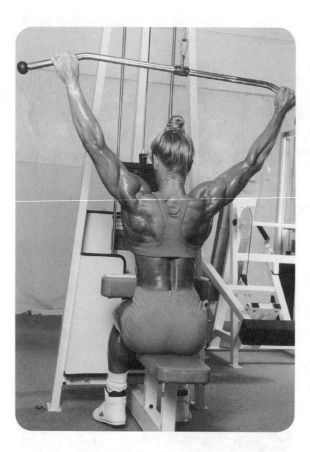 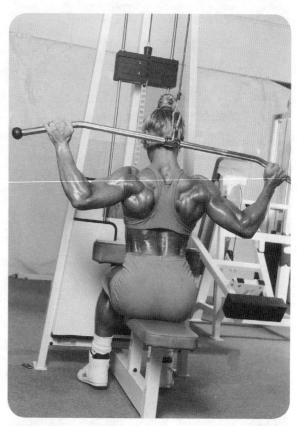

Posição inicial

1. Posicionar-se na frente do aparelho e segurar a barra com as palmas para a frente e as mãos afastadas.
2. Sentar-se com os pés apoiados no chão, costas eretas e coxas sob as almofadas.
3. Nesse ponto, os braços estão completamente estendidos segurando a barra acima da cabeça.

Técnica de exercício

1. Iniciar o movimento puxando os cotovelos para baixo e para trás.
2. À medida que a barra se aproximar da cabeça, inclinar-se levemente para a frente, permitindo que a barra toque a parte superior da nuca.
3. Lentamente, levar a barra de volta à posição inicial. Executar o movimento até completar o número desejado de repetições.

Principais músculos trabalhados	Músculos secundários trabalhados
• Eretores da espinha	• Glúteos • Trapézio (parte ascendente)

Extensão do tronco

Dorsais

Posição inicial
1. Segurar as alças do aparelho, com os tornozelos sob as almofadas, e abaixar os quadris até o encosto maior na parte da frente do aparelho.
2. Manter as pernas retas e os braços cruzados atrás da cabeça ao longo de todo o movimento.

Técnica de exercício
1. Abaixar o tronco até que esteja quase perpendicular ao chão.
2. Lentamente, levar o tronco de volta à posição inicial. Executar o movimento até completar o número desejado de repetições.
3. Lembrar-se de não arquear o corpo para cima excessivamente, pois isso pode causar compressão das vértebras lombares.

Deltoides e trapézio

A ideia por trás do fisiculturismo é ter um físico que destaca-se da média. Ao combinar uma estrutura ampla de ombros a deltoides bem desenvolvidos e cintura fina, é possível criar o tipo de simetria e tamanho que ganha títulos de fisiculturismo e competições. Ninguém com deltoides fracos já ganhou um título de fisiculturismo ou competição importante. Na verdade, ninguém com um deltoide mediano vencerá um concurso de fisiculturismo relevante.

Os deltoides são tão importantes para os fisiculturistas porque são visíveis em todos os ângulos de uma pose. Portanto, deltoides fracos podem ser detectados em todos os ângulos. Alguém já viu um fisiculturista competitivo virar de costas para realizar a pose duplo bíceps de costas e estar faltando aquele grande trecho que cria a parte espinal do deltoide? É um atributo desfavorável. Esse problema pode ser evitado com a utilização dos exercícios desta seção, que começam com um para cada uma das partes do deltoide. Exercícios compostos – como desenvolvimento sentado com halteres ou elevação lateral em pé e crucifixo invertido em pé – definitivamente garantirão volume para as três cabeças do deltoide, especialmente a da parte acromial (elevação lateral com halteres).

Para adolescentes que estão começando a treinar, movimentos de ampliação da clavícula podem ser muito eficazes. Sua cartilagem, tendões e ligamentos ainda estão moles, e suas placas epifisárias ainda não estão fechadas (seus ossos ainda não pararam de crescer). Portanto, mais crescimento ósseo é ainda possível; na verdade, a estrutura esquelética e o compartimento fascial ainda podem ser alongados. Embora a maioria dos fisiculturistas não esteja na adolescência e suas placas ósseas tenham parado de crescer, eles ainda podem ampliar suas clavículas por meio de espessamento da cartilagem. Por meio do desenvolvimento de bastante massa na parte acromial do deltoide, podem dar a impressão de que seus ombros estão mais largos do que realmente são.

Exercícios como barras fixas com pegadas bem abertas e o puxador frontal podem alongar as clavículas e alargar as escápulas. As barras fixas com pegadas bem abertas não devem ser confundidas com barras fixas com pegada aberta para o latíssimo do dorso. As mãos devem ser afastadas o máximo possível. Para que o alongamento da clavícula ocorra, deve-se realizar as repetições de forma lenta e completa e, ao final de cada uma, soltar o corpo e sentir o alongamento e o alargamento dos ombros. É como se estivesse tentando deslocar a escápula (sem realmente fazê-lo). Quem não tem força o suficiente para executar as barras fixas com pegadas bem abertas pode usar o puxador posterior na máquina com a pegada aberta para alongar a clavícula, complementando com o corpo em suspensão com a pegada aberta na barra fixa. O objetivo nesse exercício é manter a posição aberta dos braços enquanto puder sem chegar a deslocar as clavículas. Lembrar-se de que dor e desconforto são normais nesses exercícios porque as clavículas estão sendo estendidas e afastadas. Entender também que esses exercícios não são executados para o desenvolvimento do latíssimo do dorso.

Os músculos do trapézio consistem em grandes músculos na área superior das costas. Eles formam uma estrela. Os pontos da estrela estão situados na base do crânio (pontos superiores), perto dos ombros e sobre os pontos na metade do caminho para a base da coluna (ponto inferior). A principal função do trapézio é puxar os ombros para cima e para trás. Ele também se contrai para ajudar a arquear a região lombar. Nenhuma parte do corpo humano é mais visível no dia a dia do que o pescoço. Por causa do trapézio, fisiculturistas são facilmente destacados em uma multidão. Muitos críticos costumam dizer que os fisiculturistas realmente "vestem seu esporte".

Elevação lateral em pé com halteres

Principais músculos trabalhados
- Parte acromial do deltoide

Músculos secundários trabalhados
- Parte clavicular do deltoide
- Trapézio (partes ascendente e descendente)

Posição inicial
1. Deixar as costas retas, os joelhos ligeiramente flexionados e os pés próximos, em uma distância inferor à largura dos ombros.
2. Manter as costas eretas e os cotovelos ligeiramente flexionados durante todo o movimento.
3. Segurar os halteres com as palmas voltadas uma para a outra.
4. Juntar os halteres cerca de 10 a 15 cm na frente dos quadris.

Técnica de exercício
1. Mantendo os cotovelos ligeiramente flexionados, elevar os halteres na lateral em um arco em direção ao teto até os braços estarem paralelos ao chão. Segurar por 1 a 2 segundos.
2. Abaixar os halteres lentamente à posição inicial. Executar o movimento até completar o número desejado de repetições.

Crucifixo invertido

Deltoides e trapézio

Principais músculos trabalhados	Músculos secundários trabalhados
• Parte espinal do deltoide	• Parte acromial do deltoide • Trapézio (parte descendente) • Redondo menor • Romboides • Infraespinal

Posição inicial
1. Deixar a coluna reta, os joelhos flexionados e os pés afastados na largura dos ombros.
2. Segurar os halteres com as palmas para dentro, de frente uma para a outra.
3. Flexionar os quadris até que as costas estejam paralelas ao chão e os braços para baixo em uma posição estendida (perpendicular ao chão).

Técnica de exercício
1. Mantendo os cotovelos ligeiramente flexionados, levantar os halteres na lateral em um movimento de arco até que os braços estejam paralelos ao chão.
2. Abaixar os halteres lentamente de volta à posição inicial. Executar o movimento até completar o número desejado de repetições.

Deltoides e trapézio

Desenvolvimento sentado com halteres

Principais músculos trabalhados	Músculos secundários trabalhados
• Parte clavicular do deltoide	• Peitoral maior • Tríceps braquial • Trapézio (partes ascendente e descendente) • Serrátil anterior

Posição inicial
1. Segurar dois halteres com as palmas para baixo e sentar no banco em posição vertical.
2. Levantar os halteres ao nível do ombro.
3. Virar as palmas das mãos para a frente.

Técnica de exercício
1. Empurrar lentamente os halteres direto para cima até que se toquem quando os braços estiverem estendidos e, em seguida, retornar lentamente à posição inicial.
2. Lembrar-se de nunca bloquear os cotovelos no topo do movimento.
3. Executar o movimento até completar o número desejado de repetições.

Desenvolvimento sentado com barra

Deltoides e trapézio

Principais músculos trabalhados	Músculos secundários trabalhados
• Parte clavicular do deltoide	• Peitoral maior • Tríceps braquial • Trapézio • Serrátil anterior

Posição inicial

1. Sentar-se no banco com as costas firmemente apoiadas no encosto.
2. Segurar a barra com as palmas para a frente e as mãos afastadas aproximadamente 8 a 13 cm além da largura dos ombros.
3. Pedir a ajuda de um colega para levantar a barra olímpica dos encaixes.
4. Nesse ponto, a barra olímpica está bem acima da cabeça e os cotovelos levemente flexionados.

Técnica de exercício

1. Abaixar o peso lentamente até a parte clavicular do deltoide (na frente da cabeça) e, sem oscilar a barra na parte inferior do movimento, empurrá-la para cima, retornando à posição inicial.
2. Nunca bloquear os cotovelos no topo do movimento.
3. Executar o movimento até completar o número desejado de repetições.

Deltoides e trapézio

Encolhimento frontal com barra olímpica

Principais músculos trabalhados	Músculos secundários trabalhados
• Trapézio (parte descendente) • Romboides	• Peitoral maior • Tríceps braquial • Trapézio (parte ascendente) • Serrátil anterior

Posição inicial

1. Manter as costas eretas, os joelhos ligeiramente flexionados e os pés afastados na largura dos ombros durante todo o movimento.
2. Segurar a barra olímpica com as palmas para dentro e as mãos afastadas um pouco além da largura dos ombros.
3. Nesse ponto, a barra é segurada com os braços estendidos, mantendo uma leve flexão nos cotovelos.
4. A barra olímpica está repousando sobre a parte superior das coxas.

Técnica de exercício

1. Para iniciar o movimento, levantar os ombros em direção às orelhas, mantendo a contração por 1 a 2 segundos.
2. Quando a contração estiver concluída, abaixar lentamente a barra até o ponto em que um alongamento confortável é sentido nos músculos trabalhados (isso facilita a máxima amplitude de movimento).
3. Executar o movimento até completar o número desejado de repetições.

Elevação frontal em pé com halteres

Principais músculos trabalhados	Músculos secundários trabalhados
• Parte clavicular do deltoide	• Extensores do antebraço • Partes acromial e espinal do deltoide • Romboides • Peitoral maior

Posição inicial

1. Manter as costas retas, os joelhos levemente flexionados e os pés afastados em uma distância ligeiramente inferior que a largura dos ombros.
2. Segurar os halteres com as palmas das mãos voltadas para baixo.
3. Deixar os braços penderem em linha reta nas laterais, segurando os halteres a aproximadamente 5 a 10 cm do nível superior da coxa.

Técnica de exercício

1. Mantendo os cotovelos ligeiramente flexionados ao longo de todo o movimento, levantar o haltere esquerdo do nível da parte superior da coxa até o nível dos olhos e abaixá-lo lentamente de volta à posição inicial.
2. Repetir o movimento com o haltere direito. Continuar alternando direita e esquerda até completar o número desejado de repetições.

Deltoides e trapézio

Remada frontal (barra olímpica)

Principais músculos trabalhados	Músculos secundários trabalhados
• Trapézio • Deltoide (partes clavicular e acromial)	• Bíceps braquial • Braquial • Flexores do antebraço

Posição inicial

1. Manter as costas retas, os joelhos levemente flexionados e os pés afastados em uma distância ligeiramente inferior que a largura dos ombros.
2. Segurar a barra com as mãos afastadas por aproximadamente dois polegares.
3. Nesse ponto, a barra é segurada com os braços estendidos, mantendo uma leve flexão nos cotovelos.
4. A barra olímpica está repousando sobre a parte superior das coxas.

Técnica de exercício

1. Levantar a barra da posição estendida até o ponto em que atinge o queixo (elevar os cotovelos) e abaixá-la lentamente, retornando à posição inicial.
2. Executar o movimento até completar o número desejado de repetições.

Desenvolvimento posterior (barra olímpica)

Deltoides e trapézio

Principais músculos trabalhados	Músculos secundários trabalhados
• Parte espinal do deltoide • Trapézio (parte descendente) • Tríceps braquial	• Trapézio (parte ascendente) • Romboides • Infraespinal • Redondos maior e menor • Latíssimo do dorso

Posição inicial
1. Sentar-se no banco com as costas firmemente apoiadas no encosto.
2. Segurar a barra olímpica com as palmas para a frente e as mãos afastadas a 8 a 13 cm além da largura dos ombros.
3. Levantar a barra olímpica dos encaixes e segurá-la diretamente acima da cabeça, com os cotovelos levemente flexionados.

Técnica de exercício
1. Abaixar lentamente a barra olímpica atrás da cabeça, até um nível um pouco abaixo das orelhas.
2. Sem oscilar a barra, empurrá-la para cima, retornando à posição inicial.
3. Nunca bloquear os cotovelos no topo do movimento.
4. Executar o movimento até completar o número desejado de repetições.

Bíceps

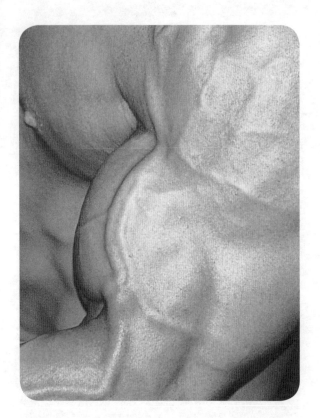

Os bíceps são os músculos que a maioria dos fisiculturistas mais gosta de treinar. Apesar do tamanho relativamente pequeno em comparação com os músculos das coxas, dorsais e peitorais, nosso caso de amor com o bíceps sem dúvida surge do fato de nossa cultura associar grandes bíceps a força e masculinidade. Todo grande campeão nas últimas sete décadas teve bíceps e braços enormes.

Os exercícios desta seção irão ajudar a esculpir os bíceps. Use a rosca Scott, a rosca com halteres em pé e a rosca com halteres no banco inclinado para ganhar a massa e maximizar os bíceps. Movimentos como a rosca com halteres ou a rosca concentrada na polia são melhores para aumentar os bíceps.

Principais músculos trabalhados	Músculos secundários trabalhados
• Bíceps braquial • Braquial	• Flexores do antebraço

Rosca Scott (barra olímpica)

Posição inicial
1. Sentar-se no aparelho Scott.
2. Segurar a barra olímpica com as palmas voltadas para cima e as mãos afastadas na largura dos ombros.
3. Os braços são estendidos (não bloqueados) com o tríceps repousando sobre a superfície inclinada do banco.

Técnica de exercício
1. Iniciar o movimento flexionando o cotovelo e rolando a barra para cima em direção aos ombros.
2. O tríceps sempre mantém contato direto com a superfície do banco.
3. Abaixar a barra lentamente de volta para a posição inicial. Executar o movimento até completar o número desejado de repetições.

Bíceps

Rosca alternada com halteres no banco inclinado

Principais músculos trabalhados	Músculos secundários trabalhados
• Bíceps braquial	• Flexores do antebraço

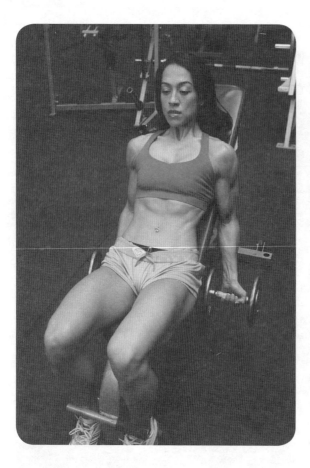

Posição inicial
1. Deitar em um banco inclinado com as costas firmemente apoiadas no encosto e os pés no chão.
2. Deixar os braços pendentes nas laterais, segurando os halteres com as palmas voltadas para cima.

Técnica de exercício
1. Contrair lentamente o haltere direito na direção do ombro direito.
2. Quando ocorrer a contração máxima do bíceps, abaixar o haltere lentamente, retornando à posição inicial. Repetir o movimento com o braço esquerdo.
3. Continuar alternando os braços direito e esquerdo até completar o número desejado de repetições.

Rosca bíceps em pé (barra olímpica, pegada fechada)

Principais músculos trabalhados	Músculos secundários trabalhados
• Bíceps braquial • Braquial	• Flexores do antebraço • Pronador redondo • Flexores do punho (flexor longo do polegar, flexor superficial dos dedos)

Posição inicial

1. Segurar a barra com as palmas voltadas para a frente, com as mãos afastadas em uma distância ligeiramente inferior que a largura dos ombros.
2. Manter as costas eretas, os joelhos levemente flexionados e os pés afastados na largura dos ombros durante todo o movimento.
3. Os braços devem ser estendidos por completo e pressionados firmemente contra o tronco.
4. Nesse ponto, a barra está repousando sobre a parte superior das coxas.

Técnica de exercício

1. Iniciar o movimento flexionando os cotovelos e trazendo a barra em direção aos ombros.
2. Quando os bíceps estiverem contraídos ao máximo, abaixar a barra lentamente, retornando à posição inicial. Executar o movimento até completar o número desejado de repetições.

Bíceps

Rosca alternada em pé com halteres

Principais músculos trabalhados	Músculos secundários trabalhados
• Bíceps braquial	• Flexores do antebraço • Pronador redondo • Flexores do punho (flexor longo do polegar, flexor superficial dos dedos)

Posição inicial
1. Segurar os halteres com as palmas das mãos voltadas para a frente.
2. Manter as costas eretas, os joelhos levemente flexionados e os pés afastados na largura dos ombros durante todo o movimento.
3. Os braços devem estar totalmente estendidos, e os halteres devem pender para baixo nas laterais.

Técnica de exercício
1. Iniciar o movimento flexionando o cotovelo, trazendo o haltere esquerdo para cima, em direção ao ombro.
2. Abaixar o haltere lentamente até a posição inicial e repetir o movimento com o braço direito.
3. Continuar alternando os braços até completar o número desejado de repetições.

Rosca concentrada com haltere

Principais músculos trabalhados	Músculos secundários trabalhados
• Bíceps braquial	• Flexores do antebraço • Braquial

Posição inicial
1. Segurar o haltere com a mão direita, com a palma da mão voltada para cima, e sentar em um banco reto.
2. As pernas devem ser amplamente afastadas.
3. Inclinar-se para a frente no nível da cintura e apoiar o cotovelo direito na parte interna da coxa direita, mantendo o braço em extensão completa.

Técnica de exercício
1. Com o cotovelo apoiado na parte interna da coxa, contrair lentamente o haltere em direção ao ombro.
2. Quando ocorrer a contração máxima do bíceps, abaixar o haltere lentamente de volta à posição inicial. Executar o movimento até completar o número desejado de repetições.
3. Repetir com a mão esquerda.

Bíceps

Rosca bíceps em pé (barra olímpica, pegada aberta)

Principais músculos trabalhados
- Bíceps braquial (cabeça curta)
- Braquial

Músculos secundários trabalhados
- Bíceps braquial (cabeça longa)
- Flexores do antebraço
- Flexores do punho

Posição inicial

1. Segurar a barra com as palmas voltadas para cima e as mãos afastadas 5 a 8 cm além da largura dos ombros.
2. Manter as costas eretas, os joelhos levemente flexionados e os pés afastados um pouco além da largura dos ombros durante todo o movimento.
3. Nesse ponto, os braços devem estar totalmente estendidos com a barra apoiada sobre a parte superior das coxas.

Técnica de exercício

1. Iniciar o movimento flexionando os cotovelos, trazendo a barra para cima em direção aos ombros.
2. Quando os bíceps estiverem contraídos ao máximo, abaixar lentamente a barra, retornando à posição inicial. Executar o movimento até completar o número desejado de repetições.

Rosca bíceps em pé com barra W (pegada aberta)

Principais músculos trabalhados	Músculos secundários trabalhados
• Bíceps braquial (cabeça curta) • Braquial	• Bíceps braquial (cabeça longa) • Flexores do antebraço

Posição inicial

1. Manter as costas retas, os joelhos levemente flexionados e os pés afastados em uma distância ligeiramente inferior que a largura dos ombros, ao longo de todo o movimento.
2. Segurar a barra W com as palmas voltadas para a frente e as mãos afastadas um pouco além da largura dos ombros.
3. Os braços devem estar totalmente estendidos e pressionados contra as laterais do tronco.

Técnica de exercício

1. Iniciar o movimento flexionando os cotovelos e trazendo a barra para cima em direção aos ombros.
2. Quando os bíceps atingirem contração máxima, abaixar lentamente a barra, retornando à posição inicial. Executar o movimento até completar o número desejado de repetições.

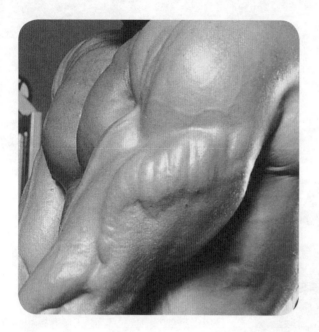

Tríceps

Embora os fisiculturistas da atualidade façam muitos exercícios de isolamento em seus treinos de tríceps, muito do desenvolvimento da massa dessa região decorre de exercícios de levantamento. Sempre que os atletas fazem musculação para os peitorais – seja supino inclinado, declinado ou mergulhos – também colocam grande sobrecarga sobre os tríceps. Ao executar levantamentos sobre a cabeça para os deltoides, também são bastante trabalhados os músculos do tríceps. Como resultado, o potencial de sobretreinamento desse grupo muscular é alto.

Quantas séries de trabalho de tríceps deve haver em um treino? No nível iniciante, não mais de 3 a 5 séries de treino total de tríceps. Com 3 a 6 meses de treino constante, esse total pode ser aumentado para 5 a 7 séries. Um fisiculturista avançado provavelmente necessitará de 8 a 12 séries para o tríceps.

Tríceps testa declinado (barra olímpica)

Principais músculos trabalhados	Músculos secundários trabalhados
• Tríceps (cabeças medial e lateral)	• Extensores do antebraço

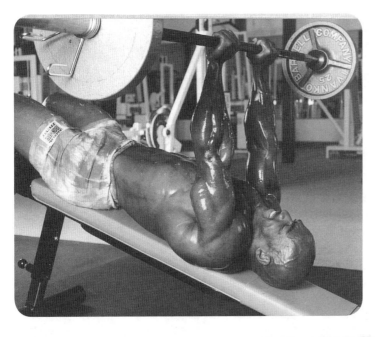

Posição inicial
1. Segurar a barra olímpica com as palmas para baixo e as mãos afastadas em uma distância inferior à largura dos ombros.
2. Sentar-se na borda do banco declinado e fixar os pés e os tornozelos sob as almofadas.
3. Deitar-se no banco, trazendo a barra olímpica para uma posição em que possa simular um movimento de supino.
4. Quando os braços estiverem estendidos e as palmas das mãos para cima, a barra olímpica deverá ficar diretamente sobre o nível dos olhos.

Técnica de exercício
1. Mantendo os braços fixos, flexionar os cotovelos lentamente e abaixar a barra até a testa.
2. Quando a barra quase tocar a testa, usar os músculos do tríceps para retornar os braços à extensão completa.
3. Executar o movimento até completar o número desejado de repetições.

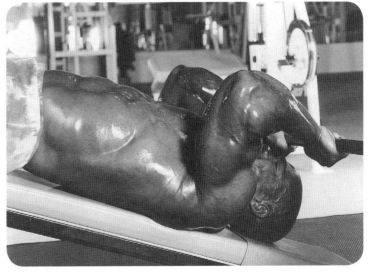

Tríceps na polia (barra V)

Principais músculos trabalhados	Músculos secundários trabalhados
• Tríceps (cabeças medial e lateral) • Ancôneo	• Extensores do antebraço

Posição inicial
1. Fixar a barra V na polia acima da cabeça.
2. Manter os joelhos ligeiramente flexionados, costas eretas e pés afastados na largura dos ombros ou dos quadris.
3. De frente para a polia, segurar a barra V com as palmas voltadas para baixo.
4. Abaixar a barra o suficiente para permitir que os braços fiquem estendidos nas laterais do tronco.
5. Os cotovelos devem estar flexionados.

Técnica de exercício
1. Movendo apenas os antebraços, puxar lentamente a barra para baixo até que os braços estejam completamente estendidos.
2. Manter a posição estendida durante 1 a 2 segundos e resistir enquanto os antebraços retornam à posição inicial.
3. Executar o movimento até completar o número desejado de repetições.

Principais músculos trabalhados	Músculos secundários trabalhados
• Tríceps (cabeças medial e lateral)	• Parte clavicular do deltoide • Peitoral maior (inferior)

Mergulho entre bancos

Posição inicial
1. Posicionar-se entre dois bancos planos afastados por aproximadamente 90 cm (varia dependendo da altura do indivíduo).
2. Colocar as mãos na borda de um dos bancos, afastadas na largura dos ombros, e posicionar os calcanhares no outro banco.
3. Estender os braços completamente e manter a posição.
4. Adicionar uma placa de peso na parte superior das coxas para um desafio extra.

Técnica de exercício
1. Iniciar o movimento flexionando lentamente os braços até que o corpo seja abaixado entre os bancos.
2. Lentamente, voltar à posição inicial endireitando os braços e executar o movimento até completar o número desejado de repetições.

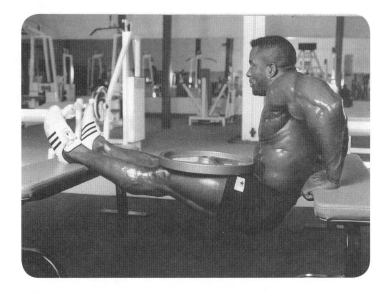

Tríceps invertido unilateral na polia

Principais músculos trabalhados	Músculos secundários trabalhados
• Tríceps (cabeças medial e lateral)	• Extensores do antebraço

Posição inicial
1. Encaixar uma alça à polia.
2. De frente para a polia, segurar a alça na mão direita com a palma para cima e afastar-se aproximadamente 30 cm da polia.
3. Puxar a alça para baixo o suficiente para permitir que o braço fique firme contra a lateral do tronco.
4. Os cotovelos devem ser flexionados.

Técnica de exercício
1. Movendo apenas o antebraço, puxar lentamente a barra para baixo até que os braços estejam completamente estendidos.
2. Manter a posição estendida durante 1 a 2 segundos e resistir enquanto os antebraços retornam à posição inicial.
3. Executar o movimento até completar o número desejado de repetições.
4. Repetir para o outro lado.

Tríceps com corda sobre a cabeça

Principais músculos trabalhados	Músculos secundários trabalhados
• Tríceps (todas as cabeças)	• Extensores do antebraço

Posição inicial

1. Encaixar a corda à polia sobre a cabeça.
2. Ficar de costas para o aparelho de polia.
3. Com um pé à frente do outro, deixar o pé da frente reto. Flexionar o de trás, encostando apenas o peito do pé no chão.
4. Segurar a corda com as palmas de frente uma para a outra e inclinar-se ligeiramente para a frente na cintura.
5. Na posição inicial, os braços devem seguir a linha da orelha.
6. Os cotovelos devem estar completamente flexionados, com a corda atrás do pescoço.

Técnica de exercício

1. Iniciar o movimento estendendo lentamente os antebraços.
2. Segurar a posição totalmente estendida durante 1 a 2 segundos.
3. Lentamente, trazer os braços de volta à posição inicial.
4. Executar o movimento até completar o número desejado de repetições.
5. A flexão ocorre apenas nos cotovelos – a parte superior do braço permanece imóvel.

Tríceps francês unilateral com halteres (pegada neutra)

Principais músculos trabalhados
- Tríceps (cabeças medial e interna)
- Ancôneo

Músculos secundários trabalhados
- Extensores do antebraço
- Parte espinal do deltoide

Posição inicial
1. Sentar em um banco plano com os pés no chão.
2. Segurar um haltere com a palma para a frente durante todo o movimento.
3. Segurar o haltere sobre a cabeça com o braço totalmente estendido.

Técnica de exercício
1. Abaixar o haltere até que o antebraço esteja paralelo ao chão.
2. Nesse ponto, o haltere está atrás do pescoço (fim do movimento).
3. Sem oscilar o peso na parte inferior do movimento, estender lentamente o haltere para a posição inicial. Executar o movimento até completar o número desejado de repetições.
4. Repetir para o outro lado.

Supino fechado (barra olímpica)

Tríceps

Principais músculos trabalhados	Músculos secundários trabalhados
• Tríceps (todas as cabeças) • Peitoral maior (médio e inferior)	• Latíssimo do dorso • Parte clavicular do deltoide

Posição inicial

1. Deitar em um banco plano com as costas firmemente contra o encosto e os pés no chão.
2. Segurar a barra com as palmas para cima e as mãos afastadas por aproximadamente dois polegares e levantar a barra dos encaixes.
3. Os braços devem estar totalmente estendidos (não fixos) com as palmas das mãos voltadas para a frente ao segurar a barra.

Técnica de exercício

1. Flexionar os cotovelos, abaixando a barra até o ponto médio do peito.
2. Sem oscilar o peso sobre o peito, usar os músculos do tríceps para levar a barra de volta à posição inicial.
3. Executar o movimento até completar o número desejado de repetições.

Antebraços

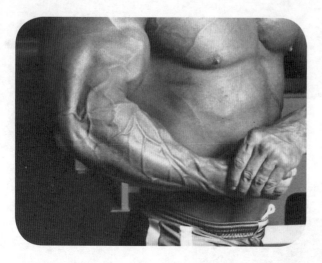

Alguns fisiculturistas têm antebraços geneticamente reforçados sem precisar treinar de forma direta este grupo muscular. Outros são menos afortunados: independentemente do quanto se esforçam, nunca desenvolvem antebraços notáveis. Agora todos os grandes atletas profissionais e amadores em nível nacional e internacional têm antebraços incríveis. Para aqueles com a sorte de ter a genética ideal para o desenvolvimento de antebraços fortes, ótimo. Para aqueles com um desenvolvimento médio ou abaixo da média da região, aqui estão algumas dicas: trabalhar os antebraços somente no fim da sessão; treiná-los duas ou três vezes por semana; e, finalmente, treinar muito, sem desanimar – os ganhos podem demorar, mas virão.

Flexão de punho (barra olímpica)

Antebraços

Principais músculos trabalhados	Músculos secundários trabalhados
• Flexores do antebraço	• Flexores do punho

Posição inicial
1. Segurar a barra com as palmas voltadas para cima e sentar-se na extremidade de um banco reto.
2. Deixar os pés planos no chão, afastados na largura dos ombros ou um pouco mais.
3. Inclinando o tronco para a frente, deslizar os antebraços ao longo das coxas até que pulsos e mãos estejam sobre as extremidades dos joelhos.
4. Permitir que o peso desça até que a barra role sobre os dedos.

Técnica de exercício
1. Usando os músculos do antebraço, levantar a barra flexionando os dedos e trazendo os pulsos para a posição mais alta possível.
2. Abaixar o peso lentamente, retornando à posição inicial. Executar o movimento até completar o número desejado de repetições.

Extensão de punho (barra olímpica)

Principais músculos trabalhados	Músculos secundários trabalhados
• Extensores do antebraço	• Extensores do punho

Posição inicial
1. Segurar a barra com as palmas voltadas para baixo e sentar-se na extremidade de um banco reto.
2. Deixar os pés planos no chão, um pouco mais aproximados que a largura dos ombros.
3. Inclinando o tronco para a frente, deslizar os antebraços ao longo das coxas até que pulsos e mãos estejam sobre as extremidades dos joelhos.
4. Permitir que o peso deslize para baixo até a barra alcançar os dedos.

Técnica de exercício
1. Usando os músculos do antebraço, levantar a barra estendendo os pulsos até a posição mais alta possível.
2. Abaixar o peso lentamente à posição inicial. Executar o movimento até completar o número desejado de repetições.

PARTE IV

AS SEIS FASES DO TREINAMENTO

CAPÍTULO 12

Adaptação anatômica (AA)

A maioria dos fisiculturistas iniciantes e praticantes do treinamento de força inicia programas de treinamentos rigorosos sem preparar o corpo para as exigências da carga de trabalho de alta intensidade. Muitas vezes, tais programas rigorosos se concentram imediatamente em aumentar o tamanho do músculo (hipertrofia) ou a densidade muscular e a força por meio do uso de cargas pesadas. Para as primeiras semanas, no entanto, recomendamos incorporar exercícios que usam o peso corporal do praticante. Exercícios como flexões tradicionais, flexões entre bancos, mergulhos em barras paralelas (sem peso), barras fixas frontais, barras fixas com pegada reversa na largura dos ombros, mergulhos entre bancos para o tríceps (sem peso), elevação de perna suspensa, abdominais, agachamentos em pé na parede e avanços ajudam os atletas a se adaptarem às exigências futuras da carga de trabalho e a melhorarem suas técnicas de levantamento antes da introdução de fases de treinamento pesado.

Atletas precisam de tempo para adaptar-se progressivamente a estímulos de treinamento novos e mais exigentes sem sofrer lesões ao longo do caminho. Eles devem desenvolver a prontidão anatômica (músculos, ligamentos e tendões) para treinamento árduo; e devem entender que o treinamento vigoroso gera alto es-

Fazer um treino de AA adapta progressivamente músculos, ligamentos e tendões para lidar com as exigências da carga de trabalho sobre o corpo durante as fases de treino de alta intensidade.

tresse em músculos, ligamentos e tendões, podendo ocasionar lesões. Rotinas que seguem longas interrupções, portanto, devem começar com adaptação anatômica (AA). Entre 6 e 12 semanas de treinamento progressivo podem ativar as partes principais do corpo, ajudando a criar uma base para programas mais difíceis de seguir.

As seguintes características descrevem o escopo do treino de AA:
- Ativa todos os músculos, ligamentos e tendões do corpo para que lidem melhor com as cargas pesadas das fases subsequentes do treinamento.
- Coloca todas as partes do corpo em equilíbrio — ou seja, começa a desenvolver músculos ou partes do corpo anteriormente negligenciados e a restabelecer a simetria.
- Previne lesões por meio de adaptação progressiva a cargas pesadas.
- Aumenta progressivamente a resistência cardiorrespiratória do atleta.

Duração e frequência

Fisiculturistas iniciantes e praticantes do treinamento de força precisam de 6 a 12 semanas para adaptação progressiva de seus músculos, ligamentos e tendões. Embora o programa de AA não seja estressante, alguns iniciantes podem experimentar um aumento no tamanho do músculo. Uma fase de AA de 6 a 12 semanas concede aos iniciantes o tempo necessário para incorporar exercícios que utilizam o peso do próprio corpo. Depois de completar esse período, os fisiculturistas iniciantes e os praticantes do treinamento de força podem prosseguir com os exercícios listados na fase de planejamento, mais adiante neste capítulo.

Para fisiculturistas recreacionais e praticantes do treinamento de força com 2 a 3 anos de experiência, seis semanas de treinamento de AA são suficientes. Fisiculturistas e praticantes do treinamento de força avançados podem

Ligamentos e tendões fortes são a base sobre a qual quantidades fenomenais de massa muscular são desenvolvidas.

incorporar uma fase de treinamento de AA de 3 a 6 semanas e estar bem preparados para as demandas do próximo treinamento de alta intensidade. O elemento chave em todos os níveis é completar a fase de AA e iniciar as fases de treinamento de alta intensidade (hipertrofia e força máxima) com preparos mental e físico.

A frequência de treinamento depende do histórico de atividades do atleta e do comprometimento geral com o treinamento. Espera-se duas ou três sessões por semana para fisiculturistas recreacionais e iniciantes, enquanto quatro ou cinco sessões por semana são apropriadas para os avançados e profissionais.

Métodos de treinamento

Como mencionado anteriormente, o objetivo da fase de AA é a adaptação progressiva do corpo ao esforço – para desenvolver os músculos e suas ligações aos ossos. O melhor método para a fase de AA é o treinamento em circuito (TC), principalmente porque alterna grupos musculares e envolve a maioria ou todas as partes do corpo e dos músculos.

A primeira variante do TC foi proposta por Morgan e Adamson (1959), da Universidade de Leeds, e foi adotada como um método de desenvolver a aptidão geral. Inicialmente, o TC usou várias estações dispostas em um círculo, o que justifica o nome dessa modalidade. Os exercícios foram organizados para que os grupos musculares utilizados fossem alternados constantemente de uma estação para outra.

Exercícios que usam o peso corporal da própria pessoa são perfeitos para o treino de AA.

Uma variedade de exercícios é apropriada a programas de TC, incluindo aqueles que empregam o peso corporal da própria pessoa (como mergulhos e barras) e os que necessitam de halteres, barras ou aparelhos de treino de força (como as extensões de joelhos e supinos). Deve-se selecionar exercícios de TC que alternam os grupos musculares, facilitando assim uma melhor e mais rápida recuperação entre as estações. O intervalo de recuperação (IR) deve ser de 60 a 90 segundos entre estações e 1 a 3 minutos entre circuitos.

Um circuito pode ser repetido várias vezes – dependendo do número de exercícios envolvidos, do número de repetições por estação, da carga utilizada e do nível de tolerância e aptidão da pessoa. A maioria das academias oferece muitos aparelhos diferentes, tornando possível criar circuitos que envolvem a maioria ou todos os grupos musculares e que desafiam continuamente as habilidades dos atletas, além de manter seu interesse.

Para pessoas cujo objetivo é tanto o treino de força para uma melhor fase de AA como a criação de uma boa base cardiorrespiratória, oferecemos a seguinte combinação:

1. 10 a 15 minutos de exercício cardiorrespiratório;
2. 3 ou 4 exercícios de treino de força;
3. 10 minutos de exercício cardiorrespiratório;
4. 3 ou 4 exercícios de treino de força;
5. 10 minutos de exercício cardiorrespiratório.

Tal programa pode durar de 45 a 60 minutos. Para torná-lo mais longo, é possível repetir o circuito ou adicionar outro segmento de três ou quatro exercícios, concluindo com mais atividade cardiorrespiratória.

Planejamento do programa

Desde a primeira semana de treinamento, os atletas devem planejar seus exercícios com base em dados objetivos. Isso significa testar a 1RM para pelo menos os principais exercícios ou motores primários para que seja possível calcular as cargas de treinamento objetivamente como um porcentual do máximo. (Ver Cap. 3 e Apêndice C para obter mais informações.)

Durante as primeiras 1 ou 2 semanas, é normal sentir um pouco de dor muscular e fadiga — especialmente para pessoas que não foram muito ativas no passado. Quando os músculos se acostumarem a trabalhar de novo, esses problemas desaparecem rapidamente. À medida que o programa continua, o praticante do treinamento começará a se sentir bem, e o programa parecerá fácil! A melhor coisa a se fazer é continuar a treinar conforme o plano original.

As orientações na Tabela 12.1 podem ajudar a criar uma fase personalizada de AA. A demanda física total por circuito deve ser aumentada progressiva e individualmente. A Figura 12.1 demonstra como padrões de carga diferem entre fisiculturistas iniciantes e experientes. Uma vez que os iniciantes precisam de uma adaptação mais gradual, sua carga permanece a mesma por duas semanas (dois microciclos) antes de aumentar a demanda. Fisiculturistas experientes podem alterar sua carga em todos os microciclos. Usar essas orientações ao criar planos individuais. Para monitorar melhor os avanços do treinamento e ser capaz de calcular a carga de modo constante, sugerimos o teste de 1RM no início das semanas 1 e 4 e também no início da semana 1

Sugestão de adaptação

Resistir à tentação de aumentar a carga. Haverá muito tempo para isso na próxima fase. É preciso lembrar-se de que, mesmo que pareça que os músculos se adaptaram, os tendões e ligamentos precisam de mais tempo.

Tabela 12.1 Orientações de treino para a fase de AA

	Classificação do fisiculturista		
	Iniciante	Recreacional	Avançado
Duração da fase de AA (semanas)	6-12	6	3-6
Número de estações	9-12	9	9
Número de séries ou sessões de treino	2	3	3-4
IR entre séries (min)	2-3	2	2
Frequência/semana	2-3	3-4	3-5
Sessões de treino aeróbio/semana	1	1-2	2

Reproduzido com permissão de Bompa, 1996.

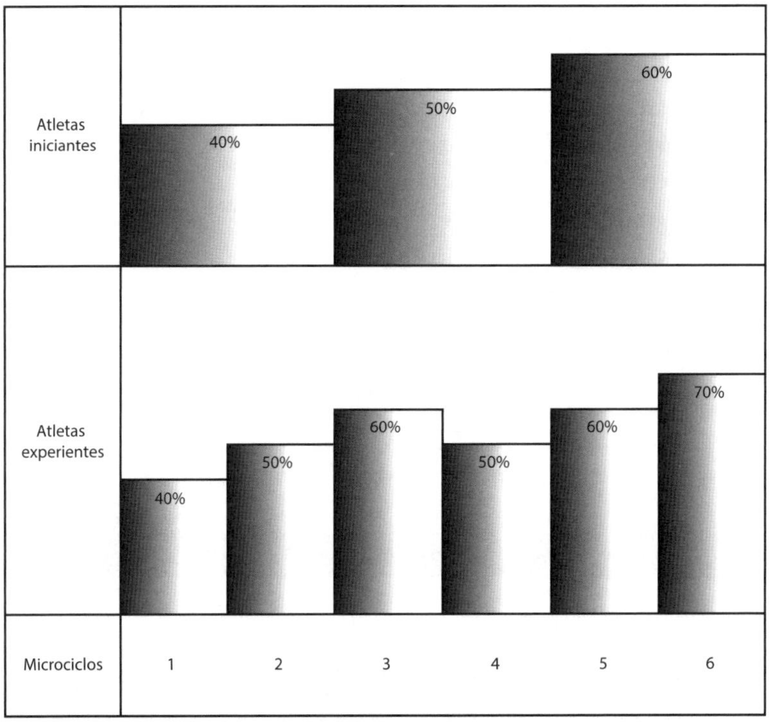

Figura 12.1 Padrão sugerido de incrementos de carga para o treino em circuito para fisiculturistas iniciantes e experientes e praticantes do treinamento de força.

Reproduzido com permissão de Bompa, 1996.

da fase seguinte do treino. No final da fase de AA, a carga atinge um porcentual de máximo que permite a realização imediata da transição para a fase de hipertrofia (ver Cap. 13).

As Tabelas 12.2 a 12.5 ilustram vários tipos de programas de treino de AA. Para realizar o circuito em cada um, acompanhar os exercícios de cima a baixo, realizando apenas uma série antes de passar para a próxima estação. Essa abordagem facilita a recuperação de cada grupo muscular, uma vez que os grupos são constantemente alternados. Porém, se muitos atletas estão disputando o mesmo equipamento, ou se houver espera de muito tempo entre as séries, executar todas elas em uma estação antes de passar para a próxima. Se estiver fazendo um grande número de exercícios por sessão, pode-se seguir uma rotina dividida em que são exercitados os mesmos grupos musculares a cada dois dias. Se estiver fazendo um pequeno número de exercícios, pode-se executar todos eles em um dia e repeti-los pelo número de vezes em que treina por semana.

As dicas a seguir ajudam a executar corretamente a fase de AA:

- Com base no nível do fisiculturista ou praticante do treinamento de força, criar um plano de AA usando as orientações, como o número de séries ou sessões de treino, o aumento de carga, o intervalo de recuperação entre as séries, a frequência de treinos por semana e a duração total da fase de AA.
- É importante prestar atenção ao corpo para estar preparado tanto mental como fisicamente para iniciar o treinamento de alta intensidade e evitar lesões desnecessárias.
- Escolher uma variedade de exercícios que trabalhará cada parte do corpo conforme os exemplos de programa de exercício listados nas Tabelas 12.2 a 12.5.
- Fazer 20 a 25 minutos de trabalho aeróbio como parte do aquecimento.
- Testar a 1RM no início da semana 1 e no final das semanas 4 e 7 (primeira semana da fase seguinte).
- Aumentar a carga ao longo das seis semanas, adicionando mais carga e mais séries e repetições.
- Começar com uma carga menor e adotar uma progressão mais lenta para os músculos isquiotibiais, pois são mais propensos a lesões. É importante ir devagar com os isquiotibiais.

Tabela 12.2 Fase AA de seis semanas para fisiculturistas recreacionais e praticantes de treinamento de força

Nº	Exercício	Semana 1	Semana 2	Semana 3	Semana 4	Semana 5	Semana 6
1	Extensão dos joelhos	$40/15 \times 3$	$50/12 \times 3$	$60/8 \times 3$	$50/15 \times 4$	$60/12 \times 4$	$70/10 \times 4$
2	Supino reto	$40/15 \times 3$	$50/12 \times 3$	$60/8 \times 3$	$50/15 \times 4$	$60/12 \times 4$	$70/10 \times 4$
3	Remada sentado na polia	$40/15 \times 3$	$50/12 \times 3$	$60/8 \times 3$	$50/15 \times 4$	$60/12 \times 4$	$70/10 \times 4$
4	Extensão do tronco	$40/15 \times 3$	$50/12 \times 3$	$60/8 \times 3$	$50/15 \times 4$	$60/12 \times 4$	$70/10 \times 4$
5	Flexão dos joelhos em pé	$40/12 \times 3$	$40/15 \times 3$	$50/12 \times 3$	$40/15 \times 3$	$50/12 \times 4$	$50/12 \times 4$
6	Panturrilha tipo burrinho	$40/15 \times 3$	$50/12 \times 3$	$60/8 \times 3$	$50/15 \times 4$	$60/12 \times 4$	$70/10 \times 4$
7	Abdominal tipo remo	3×12	3×15	3×15	4×12	4×15	4×15

Observação: você pode selecionar exercícios diferentes dos mostrados na tabela, de acordo com suas necessidades, desenvolvimento e desejo de equilibrar os músculos trabalhados. As informações são fornecidas como carga/nº de repetições × séries. Assim, $40/15 \times 3$ refere-se a 15 repetições com uma carga igual a 40% de 1RM.

Capítulo 12 Adaptação anatômica (AA)

Tabela 12.3 Fase AA de três semanas para fisiculturistas avançados e recreacionais e praticantes do treinamento de força

Nº	Exercício	Semana 1	Semana 2	Semana 3
1	Supino	50/15 × 3	60/12 × 4	70/10 × 4
2	Extensão dos joelhos	50/15 × 3	60/12 × 4	70/10 × 4
3	Flexão dos joelhos	40/8 × 3	50/10 × 3	60/12 × 4
4	Panturrilha em pé	50/15 × 3	60/12 × 4	70/10 × 4
5	Puxador posterior	50/15 × 3	60/12 × 4	70/10 × 4
6	Rosca Scott	50/15 × 3	60/12 × 4	70/10 × 4
7	Desenvolvimento	50/15 × 3	60/12 × 4	70/10 × 4
8	Abdominal (banco reto)	Até a exaustão máxima		
9	Extensão do tronco	Até a exaustão máxima		

Observação: adicione ou altere exercícios conforme suas necessidades. As informações são fornecidas como carga/nº de repetições × séries. Assim, 50/15 × 3 refere-se a 3 séries de 15 repetições com uma carga igual a 50% de 1RM.

Tabela 12.4 Fase AA de seis semanas com componentes cardiorrespiratórios e de força para fisiculturistas iniciantes ou recreacionais e praticantes do treinamento de força

Nº	Exercício	Semana 1	Semana 2	Semana 3	Semana 4	Semana 5	Semana 6
1	Cárdio (min)	10	10	10	15	15	15
2	Extensão dos joelhos	40/15	40/15	50/12	50/12	60/10	60/12
3	Supino reto	40/15	40/15	50/12	50/12	60/10	60/12
4	Rosca Scott	40/15	40/15	50/12	50/12	60/10	60/12
5	Cárdio (min)	10	10	10	10	10	10
6	Extensão do tronco	Até a exaustão mínima					
7	Panturrilha em pé	40/15	50/15	50/18	60/15	60/18	60/20
8	Flexão dos joelhos	40/10	40/12	50/12	50/15	60/12	60/15
9	Cárdio (min)	10	10	10	15	15	15

Observação: a informação é fornecida como carga/nº de repetições. Assim, 40/15 refere-se a 15 repetições com uma carga igual a 40% de 1RM. Execute os 5 primeiros exercícios sem parar. Descanse 1 min e faça o equilíbrio (exercícios 6-9). Como você acabou de concluir um circuito inteiro, faça um intervalo de recuperação de 2 min. Tente um segundo circuito, especialmente depois de ter atingido um nível adequado de adaptação.

Tabela 12.5 Fase AA de três semanas com componentes cardiorrespiratórios e de força para fisiculturistas avançados e praticantes do treinamento de força

nº	Exercício	Semana 1	Semana 2	Semana 3
1	Cárdio (min)	10	12	15
2	Supino reto	50/12	60/12	70/10
3	Extensão dos joelhos	50/12	60/12	70/10
4	Flexão dos joelhos	50/8	60/10	60/12
5	Puxador posterior	50/10	60/12	70/8-10
6	Cárdio (min)	10	10	10
7	Desenvolvimento	50/12	60/12	70/12
8	Rosca Scott	50/15	60/12	70/12
9	Abdominal (banco reto)	Até a exaustão máxima		
10	Extensão do tronco	Até a exaustão máxima		
11	Cárdio (min)	10	12	15

Observação: você pode mudar alguns exercícios de acordo com suas necessidades. As informações são fornecidas como carga/nº de repetições. Assim, 50/12 refere-se a 12 repetições com uma carga igual a 50% de 1RM. Execute um circuito sem parar, de cima para baixo. Não é permitido IR entre as estações. Faça um IR de 2 min após o circuito. Repita-o uma vez.

Compreender a nutrição foi um dos pontos fortes de Sharon Bruneau para a aquisição de um físico musculoso e simétrico.

Nutrição

Presume-se que o início da dieta metabólica do praticante seja durante essa fase. Isso pode não ser necessariamente o caso, mas seguir este plano faz mais sentido para quem deseja seguir nosso plano de periodização.

Durante a maior parte do tempo na dieta metabólica, não será comum restringir calorias, incluindo a fase de AA. Na verdade, algumas pessoas descobrem ter problemas para obter calorias suficientes, especialmente na fase de hipertrofia. Mesmo nas outras fases, muitos atletas descobrem que, com o aumento de exercícios e treinamento, eles podem consumir grandes quantidades de alimento sem consequências negativas. A única fase que geralmente requer uma redução gradual de calorias é a de definição.

No início, deve-se fazer a troca de dieta gradualmente. Não pular direto para um nível de baixa caloria. Muitas vezes, a fadiga e o desconforto que podem ser sentidos decorrem simplesmente da falta de alimentos em vez da de carboidratos. E se parte desse desconforto for consequência da troca metabólica em si, ele aumenta se a pessoa sentir fome. Também não é desejável ter inchaço, constipação e diarreia, que podem resultar da mudança por vezes radical na ingestão de macronutrientes. Fazer dieta em si muitas vezes afeta o intestino e pode agravar qualquer efeito que resulte da dieta metabólica.

O ponto de partida para calorias diárias nessa dieta deverá ser 18 vezes o peso corporal. Para alguém que pesa 90 kg, isso exigiria 90 vezes 18, ou 3.600 calorias por dia durante os dias úteis da dieta. Esse nível de consumo cria uma fase estática na qual perde-se um pouco de gordura, ganha-se um pouco de massa muscular e mantém-se o mesmo peso. Nesta fase ocorre a mudança da relação das massas internas em algum grau, mas o objetivo principal é permitir que o corpo se adapte com mais facilidade à dieta.

À medida que se prossegue nessa fase, testes com essa fórmula devem ser realizados para descobrir o nível de manutenção exato de calorias. Isso informará a que ponto é necessário adicionar ou subtrair calorias para ganhos ou perdas em outras partes da dieta. Também não é uma má ideia manter um diário de dois ou três dias do que está comendo e depois submetê-lo à avaliação de alguém com experiência em dietas. Assim, será possível obter números e alimentos que funcionam melhor e determinar o necessário para a manutenção de forma exata.

Um dos resultados da dieta metabólica é que o intestino deve reajustar-se a grandes quantidades de carne; e já que as gorduras podem atuar como laxante, pode ocorrer diarreia. Será necessário ingerir um suplemento de fibras (consultar a próxima seção sobre suplementação). A mudança radical na dieta também pode causar constipação. A maioria dos problemas vivenciados por pessoas iniciando a dieta deriva de sua incapacidade de ingerir a quantidade de fibra necessária para amolecer fezes ou empurrar os alimentos processados pelos tratos de eliminação. Embora seja possível contornar a situação comendo farelos, há uma grande probabilidade de que se precise de um suplemento para passar por esse período com desconforto mínimo.

Alguns fisiculturistas descobriram que comer uma refeição rica em fibras no meio do dia fornece fibra suficiente. Uma salada Caesar com frango grelhado, por exemplo, fornece cerca de 8 g de carboidratos e 3,9 g de fibra e, contanto que fique perto dos limites gerais de carboidrato, não deve enfrentar problemas — especialmente depois de já ter adotado a dieta por um tempo.

Evitar carboidratos ocultos

A fase de AA transcorrerá de forma mais suave e colocará o praticante no ritmo certo mais rapidamente se ele lembrar que os carboidratos refinados estão escondidos em quase tudo que encontramos nas prateleiras dos supermercados. Temperos, *ketchup*, mostarda, molhos para salada, oleaginosas, molho para churrasco, empanados ou carnes processadas, café especial e salsichas podem representar um problema. Esses alimentos são reconhecidos como fonte de carboidratos ocultos, e é fundamental avaliar os rótulos para que se saiba o que vai consumir.

Da mesma forma, restaurantes às vezes usam açúcar dissolvido em seus vegetais. Nossa sociedade é tão fã de açúcar que encontramos doces em cada esquina. É preciso cuidado especial durante a fase inicial para se acostumar à dieta e saber o que evitar.

Não misture dietas

Misturar dietas pode ser tentador, combinando a dieta metabólica com partes de outras dietas como a de altos carboidratos ou a de baixo teor de gordura. É importante resistir à tentação. Muitas pessoas fazem a dieta metabólica enquanto tentam ser fiéis a seu antigo mantra de bastante carboidrato. Elas comem carne, mas sempre optam por peixes, frango e peru — embora esses alimentos possam ser bastante nutritivos e benéficos, mesmo quando consumidos na dieta metabólica, não podem ser usados como substituição total da carne vermelha. Eles não têm gordura suficiente.

O que acabam fazendo ao optar por peru, frango e peixe é adotar uma dieta de baixo carboidrato, alta proteína e *baixo teor de gordura*. Além de ser ainda mais difícil de seguir do que a dieta metabólica, essa dieta não fornecerá as vantagens que buscam na dieta metabólica. A gordura não será queimada como deveria. O corpo não terá energia. Não haverá desenvolvimento de massa.

A carne vermelha é necessária, e quanto mais, melhor. A gordura que ela fornece é necessária. E é preciso completar a dieta com outras gorduras, como os ácidos graxos saudáveis de ômega-3 encontrados em óleos de peixe e linhaça. Não se enganar tentando evitar a gordura (e certamente não cortar quantidades saudáveis de ácidos graxos essenciais), como muitos fazem em dietas de baixo teor de gordura em ingênuos esforços para permanecer fiel à voz da sociedade, que rotulou a carne como algum tipo de monstro. Isso simplesmente não é verdade.

Nelson Da Silva demonstra o que acontece quando dieta, suplementos e treino se unem com perfeição.

Suplementação

Na fase de adaptação anatômica, o foco deve ser em fazer a mudança metabólica, mantendo todo o resto basicamente inalterado. Além da fibra suplementar e de talvez um comprimido diário de vitaminas e minerais, geralmente não será necessário mais nada nessa fase. Quem está acostumado a tomar certos suplementos de modo regular pode querer continuar a fazê-lo. Esta fase é projetada para entrar na dieta metabólica e fazer essa mudança fundamental do uso de carboidratos para o uso de gorduras como principal combustível — portanto, é melhor se concentrar em fazer essa mudança e manter outras alterações a um mínimo.

Conforme observado anteriormente, pode ser necessário ingerir um suplemento de fibras durante a fase de AA. A linha de suplemento nutricional que formulamos para a dieta metabólica inclui Regulate, um suplemento de múltiplos ingredientes e baixo teor de carboidrato (nenhuma fibra é absorvida), destinado a regular o intestino e mantê-lo saudável. Regulate é uma mistura eficaz de fibras solúveis e insolúveis naturais, formulado para lidar com a constipação ocasional e evacuações frequentes. As várias fibras solúveis e outros compostos contidos em Regulate também tiveram eficácia observada na manutenção dos níveis de colesterol que já estão dentro da escala normal, favorecendo um coração saudável e aumentando a sensibilidade à insulina natural.

Se usar um produto comercial comum de fibra, verificar a contagem de carboidratos no pacote antes de comprá-lo — carboidratos refinados são frequentemente adicionados para melhorar o sabor do produto. Provavelmente será necessário tomar o suplemento de fibra pelas primeiras semanas ou por um mês de dieta. Na maioria dos casos, o corpo estará totalmente adaptado à dieta nesse tempo, ou pelo menos dentro de alguns meses. Caso contrário, é uma boa ideia consumir um suplemento de fibra regularmente ou conforme necessário.

Outros suplementos que podem ser usados durante a fase de AA incluem MVM, Antiox e EFA+. MVM é uma fórmula múltipla de vitaminas e minerais que fornece suplementação nutricional para o processo de reparação, recuperação e manutenção corporal. Antiox é uma fórmula que fornece proteção antioxidante para todos os tecidos do corpo, incluindo o sistema musculoesquelético e o fígado. EFA+ é essencial para maximizar os eventos de queima de gordura durante o treino e otimizar a produção hormonal e o metabolismo de insulina. Além disso, se enfrentar dificuldade para ajustar-se a baixos carboidratos, tentar usar Metabolic Diet Creatine Advantage para auxiliar nos pontos de maior dificuldade.

CAPÍTULO 13

Hipertrofia (H)

O modelo de periodização tradicional no Capítulo 2 (consultar a Fig. 2.1) exige duas fases de hipertrofia de seis semanas (H1 e H2) para fornecer tempo suficiente para atender as necessidades individuais para melhorar o tamanho e a qualidade do músculo. Entre essas duas fases de H, recomendamos uma fase de transição de uma semana, durante a qual o volume e a intensidade de treinamento são reduzidos de forma significativa. Essa semana de treino de baixa intensidade ajuda a remover a fadiga acumulada durante a primeira fase de H e dá ao corpo a oportunidade de repor totalmente a energia armazenada antes de iniciar a próxima fase de H. Fases curtas de transição semelhantes são prescritas entre todas as fases de treinamento do modelo básico de periodização.

As seguintes características descrevem o escopo de treinamento de H:

- Aumenta o tamanho muscular para o nível desejado esgotando constantemente a reserva de ATP-CP.
- Melhora a qualidade de todos os grupos musculares do corpo.
- Melhora as proporções entre todos os músculos, especialmente entre braços e pernas, dorsais e peito, flexores e extensores da perna.

Duração

A duração do treino de H depende de vários fatores, incluindo classificação do atleta, histórico de treinamento, metas específicas do corpo (p. ex., aumento de tamanho *versus* densidade, ou talvez definição muscular) e o tipo de periodização seguido. (Consultar o Cap. 3 para obter informações sobre como personalizar o plano de periodização.) A fim de obter ganhos substanciais em tamanho muscular, os atletas devem planejar pelo menos uma ou, melhor ainda, duas fases de H de seis semanas. Durante esse tempo, os atletas devem aplicar os métodos de treinamento mais adequados a seu perfil. Devem selecionar cuidadosamente as variações de métodos (ver mais adiante neste capítulo) que alcançarão seus objetivos de treinamento planejados.

Métodos de treinamento

O principal objetivo da musculação é provocar mudanças químicas significativas nos músculos necessários para o desenvolvimento da massa muscular. Para alguns fisiculturistas, infelizmente, o tamanho muscular aumentado muitas vezes resulta do aumento de líquido e plasma nos músculos em vez de elementos contráteis aumentados dentro das fibras musculares (os filamentos de miosina). Em outras palavras, o alargamento dos músculos pode ser decorrente de uma mudança de fluidos corporais para o músculo trabalhado, em oposição a um aumento real no tamanho da fibra muscular. É por esse motivo que a força de alguns fisiculturistas não é sempre proporcional a seu tamanho — um problema que pode ser corrigido por meio da aplicação do conceito de periodização do treino.

O treino de hipertrofia emprega cargas submáximas para evitar tensões máximas sobre os músculos. O objetivo do treinamento com cargas submáximas é contrair os músculos à exaustão em um esforço para recrutar *todas* as fibras musculares. Ao realizar repetições até a exaustão, o recrutamento de fibras musculares aumenta: à medida que algumas fibras começam a sofrer fadiga, outras começam a funcionar, e assim por diante, até que a exaustão seja alcançada.

Para obter benefícios do treinamento ao máximo, um atleta deve executar o maior número de repetições possíveis durante cada série. Os fisiculturistas sempre devem alcançar o estado de exaustão muscular local que impede a realização de mais uma repetição, mesmo com a aplicação de força máxima. Se as séries individuais não são executadas até a exaustão, a hipertrofia muscular não atingirá o nível esperado porque as primeiras repetições não produzem o estímulo necessário para aumentar a massa muscular. *O elemento-chave no treinamento de hipertrofia é o efeito cumulativo de exaustão sobre o total de séries, e não a exaustão isolada por série.* Essa exaustão acumulada estimula as reações químicas e o metabolismo de proteínas responsável pela hipertrofia muscular ideal.

O treinamento de fisiculturismo e hipertrofia emprega principalmente os combustíveis específicos do sistema anaeróbio (ATP-CP). Deve ser projetado

Dicas úteis para o método de hipertrofia

Mesmo com o método de rotina dividida, os exercícios de hipertrofia são muito cansativos para quem pode realizar até 75 a 160 repetições por sessão de treinamento. Uma carga muscular tão elevada requer um intervalo de recuperação depois de uma sessão. O tipo de treinamento específico para essa fase esgota a maioria, se não todas, das reservas de ATP-CP e glicogênio durante uma sessão intensa de treinamento.

Lembrar-se de que, apesar de o ATP-CP ser restaurado muito rapidamente, o glicogênio hepático esgotado leva aproximadamente 46 a 48 horas para ser reabastecido. Portanto, é lógico que exercícios pesados de hipertrofia para completar a exaustão devam ser realizados não mais de três vezes por microciclo — de preferência na segunda etapa e especialmente na terceira do padrão de carga de quatro degraus. Treinamentos de exaustão constantes esgotam as reservas de energia do corpo e aceleram a degradação de proteínas contráteis (miosina). O resultado indesejável de tal sobrecarga pode ser o fato de os músculos envolvidos já não apresentarem aumento de tamanho. Poderia ser melhor mudar o velho ditado para "com muita dor não há ganho". Aqueles que já usam a técnica de sobrecarga devem fazer um favor a seus corpos e tentar a abordagem de carga por degraus e observar o corpo evoluir. Além disso, devem certificar-se de alternar intensidades dentro de cada microciclo. O corpo responderá bem a sequências adequadas de carga e regeneração.

para exaustão ou esgotamento dessas reservas de energia, ameaçando assim a energia disponível para o trabalho muscular. O IR entre séries talvez seja o elemento mais importante do treinamento quando o objetivo é estimular hipertrofia muscular. O IR deve ser implementado de forma que o corpo atinja a exaustão após cada série, bem como no final de um treino. É necessário planejar tais dias de exaustão, em especial durante a segunda etapa e principalmente durante a terceira, conforme o método de carga do tipo por degrau (ver Figs. 3.5 a 3.7).

Esse esgotamento pode ser obtido pela adoção de IR mais curtos entre as séries (30 a 45 segundos). Quando o corpo tem apenas uma quantidade limitada de descanso, os músculos têm menos tempo para restaurar as reservas de energia ATP-CP. Pelo fato de uma série exaustiva esgotar reservas ATP--CP e um IR breve não permitir sua restauração completa, o corpo é forçado a se adaptar, aumentando sua capacidade de transportar energia, que, por sua vez, estimula o crescimento muscular.

Variações dos métodos de treinamento

Pelo fato de as repetições até a exaustão representarem o elemento central de sucesso em fisiculturismo e treinamento de força, esta seção apresenta diversas variações do método original. Cada uma das variações tem o mesmo objetivo — alcançar duas ou três repetições a mais *depois* de chegar à exaustão. O resultado é o aumento do crescimento muscular e a hipertrofia.

Repetições forçadas – Repetições forçadas são uma maneira de completar as repetições adicionais após a exaustão. Depois de executar uma série de exaustão temporária do sistema neuromuscular, um parceiro oferece apoio suficiente para que o praticante do treinamento possa executar duas ou três repetições extras.

Repetições com resistência – Depois de executar uma série de exaustão temporária, um parceiro ajuda o praticante do treinamento a executar mais duas ou três repetições concêntricas e fornece a resistência para segmentos de contração excêntricas – daí a expressão *repetições com resistência*. Durante essas duas ou três últimas repetições, o praticante deve fazer a parte excêntrica da contração duas vezes mais longa que a parte concêntrica, sobrecarregando os músculos dessa forma além do nível padrão.

Observar que quanto mais tempo as fibras musculares ativas forem mantidas em tensão, maior a tensão nervosa e o gasto de energia. Se uma contração normal dura 2 a 4 segundos, uma repetição executada contra uma resistência pode ser de 6 a 8 segundos, consumindo 20 a 40% mais energia. Quanto mais os músculos permanecem em tensão, mais fortemente ativado se torna o metabolismo muscular, estimulando o crescimento do músculo em novos patamares.

Repetições roubadas – Os atletas normalmente recorrem a essa técnica quando não há nenhum assistente disponível. Quando for incapaz de realizar outra repetição de forma adequada por toda a amplitude de movimento,

Trevor Butler realizando repetições roubadas.

Wesley Mohammed realizando uma supersérie com (a) rosca Scott seguida por (b) tríceps testa declinado.

complementar a ação empurrando outro segmento do corpo em direção ao membro trabalhado. Por exemplo, realizar a flexão do cotovelo até a exaustão, em seguida, empurrar o tronco em direção ao antebraço para "roubar", ou simular, de forma que o corpo execute repetições adicionais. Isso sustenta a tensão crucial no músculo exausto. Esse método é limitado a determinados membros e exercícios e deve ser adotado apenas por atletas com uma sólida base de treino.

Superséries – Para efetuar uma supersérie, executa-se uma série para os músculos agonistas de uma determinada articulação, seguida por uma série de músculos antagonistas *sem intervalo de recuperação*. Por exemplo, fazer uma flexão de cotovelo ou rosca Scott seguida imediatamente por uma extensão de cotovelo, tríceps invertido ou tríceps testa declinado.

Para uma variação de supersérie, executar uma série de exaustão e, depois de 20 a 30 segundos, uma outra para o mesmo grupo muscular. Por exemplo, realizar extensões de tríceps e, em seguida, mergulho. Naturalmente, por causa do cansaço, o atleta pode não ser capaz de realizar na segunda série o mesmo número de repetições que efetuou na primeira.

Método isocinético

O termo *isocinético* significa "movimento igual" ou "mesma velocidade do movimento em toda a amplitude dele". O treino isocinético é realizado em aparelhos especialmente desenvolvidos que fornecem aos músculos a mesma resistência para as partes concêntricas e excêntricas da contração. Isso fornece a máxima ativação dos músculos envolvidos. A velocidade do exercício é muito importante nesse tipo de treinamento. Atividades em velocidades mais lentas parecem aumentar a força contrátil, mas *apenas* em velocidades lentas, e os principais ganhos tendem a ser na hipertrofia muscular.

Por outro lado, o treino em velocidades mais altas pode permitir maiores benefícios para a força máxima. O equipamento computadorizado mais avançado permite que os atletas selecionem e definam a velocidade de treinamento desejada. Esses aparelhos muitas vezes são utilizados como dispositivos de medição de força.

O equipamento isocinético oferece vários benefícios chaves:

- Oferece uma maneira segura para treinar e, portanto, é adequado para atletas iniciantes durante seus anos iniciais.
- Pode ser usado para ganhos de hipertrofia muscular se os exercícios são realizados em velocidades mais lentas para permitir a máxima resistência durante as partes de contração concêntrica e excêntrica.
- É bem adequado para a fase de AA, quando o desenvolvimento geral de força e a adaptação muscular são os principais objetivos do treinamento.
- Com uma velocidade mais elevada, pode resultar em ganhos de força máxima.
- É útil para a reabilitação de atletas lesionados.

Treinamento lento ou superlento

Embora os fisiculturistas tenham usado com sucesso o sistema de treinamento lento por anos, a prova de sua eficácia é basicamente empírica. Presume-se que a contração lenta funcione pela simples razão de que cria um alto nível de tensão muscular, resultando em força e hipertrofia muscular aumentadas.

Os proponentes de contração lenta ou superlenta, seja por séries reduzidas ou qualquer outra variante, recomendam que a duração da contração concêntrica seja metade da dedicada à fase excêntrica. Por exemplo: em 95% de 1RM, usar 4 segundos para excêntricos e apenas 2 segundos para concêntricos. A mesma relação é sugerida para cargas inferiores: com 70% de 1RM, usar 6 segundos para excêntricos e somente 3 para concêntricos. Alguns "especialistas", principalmente alguns gurus autoproclamados da internet, sugerem quase o oposto: 10 segundos para levantar (concêntrico) e 5 a 10 segundos para descer o peso (excêntrico).

O que importa é que a tensão seja alta e prolongada para as contrações concêntricas e excêntricas. Não há nenhum segredo mágico sobre em quantos segundos alguém deve descer ou levantar a barra, desde que a tensão seja consistentemente alta e longa. Observar, no entanto, que a fase excêntrica cria tensão mais baixa do que a concêntrica (usando a mesma carga) porque o músculo precisa contrair um número reduzido de fibras para descer a barra. Portanto, a fim de alcançar tensão similar, a fase excêntrica deve ser *ou* mais longa (até duas vezes a duração da contração concêntrica) *ou* a carga deve ser aumentada (ou seja, adicionar cerca de 20% a mais de peso).

Equívocos comuns

Muitas publicações virtuais, livros de musculação e, especialmente, algumas revistas estão cheias de equívocos, muitas vezes relativos a métodos que prometem milagres. É importante tomar cuidado para reconhecer a tênue linha que separa a realidade da fantasia. A seguir, alguns equívocos comuns:

- **Movimento lento reduz a força e é a principal causa de lesões**. Na realidade, a contração lenta aumenta a tensão muscular, mantendo a miosina e actina em uma contração mais longa, o que leva a aumento de força e tamanho muscular. Além disso, uma vez que a forma de exercício, ou técnica, é controlada com mais facilidade durante os movimentos de contração lenta, eles são mais seguros do que as ações dinâmicas. A exceção a essa regra é quando os músculos alcançam um estado de exaustão. Nessa instância, o controle técnico é mais difícil, e os atletas precisam da assistência de um parceiro de treino para evitar problemas.

- **Quanto mais um músculo está fatigado em um período limitado, maior a intensidade do exercício.** Na ciência esportiva, a intensidade refere-se à carga empregada no treino, que é calculada a partir de 1RM, ou 100%. Quanto maior a carga, maior a intensidade (fisiológica e mental). Fica evidente que alguns autores da internet confundem intensidade com demanda de treinamento.

- **Intervalos de recuperação entre as séries devem ser evitados.** Isso pode ser aceito com grande reserva na execução de *drop-sets*, nos quais a carga diminui sem repouso. Por exemplo: duas séries de duas ou três repetições em 95% de 1RM, e então duas séries de três ou quatro repetições a 90% de 1RM, seguidas de duas séries de 8 a 10 repetições a 80% de 1RM e, finalmente, duas séries de 12 a 15 repetições a 70% de 1RM. Considerando essa afirmação equivocada, é fácil entender por que muitos fisiculturistas estão em constante estado de sobretreinamento. Os seguidores de tal teoria ficarão física e mentalmente esgotados.

- **Atletas avançados muitas vezes exigem sete ou mais dias de repouso entre os treinos.** Primeiramente, 48 horas são suficientes para completar a síntese de proteínas, o que significa que os músculos estão prontos para mais um treino. Em segundo lugar, definir como alvo um grupo muscular a cada sete dias pode prejudicar alguns elementos de adaptação muscular, resultando em dor e dano muscular quando o treino for retomado.

Treinamento de alta intensidade

Sistemas de treinamento de alta intensidade (HIT) seguem princípios de treinamento de musculação tradicional, como progressão, sobrecarga (i. e., aumento progressivo da carga em degraus), técnica adequada, exercícios multiarticulares, treino superlento, pré-exaustão, *drop-sets*, uso da amplitude completa de movimento (ADM), 8 a 12 repetições e ausência de divisão de treinos. Porém, os defensores do HIT promovem alguns equívocos sobre o treino. Por exemplo, sugerem que ele deve ser breve (menos de uma hora). Isso é ótimo para quem não pode arcar com mais tempo, como atletas recreacionais ou entusiastas de *fitness* de treinamento de força, mas questionável para fisiculturistas profissionais que executam com frequência

Andreas Munzer durante um treino intenso.

muitas séries. É simplesmente impossível para eles concluírem um treino completo em menos de uma hora. Os itens seguintes são outros equívocos comuns sobre o HIT:

- **À medida que fica mais forte, o praticante é menos capaz de tolerar alta intensidade.** Essa afirmação contradiz com veemência a ciência esportiva, que demonstrou que os atletas altamente treinados são bem adaptados para tolerar alta intensidade. Muitos fisiculturistas e atletas de vários outros esportes treinam diariamente, muitas vezes duas ou três vezes, sem problemas. Isso é possível pelo simples fato de estarem bem adaptados para alta intensidade e volume (quantidade) de treino. Em alguns programas, especialmente o sistema de periodização, a intensidade do treinamento é consistentemente alternada durante a semana, ainda que e alta intensidade seja o padrão de atividade predominante. Analisando o programa seguido por muitos levantadores de peso olímpicos e maratonistas: muitas vezes eles treinam mais de duas vezes por dia, seis dias por semana, principalmente em alta intensidade.
- **Iniciantes devem fazer de 16 a 20 séries por treino, enquanto atletas avançados devem fazer apenas 8 a 12.** A verdade é exatamente o oposto. Iniciantes não têm a capacidade e não estão adaptados para tolerar a grande quantidade de esforço e alta intensidade como atletas avançados. Portanto, iniciantes devem começar realizando menos repetições, mas trabalhar progressivamente em direção a mais repetições com intensidade mais elevada.
- **Iniciantes devem treinar três vezes por semana, enquanto fisiculturistas profissionais, apenas uma vez.** Este é outro grande engano. Essa teoria é brevemente discutida na seção sobre o treinamento com contração superlenta. Alguns defensores do HIT acreditam que o sistema de periodização não funciona, mas o problema real pode ser que eles não compreendam plenamente a periodização.

Resistência manual

A resistência manual, geralmente abreviada para manuais, refere-se ao uso de resistência fornecida por um parceiro. Esse método pode ser aconselhável para crianças que ainda não estão prontas para treino intensivo. Observar, no entanto, que o único grupo muscular para o qual a resistência fornecida por um parceiro pode igualar-se ou ser levemente maior que a do atleta é o deltoide. Todos os outros grupos musculares do corpo superam com facilidade a resistência fornecida por um parceiro. Portanto, pelo fato de a resistência ser baixa, o aumento de força é menor. O método de manuais foi testado na Europa Oriental, na década de 1950, por um tempo muito curto; a conclusão foi de que é mais aconselhável para atletas jovens e iniciantes.

Planejamento do programa

Como acontece em qualquer nova fase de treinamento, o treino de H deve começar com um teste de 1RM. O teste deve ser executado na segunda parte da primeira semana, porque esta é a semana de menor intensidade no padrão de carga do tipo por degraus. Se for realizado no início da semana, o atleta estará um pouco cansado da semana anterior de alta intensidade. O breve atraso garante que a fadiga não afetará a precisão do teste. A Tabela 13.1 sugere orientações de treinamento para a fase de hipertrofia.

Um dos principais objetivos do treinamento de H é treinar consistentemente todos os grupos musculares para alcançar a forma simétrica ideal. Existem dois grupos musculares, no entanto, que merecem referência adicional: isquiotibiais e panturrilhas.

Tabela 13.1 Orientações de treino para as fases de H1 e H2

CLASSIFICAÇÃO DO FISICULTURISTA				
	Iniciante	**Recreacional**	**Avançado**	**Profissional**
Duração da fase H (semanas)	6	3-6	3-6	12
Número de repetições/série	6-12	9-12	9-12	9-12
Número de séries/exercício	2-3	4-5	4-5	3-7
IR entre séries (s)	60-120	45-60	45-60	30-45
Treinos/semana	2-3	3-5	4-5	5-6
Sessões de treino aeróbio/semana	1	1	1-2	2-3

Isquiotibiais – Os isquiotibiais diversas vezes são negligenciados e, em muitos casos, não são desenvolvidos proporcionalmente em relação aos músculos do quadríceps. Ao planejar um programa individual, manter isso em mente. Além disso, cargas consideráveis muitas vezes são usadas para os isquiotibiais da mesma forma que para outros músculos, apesar do fato de que a maioria das tensões musculares e lesões ocorre nos isquiotibiais. Em corrida, os isquiotibiais são chamados de músculos "nervosos", uma vez que têm mais terminações nervosas por centímetro quadrado do que os quadríceps e muitos outros músculos. Os programas que muitas vezes sugerimos propõem uma carga de 10 a 20% menor para os isquiotibiais do que para os quadríceps. Deve-se trabalhar os isquiotibiais de forma lenta e cuidadosa.

Panturrilhas – Estes músculos, junto aos quadríceps, suportam a estrutura humana em pé ou andando. Por conta da estimulação de baixo nível incessante, eles se adaptaram biologicamente pelo desenvolvimento de uma maior proporção de fibras de contração lenta (76%) do que fibras de contração rápida (24%). Como resultado, é difícil estimular o mesmo crescimento nas panturrilhas que a maioria dos outros grupos musculares. A composição fisiológica especial das panturrilhas as impede de responder bem à musculação tradicional e aos programas de treinamento de força em que a mesma carga e IR são utilizados tanto para panturrilhas quanto para outros músculos.

Uma vez que a região tem uma proporção maior de capilares do que outros músculos, ela é capaz de reabastecer suas necessidades energéticas (reservas de ATP-CP) mais rapidamente do que outras. Para esgotar o equilíbrio energético das panturrilhas, seu treinamento deve ser ligeiramente diferente. O IR deve ser de não mais que 45 segundos para inibir a restauração imediata de ATP-CP. Isso força o corpo a aumentar sua capacidade de transporte de energia, aumentando assim o conteúdo de CP das células e ativando o metabolismo proteico. A hipertrofia das panturrilhas é, portanto, melhor estimulada, permitindo que os atletas desenvolvam esses músculos em proporção ao resto do corpo.

As Tabelas 13.2 a 13.5 apresentam programas sugeridos de fase de H para quatro diferentes classificações de fisiculturistas e praticantes do treinamento de força. Ver a Tabela 13.1 como um exemplo de como atletas de qualquer nível podem criar seus próprios programas de treinamento para hipertrofia.

A linha superior de cada tabela é a data. Nos exemplos, as seis semanas do programa são fornecidas, mas ao criar programas individuais, usar esse espaço para indicar as datas da semana (p. ex., setembro de 1-7). A segunda linha em cada uma é a de etapa, que contém informações sobre a intensidade de carga, conforme o método de carga do tipo por degraus. O primeiro degrau é baixo, indicando intensidade e volume de treinos baixos. Programas para o segundo degrau são de intensidade média. Por fim, programas para o terceiro degrau são de alta intensidade. O mesmo padrão é repetido pelas semanas 4, 5 e 6.

A terceira linha mostra o dia de treinamento. Por exemplo, na Tabela 13.2, os dias 1 e 4 consistem do programa central, enquanto os dias 2 e 5 consistem no programa secundário. Os dias 3, 6 e 7 são para repouso.

Como pode ser observado, todos os programas de treinamento sugeridos são rotinas de divisão de dois dias, em que existem dois grupos de exercícios, cada um realizado duas vezes por semana. Essa simples rotina de divisão é superior a rotinas tradicionais porque os músculos recebem mais estímulo quando treinados duas vezes por semana do que quando são treinados apenas uma. O resultado evidente é um aumento mais drástico no tamanho do músculo.

Ao avaliar qualquer exercício para uma única semana, é possível ver a diferença na quantidade de trabalho entre dias de treino de intensidade baixa, média e alta, bem como a progressão de ganhos de força esperada. As alterações de carga são realizadas principalmente mudando a carga e o número de séries.

As seguintes dicas irão ajudar a executar corretamente a fase de H:

- Testar a 1RM durante a primeira semana, na segunda parte da semana 4 e durante a primeira semana do próximo programa.
- O número de exercícios pode ser levemente aumentado ou diminuído de acordo com as necessidades individuais.
- O número de séries pode ser aumentado ou diminuído em resposta às necessidades e aos potenciais individuais.
- Independentemente de qualquer alteração feita no número de exercícios ou séries, sempre aplicar o padrão de carga sugerido.
- Diminuir a carga, se estiver muito alta, mas manter o mesmo número de repetições.
- Não esquecer de fazer 5 a 10 minutos de trabalho aeróbio antes da sessão de treinamento de força.
- Durante a fase de hipertrofia, executar todas as séries por exercício antes de passar para o próximo. (Isso é diferente da fase de AA.)

Tabela 13.2 Fase de H para fisiculturistas iniciantes e praticantes do treinamento de força

| N° EX. | SEMANA | 1 | | 2 | | 3 | |
| | ETAPA | BAIXA | | MÉDIA | | ALTA | |
	DIA	1	4	1	4	1	4
1	*Leg press*	40/10 × 2	40/12 × 2	40/15 × 2	40/15 × 2	50/12 × 2	50/10 × 3
2	Flexão dos joelhos sentado	40/8 × 2	40/10 × 2	40/10 × 2	40/8 × 3	50/10 × 2	50/8 × 3
3	Desenvolvimento sentado com halteres	40/8 × 2	40/10 × 2	40/12 × 2	40/15 × 2	50/10 × 3	50/10 × 3
4	Elevação lateral no banco inclinado	40/8 × 2	40/8 × 2	40/10 × 2	40/8 × 3	50/10 × 2	50/8 × 3
5	Extensão do tronco	2 × 10	2 × 12	2 × 15	2 × 15	3 × 10	3 × 10
6	Abdominal cruzado	2 × 12	2 × 12	2 × 15	2 × 15	3 × 10	3 × 10
	DIA	**2**	**5**	**2**	**5**	**2**	**5**
1	Encolhimento	40/10 × 2	40/10 × 2	40/12 × 2	40/15 × 2	50/10 × 2	50/10 × 3
2	Supino inclinado	40/10 × 2	40/10 × 2	40/12 × 2	40/15 × 2	50/10 × 2	50/10 × 3
3	Remada sentado na polia	40/10 × 2	40/10 × 2	40/12 × 2	40/15 × 2	50/10 × 2	50/10 × 3
4	Tríceps na polia	40/10 × 2	40/10 × 2	40/12 × 2	40/15 × 2	50/10 × 2	50/10 × 3
5	Panturrilha em pé	40/10 × 2	40/12 × 2	40/15 × 2	40/15 × 2	50/12 × 2	50/10 × 3
6	Panturrilha sentado	40/12 × 2	40/12 × 2	40/15 × 2	40/15 × 2	50/12 × 2	50/12 × 3

Observação: o IR entre séries é 1-2 min. As informações são fornecidas como carga/n° de repetições × séries. Então, 40/10 × 2 significa duas séries de 10 repetições com peso igual a 40% de 1RM.

	4		5		6	
	BAIXA		**MÉDIA**		**ALTA**	
	1	**4**	**1**	**4**	**1**	**4**
	$40/12 \times 2$	$40/12 \times 3$	$50/12 \times 3$	$50/12 \times 3$	$60/10 \times 2$	$60/10 \times 3$
	$40/10 \times 3$	$40/10 \times 2$	$50/10 \times 3$	$50/10 \times 3$	$50/10 \times 3$	$50/10 \times 3$
	$40/12 \times 3$	$40/10 \times 3$	$50/12 \times 3$	$50/12 \times 3$	$60/10 \times 3$	$60/10 \times 3$
	$40/10 \times 2$	$40/10 \times 2$	$50/10 \times 3$	$50/10 \times 3$	$50/10 \times 3$	$50/10 \times 3$
	2×15	3×10	3×12	3×15	3×15	3×15
	2×12	3×10	3×12	3×15	3×15	3×15
	2	**5**	**2**	**5**	**2**	**5**
	$40/12 \times 2$	$40/10 \times 3$	$50/12 \times 3$	$50/12 \times 3$	$60/10 \times 3$	$60/10 \times 3$
	$40/12 \times 2$	$40/10 \times 3$	$50/12 \times 3$	$50/12 \times 3$	$60/10 \times 3$	$60/10 \times 3$
	$40/12 \times 2$	$40/10 \times 3$	$50/12 \times 3$	$50/12 \times 3$	$60/10 \times 3$	$60/10 \times 3$
	$40/12 \times 2$	$40/10 \times 3$	$50/12 \times 3$	$50/12 \times 3$	$60/10 \times 3$	$60/10 \times 3$
	$40/10 \times 2$	$40/10 \times 3$	$50/12 \times 3$	$50/12 \times 3$	$60/10 \times 3$	$60/10 \times 3$
	$40/12 \times 2$	$40/12 \times 3$	$50/12 \times 3$	$50/12 \times 3$	$60/10 \times 2$	$60/10 \times 3$

Tabela 13.3 Fase de H para fisiculturistas recreacionais e praticantes do treinamento de força

| Nº EX. | SEMANA | 1 | | 2 | | 3 | |
| | ETAPA | BAIXA | | MÉDIA | | ALTA | |
	DIA	1	4	1	4	1	4
1	Agachamento no *hack*	50/12 × 3	50/12 × 3	60/12 × 3	60/12 × 3	60/15 × 3	60/12 × 4
2	Flexão dos joelhos em pé	50/10 × 3	50/10 × 3	50/12 × 3	50/12 × 3	50/10 × 4	50/10 × 4
3	Avanço	50/12 × 3	50/12 × 3	60/12 × 3	60/12 × 3	60/15 × 3	60/12 × 4
4	Extensão do tronco	3 × 12	3 × 12	3 × 15	3 × 15	4 × 12	4 × 15
5	Abdominal cruzado	3 × 12	3 × 12	3 × 15	3 × 15	4 × 12	4 × 15
6	Rosca Scott	50/12 × 3	50/12 × 3	60/12 × 3	60/12 × 3	60/15 × 3	60/12 × 4
7	Tríceps na polia	50/12 × 3	50/12 × 3	60/12 × 3	60/12 × 3	60/15 × 3	60/12 × 4
	DIA	**2**	**5**	**2**	**5**	**2**	**5**
1	Supino reto	50/12 × 3	50/12 × 3	60/12 × 3	60/12 × 3	60/15 × 3	60/12 × 4
2	Supino inclinado com halteres	50/12 × 3	50/12 × 3	60/12 × 3	60/12 × 3	60/15 × 3	60/12 × 4
3	Desenvolvimento frontal com halteres	50/12 × 3	50/12 × 3	60/12 × 3	60/12 × 3	60/15 × 3	60/12 × 4
4	Elevação lateral em pé com halteres	50/10 × 3	50/10 × 3	50/12 × 3	50/12 × 3	50/10 × 4	50/10 × 4
5	Encolhimento	50/12 × 3	50/12 × 3	60/12 × 3	60/12 × 3	60/15 × 3	60/12 × 4
6	Remada sentado na polia	50/12 × 3	50/12 × 3	60/12 × 3	60/12 × 3	60/15 × 3	60/12 × 4
7	Panturrilha sentado	50/12 × 3	50/12 × 3	60/12 × 3	60/12 × 3	60/15 × 3	60/12 × 4
8	Panturrilha em pé	50/12 × 3	50/12 × 3	60/12 × 3	60/12 × 3	60/15 × 3	60/12 × 4

Observação: o IR entre séries é de 1-2 min. As informações são fornecidas como carga/nº de repetições × série. Então, 50/12 × 3 significa três séries de 12 repetições com peso igual a 50% de 1RM.

4		5		6	
BAIXA		**MÉDIA**		**ALTA**	
1	4	1	4	1	4
$50/12 \times 3$	$50/12 \times 3$	$60/12 \times 4$	$60/12 \times 4$	$70/10 \times 4$	$70/10 \times 4$
$50/10 \times 3$	$50/10 \times 3$	$60/10 \times 3$	$60/10 \times 3$	$60/8 \times 4$	$60/8 \times 4$
$50/12 \times 3$	$50/12 \times 3$	$60/12 \times 4$	$60/12 \times 4$	$70/10 \times 4$	$70/10 \times 4$
3×15	3×15	4×15	4×15	4×15	4×15
3×15	3×15	4×15	4×15	4×15	4×15
$50/12 \times 3$	$50/12 \times 3$	$60/12 \times 4$	$60/12 \times 4$	$70/10 \times 4$	$70/10 \times 4$
$50/12 \times 3$	$50/12 \times 3$	$60/12 \times 4$	$60/10 \times 3$	$60/8 \times 4$	$70/10 \times 4$
2	5	2	5	2	5
$50/12 \times 3$	$50/12 \times 3$	$60/12 \times 4$	$60/10 \times 3$	$60/8 \times 4$	$70/10 \times 4$
$50/12 \times 3$	$50/12 \times 3$	$60/12 \times 4$	$60/10 \times 3$	$60/8 \times 4$	$70/10 \times 4$
$50/12 \times 3$	$50/12 \times 3$	$60/12 \times 4$	$60/12 \times 4$	$70/10 \times 4$	$70/10 \times 4$
$50/10 \times 3$	$50/10 \times 3$	$60/10 \times 3$	$60/10 \times 3$	$60/8 \times 4$	$60/8 \times 4$
$50/12 \times 3$	$50/12 \times 3$	$60/12 \times 4$	$60/12 \times 4$	$70/10 \times 4$	$70/10 \times 4$
$50/12 \times 3$	$50/12 \times 3$	$60/12 \times 4$	$60/10 \times 3$	$60/8 \times 4$	$70/10 \times 4$
$50/12 \times 3$	$50/12 \times 3$	$60/12 \times 4$	$60/12 \times 4$	$70/10 \times 4$	$70/10 \times 4$
$50/12 \times 3$	$50/12 \times 3$	$60/12 \times 4$	$60/12 \times 4$	$70/10 \times 4$	$70/10 \times 4$

Tabela 13.4 Fase de H para fisiculturistas avançados e praticantes do treinamento de força

Nº EX.	SEMANA / DIA	1 BAIXA			2 MÉDIA			3 ALTA		
	ETAPA / DIA	1	3	5	1	3	5	1	3	5
1	Agachamento com barra de segurança	60/12 × 4	Livre	60/15 × 4	60/15 × 4	70/10 × 4	70/10 × 4	75/10 × 4	Livre	75/10 × 4
2	Flexão dos joelhos em pé	60/8 × 3	Livre	60/8 × 3	60/8 × 4	60/8 × 4	60/8 × 4	65/7 × 4	Livre	65/7 × 4
3	Avanço	60/12 × 4	Livre	60/15 × 4	60/15 × 4	70/10 × 4	70/10 × 4	75/10 × 4	Livre	75/10 × 4
4	Remada curvada	60/12 × 4	Livre	60/15 × 4	60/15 × 4	60/15 × 4	70/10 × 4	75/10 × 4	Livre	75/10 × 4
5	Extensão do tronco	3 × 15	Livre	4 × 15	4 × 12	4 × 12	4 × 12	4 × 15	Livre	4 × 15
6	Abdominal cruzado	3 × 15	Livre	4 × 15	4 × 12	4 × 12	4 × 12	4 × 15	Livre	4 × 15
7	Tríceps testa declinado	60/12 × 4	Livre	60/15 × 4	60/15 × 4	60/15 × 4	70/10 × 4	75/10 × 4	Livre	75/10 × 4
	DIA	**2**	**4**	**6**	**2**	**4**	**6**	**2**	**4**	**6**
1	Supino reto	60/12 × 4	60/12 × 4	60/15 × 4	60/15 × 4	Livre	70/10 × 4	75/10 × 4	75/10 × 4	75/10 × 4
2	Crucifixo inclinado	60/12 × 4	60/12 × 4	60/15 × 4	60/15 × 4	Livre	70/10 × 4	75/10 × 4	75/10 × 4	75/10 × 4
3	Desenvolvimento frontal com halteres	60/12 × 4	60/12 × 4	60/15 × 4	60/15 × 4	Livre	70/10 × 4	75/10 × 4	75/10 × 4	75/10 × 4
4	Elevação lateral no banco inclinado	60/10 × 3	60/10 × 3	60/10 × 3	60/8 × 4	Livre	65/8 × 4	70/8 × 4	70/8 × 4	70/8 × 4
5	Encolhimento	60/12 × 4	60/12 × 4	60/15 × 4	60/15 × 4	Livre	70/10 × 4	75/10 × 4	75/10 × 4	75/10 × 4
6	Rosca Scott	60/12 × 4	60/12 × 4	60/15 × 4	60/15 × 4	Livre	70/10 × 4	75/10 × 4	75/10 × 4	75/10 × 4
7	Panturrilha tipo burrinho	60/12 × 4	60/12 × 4	60/15 × 4	60/15 × 4	Livre	70/10 × 4	75/10 × 4	75/10 × 4	75/10 × 4

Observação: você pode diminuir o número de exercícios para quatro, mas mantendo a mesma carga. Se ele sofrer essa redução, uma sessão de treino aeróbio deve substituir o quinto treino. O IR entre séries é de 45 s. As informações são fornecidas como carga/nº de repetições × série. Então, 60/12 × 4 significa quatro séries de 12 repetições com peso igual a 60% de 1RM.

	4			5			6		
	BAIXA			**MÉDIA**			**ALTA**		
	1	3	5	1	3	5	1	3	5
	60/12 × 4	70/10 × 4	70/10 × 4	75/10 × 4	Livre	80/8 × 4	80/8 × 5	80/8 × 5	85/5 × 5
	60/10 × 3	60/10 × 3	60/10 × 4	65/7 × 4	Livre	65/10 × 4	70/8 × 4	70/8 × 4	70/8 × 4
	60/12 × 4	70/10 × 4	70/10 × 4	75/10 × 4	Livre	80/8 × 4	80/8 × 5	80/8 × 5	85/5 × 5
	60/12 × 4	60/10 × 3	70/10 × 4	75/10 × 4	Livre	80/8 × 4	80/8 × 5	85/5 × 5	85/5 × 5
	3 × 15	3 × 15	4 × 12	4 × 15	Livre	4 × 15	5 × 15	5 × 15	5 × 15
	3 × 15	3 × 15	4 × 12	4 × 15	Livre	4 × 15	5 × 15	5 × 15	5 × 15
	60/12 × 4	60/12 × 4	70/10 × 4	75/10 × 4	Livre	80/8 × 4	80/8 × 5	85/5 × 5	85/5 × 5
	2	**4**	**6**	**2**	**4**	**6**	**2**	**4**	**6**
	60/12 × 4	Livre	70/10 × 4	75/10 × 4	75/10 × 4	80/8 × 4	80/8 × 5	Livre	85/5 × 5
	60/12 × 4	Livre	70/10 × 4	75/10 × 4	75/10 × 4	80/8 × 5	80/8 × 5	Livre	85/5 × 5
	60/12 × 4	Livre	70/10 × 4	75/10 × 4	75/10 × 4	80/8 × 5	80/8 × 5	Livre	85/5 × 5
	60/10 × 4	Livre	60/10 × 4	70/8 × 4	75/6 × 4	75/6 × 4	75/6 × 4	Livre	75/6 × 4
	60/12 × 4	Livre	70/10 × 4	75/10 × 4	75/10 × 4	80/8 × 4	80/8 × 5	Livre	85/5 × 5
	60/12 × 4	Livre	70/10 × 4	75/10 × 4	75/10 × 4	80/8 × 4	80/8 × 5	Livre	85/5 × 5
	60/12 × 4	Livre	70/10 × 4	75/10 × 4	75/10 × 4	80/8 × 4	80/8 × 5	Livre	85/5 × 5

Tabela 13.5 Fase de H de três semanas para fisiculturistas profissionais

Nº EX.	SEMANA	1		
	ETAPA	BAIXA		
	DIA	1	3	5
1	Agachamento com barra de segurança	70/12 × 4	70/15 × 4	70/15 × 5
2	Flexão dos joelhos em pé	70/8 × 4	70/15 × 4	70/10 × 5
3	Avanço	70/12 × 3	70/15 × 3	70/10 × 3
4	Extensão do tronco	4 × 15	4 × 15	4 × 18
5	Rosca Scott	70/12 × 4	70/15 × 4	70/10 × 5
6	Tríceps testa declinado	70/12 × 4	70/15 × 4	70/10 × 5
	DIA	2	4	6
1	Supino reto	70/12 × 4	70/15 × 4	75/10 × 5
2	Crucifixo inclinado	70/12 × 3	70/15 × 3	75/10 × 3
3	Remada unilateral	70/12 × 4	70/15 × 4	75/10 × 4
4	Elevação lateral no banco inclinado	70/12 × 4	70/15 × 4	75/10 × 4
5	Desenvolvimento frontal com halteres	70/12 × 3	70/15 × 3	75/10 × 3
6	Encolhimento	70/12 × 3	70/15 × 3	75/10 × 3
7	Dois exercícios de abdominais	4 × 15	4 × 15	6 × 18
8	Panturrilha tipo burrinho	70/12 × 4	70/15 × 4	75/10 × 5

Observação: O IR entre as séries é de 30-45 s. As informações são fornecidas como carga/nº de repetições × série. Então, 70/12 × 4 significa quatro séries de 12 repetições com peso igual a 70% de 1RM.

	2 MÉDIA				3 ALTA		
	1	**3**	**5**		**1**	**3**	**5**
	$70/10 \times 5$	$70/15 \times 5$	$75/8 \times 3$	$80/7 \times 3$	$80/7 \times 6$	$80/6 \times 4$	$85/4 \times 7$
	$70/10 \times 5$	$70/15 \times 5$	$80/7 \times 5$		$80/6 \times 5$	$80/6 \times 4$	$85/4 \times 6$
	$70/10 \times 3$	$70/15 \times 3$	$75/8 \times 1$	$80/7 \times 2$	$80/7 \times 3$	$80/6 \times 3$	$85/4 \times 3$
	4×18	4×12	4×12		4×15	4×15	4×15
	$70/10 \times 5$	$70/15 \times 5$	$75/8 \times 3$	$80/7 \times 3$	$80/7 \times 4$	$80/7 \times 3$	$85/4 \times 6$
	$70/10 \times 5$	$70/15 \times 5$	$75/8 \times 3$	$80/7 \times 3$	$80/7 \times 4$	$80/7 \times 3$	$85/4 \times 6$
	2	**4**	**6**		**2**	**4**	**6**
	$75/10 \times 5$	$70/15 \times 3$	$75/8 \times 1$	$80/7 \times 2$	$80/7 \times 6$	$80/7 \times 4$	$85/4 \times 6$
	$75/10 \times 3$	$70/15 \times 3$	$75/8 \times 1$	$80/7 \times 2$	$80/7 \times 3$	$80/7 \times 3$	$85/4 \times 3$
	$75/10 \times 4$	$70/15 \times 4$	$75/8 \times 1$	$80/7 \times 2$	$80/7 \times 4$	$80/7 \times 4$	$85/4 \times 4$
	$75/10 \times 4$	$70/15 \times 5$	$75/7 \times 4$		$80/6 \times 4$	$80/6 \times 4$	$85/4 \times 4$
	$75/10 \times 3$	$70/15 \times 4$	$75/8 \times 1$	$80/7 \times 2$	$80/7 \times 3$	$80/7 \times 3$	$85/4 \times 3$
	$75/10 \times 3$	$70/15 \times 3$	$75/8 \times 1$	$80/7 \times 2$	$80/7 \times 3$	$80/7 \times 3$	$85/4 \times 3$
	6×18	6×12	6×12		6×15	6×15	6×15
	$75/10 \times 5$	$75/15 \times 5$	$75/8 \times 3$	$80/7 \times 3$	$80/7 \times 4$	$80/6 \times 4$	$85/4 \times 4$

Nutrição

A fase de H é semelhante à de volume com a qual a maioria dos fisiculturistas está familiarizada. Como de costume, aumenta-se a ingestão calórica. Na dieta metabólica, o objetivo deve ser permitir que o peso do corpo aumente para 15% acima do ideal. Por *peso ideal*, entender o que considera-se o peso que o praticante de treinamento de força deseja para uma competição – e ele deve estar certo sobre isso. Estar competindo com 91 kg por 4 ou 5 anos, mas dizer que o peso ideal é 143 kg, não é prático. Mais razoável seria definir o peso ideal nessa fase como cerca de 98 kg e aumentá-lo para 15% acima disso – ou cerca de 113 kg. Ao longo da fase, um ganho de 0,9 kg por semana é melhor.

Se o atleta exagerar, comer demais e acabar chegando a 30% acima do peso ideal, o corpo vai acabar com 15% ou mais de gordura corporal. Isso não é o desejado. A dieta metabólica é projetada para gerar mais músculos e limitar a gordura corporal. Mesmo que o praticante de treinamento de força observe um aumento na massa magra e desenvolva menos gordura do que em outra dieta, ainda precisa de um pouco de disciplina. A gordura corporal masculina não deve ultrapassar o nível de 10%, enquanto a feminina não deve superar o nível de 18%, dependendo das metas dos atletas. Os homens terminam a fase de "massa" quando atingem o novo peso ideal ou alcançam o nível de gordura corporal de 10%, e as mulheres, quando alcançam o novo peso ideal ou atingem o nível de gordura corporal de 18%, o que acontecer primeiro. No entanto, alcançando ou não o novo peso ideal, a fase de massa deve terminar 12 semanas antes de uma competição.

As especificidades da dieta nesta fase são as mesmas que nas outras – continuar ingerindo uma dieta de alta proteína e alto teor de gordura durante a semana, consumindo alimentos ricos em carboidratos nos fins de semana. A única mudança será o número de calorias consumidas. Se deseja chegar a um nível 15% acima do peso ideal, o atleta naturalmente terá que comer mais.

Nessa fase, os fisiculturistas devem consumir 55 calorias para cada quilo do peso alvo que desejam alcançar. Por exemplo, um fisiculturista querendo atingir 113 kg precisa ingerir $55 \times 113 = 6.215$ calorias por dia. Antes dessa fase, é provável que o atleta estivesse em uma dieta de 3.600 calorias, o que evidencia o tremendo aumento de calorias que é necessário.

Esse aumento no consumo de calorias pode representar um grande problema para atletas que têm dificuldade para ganhar peso. Eles não estão acostumados a comer muito e não têm grande apetite. Podem pensar que estão ingerindo grandes quantidades, mas não estão. Eles acabarão consumindo 6.000 calorias em um dia e 1.500 alguns dias depois. Para explicar isso, tudo o que dizem é: "Eu não estava com fome". Isso não pode acontecer nessa dieta. É necessário ser consistente.

Se desejar, é possível multiplicar essas 6.215 calorias diárias por 7 e estabelecer o objetivo de 43.505 para a semana. Assim, pode ocorrer variação da ingestão calórica diária. Por exemplo, comer 7.500 calorias em um dia e 5.000 no seguinte – mas no final da semana, 43.505 calorias devem ter sido consumidas. Manter um registro escrito de calorias é importante para certificar que os níveis desejados estão sendo alcançados.

Controle da gordura corporal

A gordura corporal é de importância crítica. Alguns atletas ganham mais gordura corporal do que outros com níveis semelhantes de calorias. Além disso, dependendo das metas pessoais, algumas pessoas não se importam de ganhar um pouco mais de gordura se isso significa mais músculo e força. A regra de 10% é melhor para fisiculturistas competitivos (e para qualquer atleta que compete em uma classe de peso específico). Outros atletas, no entanto, podem estar dispostos a ir mais longe e descobrir que é aceitável se isso significar mais força e hipertrofia. No entanto, não recomendamos ultrapassar um nível de 10% para homens e 18% para mulheres. Lembrar-se de que níveis muito altos de gordura corporal envolvem dificuldade para eliminá-la mais tarde.

A receita para músculos deste tamanho: realizar treinamento de hipertrofia, adicionar proteína suficiente e usar os suplementos adequados.

Pelo fato de que a maioria dos atletas deseja maximizar massa muscular e força e minimizar a gordura corporal, vamos usar o modelo de fisiculturismo competitivo para discutir o alcance de ganhos de peso e massa muscular ideais durante a fase de massa. A maioria dos atletas pode manter um nível de gordura corporal de 10% com relativa facilidade se adotarem corretamente a dieta metabólica. Esse também é um bom nível para manter a gordura sob controle a fim de se preparar para uma competição. Por isso aconselhamos que os adeptos da dieta metabólica acompanhem de perto seu nível de gordura e não permitam que ele supere 10%.

O objetivo, conforme observado anteriormente, é continuar comendo e ganhando peso até alcançar um nível 15% acima do peso ideal ou 10% de gordura corporal, o que acontecer primeiro. Tudo indica que, não importando o que acontecer primeiro, o praticante de treinamento de força obterá a massa com essa dieta anabolicamente sobrealimentada. Não funciona como nos velhos tempos de dieta de alto carboidrato, quando era necessário ganhar muito peso e gordura para obter massa.

A simetria muscular perfeita para competições de Achim Albrecht.

A duração da fase de hipertrofia pode variar

Mantendo sempre cerca de 10% de gordura corporal, pode-se alcançar rapidamente os padrões de competição. A quantidade de tempo antes de uma competição, bem como a gordura corporal e o peso, são determinantes de quanto tempo o atleta permanecerá nessa fase. Para quem ainda está ganhando peso, mas ainda não atingiu o peso ideal novo, sendo a competição em 12 semanas, é hora de parar a fase de massa – independentemente do peso, deve-se começar a fase de definição muscular do treinamento a fim de preparar-se adequadamente para a competição.

Muitos fisiculturistas acreditam que não deveriam ganhar massa rapidamente, mas discordamos. Um bom número é 900 g por semana. Quem conseguir ganhar isso não vai obter muita gordura durante a semana da dieta metabólica. O ganho será, na maior parte, muscular. Embora seja possível variar esse objetivo em alguns gramas de acordo com o metabolismo individual, consideramos 900 g por semana a melhor referência para massa.

Temos visto pessoas passarem por um ciclo de 20 semanas no qual desenvolveram massa por oito (1,3 kg por semana) e levarem 12 semanas para perder 450 a 900 g por semana na fase de corte (ou seja, fase de definição muscular – *corte* é um termo que significa ter músculos altamente definidos). Embora aumentem de peso por apenas oito semanas e cortem por 12, seu peso para a competição ainda estava acima do nível anterior. E os atletas apresentavam a mesma definição, se não mais.

O objetivo é chegar à competição um pouco melhor do que antes da dieta. Isso pode significar um ganho líquido de apenas 1,4 a 1,8 kg. Ou, em treinos de maior duração, pode ser de 11 kg. O importante é que *todo mundo progride com essa dieta*. Para aqueles que não mudam há 15 anos, essa é uma maneira de começar.

Alguns fisiculturistas preferem se preparar para uma grande competição, como Mister Olympia, e dedicar o ano inteiro a isso. Isso é facilmente possível com essa dieta. Um praticante de treinamento de força pode desejar desenvolver massa por 30 semanas e cortar por 20, ganhando 27 kg e perdendo 18 kg ao longo de um ano. Ele terminará 9 kg adiante de onde estava no ano anterior, e com uma aparência incrível.

Lembrar-se de que também pode ser útil usar a fase inicial ou de manutenção enquanto passa da fase de massa para a de corte. Vamos pensar em uma pessoa que tenha uma competição em 30 semanas. Ela ganhou toda a massa corporal que desejava em 10 semanas, mas não quer ir para a fase de corte ainda. Ela pode manter seus ganhos permanecendo na fase de manutenção por 6 a 8 semanas. Então, quando estiver pronta, pode iniciar a fase de corte como preparação para a competição.

Ganhos de peso semanal

Um praticante de treinamento de força pode vivenciar grandes flutuações no peso, especialmente no início da dieta, como resultado das cargas semanais de carboidrato. Toda a água e carboidrato extra podem representar um ganho de 2,3 a 4,5 kg entre a sexta-feira e a segunda. Se isso acontecer, não há motivo para preocupação. É normal.

Quando voltar à dieta metabólica na segunda-feira, ele começará imediatamente a perder esses quilos (que são basicamente água). De segunda a quarta-feira, estará eliminando muito do que colocou no corpo durante o fim de semana. Até quarta-feira, deve estar renovado e sentindo-se bem novamente. Dependendo de em qual fase da dieta estiver, ele pode manipular as calorias para que na sexta-feira consiga alcançar a meta estabelecida de ganho ou perda semanal.

Suplementação

Na fase de hipertrofia, o aumento da ingestão calórica, aliado ao alto teor de gordura e baixo carboidrato durante a semana e os fins de semana com alta ingestão de carboidrato, deve fornecer muito do que um praticante de treinamento de força precisa para incrementar tamanho e músculo. No entanto, ele deve usar vários dos suplementos mais gerais regularmente, incluindo um ou mais entre MVM, Antiox e EFA+. Consumir outros quando necessário – por exemplo, ReNew, Regulate, Joint Support, MRP LoCarb e barras LoCarb. Se estiver enfrentando problemas de treinamento, dor nas articulações, lesões ou sobretreinamento, recomendamos Joint Support ou ReNew. MRP LoCarb e barras LoCarb podem ser extremamente úteis para o lanche ou após as refeições para ajudar a atingir as metas de calorias de forma saudável, com poucos carboidratos. Além disso, se perceber uma estagnação nessa fase, em especial no treino, pode ser útil usar Exersol para maximizar os esforços de treinamento.

A fórmula equilibrada de vitaminas e minerais múltiplos (MVM) atende às necessidades especiais de atletas para a manutenção, recuperação e reparação do corpo. Isso é importante nessa fase por causa da programação de treinamento rigorosa e intensa. O suplemento Antiox durante essa fase é importante por causa da maior formação de radicais livres decorrente das exigências mental e física elevadas do corpo durante o treinamento intensivo. A mistura sinérgica oferece proteção para todos os tecidos do corpo, incluindo o sistema musculoesquelético e o fígado.

A suplementação com EFA+ garante que o corpo receba ácidos graxos essenciais, como ômega-3, ômega-6, EPA, DHA, CIA, GLA e ALA, que estão disponíveis para oferecer suporte à ótima resposta metabólica ao exercício intenso. Ácidos graxos essenciais estão envolvidos na produção de hormônios, reparação muscular e de tecidos articulares, metabolismo da insulina e queima de gordura. Trabalhando em conjunto com muitos ingredientes, EFA+ otimiza o metabolismo; melhora a produção de testosterona e aumenta a secreção de hormônio de crescimento; ajuda o sistema de imunológico do corpo; melhora a sensibilidade da insulina natural; reduz inflamação, dores musculares e dores nas articulações secundárias a exercício excessivo; e aumenta a quebra e a oxidação da gordura corporal.

Durante essa fase, caso ocorra fadiga de treinamento e sintomas de sobre-treinamento em razão do longo ciclo de periodização, ReNew é uma ótima fórmula avançada de recuperação e sistema imunológico. Melhora o sistema imunológico fornecendo os blocos de desenvolvimento necessários para aumentar sua imunidade. Isso é fundamental porque o sistema imunológico é a primeira linha de defesa contra o estresse físico e mental. Usar outra suplementação conforme necessário, mas lembrar-se de tentar adotar uma dieta equilibrada e enriquecida. Isso ajuda bastante a alcançar os objetivos e o resultado final. Para mais informações sobre Regulate, Joint Support, MRP LoCarb e barras LoCarb, acessar *The Anabolic Solution* (site: www.metabolicdiet.com – em inglês).

CAPÍTULO

14

Treino misto (M)

Antes de entrar na fase de força máxima (Fmx), descrita no Capítulo 15, os atletas devem gradualmente introduzir alguns elementos de treinamento específicos para desenvolvimento da Fmx. Como o nome indica, o treino misto (M) incorpora alguns exercícios específicos para o treino de H e aplica métodos de Fmx para outras sessões. A fase M oferece uma transição progressiva entre as fases de H e Fmx.

As seguintes características descrevem o escopo do treino M:

- Continua a melhorar a hipertrofia muscular.
- Introduz métodos de Fmx para aumentar a hipertrofia crônica, ou tônus muscular e densidade em longo prazo.
- Emprega proporções desejadas entre os dois tipos de treino, dependendo das necessidades do atleta. Por exemplo, podem ser utilizadas as seguintes proporções:
  - 40% H e 60% Fmx.
  - 50% H e 50% Fmx.
  - 60% H e 40% Fmx.

Independentemente das proporções adotadas, o treino M garante uma transição mais progressiva para a fase de força máxima, onde cargas extremamente pesadas podem desafiar a capacidade do atleta para lidar com o estresse e as tensões de exercícios de alta intensidade.

Duração

A fase mista deve durar de 3 a 6 semanas para fisiculturistas iniciantes ou recreacionais e praticantes do treinamento de força e três semanas para atletas avançados e profissionais. Depois de concluir a fase M, os atletas, independentemente do nível, devem determinar se podem lidar com os aumentos de carga mais elevados que a fase de Fmx apresenta.

Em alguns casos, a força dos músculos dos fisiculturistas não é proporcional a seu tamanho. Em outras palavras, alguns programas de treinamento de musculação são mais propícios ao tamanho do que à Fmx e seu benefício do aumento do tônus muscular. O principal motivo para isso: nos programas de musculação tradicional, a carga é de apenas 60 a 80% de 1RM. Porém, a carga necessária para aumentar a Fmx é muito maior, muitas vezes até 95 ou mesmo 100%. Portanto, um dos objetivos do treino M é uma melhor progressão de treino de H para Fmx. Essa progressão é assegurada por meio da aplicação de proporções variáveis entre as fases de H e Fmx.

Planejamento do programa

A Tabela 14.1 apresenta as proporções de um programa de treino misto de H e Fmx para quatro classificações de fisiculturistas. O programa pode ser repetido quantas vezes forem necessárias, dependendo da duração da fase M. Como mostra a tabela, o treino de Fmx é recomendado consistentemente como o primeiro da semana ou após um dia de descanso. Uma vez que a modalidade Fmx emprega cargas que se aproximam do potencial máximo, o planejamento dessas sessões deve considerar a capacidade do atleta para alcançar a concentração máxima antes e durante o treinamento.

Tabela 14.1 Fase M: proporções do treino de H e Fmx

Classificação	Segunda	Terça	Quarta	Quinta	Sexta	Sábado	Domingo
Iniciante	H	H	Livre	Fmx	Livre	H	Livre
Recreacional	Fmx	H	Livre	Fmx	Livre	H	Livre
Avançado	Fmx	H	Fmx	H	Livre	H	Livre
Profissional	Fmx	H	H	Livre	Fmx	H	Livre

Considere a fadiga

Sabe-se que a fadiga afeta a capacidade de levantar cargas pesadas, como aquelas usadas em Fmx. Se, por exemplo, os atletas realizam um treino de Fmx após um treino de H, sua eficiência para levantamento de cargas pesadas será diminuída. Por outro lado, iniciar o treino de H com leve fadiga residual tende a ter um efeito estimulante sobre o desenvolvimento do músculo. Um músculo ligeiramente cansado parece esgotar as reservas de ATP-CP com mais rapidez, estimulando, assim, o crescimento muscular. No caso de treino misto, considerar a fadiga no processo e sempre planejar os exercícios de Fmx antes dos de H.

A fadiga esgota as reservas de energia rapidamente, e isso parece estimular o crescimento muscular.

As Tabelas 14.2 a 14.9 apresentam programas de treino M para atletas iniciantes, recreacionais, avançados e profissionais. Para seguir a mesma sequência de dias de treino de H e Fmx mostrados na Tabela 14.1, dividir o plano para cada nível em duas partes – uma para a parte de H e outra para a de Fmx.

O programa de treino sugerido na Tabela 14.2 mostra a parte de H do programa M para atletas iniciantes, com três dias planejados para o desenvolvimento de H – dias 1, 2 e 6. A Tabela 14.3 mostra a porção Fmx do programa M para atletas iniciantes, com apenas um dia planejado para treino de Fmx. É importante realizar somente os exercícios previamente selecionados: *não* executar ambos os programas.

Tabela 14.2 Fase M: porção de treino de H para fisiculturistas iniciantes e praticantes do treinamento de força

| | SEMANA | 1 | | | 2 | | | 3 | | |
| | ETAPA | BAIXA | | | MÉDIA | | | ALTA | | |
N.º EX.	DIA	1	3	6	1	3	6	1	3	6
1	Extensão de joelhos	40/15 × 3	Livre		50/12 × 3	Livre		60/12 × 3	Livre	
2	*Leg press*	40/12 × 3	Livre	40/12 × 3	50/12 × 3	Livre	50/12 × 3	60/10 × 3	Livre	60/10 × 3
3	Avanço	40/12 × 3	Livre	40/12 × 3	50/12 × 3	Livre	50/12 × 3	60/10 × 3	Livre	60/10 × 3
4	Flexões dos joelhos em pé	40/10 × 3	Livre	40/10 × 3	50/10 × 3	Livre	50/12 × 3	50/10 × 3	Livre	50/10 × 3
5	Remada cavalinho	40/12 × 3	Livre		50/12 × 3	Livre		60/10 × 3	Livre	
6	Extensão do tronco	3 × 10	Livre		3 × 12	Livre		3 × 15	Livre	
7	Panturrilha sentado	40/12 × 3	Livre		50/12 × 3	Livre		60/10 × 3	Livre	
8	Crucifixo no banco reto	40/12 × 3	Livre	40/12 × 3	50/12 × 3	Livre	50/12 × 3	60/10 × 3	Livre	60/10 × 3
	DIA	2	5	6	2	5	6	2	5	6
1	Desenvolvimento frontal com halteres	40/12 × 3	Livre		50/12 × 3	Livre		60/10 × 3	Livre	
2	Elevação lateral no banco inclinado	40/12 × 3	Livre	40/12 × 3	50/12 × 3	Livre	50/12 × 3	60/10 × 3	Livre	60/10 × 3
3	Remada frontal	40/12 × 3	Livre		50/12 × 3	Livre		60/10 × 3	Livre	
4	Encolhimento	40/12 × 3	Livre	40/12 × 3	50/12 × 3	Livre	50/12 × 3	60/10 × 3	Livre	60/10 × 3
5	Tríceps testa no banco inclinado	40/12 × 3	Livre	40/12 × 3	50/12 × 3	Livre	50/12 × 3	60/10 × 3	Livre	60/10 × 3
6	Abdominal cruzado	3 × 10	Livre	3 × 10	3 × 12	Livre	3 × 12	3 × 15	Livre	3 × 15

Observação: 40/15 × 3 significa carga/n.º de repetições × séries (no exemplo, três séries de 15 repetições com peso igual a 40% de 1RM); IR entre séries = 1-2 min.

Tabela 14.3 Fase M: porção de treino de Fmx para fisiculturistas iniciantes e praticantes do treinamento de força

Nº EX.	SEMANA	1	2		3
	ETAPA	BAIXA	MÉDIA		ALTA
	DIA	4	4		5
1	*Leg press*	70/7 × 3	70/8 × 1	80/6 × 2	80/6 × 3
2	Supino reto	70/7 × 3	70/8 × 1	80/6 × 2	80/6 × 3
3	Flexão dos joelhos em decúbito dorsal	50/10 × 3	60/10 × 3		70/7 × 3
4	Remada cavalinho	50/10 × 3	60/10 × 3		70/8 × 3
5	Panturrilha sentado	70/7 × 3	70/8 × 1	80/6 × 2	80/6 × 3

Observação: 70/7 × 3 significa carga/nº de repetições × séries (no exemplo, três séries de sete repetições com peso igual a 70% de 1RM); IR entre séries = 3 min.

Tabela 14.4 Fase M: porção de treino de H para fisiculturistas recreacionais e praticantes do treinamento de força

Nº EX.	SEMANA	1	2	3
	ETAPA	BAIXA	MÉDIA	ALTA
	DIA	2	2	2
1	Desenvolvimento frontal com halteres	50/12 × 3	60/12 × 3	70/8 × 4
2	Elevação lateral no banco inclinado	50/12 × 3	60/12 × 3	70/8 × 4
3	Rosca Scott	50/12 × 3	60/12 × 3	70/8 × 4
4	Encolhimento	50/12 × 3	60/12 × 3	70/8 × 4
5	Panturrilha sentado	50/12 × 3	60/12 × 3	70/8 × 4
	DIA	**6**	**6**	**6**
1	Agachamento no *hack*	50/12 × 3	60/12 × 3	70/8 × 4
2	Flexão dos joelhos em decúbito dorsal	50/12 × 3	60/12 × 3	70/8 × 4
3	Remada sentado na polia	50/12 × 3	60/12 × 3	70/8 × 4
4	Crucifixo inclinado	50/10 × 3	60/10 × 3	60/8 × 4
5	Tríceps na polia	50/12 × 3	60/12 × 3	70/8 × 4
6	Abdominal	3 × 10	3 × 12	4 × 15

Observação: 50/12 × 3 significa carga/nº de repetições × série (no exemplo, três séries de 12 repetições com peso igual a 50% de 1RM); IR entre séries = 1-2 min.

Capítulo 14 Treino misto (M)

Tabela 14.5 Fase M: porção de treino de Fmx para fisiculturistas recreacionais e praticantes do treinamento de força

SEMANA		1			2			3	
	ETAPA	BAIXA			MÉDIA			ALTA	
Nº EX.	DIA	1	4		1	4		1	4
1	*Leg press*	70/8 × 3	70/8 × 2	80/6 × 1	70/8 × 1	80/7 × 2	80/7 × 3	80/8 × 4	80/8 × 4
2	Supino reto	70/8 × 3	70/8 × 2	80/6 × 1	70/8 × 1	80/7 × 2	80/7 × 3	80/8 × 4	80/8 × 4
3	Flexão dos joelhos em decúbito dorsal	60/10 × 3	60/10 × 3		70/8 × 3		70/8 × 3	70/8 × 4	70/8 × 4
4	Puxador posterior	70/8 × 3	70/8 × 2	80/6 × 1	70/8 × 1	80/7 × 2	80/7 × 3	80/8 × 4	80/8 × 4

Observação: 70/8 × 3 significa carga/nº de repetições × séries (no exemplo, três séries de oito repetições com peso igual a 70% de 1RM); IR entre séries = 3 min.

Tabela 14.6 Fase M: porção de treino de H para fisiculturistas avançados e praticantes do treinamento de força

SEMANA		1		2		3			
	ETAPA	BAIXA		MÉDIA		ALTA			
Nº EX.	DIA	6		6		6			
1	Avanço	70/8 × 4		80/9 × 5		85/5 × 5			
2	Abdominal cruzado	4 × 12		5 × 15		5 × 15			
3	Rosca Scott	70/8 × 4		80/7 × 5		85/5 × 5			
	DIA	**2/4**	**6**	**2/4**	**6**	**2/4**	**6**	**2/4**	**6**
1	Tríceps testa declinado	70/8 × 4	70/8 × 4	80/7 × 5	80/7 × 5	80/7 × 2	85/ 5 × 3	80/ 7 × 2	85/ 5 × 3
2	Puxador posterior	70/8 × 4	70/8 × 4	80/7 × 5	80/7 × 5	80/7 × 2	85/ 5 × 3	80/ 7 × 2	85/ 5 × 3
3	Crucifixo invertido	60/10 × 4	70/8 × 4	70/7 × 5	80/7 × 5	75/6 ×5			
4	Encolhimento	70/8 × 4		80/7 × 5		80/7 × 2	85/ 5 × 3		
5	Extensão do tronco	4 × 12		4 × 15		5 × 15			

Observação: 70/8 × 4, carga/nº de repetições × série (no exemplo, quatro séries de oito repetições com peso igual a 70% de 1RM); IR entre séries = 30-45 s.

Tabela 14.7 Fase M: porção de treino de Fmx para fisiculturistas avançados e praticantes do treinamento de força

Nº EX.	SEMANA	1		2				3	
	ETAPA	BAIXA		MÉDIA				ALTA	
	DIA	1	3	1	3			1	3
1	Agachamento com barra de segurança	$70/8 \times 4$	$80/7 \times 1$ $80/7 \times 5$	$80/6 \times 2$	$90/3 \times 3$	$85/4 \times 2$	$90/3 \times 3$	$90/3 \times 5$	$90/2 \times 5$
2	Flexão dos joelhos em pé	$60/8 \times 5$	$60/8 \times 5$	$70/7 \times 5$		$70/7 \times 5$		$80/6 \times 5$	$80/6 \times 5$
3	Supino reto	$70/8 \times 4$	$80/7 \times 1$ $80/7 \times 5$	$80/6 \times 2$	$90/3 \times 3$	$85/4 \times 2$	$90/3 \times 3$	$90/3 \times 5$	$90/2 \times 5$
4	Remada curvada	$70/8 \times 4$	$80/7 \times 1$ $80/7 \times 5$	$80/6 \times 2$	$90/3 \times 3$	$85/4 \times 2$	$90/3 \times 3$	$90/3 \times 5$	$90/2 \times 5$
5	Desenvolvimento frontal com halteres	$70/8 \times 4$	$80/7 \times 1$ $80/7 \times 5$	$80/6 \times 2$	$90/3 \times 3$	$85/4 \times 2$	$90/3 \times 3$	$90/3 \times 5$	$90/2 \times 5$
6	Panturrilha tipo burrinho	$60/8 \times 5$	$60/8 \times 5$	$70/7 \times 5$		$70/7 \times 5$		$80/6 \times 5$	$80/6 \times 5$

Observação: $70/8 \times 4$, carga/nº de repetições × série (no exemplo, quatro séries de oito repetições, usando peso igual a 70% de 1RM); IR entre séries = 3-4 min.

Tabela 14.8 Fase M: porção de treino de H para fisiculturistas profissionais e praticantes do treinamento de força

Nº EX.	SEMANA	1		2		3	
	ETAPA	BAIXA		MÉDIA		ALTA	
	DIA	2	6	2	6	2	6
1	Desenvolvimento frontal com halteres	$60/12 \times 3$	$60/12 \times 3$	$70/10 \times 3$	$75/8 \times 3$	$80/7 \times 2$	$80/7 \times 2$
2	Elevação lateral no banco inclinado	$60/12 \times 4$	$60/12 \times 4$	$70/10 \times 4$	$75/8 \times 4$	$80/7 \times 3$	$80/7 \times 3$
3	Encolhimento	$60/12 \times 6$	$60/12 \times 6$	$70/10 \times 6$	$75/8 \times 6$	$80/7 \times 6$	$80/7 \times 6$
4	Tríceps testa declinado	$60/12 \times 4$	$60/12 \times 4$	$70/10 \times 6$	$75/8 \times 6$	$80/7 \times 6$	$80/7 \times 6$
5	Rosca Scott	$60/12 \times 3$	$60/12 \times 3$	$70/10 \times 3$	$70/10 \times 3$	$80/7 \times 3$	$80/7 \times 3$
	DIA	**3**		**3**		**3**	
1	Agachamento com barra de segurança	$60/12 \times 6$		$70/10 \times 7$		$80/7 \times 3$	
2	Flexão dos joelhos em pé	$60/12 \times 6$		$70/10 \times 7$		$70/7 \times 3$	
3	Supino reto	$60/12 \times 6$		$70/10 \times 7$		$80/7 \times 3$	
4	Remada curvada	$60/12 \times 6$		$70/10 \times 7$		$80/7 \times 3$	
5	Extensão do tronco	$60/12 \times 3$		$70/10 \times 3$		$80/7 \times 3$	
6	Abdominal tipo remo	$60/12 \times 3$		$70/10 \times 3$		$80/7 \times 3$	
7	Panturrilha tipo burrinho	$60/12 \times 6$		$70/10 \times 7$		$80/7 \times 3$	

Observação: $60/12 \times 3$ significa carga/nº de repetições × série (no exemplo, três séries de 12 repetições com peso igual a 60% de 1RM); IR entre séries = 30-45 s.

Tabela 14.9 Fase M: porção de treino de Fmx para fisiculturistas profissionais e praticantes do treinamento de força

Nº EX.	SEMANA ETAPA DIA	1 BAIXA 1	5	2 MÉDIA 1	5	3 ALTA 1		5	
1	Agachamento com barra de segurança	80/7 × 6	80/7 × 6	85/4 × 3	90/3 × 3	90/3 × 6	90/3 × 2	95/2 × 4	80/3 × 2	95/2 × 4
2	Flexão dos joelhos em pé	70/6 × 5	70/6 × 5	80/6 × 5		80/6 × 5	80/6 × 5		80/6 × 5	
3	Remada curvada	80/7 × 6	80/7 × 6	85/4 × 3	90/3 × 3	90/3 × 6	90/3 × 2	95/2 × 4	80/3 × 2	95/2 × 4
4	Supino reto	80/7 × 6	80/7 × 6	85/4 × 3	90/3 × 3	90/3 × 6	90/3 × 2	95/2 × 4	80/3 × 2	95/2 × 4

Observação: 80/7 × 6, carga/nº de repetições × série (no exemplo, seis séries de sete repetições com peso igual a 80% de 1RM); IR entre séries = 3-5 min.

As dicas a seguir podem ajudar a realizar a fase M com êxito:
- Testar a 1RM como sugerido para as outras fases de treino.
- Fazer de 5 a 10 minutos de exercício aeróbio antes e depois da sessão de treino misto. Não esquecer de incluir o aquecimento e a volta à calma.
- Os exercícios podem ser substituídos por exercícios similares de acordo com as necessidades e preferências individuais.
- O número de séries pode ser aumentado ou diminuído de acordo com o potencial individual.
- Pode-se optar por exercícios que não tenham sido sugeridos, mas o mesmo padrão de carga se aplica.
- Se uma determinada carga é muito alta para você, reduzi-la um pouco até que seja possível executar o número recomendado de repetições.
- Cada plano de fase recomendado é de três semanas de duração. Se uma fase M mais longa for necessária, o programa inteiro pode ser repetido.

Atinja a recuperação ideal

Ao contrário do padrão de exercício para treino de H, onde todas as séries planejadas para um exercício são executadas antes de passar para o próximo, o treino de Fmx exige que o atleta sempre atinja a recuperação ideal entre as séries. O padrão de exercício de Fmx é executar uma série para o primeiro exercício e, em seguida, realizar uma série para o próximo. Sempre trabalhar os exercícios em séries de dois, de cima para baixo. O intervalo de recuperação deve ser de cerca de 5 a 6 minutos antes de voltar ao exercício original. Para aprimorar o processo de recuperação ainda mais, os exercícios são planejados de forma que os grupos musculares sejam constantemente alternados.

Trevor Butler se preparando para terminar sua série final com o mesmo nível de intensidade com que ele começou.

É muito importante respeitar rigorosamente os intervalos de recuperação propostos. Não cometer o erro de realizar a série cedo demais. Independentemente de o atleta sentir-se pronto antes do IR, o corpo precisa de tempo para recuperar-se desse tipo de treino. A última série deve ser tão boa quanto a primeira.

Nutrição

A fase mista e a de força máxima são intermediárias entre a fase de hipertrofia clássica, ou de massa, e a de definição. Os objetivos de nutrição na fase mista são no mínimo manter o peso e a massa muscular adquirida durante a fase de hipertrofia, de preferência, aumentar levemente ambos, desenvolvendo ao mesmo tempo a força que normalmente acompanha o aumento de peso e de massa muscular. Durante essa fase, os atletas começam o processo de solidificação e leve aumento dos ganhos de massa muscular da fase de hipertrofia. Também começam a aumentar sua força.

Durante a fase mista, os fisiculturistas devem consumir diariamente entre 37 e 55 calorias por quilo de peso corporal máximo obtido durante a fase de hipertrofia. Eles podem cortar sua ingestão calórica em quatro calorias por quilo de peso corporal a cada semana. Seu porcentual de gordura corporal não deve superar os níveis da fase de hipertrofia. Estabilizar o peso corporal como na fase de hipertrofia, ou ligeiramente acima, e encerrar o corte de calorias quando o peso se estabilizar.

Utilizando o exemplo do Capítulo 13, um fisiculturista pesando 113 kg agora cortará cerca de quatro calorias por quilo por semana. Isso significa que na primeira semana da fase mista ele consumirá 50 calorias por quilo de peso corporal, ou $50 \times 113 = 5.650$ calorias por dia. Na semana seguinte, ele vai tomar 46 calorias por quilo de peso corporal, ou cerca de 5.200 calorias por dia. Na terceira semana, ele consumirá 42 calorias por quilo de peso corporal, ou aproximadamente 4.750 calorias por dia. Na quarta, 37 calorias por quilo de peso corporal, ou cerca de 4.200 calorias por dia. Uma vez que seu peso estabilize e ele já não estiver ganhando peso, o atleta deve manter as calorias nesse nível até iniciar a fase de definição.

Suplementação

Na fase mista, como na de hipertrofia, a comida conta mais do que os suplementos. Garantir a cota de calorias de baixo carboidrato fornecerá muito do que é necessário para solidificar a massa muscular aumentada e começar a preparação para diminuir a gordura corporal. No entanto, à medida que reduz as calorias, os suplementos nutricionais ganham importância.

Será necessário mais do que apenas a base diária de comprimidos de vitaminas e minerais. MVM (um suplemento completo de vitaminas, minerais e nutrientes), Antiox (uma mistura de antioxidantes) e EFA+ (uma fórmula de ácido graxo essencial que contém muito mais do que os ácidos graxos essenciais) serão necessários em uma base regular. Como na fase de hipertrofia, outros suplementos – como Exersol (composto por Resolve, Power Drink e Amino), ReNew, Regulate, Joint Support, MRP LoCarb e barras LoCarb – podem ser usados quando necessário. (Para obter informações, consultar os capítulos 13 e 15, ou acessar o site www.metabolicdiet.com – em inglês.)

MVM, Antiox e EFA+ devem ser usados regularmente por fisiculturistas que estão treinando com intensidade.

CAPÍTULO

15

Força máxima (Fmx)

A força máxima é desenvolvida aumentando a carga de treino e, no processo, aumentando a capacidade contrátil dos músculos. Cargas de treino maiores que 80% elevam a tensão no músculo e recrutam as unidades motoras potentes de contração rápida. O resultado é maior conteúdo de proteína no músculo por meio de maior espessura dos filamentos de miosina. Uma vez que unidades motoras são recrutadas por tamanho, começando com contração lenta seguida de rápida, cargas maiores que 80% devem recrutar as unidades motoras potentes de contração rápida.

As seguintes características descrevem o escopo do treino de força máxima (Fmx):

- Aumenta o conteúdo de proteínas do músculo, induzindo, assim, hipertrofia crônica e aumentando a densidade e o tônus muscular.
- Aumenta a espessura dos filamentos de miosina e pontes cruzadas (é a única maneira de induzir a hipertrofia crônica).
- Condiciona os músculos para recrutar o maior número de fibras musculares de contração rápida possível por meio da aplicação de cargas pesadas. Isso desenvolve a Fmx e melhora a densidade e o tônus muscular.

Fisiologia por trás do treino de Fmx

A capacidade de um atleta de desenvolver Fmx depende consideravelmente de três fatores.

- **O diâmetro, ou a área de secção transversal, do músculo.** Mais especificamente, isso significa o diâmetro dos filamentos de miosina, incluindo suas pontes cruzadas. Embora o tamanho do músculo dependa muito da duração da fase de H, o diâmetro dos filamentos de miosina depende especificamente do volume e da duração da fase de Fmx. Isso ocorre porque o treino de Fmx é responsável pelo aumento do conteúdo de proteínas dos músculos.
- **A capacidade de recrutar fibras musculares de contração rápida.** Essa capacidade depende em grande parte do conteúdo de treino. O uso de cargas máximas, com alta aplicação de força contra resistência, é o único tipo de treinamento que envolve completamente as unidades motoras potentes de contração rápida.
- **A capacidade de sincronizar com êxito todos os músculos envolvidos na ação.** Isso se desenvolve ao longo do tempo em função da aprendiza-

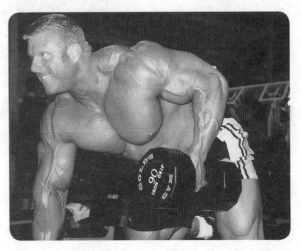

Levantadores inteligentes compreendem a importância do treino de Fmx e do recrutamento de fibra muscular.

gem, que é baseada na execução de muitas repetições do mesmo exercício com cargas pesadas. A maioria dos fisiculturistas norte-americanos usa apenas métodos de fisiculturismo (i. e., hipertrofia) para aumentar o tamanho do músculo. Eles tendem a negligenciar abordagens de treino que estimulam o recrutamento das fibras musculares de contração rápida para desenvolver músculos de alta densidade, tônus muscular firme, separação muscular consistente e estrias mais visíveis do músculo. Embora os atletas norte-americanos aumentem seu tamanho muscular, os aumentos em geral não são crônicos: o crescimento é em grande parte decorrente do deslocamento de fluido dentro dos músculos em vez de um espessamento das fibras musculares.

A fase de Fmx no programa de periodização pode corrigir essa deficiência. A força máxima melhora como resultado da criação de tensão elevada no músculo – e essa tensão pode ser alcançada apenas usando cargas que resultam em maior recrutamento de fibra muscular de contração rápida (cargas superiores a 85% de 1RM).

Duração e método de treino

Recomenda-se que a fase Fmx dure seis semanas, embora outras variações sejam possíveis. Os exercícios para o desenvolvimento da força máxima não devem ser realizados sob condições de exaustão, como na fase de H. Durante o treino de Fmx, os músculos devem ter recuperação máxima entre as séries. Por conta da máxima ativação do sistema nervoso central que gera e dos altos níveis de concentração e motivação que requer, o treino de Fmx melhora as ligações com o sistema nervoso central que levam a coordenação muscular e sincronização superiores. A força depende não só do tamanho do músculo e do número total de pontes cruzadas, mas também da capacidade do sistema nervoso central de "conduzir" o músculo.

A alta ativação do sistema nervoso central (i. e., sincronização muscular) também resulta em inibição da musculatura antagonista. Quando é aplicada força máxima, portanto, os músculos antagonistas são coordenados de tal forma que não se contraem para opor-se ao movimento – permitindo que o atleta levante cargas ainda mais pesadas.

Uso de cargas máximas para ganhar força muscular consistente.

Acredita-se que a maioria das alterações na força ocorrem ao nível do tecido muscular. Pouco se sabe, no entanto, sobre o envolvimento do sistema nervoso durante o treino de Fmx. Na verdade, poucos estudos têm sido realizados sobre o assunto. A pesquisa que tem sido feita sugere que o sistema nervoso central atua como um estímulo para ganhos de força. Ele normalmente age como um inibidor de unidades motoras durante a contração. Sob circunstâncias extremas, como situação de vida ou morte, essa inibição é removida e todas as unidades motoras são ativadas, fornecendo o que parece ser uma força sobre-humana. Um dos principais objetivos do treino de Fmx é ensinar o corpo a eliminar a inibição do sistema nervoso central, que resulta em grande melhoria do potencial de força.

Método de carga máxima (MCM)

O aumento da força máxima ocorre quase exclusivamente por meio do método de carga máxima (MCM). Esse método deve ser realizado somente após dois ou três anos de treino geral de musculação ou força, por conta do esforço de treino e do uso de cargas máximas. Os ganhos são em grande parte decorrentes do aprendizado motor, no qual os atletas aprendem a usar e coordenar os músculos envolvidos no treino de forma mais eficiente. O MCM oferece os seguintes benefícios:

- Aumenta a ativação da unidade motora, resultando em alto recrutamento e frequência de disparo das fibras musculares de contração rápida.
- Aumenta a secreção de hormônios de crescimento e os níveis de catecolaminas (compostos – principalmente adrenalina e noradrenalina – que aumentam a forte resposta fisiológica para esse tipo de treino).
- Melhora a coordenação e sincronização dos grupos musculares durante a execução. Quanto melhor a coordenação e a sincronização dos músculos envolvidos na contração e quanto mais eles aprendem a recrutar músculos de contração rápida, melhor será o desempenho.
- Aumenta o diâmetro dos elementos contráteis do músculo.
- Eleva o nível de testosterona do corpo.

Os ganhos obtidos por meio do MCM são predominantemente em força máxima, com hipertrofia muscular como um benefício secundário. Grandes ganhos em tamanho muscular pelo MCM são possíveis, mas em geral apenas em atletas que estão começando a usar o MCM. Para atletas com histórico mais sólido, os ganhos no tamanho muscular não serão tão visíveis como os obtidos na força máxima. A fase de Fmx é uma preparação para explosões futuras de crescimento por meio de sincronização superior e maior recrutamento de fibras de contração rápida. Atletas altamente treinados, com 3 ou 4 anos de treino de MCM, são tão bem adaptados para esse treino que são capazes de recrutar cerca de 85% de suas fibras de contração rápida. Os 15% restantes representam uma reserva "latente" que não é facilmente explorada por meio de treinamentos.

Quando os atletas atingem um nível tão avançado, podem achar muito difícil aumentar ainda mais a Fmx. Para evitar a estagnação e melhorar ainda mais a separação e a densidade muscular, eles devem usar métodos alternativos para fornecer maior estímulo aos músculos. Um exemplo é aumentar o componente excêntrico de contrações – o aumento da tensão ajuda o organismo a continuar desenvolvendo a força máxima apesar de um nível já elevado de adaptação.

Os elementos mais importantes a considerar no treino de MCM são a carga utilizada, o padrão de carga, o intervalo de recuperação e a velocidade para realizar a contração. As seções a seguir examinam cada um desses elementos de forma detalhada.

Carga – Como já mencionado, a Fmx é desenvolvida apenas quando a máxima tensão é criada no músculo. Embora cargas inferiores estimulem as fibras musculares de contração lenta, cargas superiores a 85% de 1RM são necessárias se a maioria das fibras musculares, especialmente as de contração rápida, devem ser recrutadas na contração. Cargas máximas com repetições baixas resultam em adaptação significativa do sistema nervoso, melhor sincronização dos músculos envolvidos e maior capacidade de recrutar fibras musculares de contração rápida.

Uma sugestão de Goldberg et al. (1975) – que a tensão desenvolvida dentro dos miofilamentos é o estímulo para a síntese de proteína – ilustra ainda mais por que o treino de Fmx deve ser realizado apenas com cargas máximas. Como a carga para o MCM é máxima, o número de repetições por série é baixo – apenas de 1 a 4 (ou, no máximo, até seis).

Intervalo de recuperação – O intervalo de recuperação (IR) entre séries depende parcialmente do nível de condicionamento físico do atleta e deve ser calculado de forma cuidadosa para garantir a recuperação adequada do sistema neuromuscular. Para o MCM, um IR de 3-5 minutos é necessário porque cargas máximas envolvem o sistema nervoso central (que se recupera mais lentamente do que o esquelético). Se o IR é muito curto, a participação do sistema nervoso – sob a forma de máxima concentração, motivação e potência dos impulsos nervosos enviados ao músculo em contração – poderia ser menor do que o ideal. Além disso, a restauração completa do combustível necessário para contração (ATP-CP) também pode ser prejudicada se o IR for muito breve.

Velocidade – A velocidade de execução desempenha um papel importante no MCM. Mesmo quando cargas máximas comuns são utilizadas, a força do atleta contra a resistência deve ser exercida tão rapidamente quanto possível. Embora a magnitude da carga restrinja a velocidade de contração, o atleta deve concentrar-se ativando os músculos o mais rapidamente possível.

Método excêntrico

Exercícios de força, usando pesos livres ou a maioria dos aparelhos isocinéticos, envolvem tipos concêntricos e excêntricos de contração. Durante a fase concêntrica, a força é produzida enquanto o músculo se encurta; durante o segmento excêntrico, enquanto o músculo se alonga, ou retorna à posição de repouso. Todos sabem que a fase excêntrica é mais fácil do que a concêntrica.

Por exemplo, ao executar o supino, o abaixamento da barra ao peito (a parte excêntrica do levantamento) é mais fácil do que levar a barra para cima (parte concêntrica do exercício).

O fato de o trabalho excêntrico ser mais fácil permite que os atletas trabalhem com cargas mais pesadas do que se estivessem realizando trabalho apenas concêntrico, e cargas mais pesadas representam ganhos de força maiores. Pesquisadores e especialistas em treino de força chegaram à mesma conclusão de que o exercício excêntrico cria maior tensão nos músculos do que contrações isométricas ou isotônicas. E já que maior tensão muscular normalmente é igualada a maior desenvolvimento de força, o treino excêntrico é um método superior.

Alguns especialistas em treinamento afirmam que os resultados do método de treino de força excêntrica resulta em ganhos de força de 10 a 35% maiores quando comparados a outros métodos. A carga de treino excêntrico é muito maior que a 1RM do atleta, portanto, a velocidade de execução é bastante lenta. Essa taxa de contração lenta produz maior estímulo para a síntese de proteína e, portanto, normalmente resulta em maior desenvolvimento de força e hipertrofia muscular.

Durante os primeiros dias de adoção do método excêntrico, os atletas podem experimentar dor muscular, porque tensões superiores provocam algum dano muscular menor. À medida que os atletas se adaptam, a dor muscular desaparece em cerca de 7 a 10 dias. Este desconforto pode ser evitado em curto prazo por meio do aumento da carga de forma progressiva, usando a abordagem do tipo degrau.

Há várias diferenças em estímulos mecânicos, metabólicos e neurais entre contrações concêntricas e excêntricas. Embora contrações concêntricas máximas levem à ativação muscular máxima, as excêntricas máximas não parecem induzir a ativação muscular completa. Em outras palavras, um fisiculturista ou atleta de força deve trabalhar com cargas mais pesadas durante a fase excêntrica para desenvolver uma adaptação positiva na força. O comando neural para contrações excêntricas é único ao decidir (1) quais unidades motoras devem ser ativadas; (2) quanto devem ser ativadas; (3) quando devem ser ativadas e; (4) como a atividade deve ser distribuída dentro de um grupo muscular.

Planejamento do programa

Para benefícios máximos de treino, os atletas devem usar o MCM pelo maior tempo possível. Quando alcançarem um ponto em que estejam obtendo pouco ou nenhum avanço, eles devem começar a usar o método excêntrico. Essa abordagem de treino irá romper o teto de adaptação criado pela fase sem ganhos e permitirá o alcance de novos níveis de força.

Uma vez que o método excêntrico emprega as cargas mais pesadas em treinamento de força (110 a 160%), apenas atletas com histórico de treinamento de força sólido (ou seja, 2 a 3 anos de experiência) devem adotá-lo. E vale lembrar que eles devem usá-lo somente depois de perceberem que estão em ausência de ganhos com o método de carga máxima (MCM).

A musculatura de Trevor Butler mostra o benefício do treino de Fmx.

O método excêntrico pode ser usado sozinho ou em combinação com o MCM, mas por apenas um curto período de tempo. Não se deve abusar do treino excêntrico. Quando usado em demasia, tem limitações e pode levar a um patamar difícil de quebrar. Além disso, pelo fato de o treino excêntrico requerer concentração mental intensa, sempre que cargas máximas ou supramáximas forem usadas, há grande quantidade de estresse psicológico.

Durante o treino excêntrico, que é geralmente realizado com pesos livres, a assistência de duas pessoas é necessária porque os pesos são sempre maiores do que os que os atletas podem levantar sozinhos de modo concêntrico. O trabalho dos assistentes é ajudar a levantar o peso durante a fase concêntrica e observar os levantadores durante a fase excêntrica para garantir que possam lidar com a grande carga.

As orientações de treino para o método excêntrico são apresentadas na Tabela 15.1. A carga é expressa como um porcentual de 1RM para a contração concêntrica, e recomenda-se que tenha entre 110 e 160%. A carga mais eficaz para os atletas avançados é de cerca de 130 a 140%. Atletas menos experientes devem usar cargas inferiores. Essas cargas devem ser utilizadas após pelo menos duas fases de treino de Fmx em que a contração excêntrica seja incluída. Contrações excêntricas não devem ser usadas em nenhuma circunstância nos primeiros meses de treinamento.

Atletas iniciantes devem usar um número menor de séries, conforme indicado na Tabela 15.1. Atletas recreacionais podem necessitar de um número menor de séries do que a tabela indica, dependendo de sua capacidade e potencial de treino. O IR é um elemento importante para a capacidade de

Tabela 15.1 Orientações de treino para a fase de Fmx

	CLASSIFICAÇÃO DO FISICULTURISTA			
	Iniciante	Recreacional	Avançado	Profissional
Repetições/série	1-4	3-8	3-8	2-8
Séries/sessão	10-15	15-20	20-32	25-40
IR entre séries (min)	4-5	3-5	3-5	3-5
Frequência/semana: MCM	Nenhum	2-3	2-3	2-3
Excêntrico	Nenhum	Nenhum	1	1-2
Ritmo, velocidade de contração	Lento	Lento	Ativo	Ativo

realizar esforço altamente intenso. Se, após uma série, os atletas não tiverem se recuperado o suficiente para executar a próxima série de mesmo nível, eles devem aumentar ligeiramente o IR.

Pelo fato de as contrações excêntricas usarem cargas extremamente pesadas, os atletas devem estar altamente motivados e ter concentração máxima antes de executar cada série. Apenas sob tais condições mentais eles serão capazes de realizar contrações excêntricas de forma eficaz. O método excêntrico é raramente executado de modo independente de outros métodos de Fmx. Mesmo durante a fase de Fmx, ele é usado em conjunto com o MCM. Recomendamos apenas uma sessão de treino excêntrico. A frequência pode, em algum momento, ser aumentada para atletas avançados durante o terceiro degrau da abordagem do tipo por degraus para padrões de carga.

As dicas a seguir fornecem ajuda para concluir uma fase de Fmx bem-sucedida:

- Testar a 1RM durante a segunda parte da primeira semana e a primeira semana da próxima fase.
- Uma vez que o treino de Fmx exige muito do sistema neuromuscular, reduzir o número de exercícios para o mais baixo possível. Sempre que possível, executar exercícios multiarticulares que envolvam vários grupos musculares. No entanto, esse método não exclui o uso de exercícios monoarticulares.
- Em razão do estresse fisiológico e psicológico do treino de Fmx, o IR entre séries deve ser de 3 a 5 minutos de duração. Ao longo do IR, relaxar os músculos, mantê-los aquecidos com roupas secas e fazer exercícios suaves de alongamento.
- Se a carga sugerida for muito alta, abaixá-la e manter o número recomendado de repetições.
- Ajustar o programa e os exercícios para atender às necessidades individuais e ao potencial de treino.
- Fazer 20 a 25 minutos de exercício aeróbio após as sessões de treino.
- Fisiculturistas avançados/profissionais e praticantes do treinamento de força podem usar exercícios mais complexos, como levantamentos terra ou levantamentos de potência, que envolvem até seis articulações.

As Tabelas 15.2 a 15.4 apresentam programas de Fmx para atletas recreacionais, avançados e profissionais, bem como praticantes de treinamento de força. A carga varia visivelmente entre os três grupos, já que deve corresponder à capacidade e ao potencial de treino.

Parte IV As seis fases do treinamento

Tabela 15.2 Fase de Fmx para fisiculturistas recreacionais e praticantes do treinamento de for[ç

	SEMANA	1		
	ETAPA	BAIXA		
Nº EX.	DIA	1	3	5
1	*Leg press*	70/8 × 3	75/8 × 4	75/8 × 4
2	Flexão dos joelhos em decúbito dorsal	60/10 × 3	60/10 × 3	70/7 × 4
3	Puxador posterior	70/8 × 3	75/8 × 4	75/8 × 4
4	Desenvolvimento frontal com halteres	70/8 × 3	75/8 × 4	75/8 × 4
5	Panturrilha tipo burrinho	70/8 × 3	75/8 × 4	75/8 × 4

Observação: combinações de programas são possíveis. As informações são fornecidas como carga/nº de repetições × séries, de modo que 70/8 × 3 significa três séries de oito repetições com peso igual a 70% de 1RM.

Tabela 15.3 Fase de Fmx para fisiculturistas avançados e praticantes do treinamento de força

	SEMANA	1			
	ETAPA	BAIXA			
Nº EX.	DIA	1	3	5	7
1	Agachamento com barra de segurança	75/8 × 4	75/8 × 4	75/8 × 4	75/8 × 4
2	Flexões dos joelhos em pé	60/10 × 4	60/10 × 4	65/10 × 4	65/10 × 4
3	Supino inclinado	75/8 × 4	75/8 × 4	75/8 × 4	75/8 × 4
4	Remada curvada	75/8 × 4	75/8 × 4	75/8 × 4	75/8 × 4
5	Panturrilha tipo burrinho	75/8 × 4	75/8 × 4	75/8 × 4	75/8 × 4
6	Abdominal tipo remo	60/10 × 4	60/10 × 4	65/10 × 4	65/10 × 4

Observação: no último treino da semana 3, no qual a carga é mais de 100%, o exercício é realizado de forma excêntrica. Para os exercícios 2 e 6, use somente MCM, já que eles são inadequados para treinamento excêntrico. Informações são fornecidas como carga/nº de repetições × séries, de modo que 75/8 × 4 significa quatro séries de oito repetições com peso igual a 75% de 1RM.

	2				3		
	MÉDIA				**ALTA**		
	1	*3*	*5*		*1*	*3*	*5*
	80/6 × 4	80/6 × 4	80/6 × 3	90/3 × 1	90/3 × 4	90/3 × 4	90/3 × 4
	70/7 × 4	70/7 × 4	70/7 × 4	70/7 × 4	70/7 × 4	70/7 × 4	70/7 × 4
	80/6 × 4	80/6 × 4	80/6 × 3	90/3 × 1	90/3 × 4	90/3 × 4	90/3 × 4
	80/6 × 4	80/6 × 4	80/6 × 3	90/3 × 1	90/3 × 4	90/3 × 4	90/3 × 4
	80/6 × 4	80/6 × 4	80/6 × 3	90/3 × 1	90/3 × 4	90/3 × 4	90/3 × 4

	2				3				
	MÉDIA				**ALTA**				
	1	*3*	*5*	*7*	*1*	*3*	*5*		*7*
	80/6 × 5	85/5 × 5	90/3 × 5	90/3 × 5	90/3 × 5	95/2 × 5	95/2 × 3	100/1 × 2	120/3 × 5
	70/7 × 5	85/5 × 5	90/3 × 5	90/3 × 5	80/6 × 5	80/6 × 5	80/6 × 5		80/6 × 5
	80/6 × 5	85/5 × 5	90/3 × 5	90/3 × 5	90/3 × 5	95/2 × 5	95/2 × 3	100/1 × 2	120/3 × 5
	80/6 × 5	85/5 × 5	90/3 × 5	90/3 × 5	90/3 × 5	95/2 × 5	95/2 × 3	100/1 × 2	120/3 × 5
	80/6 × 5	85/5 × 5	90/3 × 5	90/3 × 5	90/3 × 5	95/2 × 5	95/2 × 3	100/1 × 2	120/3 × 5
	70/7 × 5	85/5 × 5	90/3 × 5	90/3 × 5	80/6 × 5	80/6 × 5	80/6 × 5		80/6 × 5

Tabela 15.4 Fase de Fmx para fisiculturistas profissionais, com uma mistura de MCM e método excêntrico

Nº EX.	SEMANA ETAPA DIA	1 BAIXA						2 MÉDIA	
		1	2	3	4	5	6	1	2
1	Agachamento com barra de segurança	70/8 × 6	70/8 × 6	Livre	75/8 × 3	80/6 × 3	80/6 × 5	Livre	80/6 × 6	85/4 × 6
2	Flexão dos joelhos em pé	70/8 × 5	70/8 × 5	Livre	75/8 × 6		75/8 × 6	Livre	75/8 × 6	75/8 × 6
3	Remada cavalinho	70/8 × 6	70/8 × 6	Livre	75/8 × 3	80/6 × 3	80/6 × 5	Livre	80/6 × 6	85/4 × 6
4	Supino reto	70/8 × 6	70/8 × 6	Livre	75/8 × 3	80/6 × 3	80/6 × 5	Livre	80/6 × 6	85/4 × 6
5	Panturrilha tipo burrinho	70/8 × 6	70/8 × 5	Livre	75/8 × 3	80/6 × 3	80/6 × 5	Livre	80/6 × 6	85/4 × 6
6	Abdominal tipo remo	70/8 × 5	70/8 × 5	Livre	75/8 × 6		75/8 × 6	Livre	75/8 × 6	75/8 × 6

Observação: quando a carga é maior que 100%, o exercício é realizado de forma excêntrica. Para os exercícios 2, 3 e 6, nos quais a carga é menor, use somente o MCM, já que eles são inadequados para treino excêntrico. As informações são fornecidas como carga/nº de repetições × séries, de modo que 75/8 × 4 significa quatro séries de oito repetições com peso igual a 75% de 1RM.

	2				3						
	MÉDIA				**ALTA**						
	3	**4**	**5**	**6**	**1**	**2**		**3**	**4**	**5**	**6**
	120/4 × 6	Livre	90/3 × 7	120/3 × 7	90/3 × 6	95/2 × 3	100/1 × 4	130/3 × 7	Livre	95/2 × 7	130/3 × 7
	80/6 × 5	Livre	80/6 × 6	80/6 × 6	80/6 × 6	80/6 × 6		85/4 × 5	Livre	85/4 × 5	85/4 × 5
	85/4 × 6	Livre	90/3 × 7	90/3 × 7	90/3 × 6	95/2 × 3	100/1 × 3	100/1 × 3	Livre	95/2 × 7	95/2 × 7
	120/4 × 6	Livre	90/3 × 7	120/3 × 7	90/3 × 6	95/2 × 3	100/1 × 3	130/3 × 7	Livre	95/2 × 7	130/3 × 7
	120/4 × 6	Livre	90/3 × 7	120/3 × 7	90/3 × 6	95/2 × 3	100/1 × 3	130/3 × 7	Livre	95/2 × 7	130/3 × 7
	80/6 × 5	Livre	80/6 × 6	80/6 × 6	80/6 × 6	80/6 × 6		85/4 × 5	Livre	85/4 × 5	85/4 × 5

Nutrição

Esta fase, como a mista, é intermediária entre a fase de hipertrofia clássica (massa) e a de definição. Os objetivos de nutrição na fase de Fmx são manter grande parte do peso e solidificar toda a massa adquirida durante a fase de hipertrofia muscular – e, de preferência, aumentar levemente a massa muscular, além de maximizar a força que em geral acompanha o aumento de peso e massa muscular.

Durante essa fase, a ideia é estabilizar a massa muscular adquirida por meio da fase de hipertrofia e garantir que o porcentual de gordura corporal não ultrapasse os níveis da fase de hipertrofia. Continuar a consumir o mesmo número de calorias da fase mista – ou seja, a ingestão calórica diária que resultou no peso sendo estabilizado. Manter as calorias nesse nível até entrar em fase de definição. A ingestão de proteína dietética deve ocorrer no mesmo nível, e a de gordura em um nível inferior em comparação à fase de hipertrofia.

Suplementação

Na fase de Fmx, suplementos são mais importantes do que nas três fases anteriores. Ainda é importante obter a cota de calorias de baixo carboidrato e proteína dietética para ingerir muito do que é necessário a fim de solidificar a massa muscular elevada (aumentando a densidade de fibra e o conteúdo de proteína muscular) e começar a se preparar para eliminar a gordura corporal. No entanto, uma vez que as calorias diárias diminuíram substancialmente durante a fase de hipertrofia e a intensidade do treino é crescente, completar a dieta com alguns suplementos direcionados permitirá progresso adicional.

Será necessário mais do que o comprimido diário básico de vitamina ou minerais. Usar MVM, Antiox e EFA+ regularmente. Como na fase de hipertrofia, consumir outros suplementos – como Exersol, ReNew, Regulate, Joint Support, MRP LoCarb e barras LoCarb – conforme necessário.

Para aqueles enfrentando problemas no treino, dor nas articulações, lesões ou sobretreinamento, recomendamos Joint Support ou ReNew. MRP LoCarb e barras LoCarb podem ser extremamente úteis para o lanche ou após as refeições para ajudar a atingir as metas de calorias de forma saudável, com pouco carboidrato. Além disso, se houver uma estagnação nessa fase, especialmente no treino, pode ser útil usar Exersol a fim de maximizar os esforços de treino.

Além dos suplementos já mencionados, uma variedade mais sofisticada é necessária durante a fase de Fmx. Nesse momento, em geral é preciso complementar a dieta com proteína magra adicional e compensar as calorias de proteína adicional diminuindo a gordura dietética. Também pode ser necessário usar 3 ou 4 das seguintes formulações para maximizar os sistemas de energia anaeróbia e a unidade anabólica: Myosin Protein, Creatine Advantage, TestoBoost e GHboost. Usados em conjunto, TestoBoost e GHboost maximizam a produção endógena de testosterona, hormônio do crescimento e IGF-1 e, portanto, seus efeitos anabólicos e a queima de gordura.

Myosin Protein Complex – Esse suplemento permite a manutenção dos níveis de proteína altos em um período em que é difícil ingerir proteína suficiente dos alimentos e cortar calorias ao mesmo tempo. É uma mistura sinérgica avançada de pós de proteína de alta qualidade, incluindo uma fonte especialmente desenvolvida de peptídeos de glutamina. A Myosin Protein Complex, que contém proteínas de absorção rápida e lenta, é projetada para aumentar a síntese proteica e diminuir a ruptura muscular. Cumpre isso aumentando os hormônios anabólicos e diminuindo os catabólicos e fornecendo ao corpo uma maior resposta imune para combater o sobretreinamento e maximizar os efeitos anabólicos e a queima de gordura do exercício. Em razão dos processos suaves usados para isolar as várias proteínas, a fórmula mantém os efeitos benéficos imunes e outros de *whey* desnaturada, caseína e proteínas de soja.

Creatine Advantage – Esse suplemento mantém o sistema de energia em alta velocidade, apesar da diminuição da ingestão calórica. Ao aumentar os níveis endógenos de fosfocreatina, a Creatine Advantage aumenta a energia imediatamente disponível que é necessária para sustentar a intensidade elevada de exercícios da fase de Fmx. Os aminoácidos e dipeptídeos adicionados permitem um aumento natural na absorção e utilização de creatina e elevam os efeitos de volume, anticatabólicos e anabólicos da fórmula.

Um programa sólido de nutrição e força máxima desempenhou um papel considerável no sucesso da sensacional Laura Binetti.

TestoBoost – TestoBoost contém vários ingredientes naturais. É projetado para melhorar a formação natural de testosterona e diminuir os efeitos colaterais potenciais da conversão de testosterona a estrogênios e di-hidrotestosterona. Ao aumentar os níveis de testosterona natural do corpo, TestoBoost reduz a gordura corporal enquanto aumenta a massa muscular.

GHboost – Este suplemento é formulado para aumentar a massa muscular e diminuir a gordura corporal, elevando a produção natural do corpo de hormônio do crescimento (GH) e fator de crescimento semelhante à insulina 1 (IGF-1). O aumento fisiológico natural em GH e IGF-1, até um nível compatível com o potencial genético do indivíduo, irá melhorar o desenvolvimento, a força e o tamanho muscular, enquanto diminui a gordura corporal.

CAPÍTULO 16

Definição muscular (DM)

Durante a fase de treinamento de definição muscular (DM), os atletas se esforçam para desenvolver os músculos mais refinados, definidos e visíveis possíveis. Esse processo também é conhecido como ficar rachado. Os métodos de treinamento específico de alta repetição estimulam o corpo a usar ácidos graxos como fonte de combustível, ajudando assim a queimar a gordura subcutânea, que é responsável por esconder cortes preciosos.

As seguintes características descrevem o âmbito do treinamento de DM:

- Queima gordura subcutânea e aumenta a visibilidade das estrias musculares.
- Aumenta o conteúdo de proteínas dos músculos por meio da execução de séries longas e muitas repetições. Além de melhor definição muscular, em alguns casos esses exercícios também aumentam a força muscular.
- Aumenta claramente a densidade capilar dentro do músculo por meio de adaptação aumentada ao trabalho aeróbio, o que pode resultar em um ligeiro aumento no tamanho do músculo.

Duração e métodos de treino

A duração da fase de DM depende das necessidades do atleta. A demanda fisiológica do treinamento de DM pode ser bastante alta e, como resultado, os atletas iniciantes não devem realizá-lo. Para atletas experientes, a fase pode durar 3 ou 6 semanas ou, como em nosso modelo (consultar a Fig. 2.1), pode ser composta de duas fases de seis semanas. Pelo fato de a última opção garantir a melhor definição muscular, um fisiculturista que está se preparando para uma competição provavelmente faria essa escolha.

A grande maioria dos fisiculturistas e praticantes do treinamento de força da atualidade está convencida de que o maior número de repetições que precisam fazer é 15. Esses tradicionalistas acreditam que, a fim de aumentar o tamanho do músculo, não é necessário um maior número de repetições, e isso é certamente verdadeiro.

A diferença é que estamos rompendo a abordagem tradicional de musculação e treinamento de força, acreditando que o conjunto do corpo é mais importante do que a massa isolada. Queremos promover corpos mais bonitos com maior densidade muscular, simetria perfeita e aumento de separação e estrias musculares. O tipo de treinamento que promovemos vai revolucionar a filosofia de muitos fisiculturistas e praticantes do treinamento de força. Aqueles que adotam a técnica de periodização nunca desejarão voltar aos métodos tradicionais. A fase de

A pose famosa de Dave Fisher exibe seus glúteos profundamente estriados.

DM desempenha um papel muito importante na escultura do corpo ideal.

A fim de maximizar a separação, as estrias e a definição musculares, deve-se queimar gordura, tanto quanto possível. Para isso, deve ser aumentada a duração da contração muscular contínua. Tradicionalmente, os fisiculturistas tentaram queimar gordura por meio de atividade aeróbia, como corrida, ou usando aparelhos de remo, bicicletas estacionárias ou escadas. Esse tipo de esforço, no entanto, não satisfaz (e nem deveria) a maioria dos fisiculturistas que desejam se tornar extremamente definidos. Essas atividades não cumprem por completo o objetivo de queimar a maior parte da gordura subcutânea do corpo.

Os métodos de treinamento apresentados nos exemplos de programas de treino (consultar a seção Planejamento do programa) resultam na eliminação da gordura total do corpo e – mais importante – dos grupos musculares locais envolvidos na atividade. O número de repetições por grupo muscular e por treino deve ser aumentado drasticamente, mas de forma progressiva. É igualmente importante realizar o programa de forma ininterrupta – para executar centenas de repetições por grupo muscular por treino. Uma vez que é impossível efetuar esforços tão longos sem parar para apenas um grupo muscular, os exercícios devem ser alternados continuamente durante o treino.

Para executar repetições extremamente altas por grupo muscular, a carga deve ser reduzida para 30 a 50% de 1RM. No início de uma série de alta repetição e baixa carga, apenas um número limitado de fibras musculares está ativo. As outras fibras estão em repouso, mas tornam-se ativas à medida que as fibras em contração se tornam fatigadas. Esse recrutamento crescente e progressivo das fibras musculares permite que uma pessoa realize esforço por um período prolongado. O trabalho prolongado esgota as reservas de energia ATP-CP e glicogênio, deixando ácidos graxos como o único combustível disponível para sustentar a atividade. O uso dessa fonte de combustível queima a gordura corporal, especialmente a subcutânea. A queima desse tipo de gordura aumenta a definição e as estrias musculares.

Planejamento do programa

Para usar ácidos graxos como combustível, o atleta deve executar um elevado número de repetições por série sem interrupção. IR curtos impedirão que ATP-CP e glicogênio sejam restaurados, forçando assim o corpo a acessar suas reservas de ácidos graxos. O programa de DM deve ser projetado com cuidado. É necessário selecionar exercícios e estações de trabalho para que bastem apenas 2 ou 3 segundos para o deslocamento de uma estação a outra.

Exercícios são combinados em pares com frequência. Por isso, é aconselhável selecionar um número deles para cada sessão, conforme ilustrado em nossos exemplos de programas. As Tabelas 16.1 e 16.2 apresentam programas de DM para atletas recreacionais, avançados ou profissionais. Os exercícios sugeridos servem apenas para referência, e o usuário tem a opção de adotar outros, se necessário. Nas primeiras três semanas, o objetivo do treinamento é aumentar o número de repetições para 50 ou mais em cada exercício. Quando isso é feito, eles são agrupados em dois, depois em quatro, e assim por diante, até que finalmente o usuário possa executar todos os oito exercícios juntos, ininterruptamente. Para o máximo de benefícios, o programa ideal é o que contém duas fases de DM de seis semanas. Quanto maior o tempo gasto na definição muscular, maior a quantidade de gordura queimada, e mais os músculos exibirão suas estrias.

Tabela 16.1 Fase de DM para fisiculturistas recreacionais e praticantes do treinamento de força

Nº	Exercícios para todas as semanas	Semana 1	Semana 2	Semana 3
1	*Leg press*	Aumentar o número de repetições para 30 em cada exercício. IR entre exercícios = 1 min	Realizar 40 repetições por exercício. IR entre exercícios = 1 min	Executar 50 repetições por exercício. IR entre exercícios = 1 min
2	Desenvolvimento frontal com barra			
3	Abdominal			
4	Rosca Scott			
		Semana 4	**Semana 5**	**Semana 6**
5	Supino reto	Executar 2 exercícios juntos sem parar ou 100 repetições (p. ex., 50 de *leg press* e 50 de desenvolvimento frontal com barra). Faça o mesmo para os outros 3 pares. IR entre exercícios = 1 min	Executar 4 exercícios juntos sem parar ou 200 repetições. O mesmo para os outros 4. IR entre séries de 4 exercícios = 1 min	Executar os 8 exercícios juntos sem parar ou 400 repetições. IR entre séries de 8 exercícios = 1 min
6	Extensão de joelhos			
7	Flexão de joelhos em decúbito dorsal			
8	Puxador posterior			

A cada semana, conclua 2 ou 3 séries de 30% de 1RM.

Tabela 16.2 Fase de DM para fisiculturistas avançados ou profissionais e praticantes do treinamento de força

Semanas 1-4	Semanas 5-6	Semana 7	Semanas 8-9	Semanas 10-12
Complete as 4 primeiras semanas apresentadas na Tabela 16.1	Executar 4 exercícios juntos sem parar ou 200 repetições. O mesmo vale para os outros 4	Realizar uma semana de treino leve para a regeneração	Executar 4 exercícios juntos sem parar ou 200 repetições. O mesmo vale para os outros 4	Realizar 8 exercícios juntos sem parar ou 400 repetições

Executar 3-5 séries com uma carga de 40-50% de 1RM, dependendo da capacidade e da tolerância ao esforço. Sem IR entre os exercícios. O IR entre séries é de 1 min. (Se isso for pouco, aumente levemente e reduza para 1 min mais tarde.)

Usaremos os oito exercícios sugeridos na Tabela 16.1 para ilustrar como aplicar o método de treinamento de definição muscular. Na primeira semana, a carga é de 30 a 50% de 1RM, com cargas inferiores para atletas recreacionais e superiores aos avançados e profissionais. Usando a Tabela 16.1 como exemplo, o programa real é o seguinte:

1. Executar 30 repetições com a carga adequada no aparelho de *leg press*. Sem repouso, realizar 30 repetições de desenvolvimento frontal com barra.
2. Colocar uma barra com a carga adequada no banco da rosca Scott e, então, fazer 30 abdominais seguidos imediatamente por 30 repetições na rosca Scott.
3. Em seguida, deitar-se no banco e executar 30 supinos retos seguidos de 30 extensões de joelhos, 30 flexões de joelhos em decúbito dorsal e, por fim, 30 puxadas.

Para o programa de DM, uma série é a execução de todos os oito exercícios. O número sugerido de séries não é uma norma ou uma limitação. Dependendo do potencial individual de trabalho e motivação, o número de séries pode ser levemente aumentado. É possível executar um número maior de séries se o número de exercícios e estações de trabalho é menor, ou menos séries, para aqueles realizando 8 a 12 exercícios.

As seguintes dicas irão ajudar a alcançar uma fase bem-sucedida de DM:

- O treino de DM exige que os grupos musculares sejam constantemente alternados.
- O mesmo exercício pode ser realizado duas vezes por série, especialmente se estiver focado em um grupo muscular desejado.
- O número de repetições pode não ser exatamente o mesmo para cada exercício. A decisão depende dos pontos fortes e fracos para determinados grupos musculares ou da preferência por músculos específicos. Um atleta muito bem treinado pode alcançar até 60 ou 75 repetições.
- A velocidade deve ser moderada em toda a série. Um ritmo rápido de levantamento pode produzir um alto nível de ácido lático, o que pode dificultar a capacidade de terminar toda a série.
- Para evitar o desperdício de tempo entre os exercícios, organizar todos os equipamentos necessários antes de começar a sessão de treino, se possível.
- O número total de exercícios de DM por semana pode ser de 2 a 4, dependendo da experiência do atleta – inferior para atletas recreacionais ou superior para avançados ou profissionais. Uma ou duas sessões de treinos adicionais podem ser divididas entre aeróbio, H ou treino de Fmx.

Nutrição

A mecânica da dieta metabólica permanece constante em todas as fases em termos de ingestão de carboidratos. O esquema sempre inclui cinco dias de alto consumo de proteína, seguidos por 36 a 48 horas de carga de carboidratos. A única coisa que muda é o número de calorias consumidas – e, uma vez que é importante manter os níveis de proteína elevados, sendo que o carboidrato já é baixo, os atletas devem diminuir a quantidade de gordura consumida durante a fase de baixa ingestão de carboidratos e ainda mais na fase rica neles.

Na fase de definição muscular, chamada geralmente de fase de "corte" por fisiculturistas, os atletas cortam calorias como forma de eliminar gordura corporal. A razão para essa prática é simples: depois que os atletas treinaram seus corpos para queimar a gordura como combustível primário, reduzir a ingestão de calorias e gordura prepara o corpo para usar gordura como combustível – poupando tecidos musculares.

Como regra geral, devem ser cortadas 500 calorias por dia da dieta na primeira semana. Para quem estava em 4.000 durante a fase de Fmx, baixar a ingestão para 3.500 por dia durante a primeira semana da fase de DM. Na semana seguinte, cortar mais 200 a 500 calorias da dieta diária, dependendo de quantas calorias sendo ingeridas. Um indivíduo que consome apenas 2.000 calorias, por exemplo, deve cortar somente 200. Durante esse tempo, deve-se medir a gordura corporal semanalmente. É desejável perder 700 a 900 g de gordura corporal por semana – dessa forma, não se perde massa magra apreciável no corte para DM.

A modelo de *fitness* Kasia Sitarz concentrada e pronta para o treinamento intenso.

Se, no final da segunda semana, a perda for de menos de 700 g, cortar mais 200 a 500 calorias na semana seguinte e continuar reduzindo (de 100 a 500) nas semanas subsequentes até estar perdendo 700 g por semana. Se perder mais de 900 g de gordura corporal durante a semana, muitas calorias foram cortadas e será necessário aumentá-las.

Não é preciso arredondar os cortes para 500 calorias. É possível definir quantas calorias deseja adicionar ou subtrair. A progressão habitual é alterar 500 calorias de cada vez, depois, talvez 100 a 500 nas semanas seguintes e, por fim, 100 a 200 calorias cada vez que o objetivo estiver mais próximo. O mais importante a lembrar é que o foco não está nas calorias, mas na gordura corporal. É importante permitir variações individuais na contagem de calorias para chegar ao ideal de 700 a 900 g de perda de gordura por semana.

Muita experimentação será feita nessa fase para encontrar a ingestão calórica certa para cada indivíduo. Embora reduções de 500 calorias pareçam ser um bom ponto inicial geral, especialmente para pessoas com maior ingestão de calorias, cada pessoa deve encontrar o que funciona melhor para ela. Os níveis de calorias para os quais, eventualmente, o indivíduo irá baixar variam de acordo com sua ingestão calórica inicial e seu metabolismo. Alguns fisiculturistas baixam de 5.000 para 3.000 calorias por dia na fase de corte. Outros podem precisar chegar a 1.500 para ver o que acontece. Se eles estiverem perdendo uma boa quantidade de gordura corporal (lembrar-se de que a orientação é de 700 a 900 g por semana) e estão ficando mais magros sem perder massa corporal magra significativa, eles devem permanecer no nível atual até se "definirem". Nesse momento, podem aumentar calorias ao ponto em que mantenham ou até percam gordura corporal enquanto aumentam a massa magra de novo.

Fisiculturistas que só desejam cortar calorias e estão começando em um nível superior de gordura corporal podem ir diretamente à fase de definição. Devem começar em um valor razoável de calorias diárias, em geral, 15 calorias a cada 450 g de peso corporal. Alguém pesando 91 kg com 17% de gordura deve começar em cerca de 3.000 calorias por dia e, em seguida, prosseguir com as instruções de ajustes de calorias para manter a perda de gordura semanal ideal e garantir perda mínima de massa muscular. Não começar muito por baixo – haverá bastante tempo para perder gordura corporal da maneira certa. Se o praticante começar muito baixo, a falta de alimentação pode ser um problema maior do que a de carboidratos, e pode prejudicar seus esforços para manter a dieta durante a semana mais importante: a primeira.

Opções de alimentação para a fase de DM

Os alimentos da Tabela 16.3 são ideais para a fase de corte. Na verdade, seria sábio se ater aos alimentos dessa lista unicamente nos dias de baixos carboidratos e calorias. Então, se um item não está aqui, não deve ser consumido nesses dias. Se necessário, limitar-se a comprar os alimentos da lista para reduzir a quantidade de alimentos proibidos em casa e resistir a tentações. Haverá muitas opções na cozinha ou em restaurantes para os dias de mais carboidratos. As porções são pequenas, então serão necessárias várias delas dependendo do número de calorias da semana. Por exemplo, quem estiver em uma dieta de 3.000 calorias por dia pode comer 275 g de filé mignon e, assim, a contagem de calorias seria três vezes as 141 listadas na tabela.

A categoria de peixes inclui quase qualquer tipo, como salmão, atum, bacalhau, linguado, pescado, alabote, solha, enguia, polvo, lula, anchovas, sardinha, truta e badejo. Com peixes como enguia, cavala e salmão – que têm mais gordura corporal e, portanto, mais calorias –, grelhar ou assar o alimento para eliminar a maior parte da gordura.

Os queijos incluem muitas variedades duras e algumas moles. Os tipos de baixo teor de gordura de qualquer dos queijos listados contêm aproximadamente metade das calorias dos gordurosos. Os queijos indicados incluem queijo azul, brie, camembert, cheddar, colby, edam, de cabra, gouda, gruyère, limburger, mascarpone, monterey, mussarela, munster, parmesão, provolone, roquefort e suíço. Fatias de queijo processado pasteurizado normalmente são permitidas, mas é importante certificar-se de que os níveis de carboidratos são menores de 2 g por porção de 30 g.

Embora frutas com pouco carboidrato estejam incluídas na lista de alimentos permitidos, não abusar delas, uma vez que fornecem a ingestão diária de carboidratos mais do que qualquer outro alimento permitido. Em geral é uma boa ideia restringir o consumo de frutas para os dias de mais carboidratos, pelo menos até atingir os objetivos de peso e composição corporal. De

Tabela 16.3 Opções alimentares para a fase de corte

Alimentos	Calorias	Carboidratos
CARNE VERMELHA		
Bacon: 3 fatias	129	0
Bacon, pré-cozido: 3 fatias	80	0
Bolonhesa: 60 g	76	4
Caldo de carne: 1 xícara	17	0
Caldo de carne cozida na água: 180 mL	20	6
Carne bovina, lagarto: 90 g	143	0
Carne bovina, moída magra: 90 g	218	0
Carne bovina, costela: 90 g	188	0
Carne bovina, lombo: 90 g	141	0
Carne bovina, filé: 90 g	176	0
Bisão ou búfalo, moída: 90 g	207	0
Carne em conserva, *bresaola*, presunto magro: 60 g	142	0
Cervos, alces: 90 g	180	0
Rim: 90 g	130	0
Cordeiro, todos os cortes: 90 g	190	0
Carne suína, lombinho/costeletas/presunto magro: 90 g	170	0
Miúdos cozidos: 90 g	90	3
AVES		
Frango (cozido, grelhado ou assado): 90 g	133	0
Caldo de galinha, baixo teor de gordura: 1 xícara	10	1
Frango híbrido: 90 g	160	0
Pato, apenas a carne: 90 g	150	0
Peito de faisão ou codorna: 90 g	120	0
Peito de peru: 90 g	133	0
Peito de peru processado: 45 g	47	0
Peito de peru: 60 g	111	3
PEIXES E FRUTOS DO MAR		
Peixe, fresco ou embalado em água: 125 g	120	0
Ostras, 1 dúzia média: 125 g	130	4
Salmão, fresco ou enlatado: 90 g	130	0
Camarão, siri, lagosta ou caranguejo: 150 g	125	0
Sushi/sashimi, apenas o peixe: 30 g	30	0
OVOS		
Substituto de ovo, líquido, equivalente a um ovo grande	45	0
Clara de ovo de um ovo grande	19	0
Ovo, grande, cozido ou mexido	75	2

(*continua*)

Parte IV As seis fases do treinamento

Tabela 16.3 Opções alimentares para a fase de corte (*continuação*)

Alimentos	Calorias	Carboidratos
LATICÍNIOS		
Queijo (mascarpone, parmesão): 30 g	110	1
Queijo, baixo teor de gordura: 30 g	60	1
Queijo cottage ou iogurte natural, baixo teor de gordura: ½ xícara	90	4
Queijo de leite desnatado: 90 g	80	3
LEGUMES		
Brotos de alfafa: ½ xícara	5	0,6
Aspargos: ½ xícara	15	3
Feijão (verde, vagem, branco ou marrom): ½ xícara	15	3
Couve-de-bruxelas, cozida: ½ xícara	25	5
Repolho, brócolis ou couve-flor, cozida: ½ xícara	15	3
Cenoura: ½ xícara (125 g)	50	12
Aipo, em cubos: ½ xícara	10	2,2
Salada de repolho, molho não calórico: 2 colheres de sopa	12	2
Pepino ou picles: 1 porção média	5	1
Alface crespa, rúcula, escarola: 1 xícara	10	2
Alface lisa: 2 copos e mais 1 colher de sopa de molho *light*	50	3
Cogumelos: ½ xícara	21	4
Cebolas, chalotas ou alho-poró: ½ xícara	25	6
Pimentão (verde, vermelho ou amarelo): 1 inteiro	20	4
Rabanete: ½ xícara	10	2
Ruibarbo, em cubos: 1 xícara	25	5
Chucrute: ½ xícara	21	4
Espinafre, acelga; repolho, beterraba, nabo ou mostarda, cozidos: ½ xícara	20	3,5
Moranga ou abobrinha fatiada: 1 xícara	20	4
Tomate: ½ xícara	15	3
Agrião: ½ xícara	2	0,2
FRUTAS		
Maçã: ½ unidade	45	10
Limão: ½ unidade	8	2,7
Laranja ou toranja média: ½ laranja ou toranja	45	10
Morangos: 1 xícara	40	10
DM + SUPLEMENTOS EM PÓ		
Creatine Advantage: 1 colher (10 g)	30	3
Substituto de refeição MRP LoCarb: 1 pacote	250	3
Myosin Protein: 1 colher (19 g)	70	1
Bebida energética: 1 colher (22 g)	80	2

(*continua*)

Tabela 16.3 Opções alimentares para a fase de corte (*continuação*)

Alimentos	Calorias	Carboidratos
DIVERSOS		
Adoçantes artificiais sem calorias	0	0
Refrigerante diet, água tônica e outras bebidas sem carboidratos	0	0
Gelatina, sem açúcar: 1 xícara	8	0
Mostarda, Dijon: 1 colher de sopa	15	1
Mostarda amarela tradicional: 1 colher de sopa	9	1
Mostarda amarela tradicional, sem calorias: 1 colher de sopa	0	0
Óleos e gorduras: 1 colher de chá (4,5 g)	40	0
Picolés, sem calorias	0	0
Molho de salsa: 2 colheres de sopa	14	3
Especiarias e ervas	0	0
Chá ou café, preto	0	0

todas as frutas, talvez as mais indicadas para essa dieta sejam toranjas e morangos, que devem ser sua primeira escolha. Se precisar adoçar uma ou ambas, adoçante artificial pode ser utilizado.

A toranja parece incentivar a perda de peso e gordura mais do que outros alimentos, independentemente de seu conteúdo de carboidratos. Comer metade de uma toranja (mas não em forma de cápsulas ou suco) parece reduzir os níveis de insulina (Fujioka, 2004). Assim, tem o efeito oposto do carboidrato na insulina e, como resultado, não age como um carboidrato real. Além disso, acredita-se que a naringenina de flavanone da toranja inibe a captação de glicose estimulada pela insulina nas células adiposas, inibindo a atividade do fosfatidilinositol-3-quinase (PI3K), um regulador essencial da translocação de GLUT4 induzida pela insulina (Harmon e Patel, 2003). Isso leva a uma diminuição na quantidade de carboidratos dietéticos armazenados como gordura. A toranja parece, assim, diminuir a resposta da insulina, diminuindo também os níveis de insulina e seus efeitos na formação de gordura de carboidratos. Metade de uma toranja média também contém 5 g de fibra, que responde por quase metade de seu valor calórico.

Morangos, bem como toranjas, são frutas ideais para a dieta metabólica. Possuem níveis relativamente baixos em carboidratos, contêm fibras e têm efeitos positivos sobre a saúde (Hannum, 2004). A vantagem da toranja é que sua taxa de açúcar afeta menos o açúcar no sangue. Morangos são ricos em antioxidantes, o que é uma excelente vantagem sobre maçãs e peras.

Gorduras incluem gordura animal, cremes e banha. Óleos incluem azeite, de milho, vegetal, de palma, de amendoim, de soja, de noz, de coco, de linhaça, borragem e peixe. No entanto, por conta de seu alto teor calórico, é aconselhável manter distância de gorduras e óleos além de azeite de oliva e óleos de peixe na fase de corte, e mesmo estes devem ser consumidos com moderação.

Na fase de definição muscular também é sensato limitar-se a um mínimo de alimentos que, apesar do baixo teor de carboidratos (e, portanto, em geral permitidos na fase de baixo carboidrato da dieta metabólica), são relativamente ricos em gordura. Isso inclui linguiças, salame, nozes e amendoins. Abacate é outro alimento que se encaixa na categoria de baixo carboidrato, mas alto teor calórico e, embora normalmente permitido na dieta, não é recomendado na fase de corte. Isso porque um abacate de tamanho médio (cerca de 145 g) contém 280 calorias e cerca de 2 g de gordura principalmente insaturada (quase 250 das 280 calorias). Ele também contém cerca de 1,5 g de carboidrato, 1,5 g de proteína e 4,5 g de fibra dietética. A combinação é aceitável no começo da fase de baixo carboidrato da dieta, mas não funciona bem para os requisitos de poucos carboidratos e calorias da fase de definição muscular.

Melhores alimentos com fibra para definição muscular e dieta metabólica

Incluir os seguintes alimentos na dieta garantirá a quantidade ideal de fibra insolúvel e solúvel tanto para a saúde intestinal quanto a geral. Esses alimentos, por conterem mais água e fibras, são especialmente úteis para a fase de corte por proporcionarem mais volume, ocasionando uma sensação de saciedade, mas menos calorias do que outros alimentos, tornando mais fácil manter-se fiel à dieta.

Aspargo

Brócolis

Couve-de-bruxelas

Cenoura

Couve-flor

Laranjas

Maçã (com casca)

Morangos

Repolho

Toranja

Vagem, ervilha-torta

Verduras (espinafre, acelga, couve-de-folhas, folhas de nabo e de beterraba)

Experimentação com alimentos

Nos dias de alto teor calórico e carboidratos mais elevados, vale quase tudo. A maioria das pessoas aproveita alimentos que não são permitidos na parte rigorosa da dieta, incluindo pães, massas, pizzas, sobremesas, outras frutas e bebidas alcoólicas. No entanto, é essencial observar o conteúdo calórico e manter a contagem de calorias em um intervalo apropriado para a fase em que está. Na fase de corte, é indicado manter as calorias baixas e limitar os carboidratos a 150 g por dia.

Em todas as fases exceto a de massa, ingerir muitos alimentos ricos em carboidratos e calorias nesses dias de folga pode acarretar o retrocesso de vários dias e dificultar o alcance das metas de desempenho e desenvolvimento corporal, porque será dado um passo adiante e, em seguida, um para trás em uma base semanal. É aceitável dar dois passos à frente e um para trás por semana, uma vez que o último pode atuar como forte influência anabólica e ajudar a maximizar drasticamente a massa corporal magra em longo prazo.

Durante a fase de definição muscular, é preciso refinar a preparação para competições. Deve-se variar os tipos de alimentos consumidos nos finais de semana para ver o que proporciona tamanho muscular máximo. O praticante descobrirá na segunda-feira de manhã se o que está comendo é certo para ele. Se for, ele ficará ótimo – com músculos enormes e vascularização pronunciada. Caso contrário, saberá que fez algo errado. Neste caso, alterar a dieta no fim de semana seguinte para ver se consegue alguma melhoria. Essa é a beleza da dieta metabólica – ao se aproximar de uma competição, o atleta já aperfeiçoou sua dieta ao praticá-la durante toda a semana da fase de definição muscular. Durante a fase de corte, ele se torna um especialista em como manipular o próprio corpo para a competição. (A Tab. 16.3 apresenta sugestões dos melhores alimentos para consumo durante o corte.)

Testar alimentos com baixo e alto açúcar e com porcentagens de consumo de gordura nesses finais de semana. Ver o que ocasionam individualmente. Tratar cada fim de semana como se a competição fosse iminente. Assim o praticante saberá o que é preciso para entrar em uma competição em sua melhor forma. Sua confiança também irá crescer porque ele saberá o que esperar de seu corpo e como se preparar para a competição.

Fase pré-competição

Quando chegar à pré-competição, o atleta não terá que fazer muitas mudanças: ele estará fazendo a mesma coisa que tem feito pelas últimas semanas na fase de corte. Ele sairá da dieta de teor mais alto de gordura, proteínas e carboidratos para aumentar drasticamente o glicogênio e a água dentro das células musculares. Queremos células inchadas e grandes, mas é melhor cortar os carboidratos antes de começar a armazenar gordura ou água extracelular e perder resultados.

A dieta metabólica de cinco dias, dois dias por semana, é quase como ficar em forma para uma competição a cada semana. Na parte de carga de carboidratos da dieta no final de semana, o atleta descobrirá exatamente quantas horas pode consumir carboidratos antes de começar a perder massa e porte para a competição.

Uma das muitas vantagens dessa dieta é que se os atletas, tanto homens quanto mulheres, desejam participar de várias competições, podem manipular sua dieta para que nunca fiquem muito acima de seus níveis de porcentual de gordura corporal ideais durante a fase de definição muscular. Ao fazer isso, os atletas não têm ganhos enormes na gordura do corpo, permitindo que voltem ao nível de competição em apenas duas ou três semanas.

Em geral, é recomendável iniciar a fase pré-competição de dieta e treinamento cerca de 16 semanas antes de uma grande competição. Por já saber o que precisa fazer por causa dos finais de semana anteriores à dieta, o atleta fará apenas alguns ajustes, baixando e aumentando um pouco as calorias

Nada de gordura corporal neste físico esculpido.

conforme necessário. Nada será muito fora do normal.

Pelas últimas 6 a 8 semanas antes da competição, o atleta deve estar com uma aparência bastante próxima da desejada para a exibição. Com essa dieta ele pode controlar exatamente em que etapa está a cada semana. Após a fase de carga de carboidratos no fim de semana da dieta, ele deve estar ótimo na segunda-feira – pronto para encarar a academia com níveis elevados de glicogênio, inchaços musculares e outros benefícios derivados de uma estratégia de dieta de fim de semana bem afiada.

É possível passar pela fase pré-competição como preparação para várias competições por ano, contanto que mantenha os níveis de gordura baixos. Contudo, sugerimos que isso não seja feito mais de quatro vezes por ano. Isso significa, obviamente, um máximo de quatro competições por ano. Mais do que isso provavelmente irá impedir o atleta de voltar à fase de massa e garantir um desempenho adequado.

É essencial desenvolver massa magra no corpo em certa medida entre as competições, o que significa ganhar um pouco de gordura. O atleta ainda estará ganhando massa e cortando, mas não como em outras dietas, onde também há ganho de tanta gordura corporal que, quando a perde, não está em melhor forma do que a inicial.

Seja consistente antes da competição

Duas coisas que fisiculturistas fazem para se sabotarem antes de competições são entrar em pânico ou tentar algo novo. As duas situações podem ser desastrosas. Atletas que estejam muito acima do peso podem começar a fazer exercício aeróbio pensando que perderão a gordura extra. Fazer cerca de meia hora de atividade aeróbia certamente não causará prejuízo, já que mais ácidos graxos livres são queimados. Porém, as pessoas às vezes começam a entrar em pânico e exageram. Começam a fazer de 3 a 4 horas por dia de atividade aeróbia para queimar a gordura, mas só conseguem esgotar a reserva da energia, o que faz com que seus corpos comecem a usar o tecido muscular como combustível.

Algumas pessoas passam a comer em excesso para desenvolver massa quando começam a exagerar no exercício aeróbio, pensando que ele compensará o acúmulo de gordura. Não funciona. O aumento de calorias e o exercício aeróbio provavelmente só aumentarão a atividade catabólica do corpo. O exercício aeróbio, embora queime gordura, também pode destruir os músculos. Mesmo que não cause dano considerável, ainda vai limitar em algum grau a quantidade de músculo que pode ser gerada. Como regra, quanto menos calorias forem ingeridas e quanto mais tempo for dedicado para perder a gordura corporal, menos exercícios aeróbios serão necessários, bem como mais massa corporal magra será retida. É importante dar tempo ao corpo para perder gordura extra e realizar uma avaliação efetiva no preparo para uma competição.

Outros fisiculturistas decidem tentar algo novo pouco antes de uma competição, procurando obter uma vantagem final. Porém, isso é um erro. Eles podem começar com a depleção de sódio ou o truque de carga de sódio. Tentam todos os tipos de coisas que nunca experimentaram antes e, de repente, acabam se perguntando como foi que seu físico regrediu tanto. Não desestabilizar o sistema antes de uma competição. Permitir uma progressão suave. Não jogar tudo fora tentando obter a vantagem extra por meio de uma ideia louca. Não fazer nada fora do comum e, o mais importante, não entrar em pânico.

Interrompa o treinamento uma ou duas semanas antes

Parar de treinar 1 a 2 semanas antes da competição. Isso é bastante comum em qualquer objetivo. Aconselhamos que a última sessão de treino pesado seja realizada dez dias antes da competição, para dar tempo máximo aos músculos para se recuperarem e atingirem o crescimento máximo. Não se preocupar com a manutenção de massa e tônus muscular. As poses irão cuidar disso e também dar ao competidor alguma atividade aeróbia. As poses devem, naturalmente, ser continuadas durante todo esse tempo, com exceção do dia anterior à competição.

Contudo, apesar de encerrar o treino pesado cerca de dez dias antes de uma competição, essa é a única ocasião em que deve ser realizada uma pausa. Interromper o treinamento em qualquer outro momento no processo limita a eficácia da dieta e o crescimento final. Dieta e treinamento trabalham lado a lado. O exercício complementa a dieta metabólica. Alterações hormonais causadas por exercício resultam em aumento da atividade da lipase de lipoproteína enzimática (LPL) no músculo, que, por sua vez, aumenta a degradação de ácidos graxos livres e diminui o acúmulo de gordura.

Identifique o melhor dia

Enquanto conduz a carga de carboidratos nos finais de semana, o atleta vai aprender quantas horas leva para melhorar seu físico. Como sugerido, esse período pode ser refinado ainda mais experimentando os tipos de alimento consumidos, permitindo a definição precisa de seu auge. Essa informação é vital para o dia da competição porque o atleta descobrirá o dia da semana em que alcança sua melhor forma. Toda a água que acumulou durante a carga de carboidratos se foi, e ele atingiu

Andre Elie, de 60 anos, mostra os resultados de uma preparação rígida para competições.

A preparação pré-competição de Lenda Murray sempre foi uma das melhores no esporte.

o equilíbrio certo entre glicogênio muscular e água. Ele também se sente ótimo. O sistema de cada indivíduo funciona de forma diferente, e há grandes diferenças entre os atletas. O objetivo é encontrar o dia certo para cada pessoa, aquele dia da semana – segunda, terça, quarta – em que o auge é atingido.

A maioria das competições ocorre nos sábados. Utiliza-se o exemplo de um atleta que atinge seu auge na quarta-feira de cada semana. Seu objetivo então é basicamente tornar o sábado de sua competição uma quarta-feira. Por estar em sua melhor forma três dias após sua carga de carboidratos, ele deve concluir a carga três dias – nesse caso, na terça e na quarta – antes da competição. No sábado, três dias depois, ele estará em sua melhor forma.

Observar que no fim de semana anterior à competição o atleta não consumirá a carga de carboidratos habitual. Fazê-lo no fim de semana e repetir o processo dois ou três dias depois pode levá-lo de volta a um metabolismo de queima de carboidratos e enfraquecê-lo para a competição no sábado. Em vez disso, ele deve ignorar sua carga de carboidratos no fim de semana anterior a uma competição. Assim, ele estará na parte de alta proteína e maior teor de gordura da dieta metabólica por oito dias seguidos, da segunda-feira duas semanas antes da competição à terça-feira anterior à exibição. Então, começará a carga de carboidratos pré-competição para entrar em sua melhor forma.

Essa é uma área em que a dieta metabólica tem uma grande vantagem sobre a concorrência. Atletas em uma dieta de alto carboidrato estão basicamente sempre repletos de alimentos ricos em carboidratos, por isso é difícil para eles controlar sua dieta para que seus corpos respondam bem à carga de carboidratos anterior à competição. O que em geral acontece é saírem da dieta de alto carboidrato por três dias no início da semana anterior à competição e controlar a ingestão de carboidrato por 72 horas. Então, voltam a consumir alimentos ricos em carboidratos na tentativa de chegar à competição com o pé direito. O problema é que eles realmente não sabem como seu corpo reagirá. Tudo pode funcionar bem, ou pode haver um desastre completo. Com a dieta metabólica, é possível saber a hora certa de seu melhor desempenho. Pelo fato de o corpo percorrer o mesmo ciclo cada semana, ele se torna previsível e consistente. É possível saber exatamente o que esperar, já que nada diferente do que foi realizado nos meses anteriores será feito.

Pré-avaliação

Nesta fase, deseja-se descobrir o momento exato do auge para combinar com a pré-avaliação: é aqui que a maior parte das decisões é tomada. Porém, o corpo não é um instrumento perfeitamente previsível. Portanto, para ter certeza de que não será enfraquecido, permitir ao corpo quatro horas de tempo extra, como uma espécie de mecanismo de proteção para a pré--avaliação. Ou seja, se o ápice é atingido 48 horas após a carga de carboidratos e a pré-avaliação ocorrerá às 14 horas do sábado, contar 48 horas antes disso. Isso nos leva às 14 horas da quinta--feira. Então, adicionar quatro horas extras, o que significa que a carga de carboidratos deve estar completa às 18 horas da quinta-feira.

O atleta também deseja estar em boa forma para a exibição noturna, especialmente se as pontuações estiverem apertadas, com decisão marcada para o final da noite. Felizmente, em geral há uma janela de várias horas durante a qual ele está ótimo, e essa janela em geral coincide com a sessão da noite. Ainda assim, é preciso ter cuidado. Alguns competidores estão em excelente forma na pré--avaliação, mas saem para comer pensando que tudo acabou. Eles voltam inchados e com retenção de água para a exibição final e, em resultados apertados, acabam perdendo por causa disso.

É essencial ser disciplinado o dia todo. Manter uma dieta mínima e no modo de maior teor de gordura. Até a presença da comida no estômago criará uma leve protuberância. O desejado é uma aparência atraente e plana. Portanto, manter o regime ao longo da noite. Isso, claro, é apenas um exemplo. A dieta deve ser trabalhada para encontrar a melhor abordagem para cada indivíduo. A grande diferença entre essa dieta e tudo o que está disponível há algum tempo é a precisão com que o regime pode ser planejado para competições.

> ## Retenção de líquidos
>
> Visto que a maioria das pessoas tende a reter líquidos, todos os fisiculturistas devem considerar estas sugestões. Se houver a tendência de reter líquidos, começar a restringir-se a água destilada e baixos níveis de sódio 24 horas antes da competição. Água destilada e níveis baixos de sódio reduzem o fluido extracelular. Também aconselhamos aumentar a ingestão de potássio, magnésio e cálcio. O potássio aumenta a quantidade de líquido no interior da célula. Níveis mais elevados de potássio também são melhores para as contrações musculares, embora níveis de potássio muito elevados não devam ser atingidos. Cálcio e magnésio ajudam a prevenir cãibras. O ideal é manter o fluido extracelular o mais baixo possível para evitar enfraquecimento. Por outro lado, o fluido intracelular aumentará o tamanho da célula, fazendo com que o atleta pareça maior. Também auxilia na vascularização.

Suplementação

Um ciclo de suplementos nutricionais significa usar um conjunto diferente de suplementos em cada fase (suplementação específica para a fase). Sempre usar suplementos no momento certo e pelas razões certas. Por exemplo, há diferenças enormes em necessidades dietéticas e nos efeitos de vários suplementos entre as fases de massa e definição. Os suplementos nutricionais necessários em dias de treino diferem dos indicados para os dias de repouso. Adequar a dieta e os suplementos nutricionais de acordo com o treino aumenta os efeitos anabólicos e a queima de gordura e pode diminuir o tempo de recuperação e melhorar o desempenho na sessão de treino seguinte.

Outras variáveis que afetam a dieta e o uso de suplementos nutricionais incluem o histórico de treino dos atletas e os níveis que alcançaram. Fisiculturistas iniciantes – para os quais os ganhos são relativamente fáceis mesmo com rotinas de treinamento simples e uma dieta rica em calorias e proteínas – não requerem modificações dietéticas sofisticadas e suplementos nutricionais

Laura Binetti exibe os resultados de uma preparação dedicada a competições.

de ponta como os necessários para o progresso de fisiculturistas mais avançados.

Os suplementos exercem um papel fundamental na fase de definição muscular, na qual são extremamente úteis na manutenção e aumento da resposta anabólica e de queima de gordura da dieta metabólica e do treinamento. Nessa fase, o atleta corta calorias de forma consistente para que seu corpo use efetivamente a gordura corporal como combustível. Contudo, ao fazê-lo, seu sistema tende a alterar seu metabolismo e hormônios para um modo de sobrevivência contraproducente a seus objetivos. A dieta metabólica é de grande ajuda neste momento, mas os suplementos também são importantes. Os seguintes suplementos funcionam bem nesta fase:

- Exersol.
- MRP LoCarb e barras LoCarb.
- TestoBoost.
- GHboost.
- Creatine Advantage.
- Myosin Protein.
- Metabolic.

Há pouca diferença entre suplementos usados nas fases de corte e pré-competição. A única coisa a observar é o efeito que alguns deles podem ter em sua definição. Por exemplo, alguns fisiculturistas interrompem o uso de creatina algumas semanas antes de uma competição porque reterão mais água e ficarão menos definidos se o mantiverem. Além disso, o uso de certos suplementos – como a Myosin Protein, Metabolic, ReNew e Joint Support – geralmente deve aumentar à medida que a competição se aproxima. (Acessar o site www.metabolicdiet.com para obter mais informações – em inglês.)

CAPÍTULO

17

Transição (T)

Um plano anual, como sugerido em nossos exemplos, deve terminar com uma fase de transição (T). Depois de muitos meses de treinamento intensivo, os atletas devem dar a seus corpos uma pausa para permitir a recuperação e a regeneração antes de começar um novo ano de treinamento. Além de uma fase de transição de fim de ano, recomendamos empregar um período breve de transição entre cada fase de treinamento diferente.

As seguintes características descrevem o escopo do treinamento T:

- Diminui o volume e a intensidade do treino e facilita a eliminação da fadiga adquirida durante a fase anterior ou o plano anual.
- Repõe as reservas esgotadas de energia.
- Relaxa o corpo e a mente.

Duração

Se a fase T de fim de ano exceder 4 a 6 semanas, os benefícios do treinamento intenso desaparecerão, e o atleta experimentará um efeito de destreinamento. Além disso, o atleta que adere ao esquema de tempo de 4 a 6 semanas sem treinamento de força durante a fase T pode experimentar diminuição no tamanho do músculo, além de perda considerável de potência (Wilmore e Costill, 1999).

Durante a transição, a atividade física é reduzida em 60 a 70%. No entanto, é aconselhável treinar de forma leve os músculos que são ou podem tornar-se assimetricamente desenvolvidos durante um período de treinamento de baixa intensidade.

Planejamento do programa e destreinamento

O aumento ou a manutenção do tamanho do músculo e da força é possível somente se o corpo estiver constantemente exposto a um estímulo de treino adequado. Quando o treino diminui ou é interrompido, como durante uma fase de transição longa, há uma perturbação no estado biológico da célula muscular e dos órgãos corporais. Como consequência, há uma diminuição acentuada no bem-estar fisiológico do atleta e na produtividade do esforço (Fry, Morton e Keast, 1991; Kuipers e Keizer, 1988). Esse estado de treinamento reduzido pode deixar atletas vulneráveis à síndrome do destreinamento (Israel, 1972) ou à síndrome de dependência de exercício (Kuipers e Keizer, 1988), na medida em que depende da quantidade de tempo do afastamento dos treinos.

A seguir, mostram-se os efeitos do destreinamento:

- **Redução do tamanho da fibra muscular.** Uma diminuição na área transversal das fibras musculares torna-se visível após poucas semanas de inatividade. Essas alterações resultam em maiores taxas de degradação de proteínas (catabolismo), que revertem os ganhos musculares obtidos durante o treinamento. Níveis mais altos de íons sódio e cloreto nos músculos também contribuem para a degradação de fibras musculares (Appell, 1990).

- **Perda de força.** Ocorre durante a primeira semana de inatividade, a uma taxa de aproximadamente 3 a 4% por dia (Appell, 1990), em grande parte decorrente da degeneração das unidades motoras. Fibras de contração lenta geralmente são as primeiras a perder sua capacidade de produção de força, enquanto as de contração rápida geralmente demoram mais para serem afetadas pela inatividade. Durante o estado de destreinamento, o corpo não pode recrutar o mesmo número de unidades motoras que era capaz, resultando em uma redução líquida na quantidade de força que pode ser gerada dentro do músculo (Hainaut e Duchatteau, 1989; Houmard, 1991).

- **Redução nos níveis de testosterona.** O destreinamento faz com que os níveis de testosterona naturais do corpo sejam reduzidos. E, uma vez que a presença de testosterona é fundamental para os ganhos de tamanho e força, a síntese de proteínas nos músculos diminui à medida que esses níveis caem (Houmard, 1991). Dores de cabeça, insônia, sensação de cansaço, perda de apetite, aumento da tensão, distúrbios de humor e depressão estão entre os sintomas mais comuns associados à abstinência total de treino. Um atleta pode desenvolver qualquer quantidade desses sintomas, os quais parecem ser associados aos baixos níveis de testosterona e betaendorfina, um composto neuroendócrino que é o principal precursor de sensações de euforia após atividade física (Houmard, 1991).

Nutrição

Geralmente sugerimos eliminar a parte rigorosa da dieta metabólica durante a fase de transição e reintroduzir uma quantidade moderada de carboidratos (20 a 50% do consumo calórico total), cortando proteína e consumindo apenas quantidades moderadas de gordura — em outras palavras, praticamente uma dieta regular. Não se preocupe com problemas ao retomar a dieta metabólica restrita quando precisar. Seu corpo irá "lembrar", e será muito mais fácil voltar ao ritmo certo.

Suplementação

Durante a fase T, deixe de lado todos os suplementos, exceto, talvez, MVM, suplemento vitamínico e mineral. Outro suplemento que você pode desejar consumir durante essa fase é o ReNew, uma vez que se destina a trazer seu sistema, especialmente o imunológico, de volta ao normal. O sistema imunológico é a primeira linha de defesa para aumentar a intensidade de treino (hipertrofia, treino misto, treino de força) e precisa ser normalizado após o longo ciclo de treino periodizado. ReNew não é formulado apenas para reforçar o sistema imunológico, mas também para normalizar o metabolismo e oferecer suporte natural à tireoide, à testosterona, ao GH, à insulina e à função adrenérgica. É o suplemento nutricional perfeito para lidar com a fadiga física ao final de uma sessão longa de periodização.

APÊNDICE A

Compreensão dos rótulos de alimentos

As informações nutricionais são obrigatórias para a maior parte dos alimentos embalados nos Estados Unidos, sendo reguladas pela Food and Drug Administration (FDA) e pelo Departamento de Agricultura dos EUA. O rótulo de dados nutricionais normalmente inclui os seguintes componentes, em geral na ordem listada:

- Dados de quantidade por porção.
- Informação calórica.
- Quantidades e porcentual de valores diários de nutrientes específicos.
- Vitaminas e minerais.
- Lista de ingredientes e informações relativas a alergias.

Soa bastante simples, não é? Infelizmente não. O que é listado nos rótulos dos alimentos pode parecer confuso, especialmente os mais complicados, e muitas pessoas concordam com isso (Cowburn e Stockley, 2005; Rothman et al., 2006). No entanto, estudos indicam que, com alguma ajuda para decifrá-lo, o rótulo de informações nutricionais pode ser uma ferramenta educacional eficaz para aumentar o conhecimento na área (Hawthorne et al., 2006).

Infelizmente, a maioria das pessoas não compreende o suficiente o que está escrito nos rótulos de alimentos para fazer uma escolha informada do que é melhor para elas. Há duas razões principais para isso. Em primeiro lugar, a maioria das pessoas não entende a linguagem utilizada nos rótulos; e, em segundo, as informações mais novas referentes a produtos com baixo carboidrato não são bem regulamentadas pela FDA, constituindo um desafio maior de interpretação.

A maioria das pessoas acredita entender o que é relevante nos rótulos nutricionais (p. ex., o número de calorias e talvez até a quantidade de carboidratos, gordura e proteína no alimento ou suplemento). Porém, elas estão erradas – os rótulos não são fáceis de entender e usar sem um pouco de orientação. A capacidade de ler e avaliar rótulos de alimentos não é apenas uma questão de optar por uma alimentação saudável. Para quem tenta ganhar massa muscular e melhorar a composição corporal, escolher a combinação certa de alimentos pode ser fundamental para o sucesso. E para pessoas que tentam controlar doenças crônicas como disfunção cardíaca ou diabetes, a leitura do rótulo pode ser uma questão de sobrevivência.

Saber o que procurar é o primeiro passo para compreender as informações nutricionais. Rótulos (ver Fig. 1) contêm muita informação, mas o segredo é saber como usar essas informações para fazer as escolhas alimentares certas para cada pessoa. Como se pode ver, o rótulo destina-se a fornecer informações espe-

Apêndice A Compreensão dos rótulos de alimentos

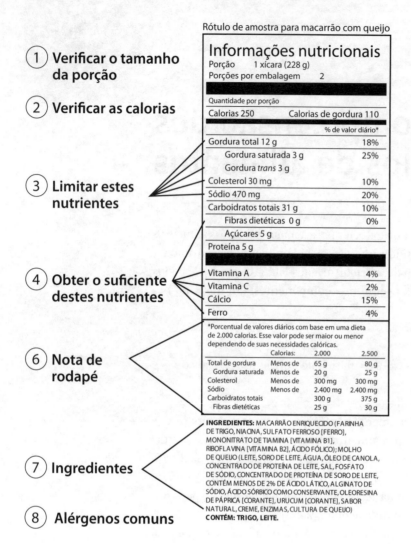

Figura 1 Informações nutricionais.

cíficas sobre o que cada produto alimentar contém, dados que podem ser utilizados para manter uma dieta saudável e alcançar objetivos individuais. Os nutrientes do rótulo são listados do que deve ser limitado, como gordura, colesterol e sódio, aos nutrientes necessários diariamente, como fibra alimentar, vitaminas A e C, cálcio e ferro. No entanto, como veremos, embora essa informação seja útil, ela apresenta limitações.

Dados de quantidade por porção – Ao observar o rótulo de informações nutricionais do produto, começar a leitura na parte superior, com a porção recomendada e o número de porções por embalagem. Certificar-se de comparar a quantidade da porção com o que costuma consumir. Por exemplo, a porção recomendada pode ser uma xícara, mas o consumo pode ser duas delas. Nesse caso, a pessoa estará comendo o dobro da porção, sendo necessário dobrar as calorias e outros nutrientes, incluindo o valor percentual diário.

Informações calóricas – Seguir adiante pelo rótulo até a linha de "calorias totais" e "calorias de gordura". O total de calorias, que inclui calorias de gordura, carboidratos e proteínas, é a quantidade de calorias por porção recomendada. Calorias de gordura representam o total de calorias em uma porção provenientes de gordura. A razão pela qual as calorias totais de gordura são listadas, em vez do total de calorias de carboidratos ou proteína, é a ênfase nas últimas décadas sobre os efeitos de uma dieta com redução de gordura sobre a saúde. Colocar essa informação no rótulo permite que as pessoas monitorem com facilidade a quantidade de gordura em suas dietas, com a recomendação geral de que não mais de 30% das calorias diárias sejam provenientes de gordura. Isso significa não mais de 600 calorias provenientes de gordura em uma dieta de 2.000 calorias.

Saber o total de calorias de uma porção de alimento permite comparar a quantidade de calorias na porção consumida do alimento ao total das necessárias em um dia. Se estiver tentando controlar seu peso, a escolha de alimentos com poucas calorias será útil. Mesmo pequenas diferenças em calorias por porção podem somar bastante ao longo de um dia. Ter em mente o seguinte ao ler o restante do rótulo:

- 1 grama de gordura contém cerca de 9 calorias.
- 1 grama de proteína contém cerca de 4 calorias.
- 1 grama de carboidrato contém cerca de 4 calorias.

Com o uso de alguns cálculos simples, é possível descobrir quanto da diferença entre o total de calorias e as calorias de gordura é proveniente de carboidratos e proteínas. Também é possível descobrir o número de calorias de carboidratos e de proteínas multiplicando os gramas de cada um por quatro.

Quantidades e valores porcentuais diários de nutrientes específicos – A seção seguinte do rótulo lista as quantidades de nutrientes específicos em uma porção e o porcentual do valor diário que uma porção do alimento fornece para cada nutriente. As quantidades de nutrientes são medidas em gramas ou miligramas, dependendo do nutriente. O porcentual de valores diários, listados na coluna da direita, baseia-se na quantidade recomendada de cada nutriente que uma pessoa comum deve consumir em uma dieta de 2.000 calorias. Ainda mais para baixo no rótulo, há uma nota de rodapé de valores diários recomendados para dietas padrão de 2.000 e 2.500 calorias.

O porcentual de valores diários informa se os nutrientes de uma porção de alimento contribuem muito ou um pouco para a ingestão diária recomendada. O objetivo é comer 100% de cada um desses nutrientes todos os dias. Por exemplo, se uma porção de um alimento é listada como tendo 25% do valor diário de proteína, o produto fornece 25% de suas necessidades diárias de proteínas com base em uma ingestão diária de 2.000 calorias. O valor porcentual diário é um bom indicador para saber se um alimento contém um alto ou baixo teor de nutrientes específicos. Um alimento é considerado uma boa fonte de um nutriente se o porcentual deste está entre 10 e 19%. Se um alimento tem 5% ou menos, é considerado baixo; se tem mais de 20% do valor porcentual diário, é considerado alto para esse nutriente.

Os nutrientes listados primeiro nessa seção do rótulo incluem aqueles que devem ser limitados para a maioria das pessoas, incluindo gordura total, gordura saturada, gordura *trans*, colesterol e sódio. *Gordura total* é a quantidade total de gordura em uma porção. Embora seja recomendável que a gordura total seja baixa, atualmente o consenso é de que entre 20 e 30% de nossa ingestão calórica diária deve vir de gorduras. No entanto, esse consenso é para pessoas comuns, e não para quem segue dietas de mudança de fase e transforma seus corpos de dependentes de carboidratos em dependentes de gorduras, incluindo a gordura corporal, como principal combustível.

Gordura saturada e *gordura trans* são consideradas ruins por sua capacidade de elevar os níveis de colesterol (da mesma maneira que o colesterol dietético) e de aumentar o risco de doenças cardíacas. A gordura saturada – encontrada em maior quantidade em manteiga, queijo, leite integral, produtos derivados de leite, carne e aves – não demonstrou aumentar a incidência de doenças cardíacas (Di Pasquale, 2002-2008). As gorduras *trans* são usadas por processadores de alimentos para aumentar a validade de alimentos processados. Alimentos ricos em gorduras *trans* incluem margarina, gordura vegetal, biscoitos, bolachas, salgadinhos, frituras e outros alimentos processados. Uma vez que a consciência do consumidor sobre gorduras *trans* aumentou recentemente, muitos fabricantes de alimentos estão tentando diminuir sua quantidade ou eliminá-la de seus produtos.

Os fabricantes de alimentos devem listar a gordura *trans* em todos os produtos. Se o produto for importado e a quantidade de gordura *trans* não estiver listada, procurar na lista de ingredientes termos como *óleos parcialmente hidrogenados*. Isso indica que provavelmente há gorduras *trans* no produto. Alguns suplementos dietéticos (p. ex., barras de proteína, barras energéticas e substitutos de refeição) podem conter gordura *trans*, óleo vegetal parcialmente hidrogenado, gordura saturada e colesterol. Por isso, a FDA exige níveis de gordura *trans* expressos no rótulo se um suplemento dietético contiver 0,5 g ou mais desse tipo de gordura por porção.

A FDA não exige que gorduras insaturadas, incluindo gordura poli-insaturada e monoinsaturada, sejam listadas no rótulo. Se não estiverem, é possível estimar a quantidade total de gordura insaturada (embora sem especificar o tipo) do alimento subtraindo as quantidades de gorduras *trans* e saturadas da gordura total.

O *colesterol* é necessário para a produção endógena de muitas substâncias no organismo, incluindo alguns hormônios e vitamina D. Pode representar um problema, naturalmente, se estiver muito alto.

O *sódio*, em especial do sal naturalmente presente nos alimentos ou, o que é mais comum, do adicionado aos alimentos, pode contribuir para a retenção de líquidos e pressão arterial elevada e, portanto, deve ser limitado. Saber a quantidade de sódio presente nos alimentos pode ser especialmente útil para fisiculturistas que desejam limitar sua ingestão de sódio durante a preparação para competição ou, como alternativa, a carga de sódio.

Informações sobre os outros dois macronutrientes, *carboidratos* e *proteínas*, também são encontradas nessa seção do rótulo. O carboidrato é dividido em *açúcares*, *fibras* e *carboidratos totais*. O carboidrato total é a quantidade total por porção medida em gramas. Ele combina as quantidades de todas as fontes de carboidratos em um alimento, incluindo fibras, açúcares, amidos, alcoóis de açúcar e glicerina.

Fibra dietética é a quantidade de massa não digerível (fibras insolúveis) ou parcialmente digerível (fibras solúveis) de alimentos vegetais e é medida em gramas. Alimentos ricos em fibras são reconhecidos como benéficos para controle de peso, diabetes, colesterol alto e algumas formas de câncer. Alimentos com 5 g de fibra ou mais são considerados ricos em fibras.

Açúcares fazem parte do conteúdo total de carboidratos e são medidos em gramas. Incluem açúcares naturais, normalmente presentes no alimento, e os adicionados. É possível descobrir quais açúcares foram adicionados olhando a lista de ingredientes – por exemplo, glicose, frutose, açúcar, dextrose, maltose, xarope de milho de alta frutose, suco de fruta concentrado, turbinado, xarope, melaço, cevada e malte. Alcoóis de açúcar como maltitol, xilitol, sorbitol e glicerina devem ser contados como carboidratos para dietas de baixo carboidrato. Prestar muita atenção aos rótulos, já que os fabricantes devem informar agora a quantidade de grama ou mililitro pela porção especificada. Esses açúcares adicionados devem ser evitados por qualquer um que deseje melhorar o desempenho, a saúde e a composição corporal. Embora haja indicação para o uso de açúcares pós-exercício, açúcares simples são contraproducentes em qualquer momento na dieta metabólica.

A *proteína*, medida em gramas, informa a quantidade total em uma única porção do alimento. Embora existam diferenças de valor biológico e efeitos de várias fontes de proteína, não há nenhuma distinção sobre o tipo de proteína ou a fonte. Além disso, os aminoácidos e peptídeos (incluindo peptídeos de glutamina do glúten de trigo hidrolisado) não estão incluídos, já que não são considerados proteínas integrais. Acreditamos que isso seja um erro grave, uma vez que os aminoácidos e peptídeos são os produtos de degradação da proteína inteira e, como tal, deveriam ser considerados na contagem de proteínas totais.

Vitaminas e minerais – Vitaminas e minerais são listados nos rótulos de alimentos. A maioria dos rótulos, como os de produtos lácteos, pães integrais, linhaça e iogurtes, listam vitaminas A, C e E, cálcio, ferro, tiamina, magnésio, zinco e selênio. Quando os rótulos listam apenas vitaminas A e C, cálcio e ferro é porque as organizações de saúde em todo o mundo consideram esses itens os mais importantes para a saúde. Todos são medidos em porcentual, já que a ideia é ingerir 100% de cada um desses nutrientes diariamente para evitar males associados a deficiências.

Lista de ingredientes e informações para evitar alergias – A lista de ingredientes é outra parte do rótulo nutricional e apresenta uma visão geral de tudo que o produto contém. Os ingredientes são listados em ordem de porcentual do ingrediente no produto. Os macronutrientes, além de outros ingredientes como especiarias, conservantes, corantes e sabores, também são listados. Essa lista pode ajudar a determinar se o alimento é adequado para o atleta, dependendo do que desejar ou não para seu corpo.

A FDA exige que os fabricantes de alimentos listem os alérgenos alimentares comuns nos rótulos em termos simples, para que crianças mais velhas e adultos possam entender. Alérgenos comuns incluem leite, ovos, amendoim, trigo, soja, peixe, mariscos e nozes. Embora eles sejam listados nos ingredientes, um rótulo alimentar também deve informar com clareza (acima ou ao lado dos ingredientes) se o produto contém qualquer um desses alérgenos.

Termos de rótulos e seus significados

Além de entender o rótulo de alimentos, os consumidores, especialmente aqueles que seguem dietas especiais, devem estar cientes das afirmações nutricionais presentes em alimentos. Algumas informam que os produtos têm pouco colesterol ou teor de gordura. Porém, essas afirmações têm significados muito específicos – que a maioria das pessoas não conhece – e podem ser usadas somente se um alimento atende a definições governamentais rigorosas.

Por exemplo, o padrão para os termos *reduzido* e *menos* é sempre pelo menos 25% mais baixo do que o alimento original de referência. Embora um rótulo possa dizer que o produto tem gordura ou sódio reduzido, isso só significa que o alimento tem 25% menos gordura ou sódio que o produto original. Então, se o produto original é rico em gordura ou sódio, o produto reduzido será um pouco menor, mas ainda terá um valor relativamente elevado.

Mesmo que um alimento tenha pouca gordura, ele pode não ser necessariamente nutritivo. Um alimento de baixo teor de gordura pode ser elevado em açúcar. As empresas de alimentos também fazem afirmações como "sem colesterol" (significando ausência de gordura animal na produção do produto), mas isso não significa necessariamente que o produto tenha pouca gordura. A Tabela 1 apresenta os significados de alguns termos de acordo com as definições governamentais.

Tabela 1 Definições de termos comuns em rótulos

Sem açúcar	Menos de 5 g de açúcar por porção
Açúcar reduzido	No mínimo 25% menos açúcar por porção
Sem adição de açúcar	Sem açúcares adicionados durante o processamento ou embalagem; pode incluir produtos que já contêm açúcar natural, como frutas secas e suco
Sem calorias	Menos de 5 calorias por porção
Baixa caloria	40 calorias ou menos por porção
Sem gordura	Menos de 0,5 g de gordura por porção
Sem gordura saturada	Menos de 0,5 g de gordura saturada por porção, com nível de ácidos graxos *trans* não maiores que 1% da gordura total
Baixo teor de gordura	3 g ou menos de gordura por porção ou, se a porção tiver 30 g ou 2 colheres de sopa ou menos, por 50 g do produto
Baixo teor de gordura saturada	1 g ou menos de gordura saturada por porção, com não mais de 15% das calorias totais de gordura saturada
Menos gordura ou gordura reduzida	No mínimo 25% menos gordura por porção do que o alimento de referência original
Menos gordura saturada ou gordura saturada reduzida	No mínimo 25% menos gordura saturada por porção do que o alimento de referência original
Light	50% menos gordura do que o produto original; também pode ser usado para indicar ⅓ a menos de calorias ou 50% menos sódio
Magro	Menos de 10 g de gordura, 4 g de gordura saturada e 95 mg de colesterol

(continua)

Apêndice A Compreensão dos rótulos de alimentos

Tabela 1 Definições de termos comuns em rótulos (*continuação*)

Extramagro	Menos de 5 g de gordura, 2 g de gordura saturada e 95 mg de colesterol
Sem colesterol	Menos de 2 mg de colesterol e 2 g ou menos de gordura saturada
Baixo colesterol	20 mg ou menos de colesterol e 2 g ou menos de gordura saturada por porção, ou se a porção for de 30 g ou 2 colheres de sopa ou menos, por 50 g do produto
Menos colesterol ou colesterol reduzido	No mínimo 25% menos colesterol e 2 g ou menos de gordura saturada por porção do que o alimento de referência original
Sem sódio	Menos de 5 mg de sódio por porção
Baixo sódio	140 mg ou menos de sódio por porção
Mínimo teor de sódio	35 mg ou menos de sódio por porção
Menos sódio ou sódio reduzido	No mínimo 25% menos sódio por porção do que o alimento de referência original
Rico em fibras	Pelo menos 5 g de fibras por porção; também deve satisfazer os critérios para baixo teor de gordura, ou o teor de gordura total deve ser expresso ao lado da informação de rico em fibras
Fonte de fibra	2,5 a 4,9 g de fibra por porção
Fibras adicionais	No mínimo 2,5 g a mais de fibras por porção do que o alimento de referência original

Carboidratos ocultos

Quem estiver contando gramas de carboidratos deve considerar a maior parte do carboidrato total de um produto para chegar ao número que pode usar em sua contagem de carboidratos. Há uma série de questões a considerar, especialmente porque muitos fabricantes utilizam vários truques para camuflar de forma significativa o conteúdo de carboidratos de seus produtos. A maioria dos alimentos ricos em carboidratos é muito fácil de detectar. É amplamente conhecido que açúcar, batatas, arroz, pão e bolos são altas fontes de carboidratos. Porém, alguns alimentos ricos em carboidratos ou com ingredientes com altos índices são mais difíceis de detectar. Mesmo a leitura dos ingredientes pode não informar sobre os gramas reais de carboidratos em certos alimentos e suplementos. A confusão gira em torno de compostos que são doces e têm uma contagem de calorias significativa, mas não são tecnicamente alimentos ricos em carboidratos. Nem são gordurosos ou ricos em proteína.

A ideia do que é um carboidrato e o que não é parece aberta à interpretação de qualquer um tentando provar seu ponto de vista ou enganar o público. Assim, fabricantes que desejam incluir algumas dessas substâncias em seus produtos – porque adicionam o sabor do carboidrato –, mas não desejam enumerá-las como carboidrato nas informações nutricionais podem fazê-lo até certo ponto.

Na dieta metabólica, a razão para manter os carboidratos baixos é maximizar a composição corporal. Por isso, é preciso contar gramas de carboidratos ou calorias provenientes deles. Nesse contexto, qualquer coisa que interrompa a oxidação e a degradação de ácidos graxos deve ser considerada um carboidrato e, como tal, pode ser prejudicial à dieta. Se algo é tecnicamente um carboidrato ou não, o importante é como se comporta no corpo na medida de seu impacto sobre o metabolismo de macronutrientes endógenos e exógenos.

Para o rótulo de alimentos, a confusão decorre principalmente da indústria de alimentos e suplementos. Fabricantes podem ser enganosos. Acima de tudo, desejam vender seus produtos. Para que isso aconteça, eles têm que dizer o que o consumidor quer ouvir, seja a verdade ou não. O fato é que as diretrizes da FDA permitem o uso de *baixo carboidrato* em um rótulo alimentar se o produto tiver 3 g ou menos de carboidrato por porção. Os termos de rótulo de alimentos para carboidratos, conforme definido pela FDA, podem ser confusos. No entanto, algumas das definições são simples, como listadas a seguir:

- O carboidrato total é calculado subtraindo-se a soma da proteína bruta, gordura total, umidade e cinza do peso total do alimento.
- Açúcares são a soma de todos os monossacarídeos e dissacarídeos livres (como glicose, frutose, galactose, lactose e sacarose).
- Álcool de açúcar é a soma dos derivados de sacarídeos em que um grupo hidroxila substitui um grupo cetona ou aldeído. Sua utilização nos alimentos é listada pela FDA (manitol, xilitol) ou é geralmente reconhecida como segura (sorbitol).
- Outros carboidratos consistem na diferença entre o total deles e a soma de fibra alimentar, açúcares e alcoóis de açúcar, se presentes (Altman, 1998).
- Glicerol e glicerina se referem à mesma substância. As normas para rótulos alimentares da FDA exigem que, quando a glicerina é usada como ingrediente alimentício, deve ser incluída nos gramas de carboidratos totais declarados por porção. Além disso, quando o rótulo de um alimento contendo glicerina apresenta informações sobre os açúcares, o teor de glicerina por porção também deve ser declarado como álcool de açúcar (Institute of Food Technologies, 2003).

Mesmo com a simplicidade dessas definições, os fabricantes conseguem complicar as coisas usando algumas frases para descrever o conteúdo de carboidratos de seus produtos. Eles sabem que os consumidores não são propensos a ter tempo ou interesse para calcular proteína bruta, gordura total, umidade e cinzas. E, se o fizessem, não conseguiriam pensar em uma boa razão para comprar o produto. As expressões *carboidratos líquidos* e *carboidrato de impacto* não são definições da FDA, mas termos criados por empresas para que o consumidor veja o produto nas prateleiras e seja atraído pelo marketing de venda.

Para calcular o carboidrato líquido, as empresas subtraem os gramas de fibra e alcoóis de açúcar do total de carboidrato. A razão por trás disso, pelo menos sob o ponto de vista comercial, é que o corpo não digere fibras, de modo que não deveriam ser contabilizadas como parte do total de carboidrato. Embora o que os fabricantes dizem seja verdade para as fibras insolúveis, não é o caso com todos os alcoóis de açúcar ou fibras solúveis. As fibras insolúveis, mesmo que tecnicamente sejam carboidratos, não são absorvidas e são excretadas de forma inalterada. Assim, não fornecem calorias ou afetam o conjunto de macronutrientes sistêmicos. As fibras insolúveis não deveriam, portanto, ser consideradas na indicação de carboidratos ou calorias.

A fibra solúvel é diferente, ainda representando uma área nebulosa na equação de carboidratos e calorias. A pectina, por exemplo, sofre vigorosa fermentação bacteriana "amigável" no intestino e produz altos níveis de ácidos graxos de cadeia curta. Esses triglicerídeos de cadeia curta são absorvidos pelas células do cólon, além de absorvidos sistemicamente. Assim, cerca de metade das fibras solúveis deve ser contada como carboidrato, mesmo que as calorias sejam provenientes de ácidos graxos de cadeia curta.

A conclusão é que vários macronutrientes e ingredientes, incluindo fibras solúveis, alcoóis de açúcar, álcool, lactato, piruvato e glicerol, agem como carboidratos. Se não forem considerados equivalentes do carboidrato total ou parcial, sabotarão os efeitos das dietas de baixo carboidrato na perda de peso e de gordura e na composição corporal.

Triglicerídeos de cadeia curta, média e longa – Triglicerídeos de cadeia curta e média fornecem calorias, mas o problema é que são usados pelo organismo preferencialmente sobre triglicerídeos de cadeia longa (que compõem a gordura corporal), de modo que, assim como carboidratos, podem desviar o metabolismo da queima dos ácidos graxos que compõem a gordura corporal. Assim, se você estiver tentando maximizar a composição corporal, ácidos graxos de cadeia curta e média podem ser contraproducentes.

Os atletas utilizam frequentemente triglicerídeos de cadeia média (TCM) para melhorar a composição corporal. No entanto, eles podem ser contraproducentes na fase de baixo carboidrato de uma dieta de mudança de fase. Apesar de terem um efeito poupador de proteína em uma dieta altamente calórica rica em carboidrato complexo, TCM são contraproducentes em uma dieta de maior teor de gordura e baixo carboidrato.

Em vez de usar os ácidos graxos de cadeia longa que compõem a maior parte da gordura corporal, o corpo usa os TCM – ignorando os processos metabólicos que permitem que o corpo queime sua própria gordura, diminuindo, assim, o efeito lipolítico da dieta sobre a transferência de ácidos graxos para a mitocôndria, onde passam por betaoxidação e são preferencialmente (e esta é a palavra essencial para se adaptar a gordura em vez de carboidratos) usados como combustível para o corpo.

Os triglicerídeos de cadeia longa (TCL), encontrados na maioria dos alimentos permitidos na dieta metabólica e que compõem a gordura corporal, têm outras vantagens sobre TCM. Em primeiro lugar, os TCL têm efeitos poupadores de proteína maiores do que os TCM (Beaufrere et al., 1992). Ao contrário dos TCL, os TCM têm efeito pouco inibitório sobre a atividade das enzimas envolvidas na lipogênese (formação aumentada de gordura corporal) (Chanez et al., 1988; Hwang, Yano e Kawashima, 1993). Vários estudos mostram que TCL aumentam a lipólise, ou a quebra de gordura corporal (Kather et al., 1987). Um nível total maior de TCL comparado a TCM deve resultar na diminuição dos níveis de gordura corporal.

***Alcoóis de açúcar* –** Os fabricantes afirmam que, apesar de os alcoóis de açúcar serem tecnicamente carboidrato e fonte de calorias, eles têm efeito negligenciável sobre o açúcar no sangue e não deveriam ser incluídos como parte do total de carboidratos. Isso não é inteiramente verdade. Na verdade, uma das razões para a adoção de dietas de baixo carboidrato é que o corpo se adapta ao sistema de gordura e queima preferencialmente gordura corporal. Infelizmente, alcoóis de açúcar agem como carboidratos regulares em termos de interferência nessa adaptação.

A American Dietetic Association se mantém no meio do caminho, considerando as calorias de forma isolada ao recomendar que indivíduos com diabetes, que controlam o açúcar no sangue contando gramas de carboidratos, considerem metade dos gramas de álcool de açúcar como carboidratos, já que em média metade do álcool de açúcar é digerido (Powers, 2003).

***Carboidratos de difícil digestão* –** Vários carboidratos são difíceis de digerir para os seres humanos e, assim, não são considerados como tal pelos fabricantes. Por exemplo, inulina e oligofrutose, depósitos de carboidratos que são encontrados em algumas plantas, têm apenas um terço do efeito dos carboidratos regulares no metabolismo e, dessa forma, podem ser enquadrados nessa categoria – por exemplo, 3 g de inulina seriam equivalentes a 1 g de carboidrato regular. A razão para isso é que a inulina e a oligofrutose têm uma ligação beta-(2-1) unindo as moléculas de frutose. Essas ligações tornam as substâncias não digeríveis pelas enzimas intestinais humanas.

Assim, inulina e oligofrutose passam pela boca, pelo estômago e intestino sem serem metabolizadas. Como resultado, quase toda a inulina ou a oligofrutose ingerida entra no cólon, onde é totalmente fermentada pela microflora intestinal. A energia derivada da fermentação é, na maior parte, resultado da produção de ácidos graxos de cadeia curta e um pouco de lactato, que é metabolizada e contribui com 1,5 caloria por grama de energia útil para inulina e oligofrutose. Lactato e ácidos graxos de cadeia curta são equivalentes a carboidratos, de modo que essa 1,5 caloria por grama, de possíveis 4 calorias por grama, deve ser considerada em sua ingestão de carboidratos.

Rótulos de alimentos e interesses especiais

A maior parte do que foi apresentado até agora ajudará a decidir o que estará presente no alimento consumido e permitirá escolhas alimentares saudáveis. As informações nos rótulos dos alimentos são voltadas principalmente para o indivíduo comum em uma dieta regular. O uso das informações nutricionais depende do tipo de dieta e dos objetivos. Quem estiver tentando maximizar o desempenho, a composição corporal ou ambos, ou se estiver seguindo uma dieta específica, usará as informações nutricionais de uma forma um pouco diferente de uma pessoa comum.

Embora sempre seja uma boa ideia minimizar açúcares e gorduras *trans*, a quantidade de outras gorduras, proteínas e carboidratos pode variar drasticamente dependendo do objetivo de cada um. Por exemplo, para aqueles seguindo uma dieta de baixo carboidrato, seu nível de gordura total em geral será alto, a menos que estejam cortando drasticamente calorias. E se a carne vermelha for uma parte importante da dieta, a ingestão de gordura saturada será relativamente elevada. Porém, isso pode não ser um problema, porque quando há limitação de carboidratos, a gordura saturada é tratada de modo diferente de quando se está em uma dieta de alto carboidrato, em especial uma rica em açúcares.

Independentemente do tipo de dieta adotado, deve-se minimizar a ingestão de açúcares e gordura *trans* e aumentar a ingestão de gorduras poli-insaturadas e monoinsaturadas. Infelizmente, não é exigência listar gorduras insaturadas nos rótulos de alimentos, embora algumas empresas o façam. Também seria útil ter o número de calorias de cada macronutriente e subseções dele. Isso permitiria uma adequação mais precisa de alimentos de acordo com as necessidades específicas de macronutrientes. Por exemplo, seria útil saber quanto da fibra é solúvel e quanto é insolúvel. Isso porque, embora a fibra insolúvel seja isenta de calorias utilizáveis, a fibra solúvel não é.

Dividir macronutrientes em subseções permite que alguns dos estratagemas de *marketing* que alguns fabricantes adotam para dar uma falsa impressão sobre o conteúdo de seus produtos sejam desvendados. Como vimos, isso é mais relevante quando se discute o conteúdo de carboidratos de alimentos e suplementos, especialmente lanches, barras e substitutos de refeição de baixo carboidrato.

Nas informações nutricionais, os fabricantes são obrigados a fornecer dados sobre certos nutrientes. No entanto, seria útil se informações adicionais fossem listadas. A lista a seguir apresenta os componentes obrigatórios, que estão em negrito, bem como outros que seriam úteis:

- **Total de calorias**
- **Calorias de gordura**
- Calorias de gordura saturada
- **Gordura total**
- **Gordura saturada**
- **Gordura *trans***
- Gordura poli-insaturada
- Gordura monoinsaturada
- **Colesterol**
- **Sódio**
- Potássio
- **Carboidrato total**
- **Fibra dietética**
- Fibras solúveis
- Fibras insolúveis
- **Açúcares**
- Alcoóis de açúcar (p. ex., os substitutos de açúcar xilitol, manitol e sorbitol)
- Outros carboidratos (a diferença entre o total de carboidratos e a soma de fibras alimentares, açúcares e álcool de açúcar, se declarado)
- **Proteína**
- Aminoácidos
- Peptídeos
- **Vitamina A**

- Porcentual de vitamina A presente, como betacaroteno
- **Vitamina C**
- **Cálcio**
- **Ferro**
- Outras vitaminas e minerais essenciais
- Cafeína (especialmente em várias bebidas comerciais como refrigerantes e bebidas energéticas)

Teor de cafeína de alimentos e bebidas

Outra área relativamente desregulada é o conteúdo de cafeína de várias bebidas (principalmente café e chá, bebidas carbonatadas e energéticas) e alimentos (em especial chocolate, principalmente o amargo, e iogurte e caldas com sabor de café). Quando a cafeína é adicionada a alimentos e bebidas, deve aparecer na lista de ingredientes do rótulo. No entanto, os fabricantes não são obrigados a listar a quantidade de cafeína.

Apenas poucas empresas indicam voluntariamente a quantidade de cafeína de seus produtos nos rótulos. Esse é um problema com as bebidas carbonatadas (Chou e Bell, 2007) e em especial com a nova safra de bebidas energéticas, com a energia proveniente quase 100% do conteúdo de cafeína e compostos relacionados, mesmo que o produto tenha vários outros ingredientes na mistura, como taurina, vitaminas do complexo B e açúcar.

Até 400 mg de cafeína por dia é uma quantidade considerada segura para adultos saudáveis (Nawrot et al., 2003), embora para alguns, como mulheres em idade fértil (Higdon e Frei, 2006), recomende-se um limite máximo de 300 mg. Embora esses limites possam parecer altos, se considerarmos todas as fontes de cafeína, atingir níveis insalubres é mais fácil do que a maioria das pessoas imagina.

Um copo médio de café tem cerca de 100 mg de cafeína. No entanto, o conteúdo de cafeína do café de estabelecimentos comerciais, incluindo fontes diferentes das mesmas marcas, pode variar consideravelmente, em geral de 70 a 140 mg (McCusker, Goldberger e Cone, 2003; Desbrow et al., 2007). Mesmo os descafeinados contêm quantidades significativas de cafeína (McCusker et al., 2006). Algumas bebidas energéticas, em sua tentativa de superar as concorrentes, elevaram os níveis de cafeína de seus produtos ao ponto em que seu consumo isolado pode ser perigoso para a saúde (Cohen e Townsend, 2006). Por exemplo, uma garrafa de 600 mL de Fixx (suficiente para uma sessão de treino), uma bebida energética desenvolvida para aqueles que se exercitam, contém 500 mg de cafeína. Uma unidade de 250 mL de Spike Shooter contém 300 mg de cafeína, e não seria incomum consumir mais de uma por dia.

Para obter uma lista dos níveis de cafeína em alimentos, bebidas, medicamentos e comprimidos sem receita, acessar o site www.erowid.org/chemicals/caffeine/caffeine_info1.shtml#1 – em inglês. A quantidade de cafeína em diversas bebidas varia de forma drástica, de níveis relativamente baixos a equivalentes a várias xícaras de café.

Bebidas energéticas são uma ferramenta importante no fisiculturismo e no treinamento de força, pois as sessões de exercício normalmente excedem

Apêndice A   Compreensão dos rótulos de alimentos

30 minutos. As bebidas energéticas mais eficazes contêm carboidratos de 6% (6 g por 100 mL de líquido). Estudos indicam que uma solução de carboidrato de 6% é rapidamente absorvida pelo intestino, fornece energia para melhorar o desempenho e restaura o equilíbrio eletrolítico depois da perda de suor. É improvável que bebidas esportivas com fórmulas inferiores ou superiores de carboidratos sejam capazes de fornecer alguns desses atributos. A maneira mais fácil de calcular o porcentual de carboidratos é considerar o conteúdo total de carboidrato da bebida energética, dividi-lo pelo tamanho da dose em mL e multiplicar por 100. Por exemplo, uma bebida energética com 14 g de carboidratos por porção de 240 mL teria um teor de carboidrato de 5,8%:

$$14 \text{ g} \div 240 \text{ mL} \times 100 = 5,8\%$$

Assim, essa bebida energética tem cerca de 6% quando arredondado ao décimo mais próximo. Evite novas bebidas energéticas que são, em sua maioria, ricas em açúcares ou que contenham unicamente cafeína. O corpo vai secretar água no intestino delgado após a ingestão. Isto aumentará a desidratação e pode causar desconforto gastrintestinal. Algumas bebidas energéticas mais recentes contêm grandes quantidades de cafeína. Elas podem dar uma sensação de mais energia para o atleta, mas doses muito altas podem levar a desidratação aumentada por meio de maior perda de urina (Whitney e Rolfes, 2008).

APÊNDICE B

Nutrição para maximizar os efeitos anabólicos do exercício

Os nutrientes ingeridos depois do exercício são quase tão importantes quanto o próprio exercício na decisão dos efeitos da atividade física sobre composição e desempenho corporais. Para a dieta metabólica, a nutrição ideal pós-treinamento difere do consenso geral de carboidrato isolado ou uma combinação de carboidratos e proteínas. Assim, suplementos após a atividade física podem errar o alvo e, na verdade, ser contraproducentes para maximizar a composição corporal (aumento da massa muscular e diminuição de gordura corporal), melhoria de desempenho e melhora da recuperação.

Não há dúvida de que o tempo certo da nutrição de proteínas após o exercício é fundamental para o aumento da síntese de proteínas do músculo esquelético e um equilíbrio global líquido (Tipton et al., 1999). O exercício fornece uma resposta adaptável para que o corpo seja capaz de aproveitar qualquer nutrição fornecida após a atividade física.

A ingestão de nutrientes por si só fornece uma resposta de armazenamento de modo que, se o atleta consumir aminoácidos combinados após um período de jejum, a síntese de proteína será aumentada, enquanto a quebra de proteínas permanece igual ou diminui levemente. Isso é diferente da resposta após o exercício.

Sem ingestão de nutrientes após o exercício, a síntese proteica e a quebra de proteínas aumentam, mas o saldo não se torna positivo como acontece depois da ingestão de aminoácidos após jejum. Em razão do estímulo de exercício, fornecer aminoácidos após o exercício aumenta a síntese proteica além do nível em geral alcançado nesta fase ou depois do consumo de aminoácidos isolados. A quebra de proteínas permanece relativamente semelhante após a atividade física sem ingestão de nutrientes. Assim, consumir aminoácidos aumenta a síntese de proteína e leva a um equilíbrio de proteína líquida positiva, além de um aumento global no acúmulo de proteínas (Miller, 2007).

Além disso, apesar de o aumento da síntese de proteínas depois de comer ser um fenômeno de armazenamento temporário, o exercício físico estimula uma resposta adaptativa de longo prazo. Fornecer nutrição após a atividade física aumenta a vantagem nas vias de sinalização anabólicas iniciadas pela atividade física, proporcionando blocos de desenvolvimento de aminoácidos e energia para a síntese de proteína.

Ênfase exagerada na ingestão de carboidratos após o exercício

Em razão da ênfase exagerada em manter as reservas de glicogênio para maximizar o desempenho do exercício, muitas pesquisas se concentram nos efeitos dos carboidratos após a atividade física e do carboidrato pós-treino combinado a proteína (Ivy et al., 2002) sobre os transportadores de glicose (GLUT1, GLUT2, GLUT4); o metabolismo da glicose, incluindo níveis de hexoquinase e glicogênio sintase; e insulina (Zorzano, Palacin e Guma, 2005; Morifuji et al., 2005). Poucas pesquisas tratam apenas do uso de proteína e gordura após o exercício.

Glicogênio muscular e ação da insulina

Sabe-se que uma única sessão de exercício aumenta a sensibilidade à insulina por horas (Cartee et al., 1989; Henriksen, 2002). Também sabemos que sessões de exercícios de força e resistência resultam em uma diminuição significativa de glicogênio, bem como que o conteúdo total de energia e de carboidratos é importante para a ressíntese de glicogênio muscular e do fígado (Roy e Tarnopolsky, 1998).

A absorção de glicose e a síntese de glicogênio são reforçadas na presença de insulina após o exercício agudo, que reduz a concentração de glicogênio muscular e ativa a glicogênio sintase (Ivy e Holloszy, 1981; Ren et al., 1994). A concentração de glicogênio muscular dita grande parte desse aumento agudo na sensibilidade à insulina após o exercício (Derave et al., 1999). Portanto, um aumento da disponibilidade de carboidratos dietéticos nas horas após o exercício e o resultante aumento da ressíntese de glicogênio muscular inverte o aumento na sensibilidade à insulina induzido pelo exercício (Kawanaka et al., 1999).

Juntamente com a absorção de glicose, a absorção de aminoácidos e a síntese de proteínas também aumentam após o exercício. O uso de ácidos graxos como combustível primário também se eleva após o exercício, uma vez que a ressíntese de glicogênio tem prioridade sobre o uso de glicose para energia aeróbia. No entanto, à medida que os níveis de glicogênio do fígado e do músculo são reabastecidos, a sensibilidade à insulina diminui, assim como a captação de aminoácidos, síntese de proteínas e o uso de ácidos graxos como combustível primário. Os ácidos graxos, de preferência da quebra de gordura corporal, podem fornecer o combustível secundário necessário para a taxa metabólica aumentada prolongada que ocorre após exercício vigoroso, especialmente no treino de força (Knab et al, 2011; Haden et al., 2011).

Ao aumentar os níveis de insulina e não fornecer carboidratos, desvia-se o metabolismo corporal para o uso de mais ácidos graxos para energia, ao mesmo tempo que mantém os níveis de glicogênio do músculo abaixo da saturação, bem como o influxo de aminoácidos e a síntese de proteínas elevados durante um período prolongado após o exercício. Essencialmente, ao limitar a síntese de glicogênio, os efeitos benéficos da insulina na síntese proteica e na degradação são prolongados e os efeitos de redução da insulina na degradação de ácidos graxos e na oxidação diminuem. Ao mesmo tempo, embora haja atraso na síntese de glicogênio, mantém-se a capacidade de aumentar rapidamente o glicogênio, uma vez que a ingestão de carboidratos é aumentada.

Esse aumento de capacidade para a síntese de glicogênio pode persistir por vários dias se a concentração de glicogênio muscular for mantida abaixo dos níveis normais pela restrição de carboidratos. Ao manter os carboidratos baixos e as proteínas e energia altas após o treino, é possível aumentar a síntese proteica durante um período prolongado e obter efeitos anabólicos em longo prazo (Cartee et al., 1989).

Um estudo recente analisou os efeitos do déficit de carboidratos após o treino, enquanto a ingestão calórica permanece constante, na ação da insulina e na oxidação de gordura. O estudo mostrou que o déficit de carboidratos após o exercício resultou em maior oxidação de gordura e ação aumentada da insulina. A maior ação da insulina foi proporcional ao grau de déficit de carboidratos (ou seja, quanto mais o carboidrato foi reduzido, maior foi a ação da insulina) (Holtz et al., 2008).

Fornecimento de insulina e nutrientes ao músculo esquelético

Uma das ações da insulina é aumentar a perfusão (nutritiva) microvascular do músculo, que é reforçada pelo exercício (Dela et al., 1995; Hardin et al., 1995). Esse aumento é fundamental para maximizar os efeitos anabólicos do exercício e da nutrição orientada.

Por exemplo, Clark et al. (2003) analisaram os efeitos da insulina no sistema vascular e no fornecimento de nutrientes ao músculo, observando que existem duas rotas de fluxo muscular. Uma tem amplo contato com as células musculares (miócitos) e é capaz de trocar nutrientes e hormônios livremente, sendo, portanto, considerada nutritiva. A segunda essencialmente não tem contato com miócitos e é considerada não nutritiva. Essa via pode fornecer sangue ao músculo do tecido conjuntivo e às células de gordura adjacentes, mas não às células musculares.

Portanto, na ausência de aumentos no fluxo em massa ao músculo – por exemplo, depois de uma sessão de treino –, a insulina pode alternar o fluxo da rota não nutritiva à nutritiva. Esse recrutamento capilar resulta em um aumento no fluxo sanguíneo nutritivo para que os músculos estressados e sob resposta adaptável tenham o que precisam para se recuperar e crescer.

APÊNDICE C

Peso máximo com base em repetições

Os pesos que compõem o gráfico são dados em libras. Divida a carga em libras por 2,2 para convertê-la em quilogramas.

% de 1RM	100	95	90	85	80	75
Repetições	1	2	4	6	8	10
Peso levantado	700,00	665,00	630,00	595,00	560,00	525,00
	695,00	660,25	625,50	590,75	556,00	521,25
	690,00	655,50	621,00	586,50	552,00	517,50
	685,00	650,75	616,50	582,25	548,00	513,75
	680,00	646,00	612,00	578,00	544,00	510,00
	675,00	641,25	607,50	573,75	540,00	507,00
	670,00	636,50	603,00	569,50	536,00	502,50
	665,00	631,75	598,50	565,25	532,00	498,75
	660,00	627,00	594,00	561,00	528,00	495,00
	655,00	622,25	589,50	556,75	524,00	491,25
	650,00	617,50	585,00	552,50	520,00	487,50
	645,00	612,76	580,50	548,25	516,00	483,75
	640,00	608,00	576,00	544,00	512,00	480,00
	635,00	603,25	571,50	539,75	508,00	476,25
	630,00	598,50	567,00	535,50	504,00	472,50
	625,00	593,75	562,50	531,25	500,00	468,75
	620,00	589,00	558,00	527,00	496,00	465,00
	615,00	584,25	553,50	522,75	492,00	461,25
	610,00	579,50	549,00	518,50	488,00	457,50
	605,00	574,75	544,50	514,25	484,00	453,75
	600,00	570,00	540,00	510,00	480,00	450,00
	595,00	565,25	535,50	505,75	476,00	446,25
	590,00	560,50	531,00	501,50	472,00	442,50
	585,00	555,75	526,50	497,25	468,00	438,75
	580,00	551,00	522,00	493,00	464,00	435,00
	575,00	546,25	517,50	488,75	460,00	431,25

(continua)

Apêndice C Peso máximo com base em repetições

% de 1RM	100	95	90	85	80	75
Repetições	1	2	4	6	8	10
Peso levantado	570,00	541,50	513,00	484,50	456,00	427,50
	565,00	536,75	508,50	480,25	452,00	423,75
	560,00	532,00	504,00	476,00	448,00	420,00
	555,00	527,25	499,50	471,75	444,00	416,25
	550,00	522,50	495,00	467,50	440,00	412,50
	545,00	517,75	490,50	463,25	436,00	408,75
	540,00	513,00	486,00	459,00	432,00	405,00
	535,00	508,25	481,50	454,75	428,00	401,25
	530,00	503,50	477,00	450,50	424,00	397,50
	525,00	498,75	472,50	446,25	420,00	393,75
	520,00	494,00	468,00	442,00	416,00	390,00
	515,00	489,25	463,50	437,75	412,00	486,25
	510,00	484,50	459,00	433,50	408,00	382,50
	505,00	479,75	454,50	429,25	404,00	378,75
	500,00	475,00	450,00	425,00	400,00	375,00
	495,00	470,25	445,50	420,75	396,00	371,25
	490,00	465,50	441,00	416,50	392,00	367,50
	485,00	460,75	436,50	412,25	388,00	363,75
	480,00	456,00	432,00	408,50	384,00	360,00
	475,00	451,25	427,50	403,75	380,00	356,25
	470,00	446,50	423,00	399,50	376,00	352,50
	465,00	441,75	418,50	395,25	372,00	348,75
	460,00	437,00	414,00	391,00	368,00	345,00
	455,00	432,75	409,50	386,75	364,00	341,25
	450,00	427,50	405,00	382,50	360,00	337,50
	445,00	422,75	400,50	378,25	356,00	333,75
	440,00	418,00	396,00	374,00	352,00	330,00
	435,00	413,25	391,50	369,75	348,00	326,25
	430,00	408,50	387,00	365,50	344,00	322,50
	425,00	403,75	382,50	361,25	340,00	318,75
	420,00	399,00	378,00	357,00	336,00	315,00
	415,00	394,25	373,50	352,75	332,00	311,25
	410,00	389,50	369,00	348,50	328,00	307,50
	405,00	384,75	364,50	344,25	324,00	303,75
	400,00	380,00	360,00	340,00	320,00	300,00
	395,00	375,25	355,50	335,75	316,00	296,25
	390,00	370,50	351,00	331,50	312,00	292,50
	385,00	365,75	346,50	327,25	308,00	288,75
	380,00	361,00	342,00	323,00	304,00	285,00

(continua)

Apêndice C Peso máximo com base em repetições

% de 1RM	100	95	90	85	80	75
Repetições	1	2	4	6	8	10
Peso levantado	375,00	356,25	337,50	318,75	300,00	281,25
	370,00	351,50	330,00	314,50	296,00	277,50
	365,00	346,75	328,50	310,25	292,00	273,75
	360,00	342,00	324,00	306,00	288,00	270,00
	355,00	337,25	319,50	301,75	284,00	266,25
	350,00	332,50	315,00	297,50	280,00	262,50
	345,00	327,75	310,50	293,25	276,00	258,75
	340,00	323,00	306,00	289,00	272,00	255,00
	335,00	318,25	301,50	284,75	268,00	251,25
	330,00	313,50	297,00	280,50	264,00	247,50
	325,00	308,75	292,50	276,25	260,00	243,75
	320,00	304,00	288,00	272,00	256,00	240,00
	315,00	299,25	283,50	267,75	252,00	236,25
	310,00	294,50	279,00	263,50	248,00	232,50
	305,00	289,75	274,50	259,25	244,00	228,75
	300,00	285,00	270,00	255,00	240,00	225,00
	295,00	280,25	265,50	250,75	236,00	221,25
	290,00	275,50	261,00	246,50	232,00	217,50
	285,00	270,75	256,50	242,25	228,00	213,75
	280,00	266,00	252,00	238,00	224,00	210,00
	275,00	261,25	247,50	233,75	220,00	206,25
	270,00	256,50	243,00	229,50	216,00	202,50
	265,00	251,75	238,50	225,25	212,00	198,75
	260,00	247,00	234,00	221,00	208,00	195,00
	255,00	242,25	229,50	216,75	204,00	191,25
	250,00	237,50	225,00	212,50	200,00	187,50
	245,00	232,75	220,50	208,25	196,00	183,75
	240,00	228,00	216,00	204,00	192,00	180,00
	235,00	223,25	211,50	199,75	188,00	176,25
	230,00	218,50	207,00	195,50	184,00	172,50
	225,00	213,75	202,50	191,25	180,00	168,75
	220,00	209,00	198,00	187,00	176,00	165,00
	215,00	204,25	193,50	182,75	172,00	161,25
	210,00	199,50	189,00	178,50	168,00	157,50
	205,00	194,75	184,50	174,25	164,00	153,75
	200,00	190,00	180,00	170,00	160,00	150,00
	195,00	185,25	175,50	165,75	156,00	146,25
	190,00	180,50	171,00	161,50	152,00	142,50
	185,00	175,75	166,50	157,25	148,00	138,75

(continua)

Apêndice C — Peso máximo com base em repetições

% de 1RM	100	95	90	85	80	75
Repetições	1	2	4	6	8	10
Peso levantado	180,00	171,00	162,00	153,00	144,00	135,00
	175,00	166,25	157,50	148,75	140,00	131,25
	170,00	161,50	153,00	144,50	136,00	127,50
	165,00	156,75	148,50	140,25	132,00	123,75
	160,00	152,00	144,00	136,00	128,00	120,00
	155,00	147,25	139,50	131,75	124,00	116,25
	150,00	142,50	135,00	127,50	120,00	112,50
	145,00	137,75	130,50	123,25	116,00	108,75
	140,00	133,00	126,00	119,00	112,00	105,00
	135,00	128,25	121,50	114,75	108,00	101,25
	130,00	123,50	117,00	110,50	104,00	97,50
	125,00	118,75	112,50	106,25	100,00	93,75
	120,00	114,00	108,00	102,00	96,00	90,00
	115,00	109,25	103,50	97,75	92,00	86,25
	110,00	104,50	99,00	93,50	88,00	82,50
	105,00	99,75	94,50	89,25	84,00	78,75

Reproduzido com permissão de Bompa, 1996.

Gráfico de peso máximo

Se por algum motivo (p. ex., equipamento) não for possível levantar a carga necessária para o cálculo da 1RM, ainda pode-se determinar a 1RM levantando uma carga menor (de 2 a 10RM). Para calcular a 1RM, executar o número máximo de repetições com a carga disponível e fazer o seguinte:

1. Da parte superior da tabela, selecionar o cabeçalho da coluna que corresponde ao número de repetições efetuadas.
2. Localizar a linha para a carga máxima disponível.
3. Encontrar o número onde a coluna e a linha selecionadas se encontram.
4. O número desse cruzamento é a 1RM naquele dado momento.

Por exemplo, concluir quatro repetições com 250 libras. O número na interseção da coluna 4 com a linha 250 é 278. Esta é a 1RM.

Os pesos que compõem o gráfico são dados em libras. Dividir a carga em libras por 2,2 para convertê-la em quilogramas.

Libras	10	9	8	7	6	5	4	3	2
5	7	6	6	6	6	6	6	5	5
10	13	13	13	12	12	11	11	11	11
15	20	19	19	18	18	17	17	16	16
20	27	26	25	24	24	23	22	22	21
25	33	32	31	30	29	29	28	27	26
30	40	39	38	36	35	34	33	32	32
35	47	45	44	42	41	40	39	38	37
40	53	52	50	48	47	46	44	43	42
45	60	58	56	55	53	51	50	49	47
50	67	65	63	61	59	57	56	54	53
55	73	71	69	67	65	63	61	59	58
60	80	77	75	73	71	69	67	65	63
65	87	84	81	79	76	74	72	70	68
70	93	90	88	85	82	80	78	76	74
75	100	97	94	91	88	86	83	81	79
80	107	103	100	97	94	91	89	86	84
85	113	110	106	103	100	97	94	92	89
90	120	116	113	109	106	103	100	97	95

(continua)

Apêndice D Gráfico de peso máximo

Libras	10	9	8	7	6	5	4	3	2
95	127	123	119	115	112	109	106	103	100
100	133	129	125	121	118	114	111	108	105
105	140	135	131	127	124	120	117	114	111
110	147	142	138	133	129	126	122	119	116
115	153	148	144	139	135	131	128	124	121
120	160	155	150	145	141	137	133	130	126
125	167	161	156	152	147	143	139	135	132
130	173	168	163	158	153	149	144	141	137
135	180	174	169	164	159	154	150	146	142
140	187	181	175	170	165	160	156	151	147
145	193	187	181	176	171	166	161	157	153
150	200	194	188	182	176	171	167	162	158
155	207	200	194	188	182	177	172	168	163
160	213	206	200	194	188	183	178	173	168
165	220	213	206	200	194	189	183	178	174
170	227	219	213	206	200	194	189	184	179
175	233	226	219	212	206	200	194	189	184
180	240	232	225	218	212	206	200	195	189
185	247	239	231	224	218	211	206	200	195
190	253	245	238	230	224	217	211	205	200
195	260	252	244	236	229	223	217	211	205
200	267	258	250	242	235	229	222	216	211
205	273	265	256	248	241	234	228	222	216
210	280	271	263	255	247	240	233	227	221
215	287	277	269	261	253	246	239	232	226
220	293	284	275	267	259	251	244	238	232
225	300	290	281	273	265	257	250	243	237
230	307	297	288	279	271	263	256	249	242
235	313	303	294	285	276	269	261	254	247
240	320	310	300	291	282	274	267	259	253
245	327	316	306	297	288	280	272	265	258
250	333	323	313	303	294	286	278	270	263
255	340	329	319	309	300	291	283	276	268
260	347	335	325	315	306	297	289	281	274
265	353	342	331	321	312	303	294	286	279
270	360	348	338	327	318	309	300	292	284
275	367	355	344	333	324	314	306	297	289
280	373	361	350	339	329	320	311	303	295
285	380	368	356	345	335	326	317	308	300
290	387	374	363	352	341	331	322	314	305

(continua)

Apêndice D Gráfico de peso máximo

Libras	10	9	8	7	6	5	4	3	2
295	393	381	369	358	347	337	328	319	311
300	400	387	375	364	353	343	333	324	316
305	407	394	381	370	359	349	339	330	321
310	413	400	388	376	365	354	344	335	326
315	420	406	394	382	371	360	350	341	332
320	427	413	400	388	376	366	356	346	337
325	433	419	406	394	382	371	361	351	342
330	440	426	413	400	388	377	367	357	347
335	447	432	419	406	394	383	372	362	353
340	453	439	425	412	400	389	378	368	358
345	460	445	431	418	406	394	383	373	363
350	467	452	438	424	412	400	389	378	368
355	473	458	444	430	418	406	394	384	374
360	480	465	450	436	424	411	400	389	379
365	487	471	456	442	429	417	406	395	384
370	493	477	463	448	435	423	411	400	389
375	500	484	469	455	441	429	417	405	395
380	507	490	475	461	447	434	422	411	400
385	513	497	481	467	453	440	428	416	405
390	520	503	488	473	459	446	433	422	411
395	527	510	494	479	465	451	439	427	416
400	533	516	500	485	471	457	444	432	421
405	540	523	506	491	476	463	450	438	426
410	547	529	513	497	482	469	456	443	432
415	553	535	519	503	488	474	461	449	437
420	560	542	525	509	494	480	467	454	442
425	567	548	531	515	500	486	472	459	447
430	573	555	538	521	506	491	478	465	453
435	580	561	544	527	512	497	483	470	458
440	587	568	550	533	518	503	489	476	463
445	593	574	556	539	524	509	494	481	468
450	600	581	563	545	529	514	500	486	474
455	607	587	569	552	535	520	506	492	479
460	613	594	575	558	541	526	511	497	484
465	620	600	581	564	547	531	517	503	489
470	627	606	588	570	553	537	522	508	495
475	633	613	594	576	559	543	528	514	500
480	640	619	600	582	565	549	532	519	505
485	647	626	606	588	571	554	539	524	511
490	653	632	613	594	576	560	544	530	516
495	660	639	619	600	582	566	550	535	521

(continua)

Apêndice D Gráfico de peso máximo

Libras	10	9	8	7	6	5	4	3	2
500	667	645	625	606	588	571	556	541	526
505	673	652	631	612	594	577	561	546	532
510	680	658	638	618	600	583	567	551	537
515	687	665	644	624	606	589	572	557	542
520	693	671	650	630	612	594	578	562	547
525	700	677	656	636	618	600	583	569	553
530	707	684	663	642	624	606	589	573	558
535	713	690	669	648	629	611	594	578	563
540	720	697	675	655	635	617	600	584	568
545	727	703	681	661	641	623	606	589	574
550	733	710	688	667	647	629	611	595	579
555	740	716	694	673	653	634	617	600	584
560	747	723	700	679	659	640	622	605	589
565	753	729	706	685	665	646	628	611	595
570	760	735	713	691	671	651	633	616	600
575	767	742	719	697	676	657	639	622	605
580	773	748	725	703	682	663	644	627	611
585	780	755	731	709	688	669	650	632	616
590	787	761	738	715	694	674	656	638	621
595	793	768	744	721	700	680	661	643	626
600	800	774	750	727	706	686	667	649	632
605	807	781	756	733	712	691	672	654	637
610	813	787	763	739	718	697	678	659	642
615	820	794	769	745	724	703	683	665	647
620	827	800	775	752	729	709	689	670	653
625	833	806	781	758	735	714	694	676	658
630	840	813	788	764	741	720	700	681	663
635	847	819	794	770	747	726	706	686	668
640	853	826	800	776	753	731	711	692	674
645	860	832	806	782	759	737	717	697	679
650	867	839	813	788	765	743	722	703	684
655	873	845	819	794	771	749	728	708	689
660	880	852	825	800	776	754	733	714	695
665	887	858	831	806	782	760	739	719	700
670	893	865	838	812	788	766	644	724	705
675	900	871	844	818	794	771	750	730	711
680	907	877	850	824	800	777	756	735	716
685	913	884	856	830	806	783	761	741	721
690	920	890	863	836	812	789	767	746	726
695	927	879	869	842	818	794	772	751	732

(continua)

Apêndice D Gráfico de peso máximo

Libras	10	9	8	7	6	5	4	3	2
700	933	903	875	848	824	800	778	757	737
705	940	910	881	855	829	806	783	762	742
710	947	916	888	861	835	811	789	768	747
715	953	923	894	768	841	817	794	773	753
720	960	929	900	873	847	823	800	778	758
725	967	935	906	879	853	829	806	784	763
730	973	942	913	885	859	834	811	789	768
735	980	948	919	891	865	840	817	795	774
740	987	955	925	897	871	846	822	800	779
745	993	961	931	903	876	851	828	805	784
750	1.000	968	938	909	882	857	833	811	789
755	1.107	974	944	915	888	863	839	816	795
760	1.113	981	950	921	894	869	844	822	800
765	1.120	987	956	927	900	874	850	827	805
770	1.127	994	963	933	906	880	856	832	811
775	1.133	1.000	969	939	912	886	861	838	816
780	1.140	1.006	975	945	918	891	867	843	821
785	1.147	1.013	981	952	924	897	872	849	826
790	1.153	1.019	988	958	929	903	878	854	832
795	1.160	1.026	994	964	935	908	883	859	837
800	1.167	1.032	1.000	970	941	914	889	865	842
820	1.173	1.058	1.025	994	965	937	911	886	863
840	1.180	1.084	1.050	1.018	988	960	933	908	884
860	1.187	1.110	1.075	1.042	1.012	983	956	930	905
880	1.193	1.135	1.100	1.067	1.035	1.006	987	951	926
900	1.200	1.161	1.125	1.091	1.059	1.029	1.000	973	947
920	1.207	1.187	1.150	1.115	1.082	1.051	1.022	995	968

Reproduzido com permissão de Bompa, 1996.

Glossário

acetilcoenzima (acetil-CoA) – um intermediário no metabolismo energético, produzido a partir da quebra de ácidos graxos livres, glicose e proteína.

acetilcolina – neurotransmissor essencial para o funcionamento adequado do sistema nervoso; é liberado nas terminações das fibras nervosas no sistema nervoso somático e parassimpático.

ácido alfa-linolênico – ácido graxo essencial.

ácido docosa-hexaenoico (DHA) – ácido graxo ômega-3 produzido no corpo e encontrado no óleo de peixe.

ácido eicosapentaenoico (EPA) – ácido graxo ômega-3 produzido no corpo e encontrado no óleo de peixe.

ácido graxo de cadeia média – ácidos graxos que possuem de 6 a 12 átomos de carbono. Triglicerídeos de cadeia média contêm três ácidos graxos de cadeia média e um glicerol.

ácido graxo monoinsaturado – ácido graxo que contém uma molécula de carbono insaturada.

ácido graxo poli-insaturado – ácido graxo que possui mais de uma molécula de carbono insaturada. Ácidos graxos poli-insaturados tendem a ser líquidos em temperatura ambiente.

ácido graxo saturado – ácido graxo que não possui moléculas de carbono insaturadas. São geralmente sólidos em temperatura ambiente quando comparados aos mono e poli-insaturados.

ácido lático – metabólito do sistema glicolítico (anaeróbio ou ácido lático), resultante da quebra incompleta da glicose.

actina – proteína envolvida na atividade muscular.

adaptação – mudanças contínuas na estrutura ou no funcionamento de um músculo como resposta direta ao aumento progressivo das cargas de treinamento.

adaptação neural – maior coordenação nervosa de um grupo de músculos envolvidos na contração. Ganhos de força antes da puberdade geralmente são resultado da adaptação neural aumentada.

adenosina trifostato (ATP) – composto altamente energético, essencial para o funcionamento das células do corpo. O ATP é muito importante no levantamento de peso, que exige energia rápida para exercícios de alta intensidade. Maximizar e repor os depósitos de ATP no tecido muscular é fundamental para o desempenho máximo.

agonista – músculo diretamente ativado em uma contração muscular e que trabalha em oposição à ação de outros músculos.

aminoácido essencial – aminoácido que não é produzido pelo organismo e tem que ser obtido pela dieta. Em alguns casos, também inclui aminoácidos que não podem ser fabricados na quantidade necessária em determinadas circunstâncias.

aminoácido limitante – aminoácido essencial que está em menor quantidade no corpo e, consequentemente, é responsável pela interrupção da síntese de proteína.

aminoácido não essencial – aminoácido que pode ser sintetizado pelo organismo e, por isso, não precisa ser fornecido pela dieta.

aminoácidos – grupo de compostos orgânicos que contêm nitrogênio que funcionam como blocos de construção das proteínas e são essenciais para o crescimento muscular.

aminoácidos de cadeia ramificada (BCAA) – os aminoácidos valina, leucina e isoleucina.

aminoácidos livres – aminoácidos individuais, não ligados a outros aminoácidos.

anabólico – relativo à habilidade de produzir mais tecido muscular a partir do exercício. Esse processo envolve a produção natural de testosterona, hormônio do crescimento, insulina e outros hormônios que participam do crescimento muscular.

anaeróbio – exercício realizado sem oxigênio.

análise de impedância bioelétrica – método de medição de gordura corporal. Uma corrente elétrica é transmitida pelo corpo e, então, mede-se a resistência ou impedância dessa corrente. Como a massa magra contém boa parte da água e dos eletrólitos presentes no organismo e, por isso, é um melhor condutor elétrico, a impedância da corrente fornece informações sobre o porcentual de gordura corporal da pessoa.

androgênico – que possui propriedades masculinizantes.

antagonista – músculo que tem efeito contrário ao do agonista, opondo-se à contração dele.

anticatabólico – que impede o catabolismo.

antioxidante – composto presente de forma natural no organismo ou absorvido externamente, que combate os radicais livres produzidos no corpo como resultado de diferentes formas de estresse.

articulação – junção de dois ou mais ossos do corpo na qual existe uma relação funcional.

atividade aeróbia – atividade de baixa intensidade e alta resistência, que requer oxigênio para a produção de energia e trabalho contínuo realizado em longas distâncias ou períodos.

atrofia – redução gradual de tecido muscular como resultado de desuso ou doença.

balanço calórico negativo – estado no qual o corpo queima mais calorias do que consome. É necessário para que ocorra perda de peso.

balístico – movimento muscular dinâmico.

bebida com carboidrato – bebida esportiva desenvolvida para repor os estoques de glicogênio (energia) e garantir substrato energético para os músculos que estão trabalhando.

betaendorfina – substância química natural (peptídeo) produzida no cérebro. As endorfinas produzem efeito analgésico natural ao se ligarem a determinados receptores no corpo (os mesmos que se ligam à morfina). Acredita-se que são liberadas durante exercícios prolongados.

betalipotropina – hormônio trófico secretado pelo lobo anterior da hipófise. Sua função fisiológica é desconhecida, mas a sequência de aminoácidos é semelhante à das endorfinas e encefalinas (substâncias endógenas similares à morfina), por isso, acredita-se que também promova analgesia.

betaoxidação – processo metabólico no qual ácidos graxos são usados para gerar energia.

caloria – unidade de medida usada para expressar o valor energético de um alimento.

captação celular – absorção pelas células.

carboidrato – qualquer elemento do grupo de compostos químicos que inclui açúcares, amido e celulose, contendo apenas carbono, hidrogênio e oxigênio. É um dos nutrientes básicos.

carboidratos complexos – também conhecidos como polissacarídeos ou amido. São compostos por muitas unidades de glicose, encontrados em vegetais, frutas e grãos.

carcinogênico – substância que causa ou supostamente causa câncer em seres humanos e em animais de laboratório.

carga baixa – cargas entre 0 e 49% de 1RM.

carga máxima – carga de 90 a 100% de 1RM.

carga moderada – carga entre 50 e 89% de 1RM.

carga padrão – carga que permanece a mesma durante determinado período.

carga pesada – carga maior que 80 a 85% de 1RM.

carga supramáxima – carga que excede 100% de 1RM. Deve ser usada apenas por levantadores de peso experientes, principalmente na fase de força máxima do treinamento.

carnitina-palmitoil transferase 1 (CPT-1) – carrega ácidos graxos para dentro da mitocôndria das células, para que sejam oxidados.

catabólico – termo genérico que se refere à quebra de substâncias maiores em menores.

catabolismo – quebra ou perda de tecido muscular.

células satélite – células não diferenciadas adjacentes às fibras musculares esqueléticas. Podem se fundir com fibras musculares existentes e contribuir para o crescimento muscular (hipertrofia). Essas células podem se diferenciar e formar novas fibras musculares após lesão.

cetonas – compostos químicos orgânicos resultantes da quebra dos triglicerídeos. Usadas como fonte de energia no corpo, assumem uma parte importante da produção de energia em uma dieta rica em gordura.

ciclagem calórica – prática de alternar dias de consumo calórico baixo, médio e alto para evitar que o corpo se adapte a uma quantidade específica de alimento ingerida. Ajuda a impedir que o metabolismo desacelere durante períodos de consumo calórico baixo.

contração – período curto de contração seguido de relaxamento como resposta da unidade motora a um estímulo (impulso nervoso).

contração excêntrica – ação muscular que alonga as fibras musculares quando tensionadas.

contração isométrica– contração na qual há tensão, mas o comprimento do músculo não muda.

contração isotônica – contração na qual o músculo encurta durante o levantamento de uma carga constante. Também conhecida como contração concêntrica ou dinâmica.

cortisol – hormônio secretado pelas glândulas suprarrenais e que estimula o catabolismo.

creatina quinase – proteína muscular solúvel que, quando encontrada no sistema circulatório, indica dano muscular. Isômeros específicos de creatina quinase são usados para diferenciar o dano ao músculo esquelético ou cardíaco.

crioterapia – procedimento que realiza o resfriamento localizado de músculos e articulações.

destreinamento – inverso da adaptação ao exercício. Os efeitos do destreinamento ocorrem mais rapidamente do que os ganhos do treinamento, com redução significativa da capacidade de força (e de trabalho) apenas 2 semanas depois que o treino é interrompido.

dia do lixo – um dia usado durante períodos de dieta para ajudar a evitar que o corpo se adapte a uma ingestão calórica específica.

dilatação dos vasos sanguíneos – expansão dos vasos sanguíneos, principalmente das artérias e suas ramificações.

dióxido de carbono – resíduo metabólico da quebra das moléculas de carbono.

dipeptídeo – dois aminoácidos que se ligam para formar uma molécula.

dissacarídeo – açúcar simples composto de dois monossacarídeos. Os mais comuns são a sacarose (açúcar de mesa) e a lactose (encontrada no leite).

dorsiflexão – movimento do pé para cima, em direção à tíbia.

edema – inchaço. Condição geral ou localizada na qual os tecidos corporais retêm uma quantidade excessiva de fluido. O inchaço agudo, ou edema, é o acúmulo rápido de fluido em uma área durante pouco tempo (em oposição ao crônico).

efeito ioiô – processo de perder e ganhar peso repetidamente.

efeito placebo – efeito experimental do uso de uma substância inativa e inofensiva. Os efeitos são pressupostos ou resultantes da crença do sujeito na ação da substância.

eletromiografia (EMG) – medição da atividade elétrica das membranas excitáveis de um músculo ou grupo muscular.

endomísio – a camada mais interna de tecido conjuntivo que envolve uma fibra muscular.

endorfina – um potente peptídeo opioide fabricado no cérebro, regula a percepção de dor e é responsável pela sensação de euforia durante exercícios intensos, como o "barato do corredor". Pertence à família da morfina.

epimísio – a camada mais externa de tecido conjuntivo que recobre uma fibra muscular.

ergogênico – qualquer coisa que aumenta o desempenho.

espectro completo de aminoácidos – que contém todos os 12 aminoácidos essenciais.

estabilizadores (fixadores) – músculos estimulados para atuar, ancorar ou estabilizar a posição de um membro.

excitação – habilidade de reagir a um estímulo.

facilitação neuromuscular proprioceptiva (FNP ou PNF, na sigla em inglês) – técnica de flexibilidade desenvolvida para aumentar o relaxamento e a contração de uma parte do corpo, baseada em princípios neurofisiológicos.

fascículo – grupo ou feixe de fibras musculares esqueléticas unidas por um tecido conjuntivo denominado perimísio.

fator de crescimento semelhante à insulina 1 (IGF-1) – fator de crescimento com efeitos anabólicos, em geral elevado no organismo e especificamente nos músculos quando os níveis do hormônio do crescimento aumentam.

fibra de contração lenta (CL) – uma fibra muscular caracterizada pelo tempo de contração lento, baixa capacidade anaeróbia e alta capacidade aeróbia, o que a torna adequada para atividades de resistência e baixa potência.

fibra de contração rápida (CR) – uma fibra muscular caracterizada pelo tempo de contração, alta capacidade anaeróbia e baixa capacidade aeróbia, o que torna a fibra adequada para atividades que exigem potência.

fixadores – músculos estimulados para atuar na estabilização de um osso na hora de executar um movimento. Também conhecidos como estabilizadores.

flexibilidade – amplitude de movimento de uma articulação (flexibilidade estática); oposição ou resistência de uma articulação ao movimento (flexibilidade dinâmica).

flexibilidade dinâmica – execução ativa (em vez de estática) de um movimento que requer flexibilidade. Geralmente chamada de flexibilidade balística.

flexibilidade estática – alongamento passivo de um músculo antagonista colocando-o em uma posição de alongamento máximo e mantendo-o assim.

fosfocreatina (CP) – composto altamente energético armazenado nos músculos; fornece energia para atividades de alta intensidade com duração de menos de 30 segundos.

glicogênio – a forma como os carboidratos (glicose) são armazenados nos músculos e no fígado.

glicólise – conversão da glicose em ácido pirúvico ou lático para produzir ATP em energia.

gordura – um dos principais nutrientes básicos, composto de glicerol e ácidos graxos.

gordura subcutânea – gordura entre a pele e o músculo; gordura visível.

hiperemia – aumento do volume de sangue em determinada parte do corpo. Geralmente é percebida como uma sensação de inchaço nos músculos.

hiperplasia – aumento da quantidade de células de um tecido ou órgão.

hipertrofia – aumento dos componentes celulares do músculo. Em suma, crescimento muscular.

hipertrofia crônica – hipertrofia duradoura resultante de mudanças estruturais no músculo depois do uso de cargas pesadas (maiores que 80% de 1RM).

hipertrofia transitória – crescimento temporário dos músculos em decorrência do acúmulo de água, e não do aumento permanente de tecido. Ocorre durante ou logo após uma sessão intensa de treinamento com pesos e persiste por um período curto depois que o corpo volta a seu estado normal (homeostase).

histamina – neurotransmissor liberado pelas células em resposta a lesões e reações alérgicas e inflamatórias, causando contração de músculos lisos e dilatação dos vasos sanguíneos.

homeostase – manutenção da estabilidade fisiológica do organismo. Como o estresse do exercício provoca mudanças internas, o corpo precisa trabalhar constantemente para restaurar o equilíbrio ou a homeostase.

hormônio do crescimento – hormônio secretado pelo lobo anterior da hipófise que estimula o crescimento e o desenvolvimento.

inchaço – sensação de peso e pressão durante o treinamento com carga, resultante do aumento do fluxo sanguíneo nos músculos sendo trabalhados.

índice glicêmico – a velocidade com que um alimento é digerido, em comparação com a velocidade de digestão da glicose. Indica se um alimento pode ou não causar flutuações exacerbadas de insulina. É uma ferramenta útil para a dieta de fisiculturistas.

inibição – repressão ou desaceleração do efeito estimulante (excitação) do sistema nervoso central (diminuindo a atividade elétrica).

insulina – hormônio secretado pelo pâncreas que reduz o açúcar no sangue, aumenta os depósitos de gordura, melhora a síntese das proteínas e diminui a quebra.

intensidade – elemento qualitativo do treinamento. No fisiculturismo, a intensidade é representada como um porcentual de 1RM.

involução – redução da capacidade do desempenho.

isquêmico – em que há ausência de suprimento de sangue.

junção neuromuscular – sinapse entre o axônio terminal de um neurônio motor e a placa motora da membrana plasmática de um músculo.

lei do tudo ou nada – um músculo ou fibra nervosa estimulada contrai ou propaga um impulso nervoso completo ou nenhum impulso (p. ex., um estímulo mínimo provoca uma resposta máxima).

ligamento – feixe resistente de tecido fibroso que conecta os ossos uns aos outros.

limiar de adaptação – nível de adaptação que uma pessoa atinge em uma determinada fase do treinamento. Para ultrapassá-lo, é preciso aumentar o nível de estimulação (sobrecarga).

linha de tração – a linha de ação da tensão desenvolvida por um músculo.

lipogênico – que produz gordura corporal.

lipólise – processo no qual os triglicerídeos (gordura corporal) são quebrados em seus componentes ácidos graxos e glicerol.

lipolítico – que estimula a quebra da gordura corporal para que seja usada como fonte de energia.

liponeogênese – a formação de gordura a partir de proteína e carboidrato.

macrófago – célula branca do sangue de grande dimensão, que fagocita antígenos.

macronutriente – grande grupo de alimentos que inclui carboidratos, proteínas e gorduras.

massa livre de gordura – peso do corpo menos a gordura.

massa magra (MM) – todos os componentes do corpo, menos a gordura.

massa muscular – a quantidade de músculo esquelético no corpo.

massagem – manipulação terapêutica dos tecidos moles do corpo com o objetivo de normalizá-los.

membrana – barreira estrutural composta por proteínas e lipídios.

mesociclo – fase do treinamento com 2 a 6 semanas de duração.

metabolismo energético – processo de transformar alimento em energia.

microciclo – fase do treinamento com aproximadamente 1 semana de duração.

micronutrientes – nutrientes presentes no organismo em quantidades mínimas, em comparação com os macronutrientes (p. ex., vitaminas e minerais).

miofibrila – porção da fibra muscular que contém dois filamentos de proteínas, miosina e actina.

miosina – proteína envolvida na contração muscular.

mitocôndria – parte da célula que transforma os subprodutos dos alimentos em energia, principalmente na forma de ATP.

monossacarídeo – açúcar simples. Os dois mais comuns são a glicose (açúcar do sangue) e a frutose (encontrada nas frutas).

motores primários – principais músculos responsáveis pela realização de um movimento.

neurônio – célula nervosa especializada em iniciar, integrar e conduzir sinais elétricos.

neurônio sensorial – célula nervosa que transmite impulsos de um receptor ao sistema nervoso central. Exemplos de neurônios sensoriais são aqueles estimulados pelo som, pela dor, pela luz e pelo paladar.

neurônios motores – neurônios eferentes que conduzem potenciais de ação do sistema nervoso central aos músculos.

neutrófilo – tipo de célula branca do sangue que contém grânulos liberadores de enzimas que ajudam a combater infecções.

padrão de carga piramidal – método de ajuste de carga em que o peso usado em um exercício começa baixo, aumenta gradualmente a cada série e atinge um ponto máximo.

padrão de carga piramidal crescente e decrescente – padrão em que a carga é aumentada gradualmente ao longo da sessão, com exceção da última série, em que é reduzida.

padrão de carga piramidal dupla – padrão em que se aumenta a carga de forma crescente e depois a diminui de novo até chegar ao nível inicial.

padrão de carga piramidal simples – padrão de ajuste de carga que, depois do aquecimento, estabiliza o peso por todo o tempo que durar o treino de força.

perimísio – tecido conjuntivo que envolve os fascículos de fibras musculares esqueléticas.

periodização da nutrição – estrutura de uso da nutrição e de suplementos de treinamento a fim de acompanhar as fases de treino.

periodização do fisiculturismo – estrutura metodológica das fases de treinamento com o objetivo de produzir os melhores resultados em ganho de volume muscular, tônus e definição.

platô – período do treinamento em que não se observa progresso.

polipeptídeo – cadeia de aminoácidos que contém quatro ou mais aminoácidos ligados.

polissacarídeo – carboidrato composto por várias unidades (monossacarídeos como frutose e glicose) ligadas. É considerado um carboidrato complexo em comparação com os carboidratos simples, que normalmente consistem em um ou dois monossacarídeos.

pontes cruzadas – extensões da miosina, uma proteína contrátil. Têm papel importante na contração muscular.

potencial da placa motora (PPM) – despolarização de uma região da membrana por um influxo de sódio.

precursor – substância mediadora na produção de outra substância pelo corpo.

princípio de carga em degrau –refere-se ao aumento da carga a cada semana, normalmente por três semanas, seguido por uma semana de recuperação para que o corpo possa se regenerar antes de um novo aumento.

proteína – molécula complexa no organismo e um macronutriente nos alimentos, composta por aminoácidos ligados de várias maneiras.

proteína completa – proteína que contém os nove aminoácidos essenciais; é encontrada em fontes proteicas animais.

proteína incompleta – proteína deficiente em um ou mais aminoácidos essenciais, como a maioria das proteínas vegetais. No entanto, combinar várias proteínas incompletas permite conseguir uma proteína completa.

proteólise – processo no qual proteínas são quebradas em aminoácidos. Na musculatura esquelética é um processo catabólico.

radicais livres – moléculas altamente reativas que possuem elétrons desemparelhados. Além de atuarem no metabolismo dos alimentos e na utilização de energia, contribuem para o dano molecular e a morte de células corporais vitais. São a causa principal de envelhecimento, doenças e, por fim, morte.

receptor – local específico de ligação da proteína na membrana plasmática ou no interior de uma célula-alvo.

recuperação – a adaptação que o corpo usa para vencer o estresse do treinamento e desenvolver um nível de condicionamento que vai suportar o estresse no futuro. O momento em que o ácido lático é removido do músculo – os hormônios estabilizam, a síntese de proteína aumenta e o metabolismo energético é restabelecido.

reflexo de alongamento ou miotático – reflexo em resposta ao alongamento de um músculo. Tem a resposta mais rápida que se conhece a um estímulo (neste caso, o grau de alongamento muscular). O reflexo de alongamento leva à contração do músculo sendo alongado e dos músculos sinergistas, enquanto inibe os antagonistas, quando sente que o alongamento está sendo feito de modo muito rápido ou rigoroso.

regeneração – diminuição da carga com o propósito de permitir que o corpo e a mente se recuperem e revigorem antes de uma nova fase de sobrecarga.

resistência à insulina – estado em que o corpo é resistente aos níveis normais de insulina.

resistência aeróbia – habilidade de manter a capacidade aeróbia durante longos períodos.

sarcolema – a membrana da célula (plasmática) que envolve uma fibra muscular.

sinergista – músculo que contribui com o agonista durante a contração muscular.

síntese proteica – processo anabólico no qual aminoácidos são transformados em proteínas, o que resulta em hipertrofia muscular.

sistema de ácido lático – um sistema anaeróbio de energia no qual o ATP é fabricado a partir da quebra da glicose, na ausência de oxigênio. A energia é utilizada em treinos de alta intensidade e curta duração (menos de 2 minutos).

sistema nervoso central (SNC) – eixo formado pela medula espinal e o cérebro.

sobrecarga – um aumento de trabalho no treinamento com o objetivo de aumentar a força.

supercompensação – refere-se à relação entre trabalho e regeneração como base biológica para a excitação física e psicológica antes de um treino pesado.

suplemento alvo – substância consumida para ajudar uma pessoa a atingir metas específicas de treino, em termos de capacidade de carga de trabalho, recuperação e anabolismo.

suplemento de proteína – suplemento que fornece proteína e é usado para aumentar o consumo diário além do de alimentos.

suplementos substitutos de refeição – qualquer bebida, pó ou outra preparação usada para substituir ou complementar uma refeição com o objetivo de perda ou ganho de peso ou, ainda, aumento da ingestão de proteína.

tecido adiposo – um tipo de tecido corporal que contém gordura estocada.

tendão – feixe de fibras de colágeno que conecta o músculo ao osso e transmite força muscular contrátil ao osso.

teoria da deficiência de ATP – teoria de que o constante déficit de ATP (como alterações no equilíbrio entre consumo e fabricação de ATP) resulta em maior hipertrofia muscular.

terapia de calor – procedimento que realiza o aquecimento localizado de músculos e articulações.

termogênico – que gera calor a partir da oxidação da gordura.

testosterona – hormônio sexual masculino produzido nos testículos; responsável por características masculinas secundárias.

teto de adaptação – nível de adaptação que uma pessoa alcança durante o treinamento. O objetivo do treinamento é romper o teto de adaptação a fim de elevá-lo e, consequentemente, melhorar o desempenho.

treinamento de especificidade – princípio subjacente à elaboração de um programa de treinamento para uma atividade ou habilidade específica.

treinamento de fase específica – pertencente a uma fase específica de treinamento (p. ex., fase de hipertrofia, fase de definição muscular e assim por diante).

triglicerídeos – gorduras formadas por três ácidos graxos livres e um glicerol.

uma repetição máxima (1RM) – a quantidade máxima de peso que uma pessoa consegue levantar de uma vez; 100% é a capacidade individual de levantamento.

unidade motora – um nervo motor e todas as fibras musculares que ele inerva.

ureia – principal resíduo corporal, formado pela quebra de aminoácidos.

valor biológico – descreve quão eficientemente os tecidos corporais podem ser criados a partir das proteínas alimentares.

valores diários de referência (VDR) – orientação de consumo alimentar para a população em geral. Os VDR podem não ser adequados para fisiculturistas por conta das maiores demandas do organismo desses atletas.

volume sistólico – a quantidade de sangue ejetada do ventrículo esquerdo a cada batimento. A quantidade média é de aproximadamente 70 mL por batimento em um homem de estrutura média em posição de decúbito dorsal em repouso.

Bibliografia

Adam, A., and De Luca, C.J. 2005. Firing rates of motor units in human vastus lateralis muscle during fatiguing isometric contractions. *J Appl Physiol* 99:268-80.

Adams, J.S., and Hewison, M. 2008. Unexpected actions of vitamin D: New perspectives on the regulation of innate and adaptive immunity. *Nat Clin Pract Endocrinol Metab.* 4(2):80-90.

Agarwal, A., Gupta, S., and Sharma, R.K. 2005. Role of oxidative stress in female reproduction. *Reprod Biol Endocrinol* 3:28.

Aguilo, A., Tauler, P., Sureda, A., Cases, N., Tur, J., and Pons, A. 2007. Antioxidant diet supplementation enhances aerobic performance in amateur sportsmen. *J Sports Sci* 25(11):1203-10.

Allen, D., Lamb, G., and Westerblad, H. 2008. Impaired calcium release during fatigue. *J Appl Physiol* 104:296-305.

Altman, T.A. 1998. In: FDA and USDA Nutrition Labelling Guide 9. Technomic Publishing Company Inc. Lancaster, PA. pp. 15-16.

Alway, S.E. 1997. Anatomy and kinesiology of skeletal muscle: The framework for movement. *Muscle Development* 31(3):34-35, 180-81.

Amann, M., Samuele, M., Nybo, L., Duhamel, T., Noakes, T., Jaquinandi, V., Saumet, J.L., Abraham, P., Ameredes, B., Burnley, M., Jones, A., Gandevia, S., Butler, J., and Taylor, J. 2008. *J Appl Physiol* 104:1543-46.

Ameredes, B.T., Zhan, W.Z., Vanderboom, R., Prakash, Y.S., and Sieck, G.C. 2000. Power fatigue of the rat diaphragm muscle. *J Appl Physiol* 89:2215-19.

Anderson, R.A. 1986. Chromium metabolism and its role in disease processes in man. *Clin Physiol Biochem* 4(1):31-41.

Anderson, R.A., Polansky, M.M., Bryden, N.A., et al. 1982. Effect of exercise (running) on serum glucose, insulin, glucagon, and chromium excretion. *Diabetes* 31(3):212-16.

Andriamanalijaona, R., Kypriotou, M., Bauge, C., Renard, E., Legendre, F., Raoudi, M., Boumediene, K., Gatto, H., Monginoux, P., and Pujol, J.P. 2005. Comparitive effects of 2 antioxidants, selenomethionine and epigallocatechin-gallate, on catabolic and anabolic gene expression of articular chondrocytes. *J Rheumatol* 32(10):1958-67.

Appell, H.J. 1990. Muscular atrophy following immobilization: A review. *Sports Med* 10(1):42-58.

Arivazhagan, P., Ramanathan, K., and Panneerselvam, C. 2001. Effect of DLalpha-lipoic acid on mitochondrial enzymes in aged rats. *Chem Biol Interact* 138(2):189-98.

Armstrong, R.B. 1986. Muscle damage and endurance events. *Sports Med* 3:370-81.

Arnheim, D. 1989. *Modern principles of athletic training*, 7th ed. St. Louis: Times Mirror/Mosby.

Ascherio, A., Rimm, E.B., Stampfer, M.J., Giovannucci, E.L., and Willett, W.C. 1995. Dietary intake of marine n-3 fatty acids, fish intake, and the risk of coronary disease among men. *N Engl J Med* 332(15):977-82.

Asmussen, E., and Mazin, K. 1978. A central nervous component in local muscular fatigue. *Europ J Appl Physiol* 38:9-15.

Aviram, M., and Eias, K. 1993. Dietary olive oil reduces low-density lipoprotein uptake by macrophages and decreases the susceptibility of the lipoprotein to undergo lipid peroxidation. *Ann Nutr Metab* 37(2):75-84.

Awad, A.B., and Zepp, E.A. 1979. Alteration of rat adipose tissue lipolytic response to norepinephrine by dietary fatty acid manipulation. *Biochem Biophys Res Comm* 86:138-44.

Babichev, V.N., Peryshkova, T.A., Aivazashvili, N.I., and Shishkin, I.V. 1989. Effect of alcohol on the content of sex steroid receptors in the hypothalamus and hypophysis of male rats. *Biull Eksp Biol Med* 107(2):204-7.

Barham, J.B., Edens, M.B., Fonteh, A.N., Johnson, M.M., Easter, L., and Chilton, F.H. 2000. Addition of eicosapentaenoic acid to gamma-linolenic acid-supplemented diets prevents serum arachidonic acid accumulation in humans. *J Nutr* 130(8):1925-31.

Barnett, G., Chiang, C.W., and Licko, V.J. 1983. Effects of marijuana on testosterone in male subjects. *Theor Biol* 104(4):685-92.

Baroga, L. 1978. Contemporary tendencies in the methodology of strength development. *Educatia Fizica si Sport* 6:22-36.

Bartoszewska, M., Kamboj, M., and Patel, D.R. 2010. Vitamin D, muscle function, and exercise performance. *Pediatr Clin North Am* 57(3):849-61.

Bartram, H.P., Gostner, A., Scheppach, W., et al. 1993. Effects of fish oil on rectal cell proliferation, mucosal fatty acids, and prostaglandin E2 release in healthy subjects. *Gastroenterology* 105(5):1317-22.

Bast, A., and Haenen, G.R. 2003. Lipoic acid: A multifunctional antioxidant. *Biofactors* 17(1-4):207-13.

Beaufrere, B., Chassard, D., Broussolle, C., Riou, J.P., and Beylot, M. 1992. Effects of D-beta-hydroxybutyrate and long- and medium-chain triglycerides on leucine metabolism in humans. *Am J Physiol (Endocrinol Metab)* 262(3 Pt. 1):E268-74.

Behm, D.G. 1995. Neuromuscular implications and applications of resistance training. *J Strength Condit Res* 9:264-74.

Belzung, F., Raclot, T., and Groscolas, R. 1993. Fish oil n-3 fatty acids selectively limit the hypertrophy of abdominal fat depots in growing rats fed high-fat diets. *Am J Physiol* 264(6 Pt 2): R1111-18.

Bendich, A. 1989. Symposium conclusions: Biological actions of carotenoids. *J Nutr* 119(1):135-36.

Bhasin, S., Woodhouse, L., Casaburi, R., Singh, A.B., Bhasin, D., Berman, N., Chen, X., Yarasheski, K.E., Magliano, L., Dzekov, C., Dzekov, J., Bross, R., Phillips, J., Sinha-Hikim, I., Shen, R., and Storer, T.W. 2001. Testosterone dose-response relationships in healthy young men. *Am J Physiol Endocrinol Metab* 281:E1172-81.

Bhathena, S.J., Berlin, E., Judd, J.T., et al. 1989. Dietary fat and menstrual-cycle effects on the erythrocyte ghost insulin receptor in premenopausal women. *Am J Clin Nutr* 50(3):460-64.

Bigland-Ritchie, B., Kakula, C., Lippold, O., and Woods, J. 1982. The absence of neuromuscular junction failure in sustained maximal voluntary contractions. *J Physiol* (Lond) 330:265-78.4

Biolo, G., Fleming, R.Y.D., and Wolfe, R.R. 1995. Physiologic hyperinsulinemia stimulates protein synthesis and enhances transport of selected amino acids in human skeletal muscle. *J Clin Invest* 95:811-19.

Blankson, H., Stakkestad, J.A., Fagertun, H., Thom, E., Wadstein, J., and Gudmundsen, O. 2000. Conjugated linoleic acid reduces body fat mass in overweight and obese humans. *J Nutr* 130(12):2943-48.

Blundell, T.L., Bedarkar, S., Rinderknecht, E., and Humbel, R.E. 1979. Insulin-like growth factors: A model for tertiary structure accounting for immunoreactivity and receptor binding. *Proc Natl Acad Sci U.S.A.* 75:180-84.

Boden, G., Jadali, F., Liang, Y., Mozzoli, M., Chen, X., Coleman, E., and Smith, C. 1991. Effects of fat metabolism on insulin-stimulated carbohydrate metabolism in normal men. *J Clin Invest* 88(3):960-66.

Bompa, T.O. 1999. *Periodization: Theory and methodology of training.* Champaign, IL: Human Kinetics.

Bompa, T.O., and Cornacchia, L.J. 1998. *Serious strength training.* Champaign, IL: Human Kinetics.

Bompa, T.O., Di Pasquale, M., and Cornacchia, L.J. 2003. *Serious strength training, second edition.* Champaign, IL: Human Kinetics.

Bond, V., Adams, R., Gresham, K., Tearney, R., Caprarola, M., Ruff, W., Gregory, H., and Stoddart, A. 2005. Human performance lab, Howard University, Washington, DC.

Bonjour, J.P., Guéguen, L., Palacios, C., Shearer, M.J., and Weaver, C.M. 2009. Minerals and vitamins in bone health: The potential value of dietary enhancement. *Br J Nutr* 101(11):1581-96. Epub 2009 Apr 1.

Booth, F., and Thomason, D. 1991. Molecular and cellular adaptation of muscle in response to exercise: Perspectives of various models. *Physiological Reviews* 71:541-85.

Booyens, J., Louwrens, C.C., and Katzeff, I.E. 1986. The Eskimo diet: Prophylactic effects ascribed to the balanced presence of natural cis unsaturated fatty acids and the absence of unnatural trans and cis isomers of unsaturated fatty acids. *Medical Hypotheses* 21(4):387-408.

Borer, K.T. 1994. Neurohumoral mediation of exercise-induced growth. *Med Sci Sport Exerc* 26(6):741-54.

Brehm, B.J., Seeley, R.J., Daniels, S.R., and D'Alessio, D.A. 2003. A randomized trial comparing a very low carbohydrate diet and a calorie-restricted low fat diet on body weight and cardiovascular risk factors in healthy women. *J Clin Endocrinol Metab* 88:1617-23.

Brilla, L.R., and Haley, T.F. 1992. Effect of magnesium supplementation on strength training in humans. *J Am Coll Nutr* 11(3):326-29.

Brown, A.D., Wallace, P., and Breachtel, G. 1987. In vivo regulation of non-insulin mediated and insulin mediated glucose uptake by cortisol. *Diabetes* 36:1230-37.

Bucci, L., Hickson, J.F., Jr., Pivarnik, J.M., et al. 1990. Ornithine ingestion and growth hormone release in bodybuilders. *Nutr Res* 10(3):239-45.

Buell, J.S., Scott, T.M., Dawson-Hughes, B., Dallal, G.E., Rosenberg, I.H., Folstein, M.F., et al. 2009. Vitamin D is associated with cognitive function in elders receiving home health services. Js Gerontol. Series A, *Biol Sci Med Sci* 64:888-895.

Burkart, V., Koike, T., Brenner, H.H., Imai, Y., and Kolb, H. 1993. Dihydrolipoic acid protects pancreatic islet cells from inflammatory attack. *Agents Actions* 38(1-2):60-65.

Butterfield, G., and Calloway, D.H. 1984. Physical activity improves protein utilization in young men. *Br J Nutr* 51:171-84.

Campbell, W.W., Barton, M.L., Jr., Cyr-Campbell, D., Davey, S.L., Beard, J.L., Parise, G., and Evans, W.J. 1999. Effects of an omnivorous diet compared with a lacto-ovo vegetarian diet on resistance-training-induced changes in body composition and skeletal muscle in older men. *Am J Clin Nutr* 70(6):1032-39.

Carey, A.L., Staudacher, H.M., Cummings, N.K., Stepto, N.K., Nikolopoulos, V., Burke, L.M., and Hawley, J.A. 2001. Effects of fat adaption and carbohydrate restoration on prolonged endurance exercise. *J Appl Physiol* 91(1):115-22.

Carrithers, J.A., Williamson, D.L., Gallagher, P.M., Godard, M.P., Schulze, K.E., and Trappe, S.W. 2000. Effects of postexercise carbohydrate-protein feedings on muscle glycogen restoration. *J Appl Physiol* 88(6):1976-82.

Cartee, G.D., Yong, D.A., Sleeper, M.D., Zierath, J., Wallberg-Henriksson, H., and Halloszy, J.O. 1989. Prolonged increase in insulin-stimulated glucose transport in muscle after exercise. *Am J Physiol Endocrinol Metab* 256:E494-99.

Ceglia, L. 2008. Vitamin D and skeletal muscle tissue and function. *Mol Aspects Med* 29(6):407-14.

Chanez, M., Bois-Joyeux, B., Arnaud, M.J., and Peret, J. 1988. Long-term consumption of a diet with moderate medium chain triglyceride content does not inhibit the activity of enzymes involved in hepatic lipogenesis in the rat. [French] Comptes Rendus de I Academie des Sciences – Serie Iii, Sciences de la vie. 307(12):685-8.

Cheung, K., Hume, P., and Maxwell, L. 2003. Delayed onset muscle soreness: Treatment strategies and performance factors. *Sports Med* 33(2):145-64.

Chou, K.H., and Bell, L.N. 2007. Caffeine content of prepackaged national-brand and private-label carbonated beverages. *J Food Sci* 72(6):C337-42.

Chung, K.W. 1989. Effect of ethanol on androgen receptors in the anterior pituitary, hypothalamus and brain cortex in rats. *Life Sci* 44(4):2273-80.

Clark, M.G., Wallis, M.G., Barrett, E.J., Vincent, M.A., Richards, S.M., Clerk, L.H., and Rattigan, S. 2003. Blood flow and muscle metabolism: A focus on insulin action. *Am J Physiol Endocrinol Metab* 284(2):E241-58.

Clifton, P.M., Noakes, M., Keogh, J., and Foster, P. 2003. Effect of an energy reduced high protein red meat diet on weight loss and metabolic parameters in obese women. *Asia Pac J Clin Nutr* 12(Suppl):S10.

Close, G.L., Ashton, T., Mcardle, A., and Maclaren, D.P. 2005. The emerging role of free radicals in delayed onset muscle soreness and contraction-induced injury. *Comp Biochem Physiol* 142:257-66.

Cohen, D.L., and Townsend, R.R. Does consumption of high-caffeine energy drinks affect blood pressure? *J Clin Hypertens* (Greenwich) 8(10):744-45.

Conley, K. 1994. Cellular energetics during exercise. *Adv Vet Sci Comp Med* 38A:1-39.

Cook, M.E., Miller, C.C., Park, Y., and Pariza, M. 1993. Immune modulation by altered nutrient metabolism: Nutritional control of immune-induced growth depression. *Poultry Sci* 72(7):1301-5.

Cordova, A., and Alvarez-Mon, M. 1995. Behaviour of zinc in physical exercise: A special reference to immunity and fatigue. *Neurosci Biobehav Rev* 19(3):439-45.

Coronado, R., Morrissette, J., Sukhareva, M., and Vaughan, D.M. 1994. Structure and function of ryanodine receptors. *Am J Physiol Cell Physiol* 266:C1485-504.

Cowburn, G., and Stockley, L. 2005. Consumer understanding and use of nutrition labeling: A systematic review. *Public Health Nutr* 8(1):21-28.

Curtis, C.L., Hughes, C.E., Flannery, C.R., Little, C.B., Harwood, J.L., and Caterson, B. 2000. N-3 fatty acids specifically modulate catabolic factors involved in articular cartilage degradation. *J Biol Chem* 275(2):721-24.

Dartnall, T., Nordstrom, M., and Semmler, J. 2008. *J Neurophysiol* 99:1008-19.

Davidson, M.H., Hunningshake, D., Maki, K.C., et al. 1999. Comparison of the effects of lean red meat vs lean white meat on serum lipid levels among freeliving persons with hypercholesterolemia: A long term, randomized clinical trial. *Arch Intern Med* 159:1331-38.

Davis, J.M., Murphy, E.A., Carmichael, M.D., and Davis, B. 2009. Quercetin increases brain and muscle mitochondrial biogenesis and exercise tolerance. *Am J Physiol Regul Integr Comp Physiol*. 2009 296(4):R1071-77.

de Vogel, S., Dindore, V., van Engeland, M., Goldbohm, R.A., van den Brandt, P.A., and Weijenberg, M.P. 2008. Dietary folate, methionine, riboflavin, and vitamin B-6 and risk of sporadic colorectal cancer. *J Nutr* 138(12):2372-78.

Deitmer, J.W. 2001. Strategies for metabolic exchange between glial cells and neurons. *Respir Physiol* 129(1-2):71-81.

Dela, F., Larsen, J.J., Mikines, K.J., Ploug, T., Petersen, L.N., and Galbo, H. 1995. Insulin-stimulated muscle glucose clearance in patients with NIDDM: Effects of one-legged physical training. *Diabetes* 44:1010-20.

DeLuca, C.J., and Forrest, W.J. 1973. Some properties of motor unit action potential trains recorded during constant force isometric contractions in man. *Kybernetik* 12:160-68.

DeLuca, C.J., LeFever, R.S., McCue, M.P., and Xenakis, A.P. 1982. Behaviour of human motor units in different muscles during linearly varying contractions. *J Physiol* (Lond) 329:113-28.

Denke, M.A., and Grundy, S.M. 1991. Effects of fats high in stearic acid on lipid and lipoprotein concentrations in men. *Am J Clin Nutr* 54(6):1036-40.

Derave, W., Lund, S., Holman, G., Wojtaszewski, J., Pedersen, O., and Richter, E.A. 1999. Contraction-stimulated muscle glucose transport and GLUT-4 surface content are dependent on glycogen content. *Am J Physiol Endocrinol Metab* 277:E1103-10.

Desbrow, B., Hughes, R., Leveritt, M., and Scheelings, P. 2007. An examination of consumer exposure to caffeine from retail coffee outlets. *Food Chem Toxicol* 45(9):1588-92. Epub 2007 Feb 23.

Deschenes, M.R., Kraemer, W.J., Maresh, C.M., and Crivello, J.F. 1991. Exerciseinduced hormonal changes and their effects upon skeletal muscle tissue. *Sports Med* 12:80-93.

Di Pasquale, M. 1997. *Amino acids and proteins for the athlete: The anabolic edge*. Boca Raton, FL: CRC Press.

Di Pasquale, M. 2002-2008. *The Anabolic Solution*. MetabolicDiet.com Books, MD+ Press.

Di Pasquale, M.G. 2000. *The Metabolic Diet*. Austin, TX: Allprotraining.com Books.

Diamond, F., Ringenberg, L., MacDonald, D., et al. 1986. Effects of drug and alcohol abuse upon pituitary-testicular function in adolescent males. *Adol Health Care* 7(1):28-33.

Dinan, T.G., Thakore, J., and O'Keane, V. 1994. Lowering cortisol enhances growth hormone response to growth hormone releasing hormone in healthy subjects. *Acta Physiol Scand* 151:413-16.

Dinneen, S., Alzaid, A., Miles, J., and Rizza, R. 1993. Metabolic effects of the nocturnal rise in cortisol on carbohydrate metabolism in normal humans. *J Clin Invest* 92(5):2283-90.

Dodd, S.L., Herb, R.A., and Powers, S.K. 1993. Caffeine and exercise performance: An update. *Sports Med* 15(1):14-23.

Dorgan, J.F., Judd, J.T., Longcope, C., Brown, C., Schatzkin, A., Clevidence, B.A., Campbell, W.S., Nair, P.P., Franz, C., Kahle, L., and Taylor, P.R. 1996. Effects of dietary fat and fiber on plasma and urine androgens in men: A controlled feeding study. *Am J Clin Nutr* 64:850-55.

Dorup, I., Flyvbjerg, A., Everts, M.E., and Clausen. T. 1991. Role of insulin-like growth factor-1 and growth hormone in growth inhibition induced by magnesium and zinc deficiencies. *Brit J Nutr* 66(3):505-21.

Dragan, G.I., Vasiliu, A., and Georgescu, E. 1985. Research concerning the effects of Refit on elite weightlifters. *J Sports Med Physical Fitness* 25(4):246-50.

Dragan, G.I., Wagner, W., and Ploesteanu, E. 1988. Studies concerning the ergogenic value of protein supply and l-carnitine in elite junior cyclists. *Physiologie* 25(3):129-32.

Dray, F., Kouznetzova, B., Harris, D., and Brazeau, P. 1980. Role of prostaglandins on growth hormone secretion: PGE2 a physiological stimulator. *Adv Prostagl Thrombox Res* 8:1321-28.

Duhamel, T., Stewart, R., Tupling, A., Ouyang, J., and Green, H. 2007. *J Appl Physiol* 103:1212-20.

Duntas, L.H. 2009. Selenium and inflammation: Underlying anti-inflammatory mechanisms. *Horm Metab Res* 41(6):443-47.

Durnin, J.V. 1982. Muscle in sports medicine: Nutrition and muscular performance. *Int J Sports Med* 3(Suppl 1):52-57.

Ebbing, C., and P. Clarkson. 1989. Exercise-induced muscle damage and adaptation. *Sports Med* 7:207-34.

Enoka, R. 1996. Eccentric contractions require unique activation strategies by the nervous system. *J Appl Physiol* 81:2339-46.

Eritsland, J., Arnesen, H., Seljeflot, I., and Hostmark, A.T. 1995. Long-term metabolic effects of n-3 polyunsaturated fatty acids in patients with coronary artery disease. *Am J Clin Nutr* 61(4):831-36.

Evans, J.R. 2006. Antioxidant vitamin and mineral supplements for slowing the progression of age-related macular degeneration. *Cochrane Database Syst Rev* 19(2):CD000254.

Evans, W.J. 1987. Exercise-induced skeletal muscle damage. *Phys Sports Med* 15(1):89-100.

Evans, W.J., and Cannon, J.G. 1991. The metabolic effects of exercise-induced muscle damage. *Exerc Sport Sci Rev* 19:99-125.

Eyjolfson, V., Spriet, L.L., and Dyck, D.J. 2004. Conjugated linoleic acid improves insulin sensitivity in young sedentary humans. *Med Sci Sports Exerc* 36(5):814-20.

Fahey, TD. How to cope with muscle soreness. *Powerlifting USA*. 15 (7): 10-11, 1992.

Faust, A., Burkart, V., Ulrich, H., Weischer, C.H., and Kolb, H. 1994. Effect of lipoic acid on cyclophosphamide-induced diabetes and insulitis in non-obese diabetic mice. *Int J Immunopharmacol* 16(1):61-66.

Flatt, J.P. 1995. Use and storage of carbohydrate and fat. *Am J Clin Nutr* 61(Suppl 4):S952-59.

Fossati, P., and Fontaine, P. 1993. Endocrine and metabolic consequences of massive obesity. *Rev Praticien* 43(15):1935-39.

Fox, E.L., Bowes, R.W., and Foss, M.L. 1989. *The physiological basis of physical education and athletics*. Dubuque, IA: Brown.

Frederick, A., and Frederick, C. 2006. *Stretch to win*. Champaign, IL: Human Kinetics.

Fry, R.W., Morton, R., and Keast, D. 1991. Overtraining in athletics. *Sports Med* 2(1):32-65.

Fryburg, D.A. 1994. Insulin-like growth factor-1 exerts growth hormone- and insulin-like actions on human muscle protein metabolism. *Am J Physiol* 267:E331-36.

Fujioka, K., Greenway, F., Sheard, J., Ying, Y. 2006. The effects of grapefruit on weight and insulin resistance: relationship to the metabolic syndrome. *J Med. Food.* 9(1):49-54.

Ganong, W.F. 1988. The stress response: A dynamic overview. *Hosp Pract* 23:155-71.

Garcia-Roves, P.M., Han, D.H., Song, Z., Jones, T.E., Hucker, K.A., and Holloszy, J.O. Prevention of glycogen supercompensation prolongs the increase in muscle GLUT4 after exercise. *Am J Physiol Endocrinol Metab* 285:E729-36.

Garland, S.J., Enoka, R.M., Serrano, L.P., and Robinson, G.A. Behavior of motor units in human biceps brachii during a submaximal fatiguing contraction. *J Appl Physiol* 76:2411-19.

Garg, M.L., Wierzbicki, A., Keelan, M., Thomson, A.B., and Clandinin, M.T. 1989. Fish oil prevents change in arachidonic acid and cholesterol content in rats caused by dietary cholesterol. *Lipids* 24(4):266-70.

Garrandes, F., Colson, S., Pensini, M., Seynnes, O., and Legros, P. 2007. Neuromuscular fatigue profile in endurance-trained and power-trained athletes. *Med Sci Sports Exerc* 39(1):149-58.

Gaullier, J.M., Halse, J., Hoye, K., Kristiansen, K., Fagertun, H., Vik, H., and Gudmundsen, O. 2004. Conjugated linoleic acid supplementation for 1 year reduces body fat mass in healthy overweight humans. *Am J Clin Nutr* 79(6):1118-25.

Ghavami-Maibodi, S.Z., Collipp, P.J., Castro-Magana, M., Stewart, C., and Chen, S.Y. 1983. Effect of oral zinc supplements on growth, hormonal levels and zinc in healthy short children. *Ann Nutr Metab* 273:214-19.

Gohil, K., Rothfuss, L., Lang, J., and Packer, L. 1987. Effect of exercise training on tissue vitamin E and ubiquinone content. *J Appl Physiol* 63(4):1638-41.

Goldberg, A.L., Etlinger, J.D., Goldspink, D.F., and Jablecki, C. 1975. Mechanism of work-induced hypertrophy of skeletal muscles. *Med Sci Sports Exerc* 7:185-98.

Goldin, B.R., Woods, M.N., Spiegelman, D.L., et al. 1994. The effect of dietary fat and fiber on serum estrogen concentrations in premenopausal women under controlled dietary conditions. *Cancer* 74(Suppl 3):1125-31.

Goodman, M.N., Lowell, B., Belur, E., and Ruderman, N.B. 1984. Sites of protein conservation and loss during starvation: Influence of adiposity. *Am J Physiol* 246(5 Pt 1):E383-90.

Grandjean, A.C. 1983. Vitamins, diet, and the athlete. *Clin Sports Med* 2(1):105-14.

Grimby, G. 1992. *Strength and power in sport*, ed. P.V. Komi. Oxford: Blackwell Scientific.

Habito, R.C., Montalto, J., Leslie, E., and Ball, M.J. 2000. Effects of replacing meat with soybean in the diet on sex hormone concentrations in healthy adult males. *Br J Nutr* 84(4):557-63.

Haden, T., Lox, C., Rose, P., Reid, S., and Kirk, E.P. 2011. One-set resistance training elevates energy expenditure for 72 h similar to three sets. *Eur J Appl Physiol* 111(3):477-84.

Hainaut, K., and Duchatteau, J. 1989. Muscle fatigue: Effects of training and disuse. *Muscle and Nerve* 12:660-69.

Hamalainen, E.K., Adlercreutz, H., Puska, P., et al. 1983. Decrease of serum total and free testosterone during a low-fat high-fiber diet. *J Steroid Biochem* 18(3):369-70.

Hamalainen, E.K., Adlercreutz, H., Puska, P., et al. 1984. Diet and serum sex hormones in healthy men. *J Steroid Biochem* 20(1):459-64.

Hamilton, B. 2010. Vitamin D and human skeletal muscle. *Scand J Med Sci Sports* 20(2):182-90.

Han, Y.S., Proctor, D.N., Geiger, P.C., and Sieck, G.C. 2001. Reserve capacity for ATP consumption during isometric contraction in human skeletal muscle fibers. *J Appl Physiol* 90(2):657-64.

Hannum, S.M. 2004. Potential impact of strawberries on human health: A review of the science. *Crit Rev Food Sci Nutr* 44(1):1-17.

Hansen, J.C., Pedersen, H.S., and Mulvad, G. 1994. Fatty acids and antioxidants in the Inuit diet. Their role in ischemic heart disease (IHD) and possible interactions with other dietary factors: A review. *Arctic Med Res* 53(1):4-17.

Hardin, D.S., Azzarelli, B., Edwards, J., Wigglesworth, J., Maianu, L., Brechtel, G., Johnson, A., Baron, A., and Garvey, W.T. 1995. Mechanisms of enhanced insulin sensitivity in endurance-trained athletes: Effects on blood flow and differential expression of GLUT4 in skeletal muscles. *J Clin EndocrinolMetab* 80:2437-46.

Harmon, A.W., and Patel, Y.M. 2003. Naringenin inhibits phosphoinositide 3-kinase activity and glucose uptake in 3T3-L1 adipocytes. *Biochem Biophys Res Commun* 305(2):229-34.

Harris, D.B., Harris, R.C., Wilson, A.M., and Goodship, A. 1997. ATP loss with exercise in muscle fibres of the gluteus medius of the thoroughbred horse. *Res Vet Sci* 63(3):231-37.

Harris, W.S. and Bulchandani, D. 2006. Why do omega-3 fatty acids lower serum triglycerides? *Curr Opin Lipid* 17(4):387-93.

Hartman, J.H., and Tünneman, H. 1988. *Fitness and strength training.* Berlin: Sportsverlag.

Hartoma, T.R., Nahoul, K., and Netter, A. 1977. Zinc, plasma androgens and male sterility. *Lancet* 2:1125-26.

Hawthorne, K.M., Moreland, K., Griffin, I.J., and Abrams, S.A. 2006. An educational program enhances food label understanding of young adolescents. *J Am Diet Assoc* 106(6):913-16.

Head, S. 2010. Branched fibres in old dystrophic mdx muscle are associated with mechanical weakening of the sarcolemma, abnormal Ca2+ transients and a breakdown of Ca2+ homeostasis during fatigue. *Exp Physiol* 95(5):641-56.

Heden, T., Lox, C., Rose, P., Reid, S., and Kirk, E.P. 2011. One-set resistance training elevates energy expenditure for 72 h similar to three sets. *Eur J Appl Physiol* 111(3):477-84.

Helge, J.W. 2000. Adaption to a fat-rich diet: Effects on endurance performance in humans. *Sports Med* 30(5):347-57.

Henriksen, E.J. 2002. Effects of acute exercise and exercise training on insulin resistance. *J Appl Physiol* 93:788-96.

Henzen, C. 1995. Fish oil-healing principle in the Eskimo Diet? *Schweizerische Rundschau für Medicine Praxis* 84(1):11-15.

Hickson, R.C., Czerwinski, S.M., Falduto, M.T., and Young, A.P. 1990. Glucocorticoid antagonism by exercise and androgenic-anabolic steroids. *Med Sci Sports Exerc* 22:331-40.

Hickson, R.C., Czerwinski, S.M., and Wegrzyn, L.E. 1995. Glutamine prevents downregulation of myosin heavy chain synthesis and muscle atrophy from glucocorticoids. *Am J Physiol* 268(4 Pt 1):E730-34.

Hickson, R.C., Kurowski, T.T., Andrews, G.H., et al. 1986. Glucocorticoid cytosol binding in exercise-induced sparing of muscle atrophy. *J Appl Physiol* 60:1413-19.

Higdon, J.V., and Frei, B. 2006. Coffee and health: A review of recent human research. *Crit Rev Food Sci Nutrition* 46(2):101-23.

Hodgson, J.M., Wahlqvist, M.L., Boxall, J.A., and Lalazs, N.D. 1993. Can linoleic acid contribute to coronary artery disease? *Am J Clin Nutr* 58(2):228-34.

Hodgson, J.M., Ward, N.C., Burke, V., Beilin, L.J., and Puddy, I.B. 2007. Increased lean red meat intake does not elevate markers of oxidative stress and inflammation in humans. *J Nutr* 137(2):363-67.

Holtz, K.A., Stephens, B.R., Sharoff, C.G., Chipkin, S.R., and Braun, B. 2008. The effect of carbohydrate availability following exercise on whole-body insulin action. *Appl Physiol Nutr Metab* 33(5):946-56.

Horber, F.F., and Haymond, M.W. 1990. Human growth hormone prevents the protein catabolic side effects of prednisone in humans. *J Clin Invest* 86:265-72.

Houmard, J.A. 1991. Impact of reduced training of performance in endurance athletes. *Sports Med* 12(6):380-93.

Howarth, K.R., Moreau, N.A., Phillips, S.M., and Gibala, M.J. 2009. Coingestion of protein with carbohydrate during recovery from endurance exercise stimulates skeletal muscle protein synthesis in humans. *J Appl Physiol* 106(4):1394-402. Epub 2008 Nov 26.

Howatson, G., and Someren, K. 2008. The prevention and treatment of exerciseinduced muscle damage. *Sports Med* 38(6):483-503.

Howell, J., Chleboun, G., and Conatser, R. 1993. Muscle stiffness, strength loss, swelling and soreness following exercise-induced injury in humans. *J Phys* 464:183-96.

Hsu, J.M. 1977. Zinc deficiency and alterations of free amino acid levels in plasma, urine and skin extract. *Progr Clin Biol Res* 14:73-86.

Hubal, M., Rubinstein, S., and Clarkson, P. 2007. Mechanisms of variability in strength loss after muscle-lengthening actions. *Med Sci Sports Exerc* 39(3):461-68.

Hunt, C.D., Johnson, P.E., Herbel, J., and Mullen, L.K. 1992. Effects of dietary zinc depletion on seminal volume of zinc loss, serum testosterone concentrations and sperm morphology in young men. *Am J Clin Nutr* 56(1):148-57.

Hwang, S.G., Yano, H., and Kawashima, R. 1993. Institution department of animal science, faculty of agriculture, Kyoto University, Japan. Influence of dietary medium- and long-chain triglycerides on fat deposition and lipogenic enzymes activities in rats. *J Am Coll Nutr* 12(6):643-50.

Ingram, D.M., Bennett, F.C., Willcox, D., and de Klerk, N. 1987. Effect of low-fat diet on female sex hormone levels. *J Mat Cancer Inst* 79(6):1225-29.

Institute of Food Technologists. 2003. Food laws and regulations division, Newsletter Vol. 9, No. 1. Available at: www.ift.org .

Ip, C., Scimeca, J.A., and Thompson, H.J. 1994. Conjugated linoleic acid: A powerful anticarcinogen from animal fat sources. *Cancer* 74(Suppl 3):1050-54.

Ip, C., Singh, M., Thompson, H.J., and Scimeca, J.A. 1994. Conjugated linoleic acid suppresses mammary carcinogenesis and proliferative activity of the mammary gland in the rat. *Cancer Res* 54(5):1212-15.

Israel, S. 1972. The acute syndrome of detraining. *GDR National Olympic Committee* 2:30-35.

Ivy, J.L., and Holloszy, J.O. 1981. Persistent increase in glucose uptake by rat skeletal muscle following exercise. *Am J Physiol* 241:C200-203.

Ivy, J.L., Goforth, H.W., Jr., Damon, B.M., McCauley, T.R., Parsons, E.C., and Price, T.B. 2002. Early postexercise muscle glycogen recovery is enhanced with a carbohydrate-protein supplement. *J Appl Physiol* 93(4):1337-44.

Iwasaki, K., Mano, K., Ishihara, M., et al. 1987. Effects of ornithine or arginine administration on serum amino acid levels. *Biochem Int* 14(5):971-76.

Jacobson, B.H., Weber, M.D., Claypool, L., and Hunt, L.E. 1992. Effect of caffeine on maximal strength and power in elite male athletes. *Br J Sports Med* 26(4):276-80.

Jenkins, D.J.A. 1982. Lente carbohydrate: A newer approach to the management of diabetes. *Diabetes Care* 5:634-39.

Jenkins, D.J.A., Wolever, T.M.S., Collier, G.R., Ocana, A., Rao, A.V., Buckley, G., Lam, Y., Mayer, A., and Thompson, L.U. 1987. Metabolic effects of a lowglycemic-index diet. *Am J Clin Nutr* 46:968.

Jones, W., Li, X., Qu, Z.C., et al. 2002. Uptake, recycling, and antioxidant actions of alpha-lipoic acid in endothelial cells. *Free Radic Biol Med* 33:83-93.

Kara, E., Gunay, M., Cicioglu, I., Ozal, M., Kilic, M., Mogulkoc, R., and Baltaci A.K. 2010. Effect of zinc supplementation on antioxidant activity in young wrestlers. *Biol Trace Elem Res* 134(1):55-63.

Katan, M.B., Zock, P.L., and Mensink, R.P. 1994. Effects of fats and fatty acids on blood lipids in humans: An overview. *Am J Clin Nutr* 60(Suppl 6):S1017-22.

Kather, H., Wieland, E., Scheurer, A., Vogel, G., Wildenberg, U., and Joost, C. 1987. Influences of variation in total energy intake and dietary composition in regulation of fat cell lipolysis in ideal-weight subjects. *J Clin Inv* 80(2):566-72.

Katsouyanni, K., Skalkidis, Y., Petridou, E., et al. 1991. Diet and peripheral arterial occlusive disease: The role of poly-, mono-, and saturated fatty acids. *Am J Epidemiol* 133(1):24-31.

Kawanaka, K., Han, D., Nolte, L.A., Hansen, P.A., Nakatani, A., and Holloszy, J.O. 1999. Decreased insulin-stimulated GLUT-4 translocation in glycogen-super compensated muscles of exercised rats. *AmJ Physiol Endocrinol Metab* 276:E907-12.

Kerksick, C., Harvey, T., Stout, J., Campbell, B., Wilborn, C., Kreider, R., Kalman, D., Ziegenfuss, T., Lopez, H., Landis, J., Ivy, J.L., and Antonio, J. 2008. International Society of Sports Nutrition position stand: Nutrient timing. *J Int Soc Sports Nutr* 5:17.

Keys, A., Menotti, A., Karvonen, J., et al. 1986. The diet and 15-year-death rate in seven countries study. *Am J Epidemiol* 124(6):903-15.

Kieffer, F. 1986. [Trace elements: Their importance for health and physical performance.] *Deut Zeit Sportmed* 37(4):118-23.

Kinnunen, S., Hyyppa, S., Oksala, N., Laaksonen, D.E., Hannila, M.L., Sen, C.K., and Atalay, M. 2009. Alpha-lipoic acid supplementation enhances heat shock protein production and decreases postexercise lactic acid concentrations in exercised standardbred trotters. *Res Vet Sci May* 7.

Kirkendall, D.T. 1990. Mechanisms of peripheral fatigue. *Med Sci Sports Exerc* 22(4):444-49.

Kleiner, S., and Greenwood-Robinson, M. 2007. *Power eating*, 3rd ed. Champaign, IL: Human Kinetics.

Knab, A.M., Shanely, R.A., Corbin, K., Jin, F., Sha, W., and Nieman. D.C. 2011. A 45-minute vigorous exercise bout increased metabolic rate for 14 hours. *Med Sci Sports Exerc* 43(9):1643-48. Epub 2011 Feb 8.

Kobayashi, J., Yokoyama, S., and Kitamura, S. 1995. Eicosapentaenoic acid modulates arachidonic acid metabolism in rat alveolar macrophages. *Prostaglandins Leukot Essent Fatty Acids* 52(4):259-62.

Kobayashi Matsui, H. 1983. Analysis of myoelectric signals during dynamic and isometric contraction. *Electromyog Clin Neurophysiol* 26:147-60.

Kruger, M.C. 1995. Eicosapentaenoic acid and docosahexaenoic acid supplementation increases calcium balance. *Nutr Res* 5:211-19.

Kuipers, H., and Keizer, H.A. 1988. Overtraining in elite athletes: Review and directions for the future. *Sports Med* 6:79-92.

Laires, M.J., and Monterio, C. 2008. Exercise, magnesium and immune function. *Magnes Res* 21(2):92-96.

Lamb, G.D., and Stephenson, D.G.; Bangsbo, J., and Juel, C.J. 2006. Point:Counterpoint: Lactic acid accumulation is an advantage/disadvantage during muscle activity. *J Appl Physiol* 100:1410-14.

Lambert, E.V., Hawley, J.A., Goedecke, J., Noakes, T.D., and Dennis, S.C. 1997. Nutritional strategies for promoting fat utilization and delaying the onset of fatigue during prolonged exercise. *J Sports Sci* 15(3):315-24.

Lapachet, R.A., Miller, W.C., and Arnall, D.A. 1996. Body fat and exercise endurance in trained rats adapted to a high-fat and/or high-carbohydrate diet. *J Appl Physiol* 80(4):1173-79.

Laricheva, K.A., Ialovaia, N.I., Shubin, V.I., Smirnov, P.V., and Beliaev, V.S. 1977. Use of the specialized protein product, SP-11, in the nutrition of highly trained sportsmen in heavy athletics. *Vopr Pitan* Jul-Aug(4):47-51.

Lateef, H., Aslam, M.N., Stevens, M.J., and Varani, J. 2005. Pretreatment of diabetic rats with lipoic acid improves healing of subsequently-induced abrasion wounds. *Arch Dermatol Res* 297(2):75-83.

Lavoie, J.M., Helie, R., Peronnet, F., Cousineau, D., and Provencher, P.J. 1985. Effects of muscle CHO-loading manipulations on hormonal responses during prolonged exercise. *Int J Sports Med* 6(2):95-99.

Lavy, A., Ben-Amotz, A., and Aviram, M. 1993. Preferential inhibition of LDL oxidation by the all-trans isomer of beta-carotene in comparison with 9-cis beta-carotene. *Eur J Clin Chem Clin Biochem* 31(2):83-90.

Lee, H.A., and Hughes, D.A. 2002. Alpha-lipoic acid modulates NF-kappaB activity in human monocytic cells by direct interaction with DNA. *Exp Gerontol* 37(2-3):401-10.

Leenen, R., Roodenburg, A.J., Vissers, M.N., Schuurbiers, J.A., van Putte, K.P., Wieman, S.A., and van de Put, F.H. 2002. Supplementation of plasma with olive oil phenols and extracts: Influence on LDL oxidation. *J Agric Food Chem* 50(5):1290-97.

Lefavi, R.G., Anderson, R.A., Keith, R.E., et al. 1992. Efficacy of chromium supplementation in athletes: Emphasis on anabolism. *Int J Sport Nutr* 2(2):111-22.

Lefebvre, P.J., and Scheen, A.J. 1995. Improving the action of insulin. *Medecine Clinique et Experimentale[Clin Invest Med* 18(4):340-47.

Lemon, P.W. 1998. Effects of exercise on dietary protein requirements. *Int J Sport Nutr* 8(4):426-47.

Lemon, P.W. 2000. Beyond the zone: Protein needs of active individuals. *J Am Coll Nutr* Oct19(Suppl 5):S513-21.

Lichtenstein, A.H., Ausman, L.M., Carrasco, W., et al. 1993. Effects of canola, corn, and olive oils on fasting and postprandial plasma lipoproteins in humans as part of a National Cholesterol Education Program Step 2 diet. *Arterioscl Thromb* 13(10):1533-42.

Lichtenstein, A.H., Ausman, L.M., Carrasco, W., et al. 1994. Rice bran oil consumption and plasma lipid levels in moderately hypercholesterolemic humans. *Arterioscl Thromb* 14(4):549-56.

Liu, S., Baracos, V.E., Quinney, H.A., and Clandinin, M.T. 1994. Dietary omega-3 and polyunsaturated fatty acids modify fatty acyl composition and insulin binding in skeletal-muscle sarcolemma. *Biochem J* 299(Pt 3):831-37.

Lukasju, H.C.L. 2005. Low dietary zinc decreases erythrocyte carbonic anhydrase activities and impairs cardiorespiratory function in men during exercise. *Am J Clin Nutr* 81:1045-51.

Maassen, N., and Schneider, G. 1997. Mechanism of fatigue in small muscle groups. *Int J Sports Med* 18(4):S320-21.

Magistretti, P.J., and Pellerin, L. 2000. Functional brain imaging: Role metabolic coupling between astrocytes and neurons. *Rev Med Suisse Romande* 120(9):739-42.

Mai, K., Bobbert, T., Kullmann, V., Anders, J., Rochlitz, H., Osterhoff, M., Weickert, M.O., Bahr, V., Mohlig, M., Pfeiffer, A.F., Diederich, S., and Spranger, J. 2006. Free fatty acids increase androgen precursors in vivo. *J Clin Endocrinol Metab* 91(4):1501-7.

Malomsoki, J. 1983. [The improvement of sports performance by means of complementary nutrition]. *Sportorvosi szemle [Hungarian Review of Sports Medicine]* 24(4):269-82.

Manninen, A.H. 2006. Hyperinsulinaemia, hyperaminoacidaemia and postexercise muscle anabolism: The search for the optimal recovery drink. *Br J Sports Med* 40(11):900-905.

Mantzioris, E., James, M.J., Givson, R.A., and Cleland, L.G. 1995. Differences exist in relationships between dietary linoleic and alpha-linolenic acids and their respective long-chain metabolites. *Am J Clin Nutr* 61(2):320-24.

Margaritis, I., Rousseau, A.S., Hininger, I., Palazzetti, S., Arnaud, J., and Roussel, A.M. 2005. Increase in selenium requirements with physical activity loads in well-trained athletes is not linear. *Biofactors* 23(1):45-55.

Mariotti, F., Mahe, S., Luengo, C., Benamouzig, R., and Tome, D. 2000. Postprandial modulation of dietary and whole-body nitrogen utilization by carbohydrates in humans. *Am J Clin Nutr* 72:954-62.

Marsden, C.D., Meadows, J.C., and Merton, P.A. 1971. Isolated single motor units in human muscle and their rate of discharge during maximum voluntary effort. *J Physiol* (London) 217:12P.

Massaro, M., Carluccio, M.A., and De Caterina, R. 1999. Direct vascular antiatherogenic effects of oleic acid: A clue to the cardioprotective effects of the Mediterranean diet. *Cardiologia* 44(6):507-13.

Matsuda, J.J., Zermocle, R.F., Vailus, A.C., Perrini, V.A., Pedrini-Mille, A., and Maynard, J.A. 1986. Structural and mechanical adaptation of immature bone to strenuous exercise. *J Appl Physiol* 60(6):2028-34.

Mauras, N., and Beaufrere, B. 1995. Recombinant human insulin-like growth factor-1 enhances whole body protein anabolism and significantly diminishes the protein catabolic effects of prednisone in humans without a diabetogenic effect. *J Clin Endocrinol Metab* 80(3):869-74.

May, M.E., and Buse, M.G. 1989. Effects of branched-chain amino acids on protein turnover. *Diab Metab Rev* 5(3):227-45.

Mcbride, J.M., Kraemer, W.J., Triplett-Mcbride, T., and Sebastianelli, W. 1998. Effect of resistance exercise on free radical production. *Med Sci Sports Exerc* (3):67-72.

McCall, G.E., Byrnes, W.C., Dickinson, A., Pattany, P.M., and Fleck, S.J. 1996. Muscle fiber hypertrophy, hyperplasia and capillary density in college men after resistance training. *J Appl Physiol* 81:2004-12

McCarger, L.J., Baracos, V.E., and Calandinin, M.T. 1989. Influence of dietary carbohydrate-to-fat ratio on whole body nitrogen retention and body composition in adult rates. *J Nutr* 199(9):1240-45.

McCusker, R.R., Fuehrlein, B., Goldberger, B.A., Gold, M.S., and Cone, E.J. 2006. Caffeine content of decaffeinated coffee. *J Anal Toxicol* 30(8):611-13.

McCusker, R.R., Goldberger, B.A., and Cone, E.J. 2003. Caffeine content of specialty coffees. *J Anal Toxicol* 27:520-22.

McNamara, D.J. 1992. Dietary fatty acids, lipoproteins, and cardiovascular disease. *Adv Food Nutr Res* 36:253-351.

McNaughton, L.R. 1986. The influence of caffeine ingestion on incremental treadmill running. *Br J Sports Med* 20(3):109-12.

Melo, G.L., and Cararelli, E. 1994-1995. Exercise physiology laboratory manual, 25.

Mendelson, J.H., Mello, N.K., Teoh, S.K., Ellingboe, J., and Cochin, J. 1989. Cocaine effects on pulsatile secretion of anterior pituitary, gonadal and adrenal hormones. *J Clin Endocrinol Metab* 69(6):1256-60.

Mensink, R.P., Zock, P.L., Katan, M.B., and Hornstra, G. 1992. Effect of dietary cis and trans fatty acids on serum lipoprotein[a] levels in humans. *J Lipid Res* 33(10):1493-501.

Metges, C.C., and Barth, C.A. 2000. Metabolic consequences of a high dietaryprotein intake in adulthood: Assessment of the available evidence. *J Nutr* 130:886-89.

Miller, B.F. 2007. Human muscle protein synthesis after physical activity and feeding. *Exerc Sport Sci Rev* 35(2):50-55.

Miller, C.C., Park, Y., Pariza, M.W., and Cook, M.E. 1994. Feeding conjugated linoleic acid to animals partially overcomes catabolic responses due to endotoxin injection. *Biochem Biophysic Res Comm* 198(3):1107-12.

Millward, D.J. 1999. Optimal intakes of protein in the human diet. *Proc Nutr Soc* 58(2):403-13.

Morgan, R.E., and Adamson, G.T. 1959. *Circuit weight training*. London: Bell.

Morifuji, M., Sakai, K., Sanbongi, C., and Sugiura, K. 2005. Dietary whey protein increases liver and skeletal muscle glycogen levels in exercise-trained rats. *Br J Nutr* 93(4):439-45.

Moritani, T., and deVries, H.A. 1987. Re-examination of the relationship between the surface integrated electromyogram (IEMG) and force of isometric contraction. *Am J Physiol Med* 57:263-77.

Moritani, T., Muro, M., and Nagata, A. 1986. Intramuscular and surface electromyogram changes during muscle fatigue. *J Appl Physiol* 60:1179-85.

Mozaffarian, D., Katan, M.B., Ascherio, A., Stampfer, M.J., and Willett, W.C. 2006. Trans fatty acids and cardiovascular disease. *N Engl J Med* 354:1601-13.

Muthalib, M., Lee, H., Millet, G., Ferrari, M., and Nosaka, K. 2010. *J Appl Physiol* 109:710-20.

National Research Council. 1989. Protein and amino acids. In *Recommended dietary allowances*, 10th ed. Washington, DC: National Academy Press.

Nawrot, P., Jordan, S., Eastwood, J., Rotstein, J., Hugenholtz, A., and Feeley, M. 2003. Effects of caffeine on human health. *Food Addit Contam* 20(1):1-30.

Nelson, A.G., and Kokkonen, J. 2007. *Stretching anatomy.* Champaign, IL: Human Kinetics.

Newman, K.P., Neal, M.T., Roberts, M., Goodwin, K.D., Hatcher, E.A., and Bhattacharya, S.K. 2007. The importance of lost minerals in heart failure. *Cardiovasc Hematol Agents Med Chem* 5(4):295-99.

Ni, J.S., Wu, J.X., and Xiao, R.Q. 1994. The preventative and curative action of fish oil compound on early atherosclerotic lesions in the aortic of diabetic rats. *Chung-Hua Ping Li Hsueh Tsa Chih[Chinese Journal of Pathology]* 23(1):31-33.

Nielsen, F.H., and Lukaski, H.C. 2006. Update on the relationship between magnesium and exercise. *Magnes Res* 19(3):180-89.

Nielsen, O.B., de Paoli, F., and Overgaard, K. 2001. Protective effects of lactic acid on force production in rat skeletal muscle. *J Physiol* 536(Pt 1):161-66.

Nosaka, K., Newton, M., and Sacco P. 2002. Muscle damage and soreness after endurance exercise of the elbow flexors. *Med Sci Sports Exerc* 34(6):920-27.

Noth, R.H., and Walter, R.M. 1984. The effects of alcohol on the endocrine system. *Med Clin North Am* 68(1):133-46.

Nybo, L. 2008. Hyperthermia and fatigue. *J Appl Physiol* 104:871-78.

Nybo, L., and Nielsen, B. 2001. Hyperthermia and central fatigue during prolonged exercise in humans. *J Appl Physiol* 91:1055-60.

Obici, S., Feng, Z., Morgan, K., Stein, D., Karkanias, G., and Rossetti, L. 2002. Central administration of oleic acid inhibits glucose production and food intake. *Diabetes* 51(2):271-75.

Ohtsuka, A., Hayashi, K., Noda, T., and Tomita, Y. 1992. Reduction of corticosterone-induced muscle proteolysis and growth retardation by a combined treatment with insulin, testosterone and high protein-high-fat diets in rats. *J Nutr Sci Vitaminol* 38(1):83-92.

Opstad, P.K., and Asskvaag, A. 1983. The effect of sleep deprivation on the plasma levels of hormones during prolonged physical strain and calorie deficiency. *Eur J Appl Phys Occup Phys* 51(1):97-107.

O'Sullivan, U.P., Gluckman, D., Breier, B.H., et al. 1989. Insulin-like growth factor-1 (IGF-1) in mice reduces weight loss during starvation. *Endocrinology* 125:2793-95.

Oteiza, P.I., Olin, K.L., Fraga, C.G., and Keen, C.L. 1995. Zinc deficiency causes oxidative damage to proteins, lipids and DNA in rat testes. *J Nutr* 125(4):823-29.

Packer, L. 1997. Oxidants, antioxidant nutrients and the athlete. *J Sports Sci* 15(3):353-63.

Packer, L. 1998. Alpha lipoic acid: A metabolic antioxidant which regulates NFkappaB signal transduction and protects against oxidative injury. *Drug Metab Rev* 30:245-75.

Packer, L., and Landvik, S.I. 1989. Vitamin E: Introduction to biochemistry and health benefits. *Ann NY Acad Sci* 570:1-6.

Packer, L., Tritschler, H.J., and Wessel, K. 1997. Neuroprotection by the metabolic antioxidant alpha-lipoic acid. *Free Radic Biol Med* 22(1-2):359-78.

Packer, L., Witt, E.H., and Tritschler, H.J. 1995. Alpha-lipoic acid as a biological antioxidant. *Free Radic Biol Med* 19:227-50.

Paffenbarger, R.S., Jr., Kampert, J.B., Lee, I.M., et al. 1994. Changes in physical activity and other lifeway patterns influencing longevity. *Med Sci Sports Exerc* 26(7):857-65.

Palaniappan, A.R., and Daim A. 2007. Mitochondrial ageing and the beneficial role of alpha-lipoic acid. *Neurochem Res* 32(9):1552-58.

Pariza, M.W., Ha, Y.L., Benjamin, H., et al. 1991. Formation and action of anticarcinogenic fatty acids. *Adv Exper Med Biol* 289:269-72.

Parrish, C.C., Pathy, D.A., and Angel, A. 1990. Dietary fish oils limit adipose tissue hypertrophy in rats. *Metabolism: Clin Exp* 39(3):217-19.

Parrish, C.C., Pathy,D.A., Parkes, J.G., and Angel, A. 1991. Dietary fish oils modify adipocyte structure and function. *J Cell Phys* 148(3):493-502.

Patrick, L. 2002. Mercury toxicity and antioxidants: Part1: Role of glutathione and alpha-lipoic acid in the treatment of mercury toxicity. *Altern Med Rev* 7(6):456-71.

Pedersen, B.K., Steensberg, A., and Schjerling, P. 2001. Muscle-derived interleukin-6: Possible biological effects. *J Physiol* 536(Pt 2):329-37.

Philip, W., James, T., and Ralph, A. 1992. Dietary fats and cancer. *Nutr Res* 12 (Suppl):S147-58.

Pitsiladis, Y.P., Smith, I., and Maughan, R.J. 1999. Increased fat availability enhances the capacity of trained individuals to perform prolonged exercise. *Med Sci Sports Exercise* 21(11):1570-79.

Podda, M., Tritschler, H.J., Ulrich, H., et al. 1994. Aplha-lipoic acid supplementation prevents symptoms of vitamin E deficiency. *Biochem Biophys Res Commun* 204:98-104.

Pogliaghi, S., and Veicstenias, A. 1999. Influence of low and high dietary fat on physical performance in untrained males. *Med Sci Sports Exerc* 31(1):149-55.

Posterino, G.S., Dutka, T.L., and Lamb, G.D. 2001. L(+)-lactate does not affect twitch and tetanic responses in mechanically skinned mammalian muscle fibres. *Pflugers Arch* 442(2):197-203.

Powers, M. *Guide to eating right when you have diabetes.* Hoboken, NJ: John Wiley & Sons. 2003: 130, 139.

Powers, S., and Howley, E. 2009. *Exercise physiology: Theory and application to fitness and performance*, 7th ed. New York: McGraw-Hill.

Prasad, A.S. 1996. Zinc deficiency in women, infants and children. *J Am Coll Nutr* 15(2):113-20.

Prentice, W.J. 1990. *Rehabilitation techniques in sports medicine.* Toronto: Times Mirror/Mosby College.

Proske, U., and Allen, T. 2005. Damage to skeletal muscle from eccentric exercise. *Exerc Sport Sci Rev* 33:98-104.

Rabast, U., Kasper, H., and Schonborn, J. 1978. Comparative studies in obese subjects fed carbohydrate-restricted and high carbohydrate 1,000-calorie formula diets. *Nutr Metab* 22(5):269-77.

Reid, M.B., Haack, K.E., Franchek, K.M., et al. 1992. Reactive oxygen in skeletal muscle. I. Intracellular oxidant kinetics and fatigue in vitro. *J Appl Physiol* 73(5):1797-804.

Ren, J.M., Semenkovich, C.F., Gulve, E.A., Gao, J., and Holloszy, J.O. 1994. Exercise induces rapid increases in GLUT4 expression glucose transport capacity and insulin-stimulated glycogen storage in muscle. *J Biol Chem* 269(20):14396-401.

Rennie, M.J., MacLennan, P.A., Hundal, H.S., et al. 1989. Skeletal muscle glutamine transport, intramuscular glutamine concentration, and muscle-protein turnover. *Metabolism* 38(Suppl 8):47-51.

Richardson, J.H., Palmerton, T., and Chenan, M. 1980. Effect of calcium on muscle fatigue. *J Sports Med Phys Fit* 20(2):149-51.

Rizza, R.A., Mandarino, L.J., and Gerich, J.E. 1982. Cortisol-induced insulin resistance in man: Impaired suppression of glucose production and stimulation of glucose utilization due to a postreceptor defect of insulin action. *J Clin Endocrinol Metab* 54:131-38.

Rose, D.P., Cannolly, J.M., Rayburn, J., and Coleman, M. 1995. Influence of diets containing eicosapentaenoic or docosahexaenoic acid on growth and metastasis of breast cancer cells in nude mice. *J Natl Cancer Inst* 87(8):587-92.

Rothman, R.L., Housam, R., Weiss, H., Davis, D., Gregory, R., Gebretsadi, T., Shintani, A., and Elasy, T.A. 2006. Patient understanding of food labels: The role of literacy and numeracy. *Am J Prev Med* 31(5):391-98.

Roy, B.D., and Tarnopolsky, M.A. 1998. Influence of differing macronutrient intakes on muscle glycogen resynthesis after resistance exercise. *J Appl Physiol* 84(3):890-96.

Ruegg, J. 1992. *Calcium in muscle activation*. Berlin: Springer-Verlag.

Ryschon, T.W., Fowler, M.D., Wysong, R.E., Anthony, A.R., and Balaban, R.S. 1997. Efficiency of human skeletal muscle in vivo: comparison of isometric, concentric, and eccentric muscle action. *J Appl Physiol* 83:867-74.

Sacheck, J., and Blumberg, J. 2001. Role of vitamin E and oxidative stress in exercise. *Nutrition* 17(10):809-814.

Sahlin, K. 1986. Metabolic changes limiting muscular performance. *Biochem Exerc* 16:22-31, 42-53.

Sallinen, J., Pakarinen, A., Ahtiainen, J., Kraemer, W.J., Volek, J.S., and Hakkinen, K. 2004. Relationship between diet and serum anabolic hormone responses to heavy resistance exercise in strength athletes and physically active males. *Int J Sports Med* 25:624-33.

Sallinen, J., Pakarinen, A., Fogelholm, M., Alen, M., Volek, J.S., Kraemer, W.J., and Hakkinen, K. 2007. Dietary intake, serum hormones, muscle mass and strength during strength training in 49-73 year old men. *Int J Sports Med* 28(12):1070-76.

Sanchez-Gomez, M., Malmlof, K., Mejia, W., Bermudez, A., Ochoa, M.T., Carrasco--Rodriguez, S., and Skottner, A. 1999. Insulin-like growth factor-I, but not growth hormone, is dependent on a high protein intake to increase nitrogen balance in the rat. *Br J Nutr* 81(2):145-52.

Sandretto, A.M., and Tsai, A.C. 1988. Effects of fat intake on body composition and hepatic lipogenic enzyme activities of hamsters shortly after exercise cessation. *Amer J Clin Nutr* 47(2):175-79.

Sangha, O., and Stucki, G. 1998. Vitamin E in therapy of rheumatic diseases. *Z Rheumatol* 57(4):207-14.

Saxton, J.M., and Donnelly, A.E. 1995. Light concentric exercise during recovery from exercise-induced muscle damage. *Int J Sports Med* 16(6):347-51.

Sayers, S.P., Clarkson, P.M., and Lee, J. 2000. Activity and immobilization after eccentric exercise: I. Recovery of muscle function. *Med Sci Sports Exerc* 32(9):1587-92.

Schoenle, E., Zapf, J., Humbrel, R.E., and Froesch, E.R. 1982. Insulin-like growth factor-1 stimulates growth in hypophysectomized rats. *Nature* 296:252-53.

Schurch, P.M., Hillen, M., Hock, A., Feinendengen, L.E., and Hollmann, W. 1979. Possibilities of calculating the fat-free body mass and its reaction to a carbohydrate--poor, fat-rich diet. *Infusionstherapie und Kinische Ernahrung* 6(5):311-14.

Schurch, P.M., Reinke, A., and Hollmann, W. 1979. Carbohydrate-reduced diet and metabolism: About the influence of a 4-week isocaloric, fat-rich, carbohydratereduced diet on body weight and metabolism. *Med Klin Munich* 74(36):1279-85.

Sebokova, E., Gar, M.L., Wierzbicki, A., et al. 1990. Alteration of the lipid composition of rat testicular plasma membranes by dietary (n-3) fatty acids changes the responsiveness of Leydig cells and testosterone synthesis. *J Nutr* 120(6):610-18.

Shamoon, H., Soman, V., and Sherwin, R.S. 1980. The influence of acute physiological increments of cortisol on fuel metabolism and insulin binding in monocytes in normal humans. *J Clin Endocrinol Metab* 50:495-501.

Sherwood, L. 1993. *Human physiology from cells to systems*, 2nd ed. St. Paul, MN: West.

Shultz, T.D., Chew, B.P., Seaman, W.R., and Luedecke, L.O. 1992. Inhibitory effect of conjugated dienoic derivatives of linoleic acid and beta-carotene on the in vitro growth of human cancer cells. *Cancer Letters* 63(2):125-33.

Sidery, M.B., Gallen, I.W., and Macdonald, I.A. 1990. The initial physiological responses to glucose ingestion in normal subjects are modified by a 3 day highfat diet. *Br J Nutr* 64(3):705-13.

Sies, H., Stahl, W., and Sundquist, A.R. 1992. Antioxidant functions of vitamins. Vitamins E and C, beta-carotene, and other carotenoids. *Ann NY Acad Sci* 669:7-20.

Simmons, P.S., Miles, J.M., Gerich, J.E., et al. 1984. Increased proteolysis: An effect of increases in plasma cortisol within the physiological range. *J Clin Invest* 73:412-20.

Simopoulos, A.P. 1999. Essential fatty acids in health and chronic disease. Amer *J Clin Nutr* 70:S560-69.

Simopoulos, A.P. 2008. The importance of the omega-6/omega-3 fatty acid ratio in cardiovascular disease and other chronic diseases. *Exper Biol Med* 233:674-88.

Sjogren, K., Leung, K.C., Kaplan, W., Gardiner-Garden, M., Gibney, J., and Ho, K.Y. 2007. Growth hormone regulation of metabolic gene expression in muscle: A microarray study in hypopituitary men. *Am J Physiol Endocrinol Metab* 293:E364-71.

Soszynski, P.A., and Frohman, L.A. 1992. Inhibitory effects of ethanol on the growth hormone (GH)-releasing hormone-GH-insulin-like growth factor-I axis in the rat. *Endocrinology* 131(6):2603-8.

Starkey, D.B., Pollock, M.L., Ishida, Y., Welsh, M.A., Breshue, W.F., Graves, J.F., and Feigembaum, M.S. 1996. Effect of resistance training volume on strength and muscle thickness. *Med Sci Sports Exerc* 28:1311-20.

Staron, R.S., Karapondo, D.L., Kraemer, W.J., Fry, A.C., Gordon, S.E., Falkel, J.E., Hagerman, F.C., and Hikida, R.S. 1994. Skeletal muscle adaptations during early phase of heavy resistance training in men and women. *J Appl Physiol* 76:1247-55.

Steck, S.E., Chalecki, A.M., Miller, P., Conway, J., Austin, G.L., Hardin, J.W., Albright, C.D., and Thuillier, P. 2007. Conjugated linoleic acid supplementation for twelve weeks increases lean body mass in obese humans. *J Nutr* 137:1188-1193.

Swolin, D., Brantsing, C., Matejka, G., and Ohlsson, C. 1996. Cortisol decreases IGF-1 mRNA levels in human osteoblast-like cells. *J Endocrinol* 149(3):397-403.

Taouis, M., Dagou, C., Ster, C., Durand, G., Pinault, M., and Delarue, J. 2002. N-3 polyunsaturated fatty acids prevent the defect of insulin receptor signaling in muscle. *Am J Physiol Endocrinol Metab* 282(3):E664-71.

Terjung, R.L., and Hood, D.L. 1986. Biochemical adaptation in skeletal muscle induced by exercise training. *J Appl Physiol* 70:1021-28.

Tesch, P.A., Colliander, E.G., and Kaiser, P. 1986. Muscle metabolism during intense, heavy-resistance exercise. *Eur J Appl Physiol Occup Ther.* 55:362-366.

Thirunavukkarasu, V., Nandhini, A.T., and Anuradha, C.V. 2004. Fructose dietinduced skin collagen abnormalities are prevented by lipoic acid. *Exp Diabesity Res* 5(4):237-44.

Thompson, J.R., and Wu, G. 1991. The effect of ketone bodies on nitrogen metabolism in skeletal muscle. *Comp Biochem Physiol* 100(2):209-16.

Tipton, K.D., Ferrando, A.A., Phillips, S.M., Doyle, D., Jr., and Wolfe, R.R. 1999. Postexercise net protein synthesis in human muscle from orally administered amino acids. *Am J Physiol* 276:E628-34.

Tipton, K.D., Rasmussen, B.B., Miller, S.L., Wolf, S.E., Owens-Stovall, S.K., Petrini, B.E., and Wolfe, R.R. 2001. Timing of amino acid-carbohydrate ingestion alters anabolic response of muscle to resistance exercise. *Am J Physiol Endocrinol Metab* 281(2):E197-206.

Tomobe, Y.I., Morizawa, K., Tsuchida, M., Hibino, H., Nakano, Y., and Tanaka, Y. 2000. Dietary docosahexaenoic acid suppresses inflammation and immunoresponses in contact hypersensitivity reaction in mice. *Lipids* 35(1):61-69.

Tsai, A.C., and Gong, T.W. 1987. Modulation of the exercise and retirement effects by dietary fat intake in hamsters. *J Nut* 117(6):1149-53.

Tuohimaa, P., Keisala, T., Minasyan, A., Cachat, J., and Kalueff, A. 2009. Vitamin D, nervous system and aging. *Psychoneuroendocrino*. 1:S278-286.

Underwood, L.E., D'Ercole, A.J., Clemmons, D.R., and Van Wyk, J.J. 1986. Paracrine functions of somatomedins. *J Clin Endocrinol Metab* 15:5-77.

Urban, R.J., Bodenburg, Y.H., Gilkison, C., Foxworth, J., Coggan, A.R., Wolfe, R.R., and Ferrando, A. 1995. Testosterone administration to elderly men increases skeletal muscle strength and protein synthesis. *Am J Physiol Endocrinol Metab* 269:E820-26.

U.S. Food and Nutrition Board. 1989. *Recommended dietary allowances*, 10th ed. Washington, DC: National Academy Press.

Vincent, H.K., Bourguignon, C.M., Vincent, K.R., Weltman, A.L., Bryant, M., and Taylor A.G. 2006. Antioxidant supplementation lowers exercise-induced oxidative stress in young overweight adults. *Obesity* 14(12):2224-35.

Vissers, M.N., Zock, P.L., Roodenurg, A.J., Leenen, R., and Katan, M.B. 2002. Olive oil phenols are absorbed in humans. *J Nutr* 50(5):1290-97.

Von Schacky, C. 2000. N-3 fatty acids and the prevention of coronary atherosclerosis. *Am J Clin Nutr* 71(Suppl 1):S224-27.

Wahle, K.W., Caruso, D., Ochoa, J.J., and Quiles, J.L. 2004. Olive oil and modulation of cell signaling in disease prevention. *Lipids* 39(12):1223-31.

Wahrburg, U., Martin, H., Sandkamp, M., Schulte, H., and Assmann, G. 1992. Comparative effects of a recommended lipid-lowering diet vs a diet rich in monounsaturated fatty acids on serum lipid profiles in healthy young adults. *Am J Clin Nutr* 56(4):678-83.

Wang, C., Caitlin, D.H., Starcevic, B., et al. 2005. Low-fat high fiber diet decreased serum and urine androgens in men. *J Clin Endocrinol Metab* 90(6):3550-59.

Wardlaw, G.M., and Insel, P.M. 1990. *Perspectives in nutrition*. St. Louis: Times Mirror/Mosby.

Wells, G. 2007. *Speeding recovery from training*. http://www.drgregwells.com/ task-6--recovery-regeneratio/

Westerblad, H., Allen, D.G., Bruton, J.D., Andrade, F.H., and Lannergren, J. 1998. Mechanisms underlying the reduction of isometric force in skeletal muscle fatigue. *Acta Physiol Scand* 162:253-60.

Westerblad, H., Bruton, J.D., Allen, D.G., and Lannergren, J. 2000. Functional significance of calcium in long-lasting fatigue of skeletal muscle. *Eur J Appl Physiol* 83:166-74.

Westman, E.C., Yancy, W.S., Edman, J.S., Tomlin, K.F., and Perkins, C.E. 2002. Effect of 6-month adherence to a very low carbohydrate diet program. *Am J Med* 112(1):30-36.

Whitney, E., and Rolfes, S.R. 2008. *Understanding nutrition*, 11th ed. Independence, KY: Thomson Wadsworth.

Williams, J.H. 1991. Caffeine, neuromuscular function and high-intensity exercise performance. *J Sports Med Phys Fitness* 31(3):481-89.

Willit, W.C., Stampfer, M.J., Manson, J.E., et al. 1993. Intake of trans fatty acids and risk of coronary heart disease among women. *Lancet* 341(8845):581-85.

Wilmore, J.H., and Costill, D.L. 1999. *Physiology of sports and exercise*. Champaign, IL: Human Kinetics.

Wolfe, R.R. 2000. Protein supplements and exercise. *Am J Clin Nutr* 72:S551-57.

Wozniak, A.C., Kong, J., Bock, E., Pilipowicz, O., and Anderson, J.E. 2005. Signaling satellite-cell activation in skeletal muscle: Markers, models, stretch, and potential alternative pathways. *Muscle Nerve* 31:283-300.

Yancy, W.S., Jr., Olsen, M.K., Guyton, J.R., Bakst, R.P., and Westman, E.C. 2004. A low-carbohydrate, ketogenic diet versus a low-fat diet to treat obesity and hyperlipidemia: A randomized, controlled trial. *Ann Intern Med* 140:769-77.

Yoshida, H., and Kajimoto, G. 1989. Effect of dietary vitamin E on the toxicity of autoxidized oil to rats. *Ann Nutr Metab* 33(3):153-61.

Zafarullah, M., Li, W.Q., Sylvester, J., and Ahmad, M. Molecular mechanisms of N--acetylcysteine actions. *Cell Mol Life Sci* 60(1):6-20.

Zapf, J.C., Schmid, H., and Froesch, E.R. 1984. Biological and immunological properties of insulin-like growth factors I and II. *Clin Endocrinol Metab* 13:3-30.

Zorzano, A., Palacin, M., and Guma, A. 2005. Mechanisms regulating GLUT4 glucose transporter expression and glucose transport in skeletal muscle. *Acta Physiol Scand* 183(1):43-58.

Índice remissivo

Nota: as letras *f* e *t* em itálico ao lado dos números de página referem-se às figuras e tabelas, respectivamente.

A

Abacate 304
Abdominal, exercício
    banco reto 191
    com polia 193
    cruzado 196
    tipo remo 192
Acetilcolina 6, 148
Ácido alfa-linolênico (LNA) 87-88, 87*f*, 93
Ácido alfalipoico 127, 132
Ácido docosa-hexaenoico (DHA) 85, 89, 132
Ácido eicosapentaenoico (EPA) 85, 87-90, 94, 132
Ácido gama-linolênico (GLA) 88-89, 92-94
Ácido lático
    papel na dor muscular 57
    papel na fadiga 54
    volta à calma e 38
Ácido linoleico (LA) 87-88, 87*f*, 93, 132
Ácido linoleico conjugado (CLA) 133-134
Ácido oleico 95-96
Ácidos graxos essenciais (AGE) 87-90, 87*f*, 246
Ácidos graxos livres 75-77
Ácidos graxos ômega-3 85-87, 87*f*, 94-95, 132. *Ver também* Peixe e óleo de peixe
Ácidos graxos ômega-6 85-87, 87*f*, 269
Acidose (fadiga por acúmulo de lactato) 54
Acoplamento excitação-contração 53-54
Actina 5, 5*f*, 31
Açúcares
    limitando o consumo de 324
    nos rótulos dos alimentos 318-319, 322
    tipos de 71-72
Adaptação
    de tendões e ligamentos 16, 240
    efeito do volume na 28
    padrões de carga e 12-13
    queima de gordura como 68

rotinas de divisão e 48-50, 49*t*-50*t*
supercompensação e 45-48, 46*f*, 47*t*
Adoçantes artificiais 114-115
Agachamentos
    agachamento com barra de segurança 160
    agachamento na máquina Smith 164
    agachamento no *hack* 162
    papel no programa de treinamento 159
AGE 87-90, 87*f*, 246
Agonistas (músculos) 7-8, 252, 282
Albrecht, Achim 268
Alcoóis de açúcar 318, 322, 324
Alérgenos, nos rótulos dos alimentos 319
Alimentos processados 85, 89, 114, 245
Alongamento 15, 30, 60*f*
Aminoácidos
    de cadeia ramificada (BCAA) 138
    essenciais e não essenciais 72, 73*f*
    na carne vermelha 98
    na nutrição pós-exercício 329
    suplementos 138, 140
Amplitude de movimento 30
Antagonistas (músculos) 7-8, 282
Antiox (suplemento)
    descrição 247
    quando usar 247, 269, 278, 292
Antioxidantes 57, 125, 129-134
Aquecimento 39
Aspartame 115
Aspirina 134, 141
Atividade elétrica 29
ATP 42, 55, 74
Aumento de força
    dieta metabólica e 68-69
    treinamento Fmx e 281-282
Autacoides 88
Avanço
    com barra olímpica 166
    com halteres 165
Aves 112
Azeite de oliva 95-96

B

Barra fixa 203
BCAA 138
Bebidas
  de treinamento 139
  energéticas 326-327
  esportivas 326-327
  na dieta metabólica 113
Betacaroteno 132, 134
Binetti, Laura 69, 293, 310
Binetti, Vito 133
Bruneau, Sharon 36, 244
Butler, Trevor 51, 137, 252, 277, 286

C

Cafeína
  com efedrina, aspirina 133, 141
  momento certo para o uso de 141
  nos rótulos dos alimentos 326
Cálcio
  na contração muscular 53-54, 148
  na dor muscular 57
  retenção de líquido e 309
  suplementos 128
Calorias, nos rótulos dos alimentos 316f, 317
Carboidrato
  calorias por grama 316
  consumo na dieta metabólica 105-110,
    106t, 117-120
  consumo na fase DM 304
  consumo na fase T 312
  de difícil digestão 324
  de impacto 322
  guia de solução de problemas, no consumo de
    110
  líquido 322-323
  metabolismo do 74
  na nutrição pós-exercício 330-331
  nas bebidas esportivas 326-327
  necessidade de 75
  nos rótulos dos alimentos 317-323
  oculto 245, 321-324
  oscilações de humor e 118
  programação do consumo 117-118, 120
  simples *versus* complexo 71-72, 72f
Cardápios 111t
Carga (intensidade). *Ver também* Uma repetição
    máxima (1RM)
  eficiência do programa e 272
  equívocos sobre 253
  fibras musculares de contração rápida e
    281-284

gráfico de peso máximo 337-341
na fase DM 296
no planejamento do programa 28, 29t, 37,
  38t
no treinamento MCM 283
peso máximo com base em repetições 333-336
Carga em degraus
  descrição 12-13, 13f-14f
  em macrociclo 44-45, 45f
  em microciclo 40
Carga piramidal plana 33, 33f
Carga supramáxima 28, 29t
Carne 97, 112, 133
Carne vermelha 97, 135
Carnitina 90, 135
Carotenoides 132
Catabolismo 70, 83
Células satélites 3
Cetonas 75
Ciclamato 115
Ciclos de suplementos 141
Ciclos de treino em 38-44, 41f-43f, 45f
  macrociclos 44-45, 45f
  microciclos 40-43, 41f-42f
  sessões diárias 38-39
  volume e intensidade 27-28, 29t
CLA 133-134
Coleman, Ronnie 8
Colesterol, nos rótulos dos alimentos 316
Combinação, de suplementos 139-140
Comer fora de casa e em restaurantes
  116, 245
Compasso do adipômetro 103-104, 104f
Composição corporal
  como monitor da dieta metabólica 103-104,
    104f
  na fase H 266-267
Concentrações de colesterol
  ácidos graxos ômega-3 e 89
  carne vermelha e 97
  dieta metabólica e 101-102
  gorduras monoinsaturadas e 102
  gorduras saturadas e 96
  gorduras trans e 91-92
Condimentos 113
Constipação 244-247
Contrações musculares
  concêntricas 9, 56-57
  excêntricas 9, 56
  isocinéticas 9
  isométricas 9
  isotônicas 9

Cortisol 70, 77f, 81-82, 132-134
CP 42, 55
Creatina 135, 310
Creatina Advantage (suplemento)
   descrição 293
   quando usar 247, 292, 302
Creavalle, Laura 36, 49, 129
Crioterapia (terapia a frio) 60f
Cromo 128
Crossover, no cabo 188
Crucifixo 183, 186
   desenvolvimento do peitoral com 177
   flexão de braços 180
   inclinado, com halteres 186
   mergulho paralelo 189
   músculos trabalhados no 154t
   reto, com halteres 183
Cziurlok, Roland 10

D

Dano muscular 56-57
Darrem, Charles 14
D-carnitina 135
Desenvolvimento
   posterior 215
   sentado com barra 211
   sentado com halteres 210
Desequilíbrios musculares 29
DHA 87, 94, 132
Diarreia 244-245
Dias de baixa intensidade 42
Dias de repouso 254
Dieta metabólica
   ácidos graxos essenciais e 89-90
   ajustes na 118-120
   alimentos e cardápios 110-115, 111t
   benefícios da 68-70
   consumo de carboidrato na 105-108, 106t,
      118-121
   consumo de gordura 105-106, 106t, 118-119,
      123
   efeitos na gordura corporal da 76
   fase de adaptação da 105-106, 106t
   fase de avaliação da 106-107
   fins de semana com baixa proteína 123
   hormônios e 79-82, 80f
   ingestão calórica na 123-124, 123t
   metabolismo dos macronutrientes e 74-76,
      76f-77f
   momento certo de consumir carboidrato na
      117-118, 120
   na fase AA 244-246

níveis de colesterol e 101-102
   registro da dieta 104
   regulação de insulina e 79
   trapacear na 122-123
Diferenças de gênero 7, 58
Diferenças individuais 11, 152
Dismorfia corporal 103
Dor muscular 57-58
Dor muscular de início tardio (DMIT) 57
Drogas ergogênicas 71
Duração do treino 39

E

EFA+ (suplemento)
   descrição 247
   quando usar 247, 269, 270, 278, 292
Efedrina 133, 139
Efeitos do destreinamento 311-312
Eicosanoides 87-88
Eletromiografia (EMG) 145-147, 146f,
      149t-150t
Elevação de pernas, suspensas 195
Elevação dos joelhos, banco reto 194
Elevação frontal 213
Elevação lateral
   crucifixo invertido 209
   em pé com halteres 208
Elie, Andre 307
EMG 145-147, 146f, 149t-150t
Emoções 58
Encolhimento frontal com barra olímpica
      212
Endomísio 3, 3f
EPA 85, 87-90, 94, 132
Epimísio 3, 3f
Esteroides anabolizantes 71
Estévia 115
Estresse psicológico 118-119
Exaustão do músculo 250
Excitação 52
Exercícios. Ver também Exercícios ou parte do corpo
      específicos
   membros inferiores 153t
   membros superiores 154t-155t
   número e sequência de 29
   repetições 32
   seleção de 34-35, 145
   séries 33-34
Exercícios abdominais
   abdominais tradicionais 191-193
   abdominal cruzado 196
   elevação de pernas suspensas 195

Índice remissivo

elevação dos joelhos 194
importância de 190
músculos trabalhados em 154t
Exercícios de relaxamento 61
Exercícios dorsais 197
Exercícios na máquina Smith
supino inclinado 187
Exercícios para bíceps
músculos trabalhados em 154t
rosca alternada com halteres 218-220
rosca concentrada com halteres 221
rosca em pé (barra olímpica) 219, 222
rosca em pé (barra W) 223
rosca Scott (barra olímpica) 217
Exercícios para coxa, quadril, glúteos
agachamentos 159-160, 162, 164
avanço 165-166
extensão dos joelhos sentado 161
leg press 163
músculos trabalhados em 153t
Exercícios para deltoide
crossover, no cabo 188
desenvolvimento frontal 210-211
desenvolvimento com barra 215
elevações frontais 213
elevações laterais 208-209
importância dos 206
mergulho paralelo 189
músculos trabalhados nos 154t
remadas 199, 214
Exercícios para os antebraços
dicas para 232
extensão de punho (barra olímpica)
234
flexão de punho (barra olímpica)
233
músculos trabalhados nos 155t
Exercícios para os membros inferiores
coxas, quadris e glúteos 159-166
isquiotibiais 167-171
músculos trabalhados em 153t
panturrilha 172-176
Exercícios para os membros superiores
abdominais 190-196
bíceps 216-223
deltoides e trapézio 206-215
dorsais 197-205
músculos trabalhados em 154t-156t
peitoral 177-189
Exercícios para peitoral
crossover, no cabo 188
supinos 178-179, 181-182, 184-185, 187

Exercícios para trapézio
desenvolvimento posterior (barra olímpica)
215
encolhimento frontal com barra olímpica
212
músculos trabalhados em 154t
remada frontal (barra olímpica) 214
Exercícios para tríceps
flexão de braços 180
mergulho 189, 227
músculos trabalhados em 155t
risco de sobretreinamento 224
supino fechado (barra olímpica) 231
Exersol (suplemento) 269, 279, 292
Extensão de punho (barra olímpica) 234
Extensão do tronco 205
barra fixa 203
músculos trabalhados em 154t
puxadas 197, 206
remadas 197-200, 202
Extensão dos joelhos sentado 161
Extensões de tríceps 225, 228-230

F

Fadiga do sistema nervoso periférico (SNP)
51-52
Fadiga do sistema nervoso central (SNC) 52-53.
Ver também Sistema nervoso central (SNC)
Fadiga muscular
componentes do sistema nervoso 51-52
em atletas de resistência *versus* de potência 51
fontes metabólicas da 53-54
locais de 53
na fase M 272
Fadiga por lactato (acidose) 54
Fascículo 3, 3f
Fase de adaptação anatômica (AA)
base da 237-238
definição de 18
duração da 238
escopo da 238
frequência de treino na 238
métodos de treinamento na 239-240
modelos de programas 243t-244t
nutrição para 244-245
padrões de carga na 239-240, 241f
planejamento do programa 240-243, 241t
suplementos para 246-247
Fase de carga reduzida 13, 13f
Fase de definição muscular (DM)
âmbito da 295
definição de 18

dicas para 298

duração da 295

métodos de treinamento 295-296

modelos de programas 297*t*

nutrição para 298-300, 301*t*-303*t*

planejamento do programa 296-298

plano de periodização para 24-25, 25*f*

pré-competitivo 305-307

suplementos para 309-310

Fase de força máxima (Fmx)

definição de 18

dicas para 287

duração da 271

escopo da 281

fisiologia da 281-282

métodos de treinamento 281-284

nutrição para 278

planejamento do programa 285-287, 286*t*

plano de periodização para 24, 24*f*

suplementos para 292-293

Fase de hipertrofia (H)

definição de 18

dicas para 250

duração da 251, 268

escopo da 249

ganho de peso na 266, 268-269

métodos de treinamento 249-255

modelos de programas 257-258, 258*t*-264*t*

nutrição para 266-269

planejamento do programa 256-257, 256*t*

plano de periodização para 23, 23*f*

suplementos para 269

Fase de transição (T)

definição de 18

destreinamento e 311-312

duração da 311

nutrição para 312

suplementos para 312

Fase de treinamento misto (M)

definição de 18

dicas para 277

duração da 272

escopo da 271

modelos de programas 273*t*-277*t*

nutrição para 278

planejamento do programa 272-277, 272*t*

suplementos para 278

Fase pré-competitiva 305-306

Fases de treinamento. *Ver também* fases específicas

definição 18

número de séries e 34

sequência de exercícios e 30

Fast food 114

Fator de crescimento semelhante à insulina (IGF-1) 77*f*, 78-79, 81, 292

Fatores ambientais na recuperação 58

Fenda sináptica (neuromuscular) 6, 148

Fibra

fontes alimentares 304

na dieta metabólica 113

na fase AA 244

nos rótulos dos alimentos 316, 321

suplementos 113, 246-247

Fibras musculares de contração lenta (tipo I) 6-7, 256, 312

Fibras musculares de contração rápida (tipo II) 6-7, 281-284, 312

Fisher, Dave 296

Fisiculturistas adolescentes 206-207

Fisiculturistas avançados

programa AA 242*t*-243*t*

programa DM 297*t*

programa Fmx 288*t*-289*t*

programa H 262*t*-264*t*

programa M 275*t*

Fisiculturistas iniciantes

equívocos sobre 254-255

fase DM e 295

número de exercícios para 29

programa AA 243*t*

programa de periodização 21, 21*f*

programa Fmx 286

programa H 258*t*-260*t*

programa M 273*t*-274*t*

Fisiculturistas mulheres

distribuição de fibras musculares 7

plano de periodização 22, 22*f*

taxas de recuperação em 58

Fisiculturistas profissionais

programa DM 297*t*

programa Fmx 288*t*-289*t*

programa H 262*t*-263*t*

programa M 276*t*

Fisiculturistas recreacionais

programa AA 242-243*t*

programa de periodização 21, 21*f*

programa DM 297*t*

programa Fmx 286, 288*t*-289*t*

programa H 258*t*-259*t*

programa M 274*t*

Flexão de braços 180

Flexão de punho (barra olímpica) 233
Flexão dos joelhos
  deitado 169
  em pé 168
  sentado 170
Fome de alimentos específicos 114
Força abdominal 16
Força do *core* 16
Força geral 9
Força máxima, definição 10
Fosfatidilserina 134
Fosfocreatina (CP) 42, 55
Frequência de treinamento 43, 239
Frituras 91
Fruta 112, 300
Frutose 72

G

Ganho de peso 266, 268-269
Genética 7, 172
GHboost (suplemento) 292-293, 310
GLA 88-89, 92-94
Glicerina 319
Glicerol 322
Glicogênio
  depleção e fadiga 55
  na contração muscular 54
  na nutrição pós-exercício 330-331
  no metabolismo 74
Gliconeogênese 75-77, 76*f*-77*f*
Glicose
  metabolismo da 76
  no carboidrato 71-72
  síntese da 76-77, 76*f*-77*f*
Glutamina 136-137
Gordura corporal
  ácidos graxos essenciais e 90
  armazenamento de 74
  controle na fase H 267
  efeitos da dieta metabólica na 68-69,
    76
  mensuração 104, 104*f*
  percentual ideal 103-104
Gordura na dieta
  ácidos graxos essenciais 87-90, 87*f*,
    132
  calorias por grama 324
  consumo na dieta metabólica 105-106,
    106*t*, 117-118, 123
  eicosanoides 87-88
  em alimentos comuns 99*t*
  fontes de gorduras boas 92-96

  gorduras ruins 89-90
  na fase DM 300
  na nutrição pós-exercício 329-330
  nos rótulos dos alimentos 317-318
  saturada *versus* insaturada 85-86, 85*f*-87*f*
  sugestões para o consumo 99
Gorduras insaturadas 85-86, 85*f*
Gorduras monoinsaturadas 95, 102, 318
Gorduras poli-insaturadas 85, 325
Gorduras saturadas 85, 85*f*-86*f*, 93, 95-96, 317
Gorduras trans
  efeitos na saúde 86
  fontes de 91-92, 97
  limitando o consumo de 325
  na margarina 91, 97
  nos rótulos dos alimentos 316-317
Grimes, Madonna 30
Grupos musculares
  número de séries e 34
  rotinas de divisão e 48-50, 49*t*-50*t*

H

Haney, Lee 177
Hipertensão 116
Histamina 60*f*
Hormônio do crescimento (GH)
  ácidos graxos ômega-3 e 132
  efeitos da dieta metabólica no 69-70, 77*f*,
    78-79, 81
  efeitos do MCM no 283
  suplementos 293
Hormônios 69-71, 77*f*, 79-81
  anabólicos 67, 69-70, 77*f*, 79
  da tireoide 77*f*

I

Idade, efeito na recuperação 58
IGF-1 77*f*, 78-79, 81, 292
Índice glicêmico 72
Índice metabólico (IM) 103-104
Inflamação crônica 63
Ingestão calórica
  fase AA 244
  fase DM 274
  fase H 266
  fase M 298
  variação 123-124, 123*t*
Inibição, da função muscular 52
Insulina
  efeitos da dieta metabólica na 69-70, 77*f*,
    78-79, 79*f*-80*f*
  na nutrição pós-exercício 330-331

Intensidade. *Ver* Carga; Uma repetição máxima

Intervalos de descanso

entre séries 59-61, *59t*

entre sessões de treino 61-62

equívocos sobre 254

fadiga e 51

na fase Fmx 286

na fase H 249

na fase M 277

no planejamento do programa 35

no treinamento MCM 283

Inulina 324

Irritabilidade 118

Isquiotibiais

cargas nos 242, 256

exercícios para *153t*, 167-171

J

Joint Support (suplemento)

descrição 62

fonte de informações para 269

quando usar 279, 292, 310

Junções neuromusculares 6, *6f*, 53, 148

Junk food 114

L

LA 87-88, *87f*, 93, 132

Lactose 72

Langer, Anja 16

Laticínios 95, 133

L-carnitina 98, 135

Leg press 163

Leis do treinamento 14-15

Lesões

agudas 63

decorrentes do sobretreinamento 62

no tecido conjuntivo 63

Levrone, Kevin 25

Ligamentos, adaptação de 16, 238

Ling, Sue 62

Lipogênese 77-78, 90

Lipólise 76, 90, 134

Lista de ingredientes, nos rótulos dos alimentos 319

LNA 87-88, *87f*, 93

M

Macrociclos 44-45, *45f*

Macrófagos 57

Macronutrientes. *Ver também nutrientes específicos*

calorias por grama 316

carboidrato 71-72, *72f*

consumo na dieta metabólica 106, *106t*, 107

metabolismo dos 76, *76f-77f*, 79-82

proteína 72-73, *73f*, *73t-74t*

Magnésio 126-128, 309

Manteiga *versus* margarina 97

Máquina de abdominal Nautilus 192

Máquina Nautilus Smith. *Ver* Exercícios na máquina Smith

Marden, Melanie 119

Margarina 91-92, 97

Massa corporal, ideal 266

Massagem terapêutica *60f*

McGough, John 18

McLish, Rachel 10

MCM 283-284

Mergulho

entre bancos 227

paralelo 189

Metabolic (suplemento) 310

Metas, no planejamento do programa 152

Métodos de treinamento

equívocos sobre 253-255

fase AA 239-240

fase H 249-255

isocinético 252-253

método de carga máxima (MCM) 283-284

métodos de treino piramidal 30-33, *31f-32f*

Microciclos 40-43, *41f-42f*

Milo de Creta 12

Minerais, nos rótulos dos alimentos 319

Miofibrilas 4

Miosina 4-5, *4f*, 31, 281

Mohammed, Wesley 252

Momento certo

do consumo de carboidrato 117-118, 120

do consumo de suplemento 142

Morango 303

Motores primários (músculos) 7

Movimentos de expansão da clavícula 206-207

Movimentos lentos 253

Munzer, Andreas 254

Murray, Lenda 129, 308

Músculos

anatomia dos 3-4, *3f-4f*

contração dos 4-7, *5f*, 51-52, 145-146

dieta metabólica e 67-68, 82-83

efeitos do destreinamento 311

estabilizadores (fixadores) 8

fixadores (estabilizadores) 8

ilustração dos *151f*

tipos de contração 8-9
tipos de fibras 6-7
tipos e papéis dos 7-8
volume *versus* força 249, 282
MVM (suplemento)
descrição de 247
fase Fmx. *Ver* fase de força máxima (Fmx)
quando usar 247, 269, 278, 292, 312
Myosin Protein (suplemento) 292-293, 302, 310

N

Nervos motores 53
Neurônios motores 6, 6f
Neutrófilos 57
Nível de experiência. *Ver também* Fisiculturistas
avançados; Fisiculturistas iniciantes;
Fisiculturistas recreativos
efeito na recuperação 58
frequência de treino e 43
número de séries e 34
Nutrição. *Ver também* Rótulos dos alimentos; Dieta
metabólica; *nutrientes específicos*
carboidrato 71-72, 72f
durante o treino 139
fase AA 242-244
fase DM 298-303, 301t-303t
fase Fmx 278
fase H 266-269
fase M 271
fase pré-competitiva 305-306
fase T 311
metabolismo de macronutrientes 75-77,
76f-77f
papel na recuperação 58
para o treino 140
pós-treino 140, 329-330
pré-treino 139
proteína 72-73, 73f, 73t-74t

O

Obrigações familiares 20, 20f
Oleaginosas e sementes 113
Óleo(s)
de canola 95
de prímula 93-94
de semente de borragem 93-94
de semente de linhaça 90
tropicais 85
Oligofrutose 324
Ovos 112
Oscilações de humor 118
Osteoporose 88, 98

P

Padrões de carga
degrau 12-13, 12f-13f
em macrociclos 44-45, 45f
em microciclos 40, 41f-43f
pirâmide 31, 31f
variações de pirâmide 32-33, 32f-33f
Panturrilha, exercício
em pé 175
sentado 176
tipo burrinho 173
unilateral em pé 174
Panturrilhas
desenvolvimento das 172, 256
exercícios para 153t, 173-176
Peitorais. *Ver* Exercícios para peitoral
Peixe e óleo de peixe
benefícios do 88-90
como fonte de gordura boa 92-94
tipos sugeridos 112, 300
Perda de força, como efeito de destreinamento
312
Perda de peso 24, 78
Perimísio 3, 3f
Periodização dupla
descrição 19-20, 20f
para atletas com famílias 20, 20f
para fisiculturistas iniciantes 21, 21f
para fisiculturistas recreativos 21, 21f
programa antivolume 22, 22f
Periodização tripla 22, 23f
Placas motoras terminais 6
Platz, Tom 28, 172
Ponto de ajuste metabólico 106-107
acompanhamento do progresso no 108-110
consumo de proteína no 105-107, 106t, 123
efeitos da proteína muscular no 83-84
guia de solução de problemas 110
versus dietas tradicionais 67
Potássio 309
Potencial da placa motora (PPM) 6
Potencial de ação 6, 148
Pré-avaliação 308
Preparação para competição 295-296
Pressão arterial 116
Price, Sue 82
Princípios de treinamento 10-13
Processo de hidrogenação 90
Produtos substitutos de refeição (PSR)
descrição dos 136
fonte de informações para 269
quando usar 258, 279, 310

Programa de periodização esparso 22, 22*f*

Programa de treinamento, planejamento do. *Ver também* Sistema de periodização; *fases de treinamento específicas*

    curva de supercompensação 45-48, 46*f*-45*f*, 47*t*

    hipotético 37, 38*t*

    individualização de 152

    número de exercícios 29

    padrões de ajuste de carga 31-32, 31*f*-32*f*

    passos para 35-37

    repetições 32-33, 33*t*

    rotinas de divisão 48-50, 49*t*-50*t*

    séries 33-34

    técnica 40

    velocidade do movimento 34

Prostaglandinas 88

Proteína

    ação da insulina e 77-78, 77*f*

    calorias por grama 316

    comparação de qualidade de 74*t*

    completa *versus* incompleta 73-74, 73*f*, 74*t*

    consumo na dieta metabólica 106, 106*t*, 108, 117

    na nutrição pós-exercício 319-321

    nos rótulos dos alimentos 315

    suplementos 135-136, 139, 141

Puxadas

    puxador frontal 201

    puxador posterior 204

Q

Quadríceps. *Ver* Exercícios para coxa, quadril, glúteos

Queijo 112, 300

Quercetina 127

R

Radicais livres 57, 92, 127-129

Ray, Shawn 12

Recomendações nutricionais 110-115, 111*t*-112*t*, 300-305, 301*t*-302*t*

Recuperação

    como adaptação 28

    condicionamento aeróbio e 62

    exigências de tempo para 59*t*

    fatores que afetam 58-59

    suplementos nutricionais para 62-63

    técnicas 60*f*, 61

Registro de dieta 104

Registros de treino 27

Regulate (suplemento)

    descrição do 246

fonte de informações para 269

    quando usar 246, 279

Relação de inervação 147

Remada

    cavalinho 200

    curvada (barra olímpica) 198

    frontal (barra olímpica) 214

    sentado na polia 202

    unilateral com halteres (braços alternados) 199

Remadas unilaterais 185

ReNew (suplemento)

    descrição do 269

    quando usar 269, 279, 292, 310, 312

Repetições

    até a exaustão 250

    com resistência 251

    depois da exaustão 251-252

    forçadas 251

    na fase DM 295-296

    no planejamento do programa 33, 33*t*

    roubadas 251

    tabela de levantamento máximo 333-336

Resistência manual 255

Resistência muscular 10

Resolve (suplemento) 139

Retenção de líquido 309

Retículo sarcoplasmático 54-55, 57, 148

Reversões metabólicas 122-123

Risco de doença cardíaca 92, 96-97, 116

Rotinas de divisão 48-50, 49*t*-50*t*

Rótulos dos alimentos

    acréscimos sugeridos aos 325

    apelos nutricionais nos 320, 320*t*

    componentes dos 315-318, 316*f*

    metas nutricionais e 324

S

Sacarina 115

Sacarose 72

Saladas 113

Sarcev, Milo 17

Sarcolema 3, 3*f*, 136

Schwarzenegger, Arnold 25, 34, 172, 177

Selênio 127, 130-131, 134

Séries

    na fase de treinamento DM 298

    no planejamento do programa 33-34

Sessões de treinamento (programas diários) 38-39

Silva, Nelson da 23, 83, 141, 246

Sinergistas (músculos) 7

Sistema de periodização

    equívoco sobre 17

Índice remissivo

fases de treinamento no 19

modelo básico de 19, 19*f*

para definição muscular 24-25, 25*f*

para força máxima 24, 24*f*

para hipertrofia (massa) 23, 23*f*

planos de periodização dupla 19-22, 20*f*-22*f*

planos de periodização tripla 22, 22*f*

Sistema de treinamento lento 253

supino inclinado 187

Sistema nervoso central (SNC)

na fadiga 51-52

no treinamento de Fmx 282-283

Sistemas de treinamento de alta intensidade (HIT) 254-255

Sitarz, Kasia 39, 299

Sobrecarga de carboidrato 106-107, 121, 307

Sobretreinamento

indicadores hormonais de 134-135

planejamento do programa e 40, 42, 47

Sódio 116, 309

Stiff 157

Strydom, Gary 172

Supercompensação 45-48, 46*f*-47*f*, 47*t*

Superséries 252

Supinos

declinado (barra olímpica) 179

declinado com halteres 178

fechado (barra olímpica) 231

inclinado (barra olímpica) 185

inclinado (máquina Smith) 187

inclinado com halteres 184

reto (barra olímpica) 182

reto com halteres 181

Suplementos nutricionais

ácidos graxos ômega-3 132

aminoácidos 137-139, 141

anticortisol 134

antioxidantes 129-132

cafeína, efedrina e aspirina 133, 141-142

ciclos 141

CLA 133-134

combinação 139-141

creatina 135

fase AA 246-247

fase DM 295-296

fase Fmx 292-293

fase H 269

fase M 271

fase T 311

fibra 113, 246-247

L-carnitina 135

minerais 126-128, 247

momento certo para o uso 142

papel dos 125

para recuperação 62-63

proteína 135-136, 139, 141

recomendações 142

vitaminas 126-128, 246

T

Tamanho da porção, nos rótulos dos alimentos 316

Técnica 30

Tendões, adaptação de 16, 240

Teoria dos filamentos deslizantes 5-6, 5*f*

Terapia de calor 60*f*

Terapia de frio (crioterapia) 60*f*

TestoBoost (suplemento) 292-293, 310

Testosterona

efeitos da dieta metabólica na 69-70, 77*f*, 78-80

efeitos de destreinamento 312

efeitos do treinamento MCM na 283

no sobretreinamento 134

Tipos de força 9, 35

Toranja 303

Treinamento

aeróbio 62, 295-296, 306

de flexibilidade 15, 31, 60*f*

em circuito (TC) 239-240

excêntrico 284-287

superlento 253

Treino em pirâmide

crescente e decrescente 31-32, 32*f*

dupla 32, 32*f*

Tríade da mulher atleta 103

Tríceps na polia (barra V) 226

Trifosfato de adenosina (ATP) 42, 55, 74

Triglicerídeos 75-77, 90, 98, 323

Troponina 54

Trudeau, Matt 125

Túbulos transversos 148

U

Uma repetição máxima (1RM)

avaliação de 36-37

cálculo de 337

definição de 10

em valores de carga 28, 28*t*, 37, 38*t*

Unidades motoras

descrição de 6, 6*f*

papel na contração muscular 147

papel na fadiga 51-52

Uso de drogas 71

V

Valores percentuais diários 315-316
Variedade, no treinamento 10, 22, *22f*
Vegetais 113, 130
Velocidade do movimento 34, 298
Vitamina C 127, 131, 134
Vitamina D 126-128
Vitamina E 129-131, 134
Vitaminas, nos rótulos dos alimentos 315-316
Volta à calma 40
Volume de treinamento 27-28

W

Weider, Joe 25
Whey protein isolado 140

Y

Yates, Dorian 12

Z

Zinco 127, 134

Créditos de imagens

Figuras 1.5, 3.1, 3.2, 3.3, 3.4, 3.5, 3.6, 3.7, 3.8, 3.9, 3.10, 12.1, tabelas 3.1, 3.3, 4.2, 12.1, tabelas dos apêndices C e D: Reproduzido de T.O. Bompa, 1996, *Periodization of strength*, 4. ed. (Toronto: Veritas).

Figura 3.11 Reproduzido de T.O. Bompa, 1983, *Theory and methodology of training: The key to athletic performance*, 3. ed. (Dubuque: Kendall Hunt). Modificado de N. Yakovlev, 1967, *Sports biochemistry* (Leipzig: Deutsche Hochschule für Körperkultur).

Figuras 3.12 e 3.13 Reproduzido com permissão de T.O. Bompa, 1983, *Theory and methodology of training: The key to athletic performance*, 3. ed. (Dubuque: Kendall Hunt).

Figuras 5.3, 5.4, 5.5, 5.6, texto nas páginas 104-105: Adaptado de M. Di Pasquale, 2002, *The anabolic solution for recreational and competitive bodybuilders*, 3. ed. [Online]. Disponível em: www.metabolicdiet.com/books/as_bb.pdf [25 de abril de 2012].

Figuras 6.1, 6.2, 6.3, 6.4, 7.1, tabela 6.1: Reproduzido de M. Di Pasquale, 2002, *The anabolic solution for recreational and competitive bodybuilders*, 3. ed. [Online]. Disponível em: www.metabolicdiet.com/books/as_bb.pdf [25 de abril de 2012].